广西审判实务与探索

2024年　第1辑　总第31辑

梁炳扬／主编

GUANGXI JUDICIARY
PRACTICE AND STUDIES

法律出版社
LAW PRESS · CHINA
北京

图书在版编目（CIP）数据

广西审判实务与探索. 2024 年. 第 1 辑 ：总第 31 辑 / 梁炳扬主编. -- 北京 ：法律出版社，2024. -- ISBN 978 - 7 - 5197 - 9360 - 9

Ⅰ. D926. 22

中国国家版本馆 CIP 数据核字第 2024XT1718 号

广西审判实务与探索（2024 年第 1 辑）（总第 31 辑）
GUANGXI SHENPAN SHIWU YU TANSUO
（2024 NIAN DI - 1 JI）（ZONG DI - 31 JI）

梁炳扬 主编

责任编辑 章 雯 慕雪丹
装帧设计 汪奇峰

出版发行 法律出版社
编辑统筹 法商出版分社
责任校对 赵明霞
责任印制 胡晓雅
经　　销 新华书店

开本 710 毫米 × 1000 毫米 1/16
印张 23. 5 **字数** 420 千
版本 2024 年 10 月第 1 版
印次 2024 年 10 月第 1 次印刷
印刷 固安华明印业有限公司

地址：北京市丰台区莲花池西里 7 号（100073）
网址：www. lawpress. com. cn
投稿邮箱：info@ lawpress. com. cn
举报盗版邮箱：jbwq@ lawpress. com. cn

销售电话：010 - 83938349
客服电话：010 - 83938350
咨询电话：010 - 63939796

书号：ISBN 978 - 7 - 5197 - 9360 - 9
定价：48. 00 元

《广西审判实务与探索》编辑委员会

目　录

Contents

刑事申诉制度中当事人诉权保障的缺失与补位

——基于 1301 份驳回申诉通知书的分析

赖奕曲[*]

摘要:刑事申诉是当事人通过常规诉讼获得救济的最后一道程序,也是刑事再审制度重要的信息来源。近年来,刑事申诉案件数量激增态势显著,但其中经由申诉进入再审的案件稀少,刑事申诉制度未能发挥预期效果。申诉门槛极低,再审门槛极高,刑事申诉制度式微的症结在于当事人申诉权利因法律规定模糊而无限的泛化。将泛化的申诉权利细化为一项可具体行使的诉讼权利,需关注法院在审查中出现的诸如申诉证明标准缺失、原审法院复查效果有限、申诉人诉权力量薄弱等程序空转问题,进而从引入律师力量武装诉权、明确证明标准、强化法院审查力度等角度,多方面实现刑事申诉制度保障诉权与审判监督的动态平衡。

一、检视:程序缺失导致诉权缺失

本文的数据来源为中国裁判文书网,笔者以刑事再审决定书、驳回申诉通知书为关键词,裁判日期为 2022 年 1 月至 12 月,检索出近一年的刑事申诉文书 1339 份。1339 份裁判文书中包含驳回申诉通知书 1301 份,再审决定书 38 份(共检索出 226 份再审决定书,其中通过当事人申诉进入再审的为 38 份)。通过对上述申诉文书的梳理对比,可以明

---

* 赖奕曲,广西壮族自治区高级人民法院审判监督第二庭四级法官助理。

显看出刑事申诉制度在程序方面的规范模糊，导致程序空转，有损对当事人各方面诉权的保障。

（一）刑事申诉文书问题探析

1. 申诉主体较为分散。对1301份驳回申诉通知书的申诉主体分类，被告人、近亲属、利害关系人、被害人、自诉人申诉的案件分别有1117件、99件、32件、21件和32件。在226份再审决定书中，除被告人自行申诉外，由近亲属、被害人申请再审的案件也有11件和3件。被告人以外主体向法院提出申诉并不占多数，但是向检察院申请申诉复查的主体实际上绝大多数是被告人以外主体。综合所有申诉途径，可提起刑事申诉的主体较为分散，且无法律明确规定各申诉主体的诉讼分流渠道，导致法院、检察院、公安局、监狱职责分工不明，一个案件可经多个职权机关反复处理，严重耗费司法资源，增加申诉泛化为信访的风险。

2. 申诉理由引用度低。法院对申诉人提出的申诉理由引用程度可分为四类：一是不引用型，即只写明申诉人对何案生效裁判不服，故提出申诉；二是概括引用型，即法院自行将申诉理由概括归纳为"事实不清""证据不足""适用法律错误"等，而不引用原本的申诉理由；三是完整引用型，即基本上完整罗列申诉人的各项申诉理由，不自行归纳概括或随意删截；四是详细引用型，即除了完整罗列申诉理由外，还引用了申诉人对案件事实、法律适用、类案对比等方面的评析，对申诉人提出的申诉理由引用程度最高。大多数法院能做到概括或完整引用，但以概括引用型占比过大，其原因除了申诉人提交的申诉状本身质量不齐，可引用程度较低外，还体现出法院对申诉理由的忽视，进而导致法院说理回应薄弱。

3. 申诉理由定位模糊。细分法院概括引用的申诉理由，各类申诉理由出现的频率分别是"事实不清"294次、"证据不足"271次、"新证据"29次、"定罪不当"222次、"适用法律错误"314次、"程序违法"102次、"量刑不当"353次、"不构成犯罪"402次。而实务中申诉人会提出多个申诉理由，但对每个申诉理由的论述都不充分，并且模糊事实、法律、程序、量刑等基本瑕疵分类，出现大量循环重复的无效论证。例如，"事实不清""证据不足""适用法律错误"三类申诉理由出现频率较高且相对一致，其原因在于申诉人的混用、套用，甚至是为了增加申诉材料长度而生搬硬套强行提出。又如，申诉人常提出"事实不清、证据不足、不构成犯罪"的申诉逻辑链，符合此类申诉策略的案件就有154件，而其中大多数案件在事实、证据、量刑上的理由几乎一致，无法体现出无罪申诉的震慑效果。

4. 法院说理回应薄弱。法院在审查认为中的回应力度可区分为三类：一是法条回应型，即引述《刑事诉讼法》第253条，以申诉理由不符合法定再审情形以驳回申诉；二是事实回应型，即复述原判事实及证据，以证明原审裁判事实清楚据此驳回申诉；三是申诉回应型，即回应申诉人提出的若干项申诉理由，以证明申诉理由不成立据此驳回。

对比各层级法院的驳回申诉通知书发现，1301份文书中基本上没有出现单纯的法条回应型，最简单的说理方式也评述了案件事实、证据或程序方面并无瑕疵，再阐明本案不符合《刑事诉讼法》第253条规定的再审情形。[1] 说理较为简略的文书主要是事实回应型，共有442份，其中来自基层法院的34份（占全部基层法院驳回通知书的36.6%），中级法院的352份（占其37.1%），高级法院及以上层级法院的56份（占其21.8%）。说理较为细致的主要是申诉回应型，其中可分为笼统回应和逐项回应。笼统回应有446份，其中来自基层法院的32份（占其34.4%），中级法院的335份（占其35.3%），高级法院及以上层级法院的79份（占其30.5%）；逐项回应413份，其中来自基层法院的27份（占其29.0%），中级法院的262份（占其27.8%），高级法院及以上层级法院的124份（占其47.9%）。

总体上看，各级法院普遍采用事实回应型、申诉回应型说理模式，并且越高层级的法院会更倾向于回应申诉人提出的理由。其原因在于基层法院和中级法院通常是原审法院，即使并非由同一合议庭办理申诉案件，但还是会受原判裁判逻辑的影响，因循“事实清楚，证据确实、充分”的逻辑驳回申诉；而上级法院通常跳出原判，从申诉理由的方向重新检视原审裁判、审查申诉理由的合理性，会从“申诉理由不成立”的角度驳回申诉。

（二）刑事申诉制度规则宽泛

刑事申诉制度的基础在于《刑事诉讼法》第252条，当事人及其法定代理人、近亲属可以对已经发生法律效力的判决、裁定向人民法院或者人民检察院提出申诉。鉴于申诉是再审的前置程序，申诉与再审不能笼统划归为同一阶段，因此《刑事诉讼法》第五章审判监督程序中有关申诉的规定只有第252条申诉权利主体和第253条重新审判情形，导致申诉在主体、次数、审级、时间、理由五方面泛化严重。[2]

其一，主体泛化。《刑事诉讼法》第252条及其司法解释第451条规定当事人（被

---

〔1〕 参见河南省驻马店市泌阳县人民法院驳回申诉通知书，(2022)豫1726刑申2号。

〔2〕 参见畅佳佳、陈佳敏：《刑事一体化模式：刑事申诉律师强制代理制度的实现路径》，载《上海法学研究》集刊2023年第4卷。

告人、附带民事诉讼原告人、自诉人）及其法定代理人、近亲属、案外人均可作为申诉主体。其二，次数泛化。《刑事诉讼法》对申诉次数没有规定，但司法解释将向人民法院逐级申诉的次数限制在两次，而实务中因当事人持续信访、上访，常出现受理过两次申诉后法院再次审查的情形。其三，审级泛化。司法解释规定申诉由终审法院和上一级法院审查，而实务中当事人对生效裁判不服仍可逐级申诉到最高人民法院。其四，时间泛化。最高人民法院《关于规范人民法院再审立案的若干意见（试行）》第 10 条规定，原则上申诉应在刑罚执行完 2 年内提出，但仍有例外情形不受 2 年限制；而实务中法院仅审查是否受理过该案申诉，对 2 年时间限制审查较少。其五，理由泛化。《刑事诉讼法》及其司法解释均规定了应当重新审判的理由，而对申诉理由则没有审查门槛，导致实务中申诉人提出的理由质量较低，缺乏基本的事实和法律依据。

《刑事诉讼法》及其司法解释在刑事申诉制度上存在规则宽泛、标准缺失等问题，使申诉权泛化膨胀，产生了明显的“劣币驱逐良币”的效应，正当有理的申诉被缺乏理由的申诉所挤兑，瑕疵案件无法浮出水面得到纠正。

二、诉权泛化：无限申诉权的有限行使

刑事申诉权的缺位不在于法律对其掣肘过多，而在于法律对其的宽泛规定，使申诉权在表面上无限泛化，实则在程序上的地位沦为一种诉讼外活动。

（一）刑事申诉边缘化

实务中出现刑事申诉制度日益边缘化趋势，申诉与信访交织，正当的申诉投诉无门，不正当的申诉又得不到抑制。[1] 长此以往，法院办理申诉与信访案件的压力将越来越大，而刑事申诉的审判监督价值也无法体现，出现这种问题的原因主要有以下两点：

1. 申诉信访混合办理。基层法院、中级法院常作为原审法院，因刑事申诉案件占日常刑事案件的少数，通常不设置专门的刑事审判监督庭。申诉人提交申诉材料到法院，由立案庭接收并审查受理。因申诉案件须另行组成合议庭办理，申诉案件通常交由立案庭办理，而不再由刑事业务部门审查。立案庭集中办理民事、行政再审申请、刑事申诉和信访案件，虽然可以避免案件受到原审业务庭的影响，实现程序上的独立审查，但在专业性和说理性上大打折扣。在大量的申诉、信访案件的压力下，申诉案件办理也出现信访化、形式化趋势。根据《信访工作条例》和以往对信访工作的

〔1〕 参见赵霞：《刑事申诉制度改革研究》，法律出版社 2019 年版，第 2 页。

相关规定,信访事项应当自受理之日起60日内办结,情况复杂的,经本机关、单位负责人批准可以适当延长办理期限,但最长不超过30日。信访案件的期限急促,导致立案庭在办理申诉案件时也有从快从急的倾向。并且根据规定,信访案件需向信访人出具信访处理意见书,意见书需载明信访人的投诉请求、事实和理由、处理意见及其法律法规依据。申诉与信访混合办理导致信访处理意见书潜移默化地影响申诉文书的写作逻辑,即申诉文书信访化,体现在申诉理由简化引用、案件事实概括陈述、法律分析单一和驳回结论固定。

2. 法院忽视回应申诉理由。刑事申诉权泛化的最主要方面在于申诉理由的泛化,申诉人可以以任何理由对原审裁判提出两次及以上的申诉或信访。《刑事诉讼法》及其司法解释规定了应当启动再审的理由,而对申诉理由则没有审查门槛,使申诉人在行使申诉权利时随意性、无依据性较大。因申诉人提交的申诉状及证据材料质量本身不高,法院引述申诉理由时倾向于采取概括引用型,在1301份驳回申诉通知书中有994份采取该模式,占比高达76.4%。并且,即使是完整引用申诉理由的文书,大多数也未做到详细引用申诉人对事实、法律、程序等方面的具体说明理由。

检视1301份驳回申诉通知书发现,申诉人最常提出的申诉理由有"不构成犯罪""量刑不当""适用法律错误""事实不清""证据不足""定罪不当"。具体而言,法院概括引用申诉理由,使上述理由含义未知、指代不明,导致申诉人根本无法实现申诉权的有效行使,更无法体现申诉的价值。

(二)申诉理由主观化

承上文所述,申诉人提出频率最高的理由为"不构成犯罪"(402次)和"量刑不当"(353次),均是较为主观的申诉理由,有脱离案件事实提出主观申诉理由的情况,导致申诉佐证不足、效果欠佳。

1. "不构成犯罪"类申诉。以1301份驳回申诉通知书中出现最多的案由诈骗罪为例,申诉人又多以"不具备犯罪故意"提出无罪申诉。梳理案由为诈骗罪的申诉文书,申诉人提出"不具备犯罪故意"的申诉理由,所做抗辩主要包括以下六种情形:一是无被害方抗辩,即认为被害方并非基于诈骗行为而主动交付财物;二是行为抗辩,即认为案涉"诈骗行为"系正当业务行为;三是事实抗辩,即以原审裁判事实不清、证据不足抗辩;四是目的抗辩,即认为被告人不存在诈骗的主观目的;五是定性抗辩,即认为本案系民事纠纷而非刑事诈骗;六是单纯的无罪抗辩,即没有提出具体的解释理由(具体情形见表1)。

表 1 “不具备犯罪故意”申诉理由示例

类型	案号	申诉理由
无被害方抗辩	(2022)辽 02 刑申 13 号	被告人没有实施诈骗行为,也未使被害人产生错误认识后作出财产处分并受到财产损害
行为抗辩	(2022)粤 07 刑申 4 号	被告人做村民工作前已亮明身份,并且出示名片和工作证,不存在谎称自己是公职人员的事实
事实抗辩	(2022)甘 11 刑申 1 号	原审认定事实不清、适用法律错误,申诉人不构成犯罪
目的抗辩	(2022)新 40 刑申 16 号	被告人确有还款能力,其主观上不具有占有被害人财产的目的
定性抗辩	(2022)辽 05 刑申 26 号	本案系民事纠纷,被告人行为应属于民事欺诈,而不应定性为刑事诈骗

犯罪故意是犯罪构成四要件中主观方面要件,原本就关注考察被告人犯罪时的主观动机与目的。特别是对于诈骗类犯罪,被告人是否具有非法占有目的是该类犯罪成立与否的关键。司法解释规定诈骗罪的非法占有目的主要包括明知没有归还能力而大量骗取资金;非法获取资金后逃跑;肆意挥霍骗取资金的;使用骗取的资金进行违法犯罪活动;抽逃、转移资金、隐匿财产,以逃避返还资金等情形。以上情形主要围绕着资金去向用途而展开,而对比申诉人提出的“不具备犯罪故意”的六种抗辩,后者明显回避了案涉资金或财物的去向,从被害方、被告人的角度试图论证被告人不具有非法占有目的,其证明逻辑存在较大缺陷。

其一,被害方抗辩。从被害方的角度论证被告人不具备犯罪故意,由代表被告人方的申诉人提出的该项理由本身证明效力不高,且缺乏证明材料,即使被害人事后出具的谅解说明,也难以证明犯罪时被害人的主观意图。其二,行为抗辩。申诉人往往有一定的合理业务或行政身份,本质上即被告人的身份职务给被害一方造成错误的诱导,实则被害方相信并作出错误交付的原因。其三,目的和定性抗辩。申诉人称法院将民事纠纷与刑事诈骗混为一谈,但没有提供相应的证据材料,难以佐证其观点。其四,事实和无罪抗辩。申诉人提出原审裁判缺乏事实依据,而没有提出反证证明原审法院的证据链条存在缺失或虚构,对原审裁判的质疑力度有限。

2.“量刑不当”类申诉。以毒品犯罪为例,申诉人提出的“量刑不当”“量刑过重”“量刑畸重”等申诉,具体包括以下四种情形:一是同案犯抗辩,即认为本人罪行与同案犯罪行相近或更轻，而本人与同案犯量刑不均；二是类案犯抗辩，即认为其他情形相近的案件量刑比本案量刑轻；三是本人情况抗辩，即认为本人有减轻或从轻情节、家庭或身体健康方面原因，原审法院在量刑时未考虑；四是其他方面抗辩，即认为原审裁判在事实、法律或程序上有误导致量刑不当（具体情形见表2）。

表2 “量刑不当”申诉理由示例

类型	案号	申诉理由
同案犯抗辩	（2022）豫10刑申2号	以犯罪时系未成年人，与该院另案判决的同案犯相比量刑过重
类案犯抗辩	（2022）京03刑申1号	通过类案查询，应当以被告人的违法所得为限承担退赔责任
本人情况抗辩	（2021）粤刑申644号	申诉人已70多岁，身体及意识情况并不是很好
其他方面抗辩	（2022）辽02刑申25号	认定构成运输毒品罪且为主犯并无直接证据，与事实情况不符，属于事实认定不清

申诉人常以本人情况和其他方面抗辩，而忽略了同案犯与类案犯量刑不均的申诉理由。一方面，申诉人提出量刑不当的申诉理由，通常从主观情况出发，认为量刑超过其预期即属“不当”；另一方面，也囿于申诉人诉讼力量薄弱，难以收集同案犯量刑或类案量刑较轻等证据材料予以佐证。

（三）客观理由缺乏佐证

申诉人以“事实不清”“证据不足”申诉，或提出新证据证明原审裁判确有错误的情形，通常能提出原判在事实和证据方面的瑕疵，但还是存在佐证不足、主观抗辩的情形。对于缺乏具体理由的申诉，法院通常概括引用其申诉要点，无法看出申诉人提出“事实不清”“证据不足”的出处与依据，故以详细引用申诉的55份驳回申诉通知书为例分析。

1.“事实不清”“证据不足”类申诉。申诉人常以主观否定的方式提出有关事实、证据方面的申诉理由，以人身伤害类犯罪为例，包括否定鉴定结论、否定犯罪行为与危险结果的因果关系、否定被告人在共同犯罪中的作用、否定犯罪的具体情节、定罪有误等。而申诉人在提出否定式的申诉理由时往往缺乏证据依据，导致其“证据不足”的主张也存在证据不足的问题。

对于申诉人而言，原审裁判在定罪量刑上一定存在错误，故该证明标准对于申诉人的理由阐述、证据提交几乎没有指引效果。“事实不清”“证据不足”类申诉在《刑事诉讼法》重新审判情形中位列第一和第二，本应是法院再审纠错的重要材料来源，但相关证明标准的模糊使事实、证据类申诉质量水平较低，未能发挥出其在审判监督上的重要价值。

2.“新的证据”类申诉。在 1301 份驳回申诉通知书中，申诉人提出“新的证据”类申诉数量较少，共 29 件。并且，新证据包括事实方面新证据，如证明原判所依据的证人证言、被告人供述不应采信的证据；程序方面新证据，如二审变更合议庭成员未告知；法律方面新证据，如法律专家对案件争议问题的论证意见等，与《刑事诉讼法》及其司法解释对“新的证据”的理解有一定偏差。申诉人提交的新证据多是原判已经审查过，或者对原判定罪量刑依据的证据材料不认可，但新证据总体上质量不高（具体情形见表 3）。

表 3 “新证据”申诉理由示例

类型	案号	申诉理由
事实方面	（2022）辽 02 刑申 13 号	本案所有被告人在庭审中均表示被传唤到案之前对诈骗的事实不知情，与在侦查机关作出的口供明显不一致
程序方面	（2022）鄂 28 刑申 38 号	二审必须依法进行公开开庭举证质证，二审法院未开庭审理程序违法，造成案件不能公正判决
法律适用方面	（2022）鄂 05 刑申 63 号	提交法律专家《关于金色海岸小区超规划面积建设问题的论证意见》作为新证据

三、程序空转：刑事申诉中的无效救济

最高人民法院院长张军在全国法院学习贯彻全国两会精神电视电话会议上强调，“老百姓到法院是为了解决问题的，不是来‘走程序’的。程序合乎规范，同时能实质解决问题，案结事了，才是诉讼的目的、才能体现诉讼的价值”。刑事申诉制度陷入瓶颈在于只搭设了程序规则，而缺乏实体规则，导致仅能体现效率价值，无法发挥再审纠错、保障诉权等公正价值。

（一）申诉证明标准缺位

在所有刑事诉讼程序中，刑事申诉是唯一需要当事人提供证据材料证明己方观点以开启下一个诉讼程序的制度。但同时《刑事诉讼法》第 52 条中明确规定“不得强迫任何人证实自己有罪”，任何能够证实犯罪嫌疑人、被告人有罪或者无罪、犯罪情节轻重的各种证据都应由审判人员、检察人员、侦查人员收集。作为《刑事诉讼法》的

保护人民原则的重要内涵，不得强迫自证其罪应贯穿刑事诉讼全过程适用。因此，《刑事诉讼法》和最高人民法院《关于适用〈中华人民共和国刑事诉讼法〉的解释》（以下简称《刑事诉讼法司法解释》）在审判监督章节只规定了人民法院应当重新审判的情形，而没有规定申诉人的举证责任和证明标准，导致出现提出申诉的门槛过低，而申诉审查的门槛过高的两难局面。

现行法律没有明确规定申诉审查的证明标准，只规定了启动再审的标准，即《刑事诉讼法》第253条和《刑事诉讼法司法解释》第457条、第458条。[1] 法院在审查申诉案件时依据上述标准，决定是否启动再审程序，因此该标准即法院现行适用的申诉审查证明标准。

1. 新的证据证明标准。《刑事诉讼法司法解释》第458条规定，可能改变原判决、裁定据以定罪量刑的事实的“新的证据”包括原判决、裁定生效后新发现的证据；原判决、裁定生效前已经发现，但未予收集的证据；原判决、裁定生效前已经收集，但未经质证的证据；原判决、裁定所依据的鉴定意见，勘验、检查等笔录被改变或者否定的；原判决、裁定所依据的被告人供述、证人证言等证据发生变化，影响定罪量刑，且有合理理由的。《刑事诉讼法》及其司法解释对于“新的证据”的证明标准是可能改变据以定罪量刑的事实，且该证据未经原判质证或在判后发生变化。

如前文所述，申诉人提交的新证据通常是原判已经审查过的，而法院对新的证据的筛选往往更注重是否会对原判定罪量刑产生影响。在职权主义的倾向下，法院多倾向认定对原判定罪量刑无影响或影响较小，如申诉人提交的不具备犯罪意图的新证据，法院认定不影响原判定罪；申诉人提交的类案量刑较轻的新证据，法院认定原判量刑适当。

2. 事实、证据证明标准。《刑事诉讼法》第253条规定在有关事实、证据方面应当重新审判的情形：一是有新的证据证明原判决、裁定认定的事实确有错误，可能影响定罪量刑的；二是据以定罪量刑的证据不确实、不充分、依法应当予以排除，或者证明案件事实的主要证据之间存在矛盾的。《刑事诉讼法》对于事实、证据方面申诉的证明标准是要可能影响定罪量刑，具体表现在事实确有错误、证据应当排除或者主要证据存在矛盾。

囿于我国自古以来的威权型司法理念，法院在再审纠错上过于追求实体真实的

---

[1] 参见何家弘、刘译矾：《刑事错案申诉再审制度实证研究》，载《国家检察官学院学报》2015年第6期。

单一价值标准。[1] 实务中,法院对事实错误的理解还是更关注是否影响定罪量刑,并且要求有错误的证据须是原判定罪量刑的主要依据,与申诉人对事实、证据错误的理解范围并不一致。在实体真实价值的导向下,法院在错误认定上也有不同程度,实体错误大于程序错误、主要事实错误大于部分事实错误、定罪事实错误大于量刑事实错误、定罪证据错误大于量刑证据错误。对申诉人而言,只要事实、证据方面存在错误或瑕疵,即关乎原判的定罪量刑,而无法甄别出有关定罪量刑与非定罪量刑的事实、证据。

3. 法律、程序、审判人员行为不当证明标准。《刑事诉讼法》第253条规定了在有关法律、程序方面应当重新审判的情形包括:(1)原判决、裁定适用法律确有错误的;(2)违反法律规定的诉讼程序,可能影响公正审判的;(3)审判人员在审理该案件的时候,有贪污受贿,徇私舞弊,枉法裁判行为的。

法院理解的法律、程序错误包括:适用已修改的法律,适用法律不当,主要诉讼程序违法,审判人员存在贪污受贿、徇私舞弊、枉法裁判等行为。在实务中,法院通常在法律、程序方面确有错误、审判人员行为不当影响本案定罪量刑时,才会启动再审程序。故申诉人认为原判存在错误,而法院认为不需要启动再审的情形也较为常见,例如申诉人认为原判二审未开庭审理,而申诉法院审查认为程序合法;申诉人认为审判人员有违纪违法或者在另案违法犯罪,而申诉法院认为审判人员在本案中没有过错。

(二)原审法院复查效果有限

《刑事诉讼法司法解释》第453条规定,申诉由终审法院和上一级法院审查处理。案件疑难、复杂、重大的,也可以直接审查处理。但在实务中,上级法院均要求申诉人提交原审法院的驳回申诉文书才立案审查,即由原审法院审查是刑事申诉的必经程序。而由终审法院纠正自己的错误,就如同病人自己"切除自己身上的病灶"一样困难。[2]

《刑事诉讼法司法解释》规定申诉先交由终审法院审查处理,是出于原审法院获取案件原始卷宗较为容易,在必要时调取证据、询问办案人员较为方便,但也存在审查效果受申诉人质疑的问题。首先是回避的问题。即使原审合议庭与申诉合议庭成员分别来自业务庭和审判监督庭或立案庭,但原审合议庭成员仍可能对申诉合议庭成员有不正当干扰。除审判人员之间可能存在不正当交往的影响外,由于纠错对原审法院和审判人员绩效考评、职级晋升等指标条件影响巨大,申诉人也很难相信原审

---

〔1〕 参见赵霞:《刑事申诉制度改革研究》,法律出版社2019年版,第28页。

〔2〕 参见卞建林、桂梦美:《启动刑事审判监督程序的困境与出路》,载《法学》2016年第4期。

法院会愿意“切除自己身上的病灶”。

其次是原审法院在回应申诉上存在问题。基层法院和中级法院通常既是原审法院,也是首次审查申诉的法院。根据前文对各级法院驳回申诉通知书的整理分析,基层法院采用事实回应型和笼统回应型说理的文书占其全部文书的71%,中级法院采取上述两种说理的文书占其全部文书的72.4%。可见,原审法院作为首次审查申诉的法院,还是因循原审逻辑,容易从原审裁判是否符合“事实清楚,证据确实、充分”的证明标准来进行审查,忽视对申诉人各项申诉理由的逐一回应。原审法院即使回应申诉,也是概括申诉人的主要申诉理由,进而笼统地回应“申诉人的各项申诉理由均不成立”。对申诉人而言,收到事实回应型和笼统回应型的驳回申诉通知书,不能解决其对原审裁判的质疑。法院笼统回应的态度反而让申诉人认为原审法院不敢正面回应其申诉理由,更认为自己的申诉有推翻原判的可能性。事实上,原审法院采取事实回应和笼统回应的说理模式往往出于两个方面的原因:一是原审裁判已回应过的申诉理由,认为不再赘述;二是法院认为申诉理由不仅缺乏事实和法律依据,甚至根本不存在合理性,不需要展开说理回应,与申诉人消极对待初次申诉审查,认为只是走过场或者与其诉讼能力水平有关。

(三)申诉人诉权力量薄弱

刑事申诉是一种诉讼程序,还是诉讼外活动,一直在实务中备受讨论。因为刑事申诉发挥出的救济与监督功能,是基于申诉引发的再审程序而完成的。[1] 但必须要承认的是,刑事申诉有诉讼法上的双重意义:一是信息来源,作为提起审判监督程序的信息来源的申诉,法院收到申诉材料是一种法律事实,必须根据申诉作出驳回或再审的决定;二是诉讼权利,其核心是再审请求权,即申诉人对于生效裁判提出再审请求的权利。这使申诉超越了信息来源成为需要更加正式、规范对待的一种诉讼权利。[2] 从诉讼法上的意义来看,刑事申诉的救济功能是其主要价值,监督功能是实现救济功能的附随价值。

刑事申诉制度无法发挥纠正错误、监督审判、疏解矛盾的作用,原因在于:其一,规则与程序模糊,导致法院在审查申诉上自由裁量权过大,证明错案标准过高,审查趋于行政化;其二,申诉人诉权力量薄弱,诉讼能力水平有限,难以证明原审裁判属于

〔1〕 参见赵霞:《刑事申诉制度改革研究》,法律出版社2019年版,第7页。

〔2〕 参见李继华、甄卓、刑永杰、崔可成:《刑事申诉案件办理机制改革探索》,载《西南石油大学学报(社会科学版)》2022年第5期。

错案、瑕疵案。而后者来源于个体与公权力之间固有的力量悬殊。特别是在一审、二审裁判生效后，无论是被告方还是其他诉讼参与人转变角色成为申诉人，想要通过申诉使得法院重新审查案件，需要面对原审法院、申诉法院，甚至是原来办案人员的固有思维的压力。

作为申诉人的私人主体（被告人及其近亲属、附带民事诉讼原告人、自诉人）与作为抗诉机关的检察院相比，虽然均是向法院提出再审的申请方，但在诉权力量上难以企及后者，强大的抗诉权表现在：其一，对原审裁判提出抗诉的期限，检察院可以对法院的任何生效裁判提出抗诉，并无抗诉期限的限制；其二，原审材料的取得，检察院除了可以获得充分的原审卷宗材料外，还能从纪检部门、政法委等渠道获得案件线索，进而能提出更为强有力的证据材料；其三，抗诉书的法律地位，《刑事诉讼法》赋予了抗诉书法律效力，法院必须对检察院的抗诉予以审查回应等。

私人主体的申诉权需获得检察院抗诉权的同等待遇。毫无疑问，刑事申诉制度的权利主体是申诉人，义务主体则应该是国家，国家有义务为申诉人保障其诉讼权利、增强其诉权力量、提升其诉权水平。除明确申诉立案审查的证明标准外，在刑事申诉程序中引入律师的力量，强制申诉人委托律师代理申诉，能极大地增强申诉人的诉权力量。但在 1301 件申诉案件中，申诉人委托律师的案件只有 35 件，可见对律师力量的重视和发挥还远远不够。

四、强化诉权保障的改革进路

申诉人诉权保障的缺失主要源于两个方面：一是申诉人申诉权利的泛化，在缺乏规则规范的情况下提出的申诉理由主观化或佐证不足，导致刑事申诉在诉讼进程中被边缘化；二是审查程序空转，在申诉证明标准缺失、原审法院复查效果不佳、申诉人诉讼力量薄弱的情况下，难以经由申诉开启再审。

（一）律师强制代理申诉制度

提升申诉人诉权力量最直接有效的方式即引入律师力量，加强申诉人与申诉法院对话的专业能力。党的十八届四中全会通过的《中共中央关于全面推进依法治国若干重大问题的决定》明确提出："对不服司法机关生效裁判、决定的申诉，逐步实行由律师代理制度。"2015 年中央政法委也出台了《关于建立律师参与化解和代理涉法涉诉信访案件制度的意见（试行）》，由律师协会选派律师到政法机关信访接待场所提供法律服务，并积极探索律师参与化解和代理涉法涉诉信访案件。2017 年最高人民法院、最高人民检察院、司法部共同出台了《关于逐步实行律师代理申诉制度的意见》,进一步明确了律师驻点工作制度,并扩大了律师服务工作的范围,包括代为提交申诉材料、代理参加听证、询问、讯问和开庭等,但仍存在实施上的两个方面的障碍:

其一,分流机制无法发挥作用。在刑事申诉程序中律师代理仍是坚持自愿原则,暂无法律强制性规定。就目前的《法律援助法》规定,刑事申诉并未明确被纳入应当指派律师的范围,仅能通过兜底条款获得法律援助,导致无法从法律层面将刑事申诉律师强制代理纳入法律援助范围。[1] 这使《关于逐步实行律师代理申诉制度的意见》中的律师先行审查机制难以实现,即律师在听取申诉人的诉求,询问案件情况后,对经审查认为不符合人民法院或者人民检察院申诉立案条件的,做好法律释明工作,导致无法发挥律师释法说理并分流正当与非正当申诉的作用。

其二,律师代理权利受到限制。现行规范性文件对律师参与申诉案件的地位仍停留在值班律师阶段,仅能为申诉人提供初级的法律服务,包括法律咨询、法律释明、代写文书、协助申请法律援助等。但如何从值班律师向代理律师转变,实现会见、阅卷、调证等正当权利未见保障机制。

当务之急是保障律师强制代理申诉制度得以有效实施,重点在于畅通律师从驻点值班律师的单一身份向集咨询、审查、服务于一体的代理律师身份转变。首先,落实强制义务,将刑事申诉律师强制代理纳入依法应当提供法律援助的范围,申诉案件中申诉人未委托律师的,司法机关有义务为其指定律师代理。若未指派律师应属于申诉程序中的重大程序瑕疵,申诉法院的审查存在程序违法。[2] 其次,保障代理律师在申诉案件中的各项权利行使,具体而言,就是保护代理律师的会见权、阅卷权、调查取证权等权利。根据控辩平等的司法原理,让经过代理律师改造的申诉权能发挥检察院抗诉权的同等作用。[3] 最后,申诉法院对于律师提交的审查意见应予回应,真正落实律师初审分流机制。值班律师审查申诉能有效弥补申诉立案登记制无法筛选的弊端,实现合理申诉和涉诉信访的有效分离,改变缺乏理据的申诉挤兑正当申诉、审判力量被分散的不合理局面。因此,对值班律师出具的申诉初审意见,申诉法院应予以回应:对于结论是不符合申诉立案条件的意见,法院应同意或补充值班律师的法律释明意见;对于结论是符合申诉立案条件的意见,法院应依法予以立案审查,并认真审查回应值班律师出具的法律援助意见。

---

〔1〕 参见陈永生:《论刑事法律援助的保障机制——以法律援助范围之扩大为分析重点》,载《政治与法律》2022 年第 6 期。

〔2〕 参见宫鸣:《申诉案件律师代理制度探索》,载《人民检察》2016 年第 Z1 期。

〔3〕 参见卞建林、桂梦美:《启动刑事审判监督程序的困境与出路》,载《法学》2016 年第 4 期。

(二)明确申诉审查证明标准

错判的认知不仅具有模糊性,还具有对抗性。没有统一明确的证明标准,错判的认知就会因人、因事、因时、因地而异。有些人甚至会以标准不明为借口或者以自己的理解为标准,阻碍错判的认定和纠正。[1] 因此,必须明确申诉审查的证明标准,给予申诉人明确的诉讼指引,也限制申诉法院在审查申诉时过度拔高"应当重新审判"的证明标准。

刑事申诉审查证明标准应区别于其他诉讼程序中的证明标准,以证明要求从高到低排列应为:一审、二审裁判证明被告人有罪的标准(事实清楚,证据确实、充分)、启动再审的证明标准(原判据以定罪量刑的事实改变)、申诉审查证明标准、申诉立案证明标准(申诉人在期限内提交申诉材料即可)。可见,申诉审查的证明标准应在启动再审的证明标准与申诉立案证明标准之间,因申诉采取立案登记制,几乎没有对申诉材料有证明要求,故需要明晰的是申诉审查证明标准和启动再审证明标准之间的关系。

证明标准的设置应从诉权保障与再审纠错之间的关系反推,申诉制度的价值核心是保障诉权,而再审程序的目的在于纠错和监督。故在两个不同的诉讼程序中,应当获得程序救济的案件类型也不同,可获得再审程序救济的已是"冤错案件",原判据以定罪量刑的主要事实已经发生了彻底改变,必须通过重新审判确定是否改变原判;而可获得申诉程序救济的案件未达到前者程度,可称为"疑错案件",申诉人认为原判在事实、证据、法律、程序上存在瑕疵,并能提出一定的证据支持。

1. 不利于被告人的申诉证明标准。附带民事诉讼原告人、被害人等主体作为申诉人,提出可能对被告人产生不利影响的申诉。鉴于禁止双重危险原则对刑事申诉再审制度的限制,只有在极其例外的情况下才能启动对被告人不利的刑事再审。[2] 不利于被告人的申诉证明标准应适当提高,可靠近启动再审的证明标准,即申诉人提交的关于被告人有罪、罪重的证据须影响原判定罪量刑事实时,如确有新证据证明被告人实施了犯罪行为;原审据以定罪量刑的证据被证明是伪造的;办案人员在办案过程中有贪污受贿、徇私舞弊、枉法裁判行为等。

2. 有利于被告人的申诉证明标准。被告人及其近亲属作为申诉人,提出可能对被告人产生有利影响的申诉。因原判对被告人定罪科刑必须排除无罪的合理怀疑,且须满足"事实清楚,证据确实、充分"的证明标准,故申诉人证明原判据以定罪量刑

---

〔1〕 参见何家弘、刘译矾:《刑事错案申诉再审制度实证研究》,载《国家检察官学院学报》2015年第6期。

〔2〕 参见卞建林、桂梦美:《启动刑事审判监督程序的困境与出路》,载《法学》2016年第4期。

的事实存在错误难度较大。被告方提起的大部分申诉案件都并非“冤错案件”，难以证明原判错误已达到影响定罪量刑的程度，只能在一定程度上证明原判可能是错误的，故可对申诉人提出的申诉理由分类把握证明标准：

其一，新的证据证明标准。要求新证据是可能影响原判定罪或者量刑事实的客观证据，且未经原审裁判审查，排除主观性较强和没有证明效力的专家论证意见、证明无犯罪意图、本案属于民事纠纷的主观证据等。

其二，事实不清、证据不足的申诉理由。可包括以下两种情形：一是证明原判事实可能存在错误；二是证明原判事实的证据之间存在矛盾。对于申诉人的证明标准应是提出合理证据证明原判事实存在错误或者原判证据存在矛盾即可，不必要求一定是定罪量刑的事实存在错误，或是案件的主要证据存在矛盾。从威权型转变为亲民型司法理念，申诉制度除纠正错案外，还有监督审判的价值，故原审裁判在事实、证据方面存在疑错时，可开启重新审判以实现规范司法的作用。而后通过再审程序确定申诉人提出的事实、证据错误申诉理由是否属于影响原判定罪量刑的错误，从而实现保护诉权与维护司法既判力之间的动态平衡。

其三，法律、程序、审判人员行为不当的申诉理由。对于申诉人的证明标准应是提出合理证据证明原判存在法律、程序错误或审判人员行为不当，且该错误可能影响原判的事实认定或定罪量刑。对申诉人而言，很容易发现原判存在该类错误，但往往忽略证明该类错误对原判的影响，因此需要代理律师为其检索类案证明该类错误对原判事实认定或定罪量刑将产生一定的影响，存在重新审判的必要性。

其四，量刑不当的申诉理由，如前文所述申诉人常以同案犯量刑、本人家庭或身体健康情况作为量刑不当的理由，对申诉人的证明要求应是提出原判量刑过重的合理证据，并提交相关类案量刑情况予以佐证。因量刑不当开启再审的必要性本身比较薄弱，故特别需要依靠代理律师的专业力量为申诉人提供类案的量刑情况对比统计分析，增强原判量刑畸重的合理性。

（三）强化申诉法院审查力度

从最高人民法院和高级人民法院受理的二次甚至二次以上申诉案件数量与日俱增来看，原审法院初次审查申诉案件的效果欠佳，而申诉人也往往将原审法院的初次审查认为是走过场，第一次申诉审查实则是程序空转。[1] 必须强化申诉法院的审查

---

〔1〕 参见胡云腾、王连祥：《刑事申诉信访案件司法工作机制创新研究——以最高人民法院第二巡回法庭的实践为视角》，载《中国青年社会科学》2018年第2期。

力度，除正确设定申诉的证明标准外，还需要做好释法说理工作，提高申诉人对法院审查结果的信服力。

1. 原审法院强化实质性审查。原审法院应在驻点值班律师初审分流后，对于进入申诉立案的案件进行实质化审理。首先，正确理解申诉审查证明标准，不应任意拔高标准至足以影响定罪量刑，甚至要求申诉人证明其罪轻或无罪的事实达到“证据确实、充分”的程度。其次，保障代理律师的各项权利，不能将申诉与涉诉信访案件同等处理，要切实保障代理律师的会见、阅卷、取证等权利。最后，做好释法说理工作，依前文所述原审法院仍采用事实回应型和笼统回应型作为驳回文书的主流说理模式。实际上原审法院作出的初次驳回申诉通知书难以起到息诉服判的效果，也正因其笼统甚至不回应申诉人各项理由的回避姿态，使申诉人对原审法院决定的信服力下降。因此，必须转变说理思路，以申诉人诉权保障为说理核心，在保留原审事实查明回应的基础上逐条对申诉理由予以回应。诚然，对于申诉人明显不合理或者没有证据佐证的申诉理由可以简要或笼统回应，但对值班律师在申诉初查意见和代理律师在代理意见中提出的申诉争议焦点问题应当重点回应。

2. 上级法院落实阅卷提讯。上级法院对于申诉人二次甚至二次以上提出的申诉，应当仔细审查其合理性，守住刑事诉讼救济的最后一道防线。其一，必须落实阅卷提讯会见等机制。上级法院不能随着惯性思维认可原审法院的驳回通知决定，否则无异于变为下级法院的橡皮图章。上级法院应认真审查下级法院的说理回应与申诉人提出的申诉理由是否匹配，申诉理由是否有开启再审程序的必要性，实现维护申诉人诉权和监督纠错的双重职能。其二，积极探索推进刑事申诉案件提级管辖机制。将新类型且案情疑难复杂、具有普遍法律适用指导意义、类案存在重大法律适用分歧等法定提级管辖情形，细化为新类型犯罪类、法律适用存在争议类、类案量刑分歧较大类、审判人员严重违法类等申诉理由，依据更有利于公正审理的原则，依法予以提级管辖审理，使刑事申诉制度更好地与再审制度对接，发挥审判监督、依法纠错和统一裁判尺度的多重作用。

结　语

申诉程序是一项诉讼程序，申诉权本质上是一种诉讼权利。没有权利边界即不存在权利保障，没有程序规定即无法实现程序救济。长期以来，申诉人申诉权利无限泛化，但实际上无法有效行使，而申诉法官的主要精力都被大量缺乏合理理由的申诉案件所占据，使真正有正当理由的申诉案件得不到实质化审查。因此，细化健全刑事申诉制度的证明标准、审查流程、配套机制等，对实现申诉与再审的有效对接、落实各项申诉权利至关重要。只有提高当事人对审查结果的认可度，才能真正发挥刑事申诉终局救济、审判监督、疏解矛盾的诉讼价值。

审判群体中审判话语权的异化与重塑探析

熊文镇*

引　言

审判群体是指因具有相似的法学知识背景、审判职业经历、思维方式、理念等因素而形成的共识集体。权威本质上是一种观念性的存在，是主观的心理感知与信任机制，其体现为一种高度的信任与服从。[1]审判群体中的审判权威是指对审判业务问题的观点意见能让群体成员产生内在服从的法官个体。

在现实的法院审判群体，尤其是中层、基层法院的审判群体中审判权威普遍存在。但法官个体之所以成为审判权威，其审判（包括执行等）业务能力经常不是决定性因素，职务、资历因素也可以导致审判权威的生成，真正因为拥有业务能力或成果的法官成为审判权威的空间反而有限，出现了审判权威不等于审判业务能力强的异化现象，进而导致现实中在不注重审判业务能力的审判权威影响之下，不少法官不重视系统的审判业务学习专研，其审判模式往往处于临时思考应付的状态。本文就从其中的话语权实质进行分析，尝试提出构建层级制的审判专家制度并赋予相应的话语权，以消除审判权威的异化现象。

一、审判群体与审判权威的现状解析

在现实中，每个法院由于受庭室设置、业务类型等因素影响，往往存

---

* 熊文镇，广西壮族自治区柳州市柳南区人民法院立案庭三级法官。

〔1〕 参见章安邦：《司法改革背景下司法权的权威塑造》，载《浙江社会科学》2021 年第 9 期。

在相应的审判群体。在审判群体中,在审判业务请教、案件专门讨论等场景中,一般存在对群体意见能够起到重要作用的审判权威。笔者就对现实中审判权威的来源、类型以及对审判群体的影响进行分析探究。

(一)审判群体中审判权威的存在状态、来源及类型

1. 审判群体中审判权威的存在状态解析

为探究审判群体中审判权威存在的现实状态,笔者从G地区分别选取M中院、N区法院以及L县基层法院的法官进行了调查与访谈,以审判群体中法官的审判业务倾向请教对象、倾向听从意见的对象为标准确定审判权威的存在(见表1)。随机抽取几份访谈记录见表2。

表1　法官对案件需要请教、讨论的对象认知

访谈对象	问题:遇到重大疑难复杂案件时假如需要请教、讨论,一般会向谁请教、讨论
M中院M1法官	复杂案件事实认定比较难,我都会请教庭长
M中院M2法官	如果我遇到了复杂的程序方面的问题,我会向庭长请教
M中院M3法官	我处理不好当事人闹访的时候,我都会向庭长请教
N区法院N1法官	我们都会向蔡法官,他平时也经常和我们一起探讨一些复杂的法律问题,都认为比较专业
N区法院N2法官	我们庭长经常组织业务学习,进行观点的统一,我不懂的都会向其请教决定
N区法院N3法官	我们庭长位置空缺了一段时间,业务问题都向副庭长讨论决定
L县法院L1法官	涉及业务问题都会请教庭长,他是资深法官
L县法院L2法官	由于庭长是从其他部门调任过来,平时遇到业务问题现在都会向王法官请教,毕竟已经在庭里待了十几年
L县法院L3法官	复杂问题肯定向庭长请教,他是我们庭的业务专家

表2　法官对法官会议最终意见的认知

访谈对象	问题:在法官会议的最终意见形成中,是否有经常具有关键影响的法官
M中院M4法官	我发现庭长的意见总是最终意见,在庭长发表意见之前,大家都往往发表模棱两可的意见或者不发表什么意见,等庭长发表了确定的意见,大家都会倾向其意见

续表

M 中院 M5 法官	基本以庭长意见为准，但有一次讨论的问题涉及蔡法官一篇全国获奖论文的观点，大家倾向性意见以蔡法官的观点为准，最终意见为蔡法官的意见
N 区法院 N4 法官	我们庭长位置出现了暂时的空缺，我们副庭长会首先发表意见由大家讨论，其结果是：往往最终意见都是副庭长的意见
N 区法院 N5 法官	我们庭长发表意见之前，大家都比较沉默，在庭长发表意见之后，其他人都是赞同的
L 县法院 L4 法官	在法官会议前，都会向庭长请教过，法官会议只是走个程序，最终的意见都是庭长的意见
L 县法院 L5 法官	庭长意见为准，有一次庭长因时间问题没有参加法官会议，但会议前庭长表达了确定的观点，最后形成的意见还是庭长的意见

在上述访谈记录的基础上，笔者通过调查问卷，对样本法院中的各审判群体人数，对应的审判权威人数统计见表 3。

表 3　现实中审判权威存在的状态

	民事审判庭				刑事审判庭		立案庭	
	民一		民二					
	法官数量（人）	权威个数	法官数量（人）	权威个数	法官数量（人）	权威个数	法官数量（人）	权威个数
M 中院	8	2	4	1	9	3	13	3
N 区法院	5	1	3	1	3	1	12	2
L 县法院	4	1	4	1	2	1	11	2

由表 3 可知，在以业务庭为单位的审判群体中，当法官遇到疑难问题需要请教、讨论时，都有较为集中的少数（1 名至 3 名）被视为“审判权威”作为请教对象，且在专业法官会议讨论中，则通常少数被视为“审判权威”的几个固定法官的意见对最终决议具有举足轻重的影响。

2. 审判群体中审判权威的来源

为进一步探究审判权威的来源，笔者对不同审判群体法官进行了访谈，分析该群体中审判权威的成因。同时，笔者对 N 区法院 10 个审判群体中的 10 名审判权威某些特征进行统计分析见表4。

表4　N区法院10名审判权威的特征分析

审判权威	工作年限	职务	理论研究成果	所获荣誉
权威1	22年	庭长	无	无
权威2	13年	庭长	无	无
权威3	29年	无	无	曾获省级法院先进个人
权威4	12年	局长	无	曾获全国法院先进个人、全国办案标兵等
权威5	10年	无	案例、裁判或论文等获得全国、省级奖项	无
权威6	14年	无	无	无
权威7	18年	庭长	案例、裁判或论文等获得全国、省级奖项	无
权威8	26年	无	无	无
权威9	12年	副庭长	无	无
权威10	12年	庭长	无	无

综合上述访谈记录以及表4的统计结果,可以看出:

第一,副庭长以上职务的法官作为审判权威占据多数,在审判群体中的法官一般都认为领导的意见非常重要,最终要以领导的意见为准。

第二,具有较长的工作年限也是现实中法官成为审判权威因素之一,审判群体中的法官往往把资历深与丰富的办案经历挂钩,“传帮带”的师徒关系以及尊重前辈等传统观念也都起到重要作用。

第三,具有明显的理论研究成果或者获得荣誉(省级及以上)也是生成审判权威的来源之一,这在现实中会被群体中的法官直接视为业务能力强的重要标志。

第四,部分法官在审判中长期踏实专研审判业务,经常能够为群体中法官的疑难案件提供依据与良好的解决方案,即使无任何职务、未有长时间的从业年限且未获得过相关荣誉或者成果,在现实中也能成为群体中的审判权威。

为了便于类型化研究,笔者尝试根据对权威形成的主导因素特征进行分类,将审判权威的来源分为领导型、资历型、成果明显型以及专研型,方便进一步探究审判权威的影响。

(1)资历型

资历型权威是指法官主要基于从事审判、执行等工作时间较长而成为群体中的权威,笔者以达15年以上为划分界限。资历型权威经常被群体中法官认为具有丰富的审判执行实践经验,当遇到疑难案件或者探讨一些观点时,其发表的观点往往具有重要影响。

(2)领导型

对于领导型权威,庭长及以上职务的法官因其特殊地位形成的权威往往更具有话语权,毕竟领导权力与威望兼具强制性与自愿性的双重色彩。[1] 虽然庭长及以上职务的法官经常就是业务能手,但即使不具备相应的审判业务能力,仅因为职务而形成的领导型权威也不少见。比如,中、基层法院常见的跨业务庭室提拔领导,不具有相应业务经历的法官转瞬之间就可以成为审判群体中的审判权威。

(3)成果明显型

成果明显型权威是指法官在司法理论研究或者司法实务中取得了较为明显的成果而成为权威。比如,获得了全国办案标兵、先进个人或者省级调研、论文、案例等理论研究的奖项,具有明显的专业认可标签。

(4)专研型

专研型权威是指法官无领导职务或者未有机会被上级表彰,但踏踏实实专研案件,在长期积累之下,经常能够给群体中法官遇到的疑难问题提供良好的裁判思路与依据,更容易受到其他法官的尊重,从而成为现实中的审判权威。

以上审判权威的类型并不全是单一因素的绝对分类,各种类型也时有交叉重叠存在,如成果明显型与领导型、专研型与领导型都可能重叠存在。

(二)审判权威影响之下的法官类型

对于法官的审判模式、法律知识学习类型,虽然相当大的程度上取决于法官自身的职业价值观,但外在审判权威的观点、审判模式等对自身实践价值观形成的作用也不可忽视,所以,司法实践中审判权威对法官类型形成的影响就非常值得探究。对此,笔者尝试对不同法官的类型进行分类,并就群体中不同类型审判权威与不同类型法官的关联性进行实证分析。

---

[1] 参见王慧:《领导权威的来源、类型与维护策略》,载《领导科学》2022年第10期。

1. 现实中法官的法律学习、审判模式类型

法官在审判模式以及审判知识的学习、积累等方面往往各有不同，笔者尝试通过实证研究对法官类型进行归类，以此研究审判权威对法官类型的影响。笔者选取了上述五个审判权威所在部门共计20名法官展开问卷调查，并选取了他们承办案件的部分案卷进行分析。

表5　法官法律学习与承办案件情况特征分析

平均学习时间	主要学习内容	审判态度	裁判证据的分析	裁判说理的分析	裁判内容的转化程度	人数/百分比
每天学习至少一小时	法学为主的书籍、裁判观点与案例、论文等	系统进行学习，办案遇到问题会大量查阅资料	认定事实清楚；采信证据恰当，证据链完整；案件定性准确	裁判形式逻辑完整，实质逻辑充分，层次性强，裁判文书质量好	能够进一步将裁判转化为案例、论文、课题等成果	4人/20%
偶尔看书学习	裁判观点与案例	遇到问题会大量查阅资料	事实认定较为清楚；证据链较为完整，偶尔对证据进行综合分析，但深度有限	法律适用得当，裁判说理较为清晰，但裁判质量普遍不高	进一步将裁判转化为案例、论文、课题等成果成果数量较少，质量也不高	10人/50%
平时基本不看书	—	不查或者很少查阅资料，凭经验或讨论得出结论	事实认定简单，甚至部分事实无认定过程，对证据综合分析少	裁判说理清晰度不高，裁判内容较为简单，少有论证分析和价值判断	没有裁判的学术成果转化	6人/30%
说明：平均学习时间并非绝对时间，而是被访谈者根据自身情况的相对统计。						

根据表5所反映出的特征类型分析，笔者根据法官法律学习与审判模式的不同特点，将法官分为以下三个类型：

（1）系统周全思考型

该类型法官每天能够坚持至少1小时的看书时间，系统学习审判相关书籍、案例、论文等资料。在审判中会尽其可能地查阅、参考各种案例、资料。该类法官所承办案件的事实认定往往清楚准确，裁判法律适用得当，说理逻辑严密、论证透彻，且经常能够转为学术成果。

(2)临时系统思考型

该类型法官偶尔花时间看书,看书内容主要为裁判案例或观点。所承办案件的事实认定较为清楚,法律适用得当,能够进行较为清晰的裁判说理,但裁判质量普遍不高,进一步将裁判转化为案例、论文、课题等成果的数量较少。

(3)临时思考应付型

该类型法官平时一般不看书学习,遇到案件问题不查阅或者很少查阅资料,更多在于凭经验或讨论得出结论。所承办案件的事实认定简单,甚至部分事实无认定过程,对证据综合分析少,裁判说理逻辑清晰度不高,裁判文书内容往往较为简单,且没有学术成果的转化。

2. 审判权威类型与法官类型的关联分析

不同类型法官因知识的获取与积累、审判思维与模式的不同而有不同的特点,审判权威也是如此,可对应归类于上述法官的类型。笔者对不同法官类型属性的审判权威所在部门的法官进行分析可以发现,某类型审判权威影响着该审判群体其他法官生成类型。

为进一步探究某类型的审判权威是否会影响其他类型法官的转变而逐步被“同化”,为此,笔者随机选取上述 4 名法官以“审判权威对自己学习、审判的实际影响”为问题进行了访谈。

表 6 审判权威类型对法官类型影响的部分访谈记录

访谈对象	问题:审判权威对自己学习、审判的实际影响有哪些
N 区法院 N6 法官	当我向 E 法官(按照分类属于系统周全思考型的成果明显型审判权威)请教时,本来我是不懂这个法律规定,E 法官会系统地讲解法律制定背景、精神及适用注意事项等,并点明不懂的原因在于学习不够,思维不够系统,还会推荐学习的书籍,平时可以系统学习
N 区法院 N7 法官	我看到 E 法官以及其他同事平时都会系统分析、讨论法律问题,我作为部门中的法官如果不进行学习就难以融入这个集体,不能再向以前一样只会应付了事,这样会显得格格不入
N 区法院 N8 法官	当我向 F 法官(按照分类属于临时思考应付型的资历型审判权威)请教时,F 法官认为对该事实问题不必深究,凭经验判断即可,今后遇到类似事实问题,我也凭经验判断
N 区法院 N9 法官	本来我是有每天学习法律知识的习惯,但 F 法官以及其他部门法官大都不怎么固定学习,每次讨论的时候都采纳 F 法官的意见,我的意见往往不受重视,深度怀疑自己看书并没有什么用,慢慢地不看书了

从表6中可以看出，审判群体中审判权威类型与法官主要类型具有较强的对应性。比如表6中，在系统周全思考型的成果明显型审判权威、系统周全思考型的领导型审判权威所在部门中，明显是系统周全思考型的法官居多；临时思考应付型的资历型、领导型审判权威所在部门明显是临时思考应付型的居多；审判权威的法官类型与审判群体中大多数法官的法官类型呈现出基本一致的结果，也即审判权威的属性支配着该审判群体的法官属性。同时，从整体上看，系统周全思考型的法官明显占据比例小，临时思考应付型的法官并不少见。换言之，在系统周全思考型的成果明显型审判权威占比不高的情况下，审判权威影响下的法官类型出现了异化的现象，不少法官不重视系统的审判业务学习，对案件审判持应付了事的态度。

另外，审判权威对群体中法官的各方面影响，贯穿法官处理案件的全过程，包括审判思路、模式、知识来源甚至接待当事人等各种细节。

（三）保障审判权威正向功能的制度解析

虽然未言及审判权威对法官类型的影响，但在加强审判业务能力引领者的正向功能上，各级法院一直在进行相关制度的探索与构建，主要在于科层领导的提拔以及改变法官会议、审判委员会等场景会议规则，但实际上收效有限。

1. 科层领导的提拔

从应然层面，以提拔审判业务成果明显、系统思考型的法官为科层领导确实是矫正异化现象重要的路径，近年来，确实有一些具有明显成果的法官被委以重任。但在现实中，各地法院，尤其是是中、基层法院的科层领导提拔往往是基于多方面因素的综合考量，审判业务能力仅是其中一方面因素，很多法院经常是不考虑审判业务经历跨部门提拔科层领导，故该路径对于保障审判权威的正向功能作用有限，而且其中存在一个漫长渐进的过程。

2. 设置审判业务会议发言顺序

各地法院审判委员会议事规则中大多规定了发言的顺序，各委员按照法官等级和资历由低到高顺序发表意见，主持人最后发表意见。其中的原因就在于尝试打破权威的影响，能够让与会人员都发表基于自身独立判断的意见，防止附和科层领导的发言，专业法官会议也是如此。但在实践中，跟风、长官干预等发言不充分，对上级权威存有依赖心理仍然普遍存在，[1]即使审判权威在后发言，但也很快会在表决时其他法官附和改变意见，故其效果有限。

---

〔1〕 参见冯之东：《司法改革背景下的专业法官会议制度研究》，载《甘肃政法学院学报》2017年第1期。

(四)小结

总结上述实证,可以得出以下结论:

第一,审判权威在审判群体中普遍存在,但审判业务能力并非在其中起到决定性作用,职务、资历甚至人际关系等因素都可以起到关键作用,真正因为拥有业务成果与能力成为权威的空间反而有限,出现了审判权威不等于审判业务能力强的异化现象。

第二,审判权威对群体中的法官类型起到了重要作用,由于非审判业务能力因素经常可以导致审判权威的生成,现实中审判权威影响之下的不少法官不重视系统的审判业务学习,频频生成临时思考应付型法官,出现了系统周全思考型的法官显著少于其他类型法官的异化现象。

第三,对于审判权威不等于审判业务能力强的异化现象,现有应对机制如科层领导提拔制度、审判业务会议的讨论规则,并不足以起到良好的防范作用。

二、审判权威异化的问题实质:审判话语权的错位

之所以成为审判权威,是因为在请教、讨论等多种审判场景中,审判权威能够通过其话语对审判群体的审判观念、行为产生影响力,实质上就是审判话语权,故审判权威的异化实质上也是审判话语权的异化。

(一)审判话语权的属性与生成

话语权是指基于话语本身力量而产生的话语影响力,它既非一种权利,也非一种权力,其影响力不具有强制力,是通过接受者自觉认同感而实现的。[1] 在审判中,审判话语权是指审判主体基于话语内容所带来的话语影响力,它是审判影响力的进阶。在应然层面,审判话语权的形成源于话语内容所产生的影响力,[2] 当话语内容能够在审判群体中产生共鸣,获得认同,或者话语内容能够为审判群体遇见的难题提供良好的解决办法,即存在形成话语权的可能性。

形成审判话语权的话语内容应当是审判业务能力的体现,故除基于话语内容成就审判话语权之外,表征审判业务能力的一些外观标志,比如审判研究成果的取得、审判专家的评定,也能反向促成审判话语权的形成。审判话语权并非一成不变,可以随着各种场景的适用而得到加强,比如,审判话语权主体的意见在专业法官会议、审

---

〔1〕 参见陈曙光:《话语权是一种什么权力》,载《光明日报》2015 年 1 月 15 日,第 16 版。

〔2〕 参见杨云霞:《话语“权利”抑或“权力”:辨析与再认识》,载《人民论坛 · 学术前沿》2021 年第 6 期。

判委员会、日常学习请教等场景中发挥重要影响，使话语权得以不断加强。

(二)审判话语权与其他话语权的交错挤占

1. 司法实践中与审判话语权并存的其他话语权

在司法实践中与审判话语权并存的还有行政话语权、司法监督话语权、基于群体心理产生的权威话语权。

(1)行政话语权

行政话语权是基于行政关系而产生的，行政关系是基于科层行政从属关系而存在的指令与服从关系，具有很强的支配力与执行力。在司法实践中虽然已经进行了扁平化的司法改革，但并未完全消除法院内部领导与下属之间的行政关系，比如人事调整安排、司法资源配置等，故基于此必然存在相应的行政话语权。

(2)司法监督话语权

司法监督是为了防止司法权出现不用、滥用的后果，对审判活动实施指导监督和事务管理的活动，是司法权的延伸，[1]其中监督主体为院庭长及机构负责人，其中必然存在相应的司法监督话语权。

(3)基于群体心理产生的权威话语权

这类话语权往往基于资历、良好的人脉等原因而产生。在群体中，老资历的“长者”或者与群体其他成员关系良好的成员，经常能得到大家的认可与尊重，相应地，也就会产生基于群体心理的权威话语权。这在审判群体中也不乏存在，尤其是近年来法院新进了不少年轻的司法工作人员，“会来事”“会说话”的“老资历”法官在审判群体中的话语往往举足轻重，这就是基于群体心理产生的话语权。

2. 异化：其他话语权对审判话语权空间的挤占

虽然在应然层面，审判话语权应当来自话语的审判内容，话语内容能够就审判业务问题在审判群体中产生共鸣，获得认同。但在长期的司法实践中，审判话语权却一直是行政、司法监督等话语权的集合体，且相互之间并没有明显的界限，加之基于群体心理对资历话语权的无意识认同，就呈现出其他话语权对审判话语权渗透、挤占的状态。

在各种话语权运行层面，有的行政话语权与司法监督话语权越界运行，行政话语权以“把关”等管理手段审查法官的裁判，司法监督话语权以监督的名义“介入”正常的诉讼，使审判结果成为行政管理或者司法监督权博弈的结果，甚至形成司法监督的

〔1〕 参见重庆市高级人民法院课题组：《审判管理制度转型研究》，载《中国法学》2014 年第 4 期。

行政化运行机制。[1]

在各种权力运行层面,行政权意味着指令与服从,其中还包含人事以及司法资源配置的权力。司法监督权意味着监督检查、追责的权力。但一些法官把对行政权与司法监督权的服从延伸到审判业务范围内,甚至还企图尽力以服从换取在各种司法资源分配中占优,避免司法监督的检查与追责。与此相对应,法官的审判话语权也会在行政话语权与司法监督话语权面前退让,甚至主动让位于行政话语权与司法监督话语权。

在群体心理层面,群体的一个突出特征就是理性弱化,有意识的人格销声匿迹、无意识滋生蔓延。[2] 在群体中作为人类的本能和情感是非常相似的,这些人类共同的本能和情感与其智力水平、年龄、职业、学历等毫不相关,而是受到一些无意识因素的支配。关系良好、资历这些因素就是群体心理中经常起到重要作用的无意识因素,当一些关系良好的老资历法官在审判领域行使话语权时,法官群体往往并不是理性判断,而是出于无意识的感性因素去认同,出现审判话语权被侵蚀的状态。

(三)审判话语权异化的原因分析

之所以出现审判话语权的异化,是因为应然层面的审判话语权主体缺位、审判话语权适用场景的保障缺失、审判话语权的自身虚弱等,下面就分内因和外因进行分析。

1. 内因层面

(1)话语权主体缺位:审判专家制度的悬空

从话语权的生成逻辑而言,评定审判专家是形成审判话语权的重要途径,但现实中审判专家的影响力弱,审判话语权的行使主体缺位。

第一,全国审判业务专家覆盖面小,影响弱。

全国审判专家在“人才强国与科教兴国战略”的背景中应运而生,是法律领域具有社会影响与学术地位的高层次审判人才。2006 年以来,最高人民法院不断发布队伍建设与人才培育相关政策文件,完善审判专家培养体系,以发挥其在法院队伍建设中排头兵、领头雁的示范作用。

全国审判业务专家已评定至五届,涉及四级法院共计 246 人。从评定人员可以

---

〔1〕 参见梁平、李庆保:《论我国司法监督资源的优化整合》,载《法学杂志》2014 年第 11 期。

〔2〕 参见孙钦浩:《革命时代的群体心理——读古斯塔夫·勒庞的〈乌合之众〉》,载《理论观察》2011 年第 2 期。

看出,全国审判业务专家评定人数特别少,且每届基层法院的专家都寥寥可数,但作为承担着全国80%左右案件量的基层法院,却无法与全国审判业务专家相衔接,审判专家对低层级法院的影响很小。

第二,全国审判业务专家行政属性强,远离一线。

从评定人员当时身份可知,副庭长以上级别的审判专家占总人数的80%以上,审判专家大部分具有行政职务,而具有行政职务意味着行政性事务较多,从事办案的时间就会减少,远离一线也成为"无奈之举"〔1〕。这就事实上为现实中审判权威的异化提供了生长的空间。

第三,各省、市审判业务专家尚为雏形,实际影响力弱。

如果说低层级法院不容易受到全国审判业务专家的实际影响,那么,各省、市审判业务专家是否更容易影响现实中审判权威的生成呢?为此,笔者收集了部分省市开展审判业务专家评定的情况(见表7)。

表7 各省、市审判业务专家的评定时间、人数等情况〔2〕

法院	第一届	评定人数	有无制度性文件
湖南法院	2015年	15名	2020年《湖南省审判业务专家管理办法(试行)》
山东法院	2019年	160名	2022年《山东省高级人民法院关于全省法院审判业务专家评审的指导意见》
北京法院	2015年	19名	2014年《北京市审判业务专家管理办法(试行)》
安徽高院	2022年	17名	—
广东法院	2010年(2017年第二届)	不详(第二届25名)	2018年《广东省审判业务专家管理办法》
广西法院	2017年	31名	—

〔1〕 参见高翔:《全国审判业务专家制度的生长与走向——兼论司法改革背景下的法官专业化》,载《法律适用》2015年第3期。

〔2〕 该数据取自互联网,若该省、市未在互联网发布审判专家相关讯息,则本文视为未开展,故与实际开展情况可能存在出入。

续表

法院	第一届	评定人数	有无制度性文件
辽宁法院	2010年	12名	2010年《“辽宁省审判专家”评选办法（试行）》
河北法院	2020年	26名	2020年《河北省第一届审判业务专家评选实施方案》
海南法院	未开展	—	—
青海法院	未开展	—	—
山东济宁市法院	2023年	13名	《济宁市审判业务专家评审实施办法（试行）》
江苏宿迁市法院	2023年	9名	《宿迁市审判业务专家评选及管理办法（试行）》
辽宁沈阳市法院	2022年	35名	—
江苏连云港市法院	2022年	10名	《连云港市审判业务专家评选和管理办法（试行）》
深圳市法院	2020年	50名	《深圳法院审判专业人才队伍建设规划纲要（2019—2023年）》
山西太原市法院	2021年	6名	《太原市审判业务专家管理暂行办法》
浙江衢州市法院	2021年	6名	—
江西上饶市法院	未开展	—	—
广西贵港市法院	未开展	—	—

通过对比各省、市审判业务专家评定的启动及进展来看，已开始评定的省、市法院开始时间普遍较晚，一些省、市法院尚无制度规范，评定的审判专家数量普遍较低，一些省、市法院甚至根本未开展评定工作。因此，缺乏规范的省、市法院审判专家评定处于无序的运行状态，相对广大的中层、基层法院来说更难以言及影响。

（2）对审判话语权的自身构建忽视

对于中、基层法院尤其是基层法院，审判话语权天然优势不足，加之长期忽视话语权的实质评价标准，导致了其他话语权的事实取代，主要体现在以下两个方面：

第一，自身业务能力不强。由于历史遗留原因，中层、基层不少老资历法官来源于军转干或者其他非正规法学院校的招录，一些已经是中层、基层法院的领导，在中层、基层法院中具有极强的话语权。再加上大学法学教育与司法实践的脱节，中、基层法院法官的审判业务能力自身成长缓慢，甚至出现一些扭曲状态。比如，随意强调社会效果、社会经验，排斥法律适用的情况时有发生，审判业务能力呈现出先天条件不足与后天成长缓慢的状态，给予其他话语权侵占的时间与空间条件。

第二，法院系统中未形成实质评价法官审判业务能力的风尚。在法院系统的各种考核、表彰中，总是将一年的收结案率、案件数放在首位，一目了然彰显出法官业绩。比如办案标兵、优秀法官的评定标准中，多以结案数高者优先推荐，办理速裁简易案件法官经常是办案标兵、优秀法官的热门人选。在唯数据论、指标论之下，优秀的评定与真实的审判业务能力评定不能完全匹配。在不代表审判业务能力突出的“优秀法官”之下，真正的审判话语权主体标准也随之处于迷失状态，其他话语权就有了侵入机会。

(3)主观判断存在不确定性：审判职业技术的特殊性

司法权是判断权。[1] 法官是将普遍、抽象、理性的法律规则或原则应用于具体、生动、感性的诉讼案件，并根据个案实际客观中立地作出价值取舍及判断的专门性职业。审判从案件事实的认定到裁判作出的全过程都涉及主观性的取舍与判断，主观确定性的空间较大，并不像自然科学的结论那样必然要经过严谨精确的实验验证。尤其是审判经常需要进行价值判断，对法律之外的因素考量在所难免。在审判话语权自身薄弱的情况下，并不专业的主观判断以及失却规范的后果主义观点在审判中也能大行其道，故基于领导、资历等因素的话语权在司法实践依然能够在审判业务中占据主导地位。

2. 外因层面

(1)审判话语权适用场景的保障缺失

话语权的形成与适用离不开相应的适用场景，就审判话语权而言，可以分为正式适用场景与非正式适用场景。正式适用场景常见的是法官会议、审判委员会等讨论决议机制，非正式适用场景则是对于审判业务的日常请教、讨论场景。正式适用场景中的审判话语权对非正式适用场景具有导向作用，比如在法官会议、审判委员会讨论决议中具有话语权的法官，并意味着该法官在正式审判业务决议中具有较大影响力，故在日常请教、讨论场景中，审判群体中的其他法官也会倾向于向其请教审判业务问

---

[1] 参见孙笑侠：《司法权的本质是判断权——司法权与行政权的十大区别》，载《法学》1998年第8期。

题。但尴尬的现实是,在各地法院的专业法官会议、审判委员会中,并没有审判话语权的保障机制,一些审判业务较强的法官甚至没有参会资格,即使有资格参与,也在资历、领导等排位因素之下无法言及有审判话语权,故现实中审判话语权适用场景的保障存在缺失。

(2)科层化对法官专业化技术的稀释

从科层化制度来讲,马克斯·韦伯将其定义为具有专业化的官员、规范化的程序、分工明确的职位与上下服从的等级结构,[1]他用"铁的樊笼"隐喻揭示科层制无处不在的影响力、渗透力和支配力。在司法实践中也是如此,在新一轮司法改革中,司法责任制对科层化制度起到了一定的弱化效果,但"信息沟通""说服建议"等管理手段依然能够对审判权产生重要影响,[2]名正言顺的司法监督权往往也与科层化的等级权力混淆在一起,高层级科层与专业技术人员的身份并无明确分界。在服从命令与监督的绝对优势之下,在审判运行中实际上是强化了科层的影响而弱化了技术的专业性,其就会在法官群体中树立实质权威并不断扩大其影响。

三、重塑审判话语权探析:审判专家的生成要素与应用场景

审判权威的异化映射出其他话语权对审判话语权的侵蚀,如何矫正审判权威的异化,关键在于加强审判话语权自身的构建并赋予制度保障,可以从重塑审判专家制度入手,建立符合各层级法院的审判专家制度,并赋予各种适用场景的话语权保障,以推动审判群体中的审判权威之良性生成。

(一)以完善审判专家制度重塑审判话语权的正当性分析

各种话语权是依托于相应的主体而出现,重塑审判话语权必须从话语权主体入手。目前审判实践中各种话语权主体模糊不清,故应当构建科学合理的审判专家制度,在此基础上引领审判话语权主体之合理形成。

一方面,经科学合理的评定,并赋予应用场景中的话语权制度保障,符合现实需求的审判专家制度能够在各审判群体中塑造真正的审判话语权主体。审判专家与科层领导、专研型法官等其他话语权主体身份来源并不冲突与排斥,两者既可以重合,也可以分离,事实上很多科层领导都是审判专家。

---

[1] 参见[德]马克斯·韦伯:《支配社会学》,康乐等译,广西师范大学出版社 2004 年版,第 87 页。

[2] 参见苏杭:《法院管理与法官策略二重作用下的司法决策——以组织社会学为分析视角》,载《理论月刊》2019 年第 12 期。

另一方面,审判专家的话语权在审判群体中具有引领功能。审判专家是经过官方评选认可的,是基于对审判业务能力确认而产生,其拥有的审判话语权在于话语内容来自审判业务的内容,能够树立以审判业务能力强为审判话语权的标杆。换言之,在此引导之下,审判业务能力较强的科层领导、一般法官也可以其来自审判业务的话语内容拥有相应话语权。因此,通过审判专家制度矫正审判话语权的异化更具合理性与现实可能性。

(二)重塑审判专家制度:层级机制与养成机制

专家的导向功能源于其蕴含的专业能力,假如为了让审判专家制度落地而降低评定标准,“专家不专”的后果必然是审判话语权的内在坍塌,故重塑审判专家制度不能随意降低其评定标准。面对各地法院矫正审判话语权异化的现实需求,就应当从层级机制与养成机制重塑审判专家制度。

1. 层级匹配:实现审判专家的层级化

之所以会出现很多法院的法官不能被评为审判专家,原因在于过度依赖最高人民法院以及高级法院评定的审判专家,往往难以达到其评定标准。由上述实证可知,只有部分市级法院有审判专家的评定制度,但由于缺乏统一的层级标准规范与评定机制,现实中经常流于形式,一些地方甚至该项工作被长期搁置。要破除审判权威的异化,让审判专家在审判实际中与审判权威相重合,就必须构建分别适配各层级法院的审判专家标准规范与评定机制。

为了确保专家拥有相匹配的专业能力,就应当厘清各层级专家专业能力的匹配度。匹配度的确定除专家的本质内涵之外,还在于与各种适用场景的匹配,其中的因素包括对审判业务能力要求的程度高低、人才储备基础,这就涉及各级法院的审判需求以及地域的人才储备差距。比如,从法院层级来说,高级法院侧重于依法纠错与统一裁判尺度,在其适用场景中就需要精湛深厚的法律人才,高级法院的人才储备也具有匹配的可能性。但相对广大基层法院来说,则侧重于分流案件、查明事实,就应在大量案件的审理中强调审判的效率、细致的事实查明与正确的法律适用,两者的审判业务能力侧重点以及高低标准应当存在差距。从地域来说,我国东西部经济文化的差距仍然较大,在法院人才储备上也有明显距离,故在同级别法院的审判专家评定上,也必然需要考虑地域的差别。

2. 养成机制:建立审判专家过渡机制

审判专家并不是天然形成的,必然都存在一个积累、学习提升的过程。既往的审判专家制度都只着眼于现有的法官审判业务水平,结果出现应然与实然层面的极大差别，导致司法实践中大量审判业务场景中没有审判专家，出现行政话语权、司法监督话语权、资历话语权与审判话语权糅合之下的审判话语权异化现象。结合实际情况，就应当在建立层级化审判专家评定标准的基础上，转换到审判专家养成的视角，即应当构建预备审判专家的评定、培养机制。

从养成的视角，不再以是否符合审判专家为标准，而以成为审判专家的意愿与潜质，从可塑性地选拔到塑造机制的构建去培养潜在的审判专家，即为预备审判专家。一方面，通过对有意愿且有潜质的法官进行审判业务的定期培训引导，可以逐渐纠正年轻法官在审判群体中追随异化的审判权威的现象，让年轻法官识别区分审判中的审判话语权与其他话语权；另一方面，在各地法院的审判群体中塑造将来的审判专家，让真正的审判话语权回归现实。

（三）赋予审判专家的审判话语权适用场景保障

审判话语权的空间之所以频频被行政话语权等其他话语权所挤占，实质问题在于面对行政话语权等其他话语权的强势，审判话语权并无适用的制度性保障。

1. 话语权制度保障之原理

"话语"从来不是平等分配的，每次的话语互动都会受到环境和权力关系的牵动，都包含着权力的运作，即话语权是来自各种制度性的授权。所以，话语是建立制度的前提和基础，制度是话语的固化和保障。[1] 审判话语权的空间被行政话语权等其他话语权所挤占，其根源在于背后的群体环境和权力关系。虽然扁平化司法改革的重点之一就在于消除行政从属关系对审判业务的干扰，但一直以来审判运行中的行政逻辑一直以各种形式悄然存在，长期以来留存的讲服从、讲人际关系等因素一直混杂其中。如何消除审判话语权的异化问题，实质就是如何深入推进扁平化司法改革的问题，以使审判话语权回归审判业务本身。从制度是话语的固化和保障而言，就是给予审判话语权的制度性保障。

2. 多场景话语权制度保障的设定标准

构建审判话语权的制度保障，必先明确审判话语权的适用场景，再根据适用场景进行制度保障之设计。如前文所述，审判话语权适用场景可分为正式与非正式适用场景。正式适用场景中的审判话语权对非正式适用场景具有导向作用，故加强正式适用场景的制度构建就是其中关键所在。具体可以从以下两个方面加强：

一方面，现存的正式适用场景。比如专业法官会议、审判委员会，需要发挥审判

---

〔1〕 参见周倩：《制度性话语权视角下高等教育强国建设的路径选择》，载《教育研究》2017 年第 7 期。

专家的审判话语权导向作用,给予审判专家参与、发表意见的方式、位次的制度性保障,但在行使方式上,以不干预独立审判,不违背群体决策规则为边界。

另一方面,构建新的正式适用场景。比如跨地域审判话语权的适用场景,可以在地市级的统一裁判尺度、四类案件办理、案件评审等方面构建新的审判专家话语权适用场景,让审判专家的审判话语权通过参与审判重大事务凸显其举足轻重的功能。

四、审判话语权回归:审判专家生成、养成与应用的路径设计

审判专家作为重塑审判话语权的最佳路径。强化审判专家的主体性与制度性,就需要重新建立审判专家的生成、养成与应用场景的相关机制,规范审判专家在各层级法院的生成,最终实现审判话语权的实质回归。

(一)审判专家的主体培育机制

1. 建立审判专家的层级机制

(1)评定主体

为确保评定的公平性与统一性,审判专家的评定主体应当在高层级法院,并设立审判专家评审委员会作为常设机构,由审管办负责,保证评选工作的顺利开展。具体为:第一,全国审判专家应当由最高人民法院组织评选,具体工作由审管办负责,参照全国法院学术讨论会的召集标准,由大学教授与资深法官进行讨论与评定;第二,省、市以及基层法院审判专家应当由高级人民法院组织评选,参照全国审判专家的评定程序进行。

(2)评定标准之梯次划分

基于不同层级法院,审判专家的评定难度系数应当具有梯次差别,具体参照如图1所示:

各地法院可参照图1进行对应,以获取相应的难度系数。另外,在同一层级法院之间的对比还应当以当地经济发展水平作为参数。一般而言,经济发展水平越高,人才越集中,审判专家评定的竞争态势也越激烈,评定标准也就越高,但难度系数不应超过图1中各层级法院的难度系数区间。当然,并非每个法院都有自身的评定标准,而是各省、市法院应当根据实际情况横向进行比较定位,以确定一个难度系数的区间,从而为审判专家标准的确立提供宏观上的指引。

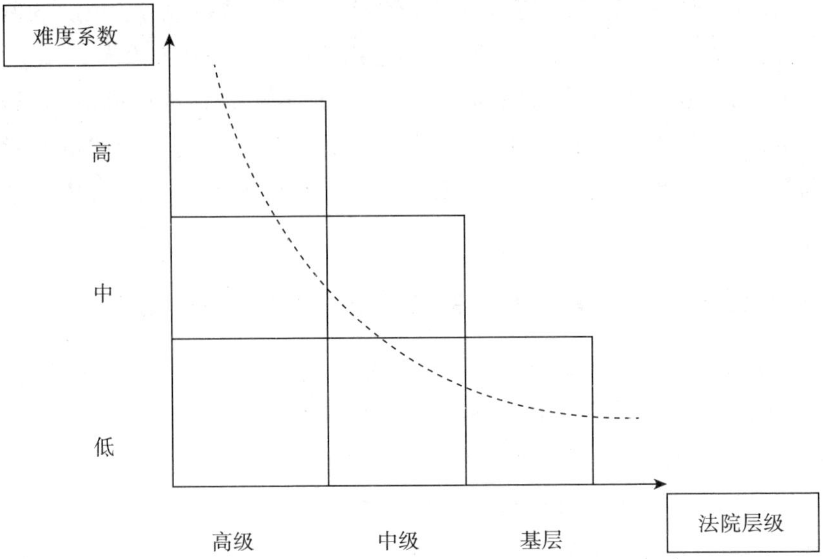

图 1 审判专家生成标准难易走势〔1〕

(3)评定标准之具体划分

全国审判业务专家的评定标准代表着审判专家的最高水准,可归纳为学历、个人品行、任命时长、审判业绩与学术调研能力五个方面的评比。其中,本科学历、个人品行与任命时长无可比内容,为常量,审判业绩(M)与学术调研能力(N)为变量,审判专家(T)的标准关键在于变量的对比,结合省级、市级与基层法院的不同侧重点及地区发展情况,将变量进行如下设定(见图 2)。

第一,基层法院法官的审判业绩侧重于事实查明与纠纷化解,其与底层社会发生的事接触最多,调解的需求大,这就要求基层法官的群众工作能力突出,故审判业绩的标准应该是调解能手、群众工作能力突出、重大疑难等案件的办理、个人质效排名前列、荣誉项目与位次等($M1+\cdots+Mn$),业绩越多、等级越高代表越有优势。而学术调研能力标准在于研究成果的发表刊物等级或者竞赛等级与位次的比较,所获荣誉等级越高代表学术研究能力越强,专家评比中越具有优势($N1+\cdots+Nn$)。

利用上述比较工具将对比标准进行赋分,将分值作为最终的评比重要参考,但立足于审判实际,基层法院审判业绩与学术调研能力应当有所侧重,即将审判业绩的分值设定为占比 80%,学术调研能力占比 20% 进行衡量。

〔1〕 难度系数越往上越高,经济发展水平越往右越低。

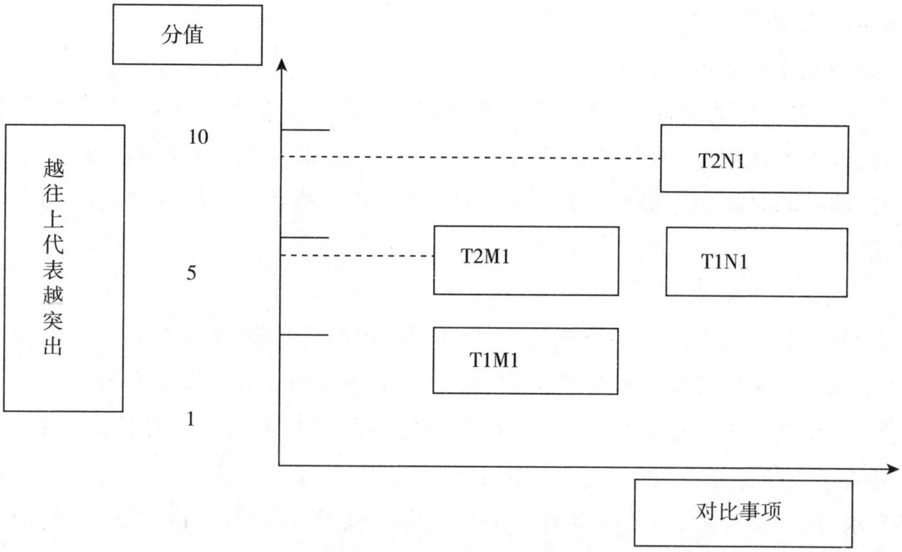

图 2　每项标准的比较工具

第二，中级法院审判专家的标准应当立足有效指导、定分止争。从原则上说，根据《民事诉讼法》，中级法院作为一审案件的上诉法院，应当具有比一审法院法官更高的裁判水平，以更彰显司法公信力。故市级法院的审判专家应当“更专”，其评定标准整体上应当在基层法院标准的基础之上。另外，应当考核对下级法院的业务指导成效，因此，可将最终设定的分值按照审判业绩占比 70%，学术调研能力占比 30% 进行衡量。同时，为畅通上升渠道，应当设置审判专家层级晋升机制，对于基层法院赋分排名前列的审判专家，可直接申请晋升为中级法院审判专家。

第三，高级法院的法官基于其业务指导能力与重大疑难案件的综合审理能力需求，其审判专家的标准应当明显更高。高级法院法官参评的，需要横向对比审判业绩与学术调研能力，按照审判业绩占比 60%，学术调研能力占比 40% 进行对比量化，其中审判业绩主要侧重于重大疑难案件办理、监督纠错与统一裁判规则等方面；对于纵向审判专家层级晋升，中级法院赋分排名前列的审判专家，可申请直接晋升为高级法院审判专家。

另外，需要注意的是，四级法院审判专家的评选时间应当固化，确保评定工作的有序开展，切实将审判专家落实到各地法院。

2. 建立审判专家的预备机制

对于评定预备审判专家，首先应当遵循法官个人意愿，综合考察个人的潜质，再从养成的角度进行培养。

(1)尊重个人意愿

个人自愿是首要前提,在任命为员额法官2年以上具备报名条件,但应当限制报名人数,给予各庭室1~3个名额,对报名人员进行为期1年的培训与学习,对审判基本能力、学术调研能力等潜质进行综合考察,经考核合格后方可纳入预备审判专家的培养规划。

(2)构建培养规划

定期培训、跟班学习及考核选拔要素是预备审判专家养成机制的主要内容。同时,根据审判专家层级匹配的现实需要,各层级预备审判专家的培养应当有所对应:

第一,定期培训。培训内容上,完善系统法律基础知识与实务知识的储备,由审判专家委员会负责系统规划培训计划与教材,但应当注意相应层级预备审判专家的现实需求;培训组织上,每年需要有1个月的集中脱产培训时间,以保证学习效果;培训模式上,进行有目的、任务规划的训练,投入相应训练时间,集中培训结束后,每日必须完成相当于至少1个小时的审判业务学习量。

第二,跟班学习。由审判专家一对一地进行定向培养,以导师的身份参与对预备审判专家的办案、学习等方面的专门指导,培养其学习习惯与审判模式。

第三,考核选拔。为期3年的培训考察期结束后,由审判专家委员会负责对培训情况的综合评定,根据评定结果,优秀者由审判专家委员会任命,可行使院内替补或替代审判专家的职权。

(二)审判专家的应用场景设计

1. 构建应用新场景:成立审判专家委员会

应当创建跨地域的审判专家应用场景,即审判专家委员会。比如,中级审判专家委员会由各基层法院审判专家与中级法院审判专家组成,对辖区内的重大疑难案件、统一裁判观点、案件评查等审判事务进行讨论决议,并为中级法院的审判委员会提供参考意见,以使之成为辖区内审判话语权的重要来源。具体可由中级法院审管办负责召集与日常运行。

2. 加强既有审判专家应用场景

(1)专业法官会议

在逐步弱化审判委员会个案指导的改革形势下,专业法官会议原则上应当有审判专家意见,按照助理、法官、庭领导、审判专家的位次发言并做好会议记录,最后总结发言由审判专家进行,将会议的记录作为该案的重要参考,发挥审判专家的应有专业咨询功能。

(2)审判委员会

审判专家必然应当是审判委员会成员。在召开案件讨论时,必须有相应领域的审判专家参会,在群体决策原则下,保障审判专家发表独立意见与行使表决权,但也不能干涉其他委员正常行使权力,实现以审判专家的专业性加强审委会职能。

(3)案件评查

案件评查的主要功能在于通过对案件质量的评估,达到引导、评价、监督、规范等作用,既可以反映法院司法情况及法律法规的执行情况,又可以进一步完善司法活动。[1] 故评查主体需要具有较高的审判业务判断能力,与审判专家的业务能力标准相契合,要将审判专家纳入评查主体,在保障案件评查质量的同时,借此增强审判专家的话语权。

(4)法答网

近期,最高人民法院上线运行了法答网平台,将具体业务分为14类,且仅对每类法律问题进行解答,实质上体现了对审判业务能力的要求,而审判专家是当然的解答专家以及审核专家,这不仅可以保障法答网的畅通运行,实现法答网最初设定的价值,还可以扩大审判专家的应用场景,增强审判专家话语权的影响力。

结　语

对于如何防止审判话语权异化,本文从重塑话语权主体以及相关权利保障方面入手,赋予审判专家在相应场景中的话语权,引导现实中的审判主体正确寻求话语权支持,让审判话语权回归到审判权运行的轨道。本文对此只是抛砖引玉,期待借此引起对审判话语权的更多关注与研究,形成更加完善的运行制度规范,以促进人民法院司法事业的高质量发展。

---

〔1〕 参见钱大军、谢遥:《论案件质量评估制度的功能预期与超负》,载《学习与探索》2017年第5期。

审判效率的"求快"与"防拖"之辨析

——以多重效率指标考核下的异化现象为视角

梁　黛*

引　言

法院对审判效率的重视肇始于各种审判拖延现象。在过去,由于效率意识的淡薄以及信息技术滞后之下的监管缺失,不少法院存在严重的审判效率问题,随意延长审限、超1年长期未结案的审判拖延现象屡屡出现,严重损害了司法形象,故加强审判效率逐渐成为各地法院高度关注的问题。随着司法信息化技术应用的普及,审判运行具备了可监控的数字化条件。从长期未结案、简易程序适用率等指标数据来看,各地法院审判效率近年来得到了大幅提升。但问题是,虽然提高审判效率肇始于制止司法拖延,目前提高审判效率似乎实质上已经转为"求快"的主基调,并在数字化、赛道制的多重效率指标考核之下出现各种违背司法规律的异化现象。本文全景式地描述了我国审判效率考核的"求快"以及异化现象,通过对"迟来的正义非正义"的合理解读,探析审判效率本质在于"防拖"还是"求快",并尝试在层级制审限、审限评查、当事人参与异议权等方面构建合理的提高审判效率制度。

一、数字化、赛道制之下的审判效率考核异化现状

2014年年底,最高人民法院取消对全国各高级法院的考核排名,各

---

* 梁黛,广西壮族自治区柳州市柳南区人民法院立案庭三级法官。

法院开始自行拟定绩效考核的尝试。不过，各地法院的审判质效考核倾向于从不同角度设置多个效率考评指标，依托信息技术采集的数据进行数字化考核。

（一）现行审判效率考核模式

当下各地考核的方式分为两种：一种是排名赋分模式，即审判效率各子指标按排名赋分，表现为直接竞争的“赛道制”模式；另一种是区间值模式，即设定不同指标等级区间。后者在最高人民法院《人民法院审判质量管理指标体系（试点版）》中推行（见表1），各法院此前也有尝试。例如，中部地区H省X市2022年审判质效考核指标中，将部分效率指标以不同区间值划分为“优、良、中、差”四个等级（如表2所示）；西部G省L市2023年审判质效考核指标中，部分效率指标设置了合格线，超过合格线予以加分，未达标则予以减分（见表3）。

表1　人民法院审判质量管理指标体系（试点版）部分效率指标设置

指标	指标性质及适用
审限内结案率	评价指标、正向指标，设定合理区间：78.58% ~93.51%
审限变更率	评价指标、负向指标，设定合理区间：5.88% ~21.82%
平均结案时间	评价指标、负向指标，设定合理区间 刑事：33.78 ~57.10 天　民事：45.33 ~79.51 天 行政：50.58 ~89.10 天　司法赔偿：62.23 ~107.98 天 执行：49.83 ~100.27 天
结收比	参考指标、中性指标，提供参考区间： 年度 97.5% ~104.5%　月度 65% ~150%
超12个月未结案件比	参考指标、负向指标，提供参考区间≤6.51‰
法官人均结案数	参考指标、正向指标，作为数据展示
诉讼链均时间	参考指标、负向指标，作为数据展示
上诉案件移送时间	参考指标、负向指标，作为数据展示

表2　X市法院部分效率指标设置

指标	优	良	中	差
法定审限内结案率	≥95%	94% ~95%	92% ~94%	<92%
收、结案均衡度	≥0.85	0.8 ~0.85	0.8 ~0.85	<0.7
平均审理天数	≤40	40 ~50	50 ~65	>65
法定审限内未结案比	≥95%	90% ~95%	85% ~90%	<85%

续表

指标	优	良	中	差
简易程序适用率	≥80%	77% ~80%	73% ~77%	<73%
小额诉讼程序适用率	≥20%	16% ~20%	12% ~16%	<12%

表 3 L 市法院部分效率指标设置

指标	评分标准
一审简易程序适用率	城区法院指标值达到 78%,县区法院指标值达到 85%,得 1 分。每增加 0.01 个百分点,加 0.001 分,每减少 0.01 个百分点,扣 0.001分,加扣分不超过 1 分
小额程序适用率	城区法院指标值达到 38%,县区法院指标值达到 45%,得 0.5 分。每增加 0.01 个百分点,加 0.001 分;每减少 0.01 个百分点,扣 0.001分,加扣分不超过 0.5 分
法定第一次审限内结案率	指标值达到 92% 得 1 分,未达到的不得分。每增加 0.01 个百分点,加 0.01 分,指标值达到 96% 得 5 分

最高人民法院设定区间值的指标数值有较大的跨度,并且部分指标设置为参考指标,仅作为数据展示,旨在了解法院的审判效率以优化资源配置,而非激起各院竞争。但在现实中,为了凸显对上级法院要求的严格落实,下级法院经常会对上级法院设置的区间值进行限缩,抬高门槛。多数法院有优化指标的愿望和竞位排名的动机,即使分化不同区间,在及格与满分上,为在同级法院中取胜,也会本能地竞逐更好的成绩。所以,只要有考核数据公示,即使是参考指标,各地法院也难免卷入竞争洪流。换言之,直接竞争的“赛道制”模式与区间值模式都可能导致各地法院出现“求快”的趋向。

(二)多重效率指标考核之下的“求快”之解析

为了解不同地域差异对指标设置的不同偏好,本文比对了不同省份的 L 市、F 市、N 市法院绩效考评指标中审判效率指标的设置(见表 4 至表 6)。三个城市的法院均在一级审判效率指标下分设多个二级指标,指标相对集中。由于考核多以排名评分,各层面的“求快”成为法院工作的主基调。

表 4　L 市法院绩效考评效率考核指标

一级指标	二级指标
办案效率指标	案件结收比
	刑事民事案件简易程序适用率
	小额程序适用率
	法定第一次审限内结案率
	12 个月以上长期未结率

表 5　F 市法院绩效考评效率考核指标

一级指标	二级指标
审判效率指标	案件结收比
	案件存收比
	小额程序适用率(法定)
	小额程序适用率(约定)
	案件平均审理时长
	一年以上未结诉讼案件数

表 6　N 市法院绩效考评效率考核指标

一级指标	二级指标
效率指标	结案率
	正常审限内结案率
	月均存案工作量
	12 个月以上未结案占比
	一审当庭宣判率
	有财产可供执行法定审限内实际执结率

1. 结案率、结收比之下的"求快"与反常数据体现

若要在数字化、赛道制之中获取更高的数据得分,则必须争相在考核时间内审结更多的案件,故以结案数量为基础的结案率及结收比在考核中举足轻重。上级法院通常以排名的方式激励下级法院形成竞争环境,如 J 市中级法院自 2019 年起,每季

度统计两级法院的收结案情况，并在其官方网站进行排名公布。[1]

于此之下，各地法院结收比超过 100% 已不足为奇，结案率接近 100% 的也不在少数(见表 7)，有些法院甚至可以连续几年保持在 100% 以上。这些数据似乎指向我国现有司法资源完全可以消化诉讼案件，"人案比"矛盾似乎已得到化解。

表 7　法院案件结收比、结案率情况

法院名称	摘录内容
顺德区人民法院	2019 年区法院强力推进新时代"枫桥经验"，尽管案件数仍企高位，但案件增幅有所收窄，结收比连续 3 年达到或超过 100%
宝鸡市中级人民法院	2019 年，全市法院共受理各类案件 50514 件，结案 48651 件，结案率 96.31%，案件结收比达 1.02，位列全省法院第 1 位
德城区人民法院	2022 年德城区法院新收各类案件 10641 件，结案 11414 件，案件结收比为 108.59%，均居全市首位
连州市人民法院	2022 年共受理各类案件 6103 件(含旧存 733 件，司法协助案件 1 件)，结案 5481 件，结收比为 102.07%，同比上升 10.10%，位列全市基层法院第 1 位
西安市中级人民法院	全市法院 2022 年受理案件 50.92 万件，占全省法院的 44.1%，结收比为 1.03
阳江市中级人民法院	2022 年，全市法院新收各类案件 47407 件、办结 47519 件，结收比为 100.24%
安徽省高级人民法院	2022 年，全省法院受理各类案件 2330088 件，办结 2301539 件，审判执行案件结案率 98.31%，居全国法院第 1 位；省高级法院结案率 95.54%，居全国高院第 1 位
东莞市中级人民法院	2021 年受理各类案件 24.5 万件，办结 22.4 万件，分别比 2016 年上升 46.3% 和 56.6%，均创历史新高，结收案比为 99.8%，排名全省法院第 1 位

2. 简易程序适用率之下的"求快"导致违背审判规律

简易程序即审理流程较为简化的诉讼程序，适用于"事实清楚、权利义务关系明确、争议不大"的简单民事案件。简易程序适用率呈现高位增长的状态：位于东部发

[1] 载吉林市人民法院司法公开网，http://jlzy.jlsfy.gov.cn/sftjfxkt/index.jhtml，2023 年 6 月 7 日访问。

达地区的S区法院，截至2021年8月30日收案2222件，简易程序适用率达99.29%；[1]位于东北地区的Y市法院，2022年1月至10月收案15158件，简易程序适用率达92.61%，且该地区所在省份全省简易程序适用率平均值达92.2%；[2]位于中部地区的X区法院2021年1月至10月收案8380件，简易程序适用率达92.37%[3]。

上述数据可解读为：即使经济发展快速、新类型商事纠纷频发，但大部分基层法院高达90%以上的案件争议不大、事实清楚。如情况属实，绝大多数案件适用简易、小额诉讼程序即可在极短时间内审结，则长期困扰各院的案多人少、案件负累等困境似乎成为伪命题。

事实上，为提高简易程序适用率，一些法院的审判程序适用出现混乱，繁简分流受到非理性冲击。如在李某与周某因房屋漏水引发的排除妨害纠纷一案中，原、被告双方对漏水原因各执一词，并申请鉴定修复费用。尽管案情不明晰且争议较大，该案仍适用小额诉讼程序。当事人因适用程序有误提出再审申请，法院认定适用程序不当，启动再审程序。[4] 在现实中，为了在简易程序适用率的赛道中占据优势，部分基层法院“繁案简审”现象屡见不鲜，办案流程、文书说理等遭简化，暗藏案件质量隐患，由此引起当事人不满，危及司法公信力。

3. 法定审限内结案率、长期未结案之下的“求快”与逆向选择行为

法定审限内结案率的考核期限不包括经批准扣除审限的各种情况，比如民事案件仅以是否超过简易程序的3个月、普通程序的6个月为标准。长期未结案的认定通常以审限超12个月为标准。因法定审限内结案率指标的计算不排除因中止、鉴定等事由扣除审限的情况，故为了指标不落后，不少法院为扣除审限设置层层门槛，一般不予批准。不论案件涉何种正当事由，也不管复杂程度，要求法官必须尽力在法定审限内审结，“求快”的审判思维显而易见。

---

〔1〕 参见包力：《深汕合作区法院发布〈服务与保障深圳市深汕特别合作区发展〉白皮书》，载公众号“读创”2021年8月30日，https://baijiahao.baidu.com/s?id=1709583757552661004&wfr=spider&for=pc。

〔2〕 载辽源市中级人民法院司法公开网，http://lyzy.jlsfy.gov.cn/sftjfxktaaa/469075.jhtml，2023年6月7日访问。

〔3〕 载信阳市浉河区人民法院官网，http://shqfy.hncourt.gov.cn/public/detail.php?id=1740，2023年6月7日访问。

〔4〕 参见山东省乳山市人民法院民事判决书，(2021)鲁1083民初3680号；山东省乳山市人民法院民事裁定书，(2022)鲁1083民申11号。

本文通过检索“法定审限内结案率”，发现部分地区法院公布的数据堪称“完美”，法定审限内结案率高达 100% 的不在少数(见表 8)。此外，本文将 J 省高级人民法院官方网站公布的数据进行截图，近 5 年该辖区有 3/4 的基层法院民商事案件法定审限内结案率均保持为 100%（见图 1）[1]。由此数据得出的结论是，即使案件数量庞大、类型多样，亦可以做到几年无长期未结或中止案件。假如这些情况真实，即意味着高达几万件的案件中没有任何案件属于疑难复杂或者因为鉴定、管辖异议两审等事由能够超过 1 年。

表 8　部分法院法定审限内结案率情况

法院名称	官方网站摘录内容
鸡西市梨树区人民法院	案件超期当日、当周、当月分别进行常态化通报，在院网公示各庭超期案件情况，近 3 年，梨树区法院法定审限内结案率均为 100%
宁津县人民法院	法定审限内结案率达 99.96%，列全省基层法院第二、全市基层法院第一
汪清林区人民法院	诉讼案件法定审限内结案率已达到 100%，长期未结诉讼案件占比指标 0
平果市人民法院	法定第一次审限内结案率为 97.90%，12 个月以上长期未结率为 0.10%
石棉县人民法院	年度法定审限内结案率达 100%
临江市人民法院	2020 年该院诉讼案件法定(正常)审限内结案率为 100%，同比持平。截至 12 月 31 日，该院超 1 年长期未结案件仅有 2 件
河南省高级人民法院	全省法院诉讼案件法定审限内结案率为 95.6%，1 年以上未结诉讼案件全国最少，审判效率指标稳居全国前三

[1] 载吉林省高级人民法院司法公开网，http://www.jlsfy.gov.cn/msstj/index.jspx，2023 年 6 月 7 日访问。

案件办结情况

时间 2018年1月 至 2023年1月 查询

从2018年1月至2023年1月，吉林法院涉及“金融借款合同纠纷、民间借贷纠纷、融资租赁合同纠纷、动产浮动抵押权纠纷、建设用地使用权纠纷、承揽合同纠纷、委托合同纠纷、技术合同纠纷、专利权权属、侵权纠纷、股权转让纠纷”，共结案件146293件，结收比100.32%，在审限内结案率99.85%，一审平均审理天数46.66天，二审平均审理天数43.53天。

序号	法院名称	办结数量	审限内结案率	一审案件平均审理天数	二审案件平均审理天数	结收比
1	白山市中级人民法院	449	100%	42.71	32.24	104.68%
2	红石林区基层法院	211	100%	19.78	0	90.05%
3	榆树市人民法院	3586	99.94%	57.62	0	96.04%
4	德惠市人民法院	2769	99.86%	46.65	0	100.9%
5	四平市铁东区人民法院	1302	100%	45.45	0	103.61%
6	白城市洮北区人民法院	3396	99.76%	42.62	0	101.62%
7	公主岭市人民法院	4274	100%	32.90	0	101.94%
8	通榆县人民法院	4293	99.91%	43.99	0	99.84%
9	永吉县人民法院	1299	100%	41.96	0	101%
10	桦甸市人民法院	2325	100%	51.23	0	102.15%
11	延边林区中级法院	63	100%	118.00	46.65	100%
12	磐石市人民法院	2189	100%	32.67	0	102.65%
13	珲春市人民法院	3029	100%	40.19	0	99.83%
14	图们市人民法院	1262	100%	49.56	0	98.81%
15	白石山林区基层法院	172	100%	27.81	0	101.16%
16	江源林区基层法院	129	100%	31.09	0	96.9%

图 1　J 省法院审限内结案率情况

4. 案件审理时长考核之下的“求快”与反常数据

部分法院将效率单纯地理解为速度，追求审理时间越短越好。法院在工作总结中不乏将该指标作为审判效率得到提高的重要依据进行表彰（见表 9）。即使在大量案件已适用简易程序的情况下，还在简易程序乃至小额诉讼程序的结案时长一决高下。

鉴于此，法官眼中的审判已经不单局限于法定审限，还需要快中加快，即便平均审理时长已远低于法定审限，如一些法院适用小额诉讼程序的案件平均审理时长仅为 10 天、民事案件平均审理时长为 1 个月左右。案件从送达到举证、答辩、开庭，要完成一系列有时间要求的程序环节，却可以在如此短的时间内完成，显然有悖于审判规律。

表 9　部分法院平均结案时长

法院名称	工作报告摘录内容
梨树区人民法院	案件绝对审限 28.85 天，相对审限 7.14 天，审执效率大幅提升
宁津县人民法院	宁津法院速裁团队成立以来，案件平均审理周期 18 天

续表

法院名称	工作报告摘录内容
滨城区人民法院	2019年速裁团队成立至今,结案9442件,平均办案天数24.64天
石棉县人民法院	狠抓审判质效、压缩办案周期,案件平均在院审理天数29.28天,继续位居全市第一、全省一流方阵
浉河区人民法院	全院各类案件总体平均审理天数为47.2天(2020年同期为93.7天),完成情况"优"(优≤55天)
黄埔区人民法院	2019~2022年,黄埔区人民法院共审结商事案件73640件,其中金融融资类纠纷占比63.5%,标的额在500万元以上商事案件4239件。商事案件平均审理周期从116天缩短至69天
东川区人民法院	民商事案件平均审理周期从2019年的61.94天下降到2022年的39.48天。2022年1~8月适用小额诉讼程序审结案件161件,案件平均审理天数21.91天
航空港经济综合实验区人民法院	2022年全年,郑州航空港经济综合实验区人民法院一审民商事案件平均审理天数35.41天,再审民商事案件平均审理天数98.33天,全部民商事案件平均审理天数33.12天
寿县人民法院	2023年第一季度全院民商事审理天数仅13.31天,其中涉企案件760件,标的额1.78亿元
泰宁县人民法院	2022年全院平均审理天数30.17天,同比减少7.09天
淄博市中级人民法院	2022年,全市法院民商事案件平均审理天数为30.9天,位居全省第一,52.13%的案件在15天内结案
湖州市人民法院	案件平均审理天数30.15天,同比减少9.36天
翠屏区人民法院	2021年,该院共受理各类案件17375件,审执结17114件,结案率98.5%,法官人均结案数290.07件,案件平均审理天数32.65天
河北省高碑店市人民法院	高碑店市人民法院成立速裁团队以来,4位速裁法官共审理简案455件,平均审理天数10天
黑龙江省高级人民法院	全省案件平均审理天数由2017年的60.9天缩短为20.3天

5. 多重效率指标占比高、易掌控之下的"求快"

效率指标易于掌控的属性且权重比较高,导致各地法院在效率上一味求快。效率可量化、直观化使之具有形式上的可比较性,而效果则较为抽象,难以轻易用简单的计算结果来评价，故在质效考核中，效率指标的权重更大。如L市法院的绩效考评指标中(见图2)，审判效率指标占据较大篇幅。另有学者在对比不同省份三市法院绩效考核办法中发现，有的法院审判效率指标占比高达50%[1]。由于效率指标权重大，审判效率“求快”无可避免地成为法院的工作重点。

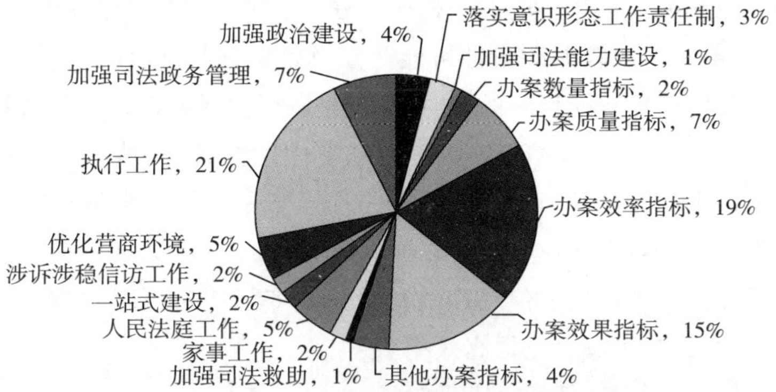

图2　L市法院绩效考评指标分值分布

6. 小结

审判效率指标的设计初衷是规范法官审判权的运行、防止诉讼拖延而导致正义“迟到”，进而推动司法职能的实现、切实增强人民群众的满意度，并非全是为了“求快”。在上述各种效率指标的重重监控、引导之下，为了在各层面提高效率指标，法官加快办案、急于结案的情况普遍存在，违背司法规律的现象屡屡出现，甚至出现当事人一致要求暂缓裁判并给予充分时间调解，但法官为追求快速结案未给予合理时间，而急于判决的奇怪现象。

(三)一味“求快”之下的法院异化现象

审判效率考核在提升审判效率的同时沦为司法竞争的工具。法院通常通过自上而下的审判管理来提升审判效率，其中不乏通过设置“变形”机制以防止阻碍因素的产生或降低其影响。

1. 法定审限之外内部设立“小审限”

在审判效率管理走向极端化的地方，法院不仅要求案件承办法官严格贯彻有关审限的法律规定，还通过制定内部“小审限”的方式主动缩短案件审理期限以自我加

〔1〕　参见魏再金、罗虹：《功能定位、目的导向与技术方法：法官绩效考核制度检视——以S市法院法官绩效考核办法为样本》，载《三峡大学学报(人文社会科学版)》2019年第1期。

压、层层加码。例如,规定小额诉讼程序案件须在一个月内、简易程序案件须在两个月内审结,并由审管办对各审判部门的落实情况进行督查、通报。“简案”未必简单,机械的“小审限”设置忽略个案情况,增加法官办案压力,亦为案件质量埋下隐患。

2. 诉中程序向诉前转移

诉讼需经历起诉—送达—应诉—庭审—庭后合议—裁判文书制作—宣判等一系列烦琐的流程,部分争议较大的案件可能还涉及鉴定、调查取证、管辖异议等。正常的诉讼中程序难以避免各种程度的耗时,这也是以程序保障审判公正必然、必需的代价。但在司法实践中,为了在赛道制的审判效率中“比快”,不少法院借助诉前程序,极尽可能地将诉中的各个环节前移至诉前进行。如原告提交起诉材料后,法院在立案前送达应诉材料。对于存在鉴定可能性的案件,要求当事人在诉前阶段提出申请,否则不允许其在诉讼中申请。但程序前移只是改变了耗时顺序,缩短了审判系统所能追踪的审理时长,却未必真正提高效率。

3. 以诉前调解、撤诉案件稀释审理时长

为调节案件审理时长、息诉服判率等绩效考核指标,有些法院将诉前双方已达成调解的案件引入诉讼程序,当事人拟定调解协议后立即立案,有些甚至可在立案当天结案。此外,还存在与当事人达成“合作”的情况,将大批量的物业服务纠纷、信用卡纠纷等系列案件立案后,立即以未缴纳诉讼费用为由按撤诉处理,通过引入一定量诉讼耗时极短的案件使全院的案件审理时长得以稀释。

(四)法官策略性应对方式

当前司法实践中审判效率之“求快”,法官既需面对法院内部绩效管理的监督,又需应对日渐激增的审判工作压力,可能诱发法官基于趋利性采取不能实质创造价值但能满足绩效考核指标要求的策略性应对方式。

1. 程序空转:不当劝导当事人撤诉

在现实中,一些法官为完成法院对法定审限内结案率的指标要求,穷尽办法劝解当事人撤诉、另行起诉等,以此缓解绩效考核压力。但法官的不当劝导可能加重当事人的诉累,剥夺当事人对审理期限的程序利益。比如,有些案件需要以另案的裁判结果作为裁判依据,而另案审结时间尚无法确定且可能涉及两审,该案实则符合中止审理的情形。但囿于前文所述的法院限制规定,法官劝导当事人撤诉,待另案审理终结后再进行起诉自然成为权宜之选。

2. 以质换量:减少审理深度

各地法院的司法资源配置不尽相同,很多基层法院的法官工作量已经饱和,却需要共同追求更高的审判效率。一些法官就可能会特别省略审理环节、减少审理深度，以追求快速结案。比如，尽量不接待当事人、不倾听意见，对于存在争议的案件未进行必要的调查、避免追加当事人参加诉讼；过于简化裁判文书的说理部分，对于当事人的争议焦点不予回应、径直裁判等，由此导致大量当事人上诉甚至引发信访等问题。

3. 唯指标至上：忽略当事人需求

当事人理想的诉讼效果必然是一次性化解纠纷，审判的快速未必是所有案件当事人的首要追求。法官出于审判效率数据的追求，往往忽视当事人的需求。如当事人请求延缓宣判以获取调解时间，但法官为加速结案不同意延缓，完全无视当事人选择；双方互负债务的纠纷，对于有反诉意向的当事人劝导另案起诉等。本可引导一次性解决纠纷、减少衍生案件产生，但为加速案件审结，一些法官选择避免“节外生枝”而未站在当事人的利益上思考。

4. 小结

虽然高效率在一定语境下具有某种时代正当性和程序正义性，对审判效率进行考核能对法院及法官起到一定的引导作用，但不应绝对化，否则可能适得其反。法院压缩审理周期采取的各项管理措施使审判效率在数值上得到提升，但从整个诉讼进程而言是否促进加快，实则存疑。指标的一味追高，一方面使法官主观能动性受限，工作负荷激增，另一方面也未能改善当事人的诉讼评价，甚至带来诉累。

（五）“求快”未必能“防拖”

按常理，在审判效率上“求快”，即使导致了一些异化现象，但必然没有拖延的生存空间，而司法实践中却并非如此。

1. “求快”之下的隐性拖延

为提高审判效率，一些法院将诉讼程序拆分至立案前进行，将诉中程序提前到正式立案前，完成后再登记立案，使案件到达法官手中可立即进行后续的审判流程，以缩短审理时间。但事实是，对于当事人而言，诉讼消耗的时间成本并未得到实质性的消减，仅是调整了耗时的顺序。相反，在缺乏审限监控的诉前程序，反而更容易滋生拖延。法院审理时长、长期未结案等效率指标看似光鲜，但当事人仍需要经历漫长的等待。

2. 整体指标“求快”掩盖大行其道的拖延

绩效考核的是法院的整体数据，最终排名取决于总计得分，故只要法院整体指标数据居于高位，个别案件的拖延并不构成明显影响，快速审理完成部分案件甚至可以作为拖延其他案件的“掩护”。同理，个别法官也能以此达到拖延。比如某案的审理期限是3个月，法官可以在1个月或2个月内结案，如果此时还有其他即将到期的案件，若优先办结临审限的案件，考核结果就会相对理想。比如一些法院的长期未结案情况不理想，但只要在其他效率指标上加大力度，其整体指标依然光鲜。这实质是以“求快”来换取拖延的空间。

二、审判效率之辨析

效率是经济学上的概念，可理解为从给定的投入量中获得的产出量。[1] 运用到审判活动上审判效率可表达为在既定的司法资源（如硬件设备、法官和书记员数量等）条件下所产出判决的案件数量。

（一）应然层面上审判效率“求快”“比快”之存在空间

审判效率考核的理论基础之一是人性激励，即法官具有被肯定和被激励的心理需求。如果设定一个较高的工作目标，作为被管理者的法院和法官就会因此受到激励，有助于实现预定的绩效目标。[2] “求快”“比快”即体现为“较高的工作目标”。宏观层面，越高的审理效率可以越快地消解积压案件，快审快结更能满足民众对司法效率的需求，有效化解“诉讼爆炸”的影响。中观层面，竞争打破法院之间的信息壁垒，法院间的多向式、互动性交往增强，推动各地法院通过“试验+检验”的方式取长补短，发现解决实践问题的行之有效的制度安排。微观层面，“比快”的竞争模式为法官提供外在驱动力，激励法官调整工作态度、优化工作方法，从而促使审判效率整体提高。

（二）实然层面上审判效率“求快”“比快”的困境

在应然层面上“求快”“比快”用于评价审判质效具有一定的表面效度，[3]但在现实中，受限于数据提取的局限性以及审判客观现实需求等因素，审判效率的“求快”“比快”面临重重困境。

---

〔1〕 参见［美］阿瑟·奥肯：《平等与效率——重大的抉择》，王奔洲、叶南奇译，华夏出版社1987年版，第2页。

〔2〕 参见陈忠吴、美来：《案件质量评估与审判绩效考核衔接机制研究——以重庆法院实践为样本》，载《法律适用》2013年第3期。

〔3〕 参见风笑天：《社会学研究方法》（第3版），中国人民大学出版社2009年版，第110页。表面效度指测量内容或测量指标与测量目标之间的适合性和逻辑相符性，也可以说是指测量所选择的项目是否“看起来”符合测量目的和要求。

1. 直接的数据"求快"可能与审判规律及实际需求相背离

理性的法官是以案件需求及法律规定决定审理各阶段的推进程度及耗时。现实中的案件情况千差万别,不同的案件往往就有不同的程序以及不同方面、不同程度的审理需求。比如,有的案件需要鉴定,有的案件需要调查取证,有的案件当事人希望给予时间去调解,有的案情复杂需要详细查证。生硬的数值结果不能体现案件各流程耗时的实际情况。一味追求结案时长、压缩审理期限,可能背离案件的实际需求及审判规律,剥夺法官发挥主观能动性的空间,进而影响案件的审理质量。

2. 直接的数据"比快"忽略可比性问题

理想的状态是,同样的案情应当在确保案件质量的前提下更快地审理。但问题是:第一,何为同样的案情难以衡定,当下的信息技术无法有效提取半结构化与非结构化数据〔1〕;第二,如何才算是确保案件质量也存在模糊空间,当下的信息技术对此暂无法对比。审判活动不仅受法官个人职业道德、能力等内因影响,还受案件性质、诉讼当事人、内部资源配置的干扰,宏观政策、地区发展等因素亦会带来波动。比如,有的法院受理的案件较为烦琐,且司法辅助人员少于其他法院,易致该院审判效率指标偏低,那么该法院与其他法院的审判效率数值因欠缺可比性而不应直接用于比较。未能有效排除上述影响因素干扰,以直接提取的数据结果作为评判效率高低的依据难谓准确。

3. 直接的数据"求快""比快"与当事人的需求背离

我国审判的特殊之处是尽管民众对纠纷诉讼的意识不断提高,但法律意识仍有待增强。因对诉讼审判了解不多,民众对诉讼审判的期待既有影视剧中"高大上"的审判职业化形象,也有传统认知中"父母官"的形象。加之我国社会转型期的纠纷矛盾复杂多变,诉讼案件经常不仅是涉及法律层面的争议。在现实审判中,法官既要具备高度专业的司法技能以实现司法公正,又要倾听和体察当事人的各种疑惑、意见与要求,尽力让他们理解、接受诉讼过程,还要协调处理好纠纷中的利益平衡、防止矛盾扩大,尽力实现法律效果与社会效果的统一。假如一味地追求数据上的效率、层层加码,必然会导致压缩法官的审理空间。前述以质换量、忽视当事人诉求、程序空转等就是明显体现。

4. 小结

综合应然与实然层面的差别,虽然审判效率的数据"求快""比快"在理论上具有

〔1〕 参见王静、孟小峰:《半结构化数据的模式研究综述》,载《计算机科学》2001 年第 2 期。

正当性,但在实践中受限于信息技术以及案件的复杂性,可能导致出现种种脱离审判实际、违反审判规律的负面效应,故径直在审判效率的数据上"求快""比快"并不可取。

三、加强审判效率的合理路径论证

当前数字化、赛道制的审判效率考核"求快",导致种种违背审判规律的异化现象,有损司法公信力,故应当重新阐释审判效率,回归其本来要义。其中,应辨析审判效率在于"求快"还是"防拖",并以此探析加强审判效率的合理路径。

(一)对加强审判效率的解读:"求快"与"防拖"之辨析

审判效率应当是"求快"还是"防拖",可以先回归效率在经济学的概念进行分析,然后对"迟来的正义非正义"进行合理释义,并结合审判现实来权衡是否存在"求快""比快"的现实需求与客观基础。

1. 加强审判效率不等于数据上的直接"求快"

尽管经济学追求效率,但未简单地将高效率等同于数据领先,亦强调效率的产出应是"人们所愿购买"且"实际需要"〔1〕,具有"满足程度的利用"〔2〕。效率至上的经济活动尚且需从速度之外的维度评价,审判规律、实际需求等因素也决定了审判效率的加强绝不是简单的数据提升,也不能仅界定为审判产出的最大化,"当事人支付意愿"〔3〕及审判质量等产出的价值问题亦不容忽视。综合前述的可比性问题,数据难以排除人员配置、司法资源等影响因素,数据上直接"比快"易导致"揠苗助长"之怪象。

2. 加强审判效率应当重在"防拖"

"防拖"即要求及时审判。"审判是一种高度程序化的活动,必经的程序、适当的期限正是公正裁判的必要条件。我们反对的是审判的拖延,是漫长的等待,是无所用心和不负责任的态度。"〔4〕及时审判规范是司法效率的法律规范依据,其反对拖延也反对草率。效率不具有司法本体论意义,不足以成为司法的一个独立价值目标,故

---

〔1〕 参见魏再金、罗虹:《功能定位、目的导向与技术方法:法官绩效考核制度检视——以S市法院法官绩效考核办法为样本》,载《三峡大学学报(人文社会科学版)》2019年第1期。

〔2〕 参见[美]萨缪尔森、[美]诺德豪斯:《经济学》(第16版),萧琛等译,华夏出版社1999年版,第8页。

〔3〕 参见[美]理查德·A.波斯纳:《法律的经济分析》(上册),蒋兆康译,中国大百科全书出版社1997年版,第16页。

〔4〕 参见肖扬:《公正与效率的法理研究》,人民法院出版社2002年版,第9页。

"迟来的正义非正义"并非强调裁判应追求速度,而应释义为审判拖延将使公正审判权受到侵犯乃至被剥夺更为妥当。[1]

及时审理的立法规范历史源远流长,拒绝拖延的思想理念根深叶茂,最早体现在1215年英国《大宪章》中"对于任何人,朕决不出售、否认或延搁其应享有之权利与公正裁判"。其后美国《联邦刑事诉讼规则》第2条"本规则旨在确保程序之简洁、诉讼进行之公正、并除去不合理的费用与延迟"以及《公民权利和政治权利国际公约》第14条"立即受审,不被无故拖延"等众多国家的宪法、法律以及国际公约都明文规定禁止诉讼拖延。我国亦将及时审判规范嵌入三大诉讼法之中,"及时审理民事案件""及时地查明犯罪事实""及时审理行政案件"分别见诸《民事诉讼法》第2条、《刑事诉讼法》第2条和《行政诉讼法》第1条。所以,无论域外法还是我国法律关于审判效率的相关规定,均重在及时审判的"防拖"之意。

3. 审判效率中"求快""比快"的适用空间探析

现有的技术水平尚不能实现自动转化、计算各种影响因素。在今后大数据、人工智能完善至可以实现比较对象之间的可比性,审判效率的"求快""比快"才具有普遍的可行性。目前,审判效率中的"求快""比快"只能在特定条件、特定考核方式之下有限制地进行。比如,案件评查中通过对案件的查阅及深度、细致的了解,进行"比快"所得结论才更为周延。同时,"求快""比快"需有合理限度,当考量审判规律等因素而非无限的数据对比与提高。

如表1所示,最高人民法院出台的审判质效考核指标中,部分效率指标作为参考指标而非评价指标,这种做法在一定程度上能弱化各地法院对效率指标的盲目追逐。但需要顾虑的是,在审判质量管理长期依赖数据考核、呈现行政化管理逻辑特征的当下,评价与参考都可能被不少法院视为工作成效的标志,仍然可能会具有举足轻重的引导作用,其关键还是在于数字化、赛道制的位次关系存在。

(二)提高审判效率"防拖"的标准确立

提高审判效率在于"防拖",应从客观实际出发,给法官合理的审判空间,从审限、案情实际需要和当事人的意愿三个方面探索合理路径。

1. 审限标准

我国现有审限制度对小额诉讼程序、简易程序、普通程序分设不同的审限,旨在督促法官在审限期限内结案。在审限规则确立之初,经过严谨的调研与考究,且法定

---

〔1〕 参见刘练军:《司法效率的性质》,载《浙江社会科学》2011年第11期。

审限在长期的实践中已然证实其科学性与可操作性。只要完善案件繁简分流机制，确保案件匹配恰当的审理程序，严格遵循法定审限就已符合及时审判的要求。与诸如德国等公认司法效率较高的国家相比，当下我国的审判效率有过之而无不及，故不宜再在审限内比快，加重法官办案压力。

2. 案情实际需要标准

案情实际需求包括裁判的法律效果层面和社会效果层面的需求。法律效果层面，既要保证实体的充分审查，也要保证程序公正。为梳理案情、厘清法律事实，可能涉及移送鉴定或调查取证等，产生必要的耗时，不能为了效率而刻意简化、省略审理程序。司法裁判的社会效果来源于社会大众的评价，既包括案件利害关系人的评价，还包括案外不特定公众的评价，法官势必要多方考察判决作出后的社会影响因素。基于中国独特司法进程中民众司法意识尚待提高的环境，与当事人沟通、解释、合理释明存在必要空间，比如对当事人不理解诉讼之下的拖延、不配合甚至对抗行为应保留消解空间，标准是让人民群众从案件审判中感受到公平正义。

3. 当事人的意愿标准

人民司法的理念决定了审判效率的最终认定标准实质上并不是质效考核标准，而是群众的体验感知。故在审判效率的标准设计上，当事人的感受与选择不容忽视。

我国民事司法由职权主义诉讼模式发展为当事人主义诉讼模式，进而转为协同主义模式。审理程序的推进需依赖当事人之间的攻击和防御，然当前我国过于强调法院、法官单向推进诉讼活动，忽视当事人的感受与选择，单向的效率管控失之偏颇。可以采取尊重当事人合意并保留法院自由裁量权的思路，允许当事人在一定范围内合意选择适用何种具体的方式。如当事人均请求简化审理程序、加快审理进程以加速执行，法官应当考虑；同理，若双方均请求给予合理时间进行庭外和解磋商，经审查确有调解基础并予以准许的，不应僵硬地判定为拖延。若能一次性化解纠纷，审判的产出价值更高，应评价为更具效率。

（三）构建审判效率“防拖”的考核方式

1. 破除审判效率考核的数据假象

机械计算的审判效率数据难以反映客观真实情况，存在人为“制造”数据的可能。首先，审判效率考核涉及多项子指标，而结案率、法定审限内结案率、案件审理时长实际均为对结案速度的评估，这导致对同一问题的重复评价，使考评结果夸大。其次，考核均是将审判系统提取的数据直接计算，而这些数据未修正影响可比性的因素，计算结果难以反映真实的审判效率情况。赛道制的考核使法院与法官采取其他“策略性”措施来提升数据,此时的数据已不能呈现真实的审判效率。

2. 构建发现审判效率“真相”的考核方式

大数据时代数据被广泛应用于描述客观事物和揭示真相。现行审判效率考核也遵从这一方式。但若数据质量及分析模型在数据应用中出现了漏洞而未能察觉,所得结果已偏离真相,故应当在总体粗略算法基础上设置精细化的评估,避免以偏概全的数据假象。可以将案件评查制度嵌入审判效率考核中,通过随机抽样增强数据的真实度,有效防止人为干扰、及时剔除虚假数据以保证数据质量。案件评查的全面性确保审查深度,从实体到程序对各个环节进行全方位了解,可发现是否存在拖延情形并究其原因,同时也便于总结与推广“高效高质”的办案经验。

四、审判效率“防拖”与有限“求快”路径之构建

加强审判效率的合理路径构建,应当剔除不合理指标,以层级化审限为基础,建立严格的审限延扣评查机制,类型化处理审限延扣适用范围。针对长期未结案构建专门评查管理制度,确立审判效率中当事人参与、异议权。

(一)“防拖”考核制度探索

1. 以层级化审限为关口

以层级化审限为关口,重点在于对审限的超出把关,在评查与范围上进行制度构建。

(1)以层级化审限为界限认定审判效率

面对案多人少的矛盾,重负之下的法官往往难以在每一个案件中都倾注充分的时间精力。当前既已经有小额诉讼、一般简易程序、普通程序的层级化审限制度划定审理期限,则应给予法官充足时间审理、打磨案件质量,原则上在审限内完成审理即应视为不存在拖延审判。对于特殊情形,则允许案件进行审限扣延、允许长期未结案的存在,但应构建专门的评查机制进行严格识别,以防权力滥用导致诉讼拖延。法官的工作应当是在宪法和法律规定的职权范围内为社会提供公平正义,而不是被计时器“鞭打快马”。[1]

(2)构建审限延扣评查机制

延扣审限是司法实践中隐形超审限的重要原因,为了构建科学合理的层级化审

---

〔1〕 参见程金华:《法院案件工作量测算的“中国方案”——司法大数据时代的探索方向》,载《法律适用》2020年第3期。

限把控审判效率,必须设置严格的延扣审限机制。审限的延扣需要精准掌控各种案情之下的审判实际需要,审判人员需要具有较高的审判业务识别能力,但在现实中经常流于形式。为增强专业性审查、提高评查结果的科学性,可组建评查小组,由每个业务部门推荐 1 名至 2 名审判经验丰富的法官作为评查组成员。法官应先制作书面申请,注明案件审理节点、基本案情及审限延扣原因,提交部门领导作出部门意见后提交审管办。审管办随即组织评查小组进行评查,可采用合议庭评议规则分别记录审查人员意见,形成评查意见,交由院长审批。同时,法官还应提交对后续审判的审理计划,预估案件审理期限。

(3)细化审限延扣适用范围

在构建有效的评查把关机制的基础上,可将适用的事由进一步类型化,具体可分为两种类型:

第一种类型是符合案件审理的实际需要。目前各地法院审限延扣事由看似严格,实则经常不反映案情实际需求,导致法官经常在真正有审判需求时(比如取证困难、争议冗杂繁复、公众舆论热点关注等),却不能如实推进审理进程。在防止滥用审限延扣权限上,基于审理过程的复杂多变,严格设置延扣事由并不是恰当的路径,科学设置延扣主体才是正道。

第二种类型是基于当事人合意申请延扣。如基于当事人一致同意请求暂缓判决,由当事人填交申请表,核实意愿真实后应当准予审限延扣。不应将法院自设的审判效率标准强加于当事人,确保当事人才是审判效率的真正评判者。

2. 构建长期未结案评查管理制度

对长期未结案不应仅以数据直接评比,应重在评查机制的构建。

首先,明确长期未结案评查范围。案件长期未能结案通常包含疑难复杂、评估鉴定、管辖异议两审等情况。随着评估鉴定技术的发展及各阶段效率的提升,至此,在构建有效的审限延扣机制的基础上,若延扣超过 2 次或审理期限达到 1 年即意味着可能存在审判拖延,应触发长期未结案风险预警,启动案件评查。

其次,实行多层评查。多层级的评查易于把控案件情况及动向,推进审判流程。第一,承办法官自我评查,分析案件长期未结原因,制定超期案件自查表,合理分配时间和精力。第二,庭长对案件审限实施以监督、提示为主的评查,及时掌握长期未结案件情况,了解承办人案件审理中遇到的困难,并组织专业法官会议帮助法官解决疑难问题。第三,审管办强化对审限的监督、指导和提示职能,使之纳入庭长、分管副院长和院长的关注范畴。

最后，实行动态评查。长期未结案件通常难以确定结案时间，处于持续存在的状态，故而可采取动态评查的方式掌控案件发展。每月组织长期未结案评查会议，参会评查主体可参照审限延扣评查设置，并新增审管办的加入。承办法官需汇报案件进展及已采取的具体审判推进措施，并提出下一月度的推进方案。评查内容包括未结原因是否属于非可控因素、法官的处置是否合理及是否存在改进空间。每月的评查由审管办制作评查表，若评查中发现存在办案法官故意或者因工作疏忽而导致的重大过失引发的拖延情况，则评定该案存在履职拖延，并将评定结果纳入绩效考评的范围。

3. 调整指标设置

虽然“防拖”首先要把好审限关，但原有的大量涉及效率的指标也不可能全部废置，关键就需要进行重新审视，剔除不合理指标，并调整指标属性。

《人民法院第五个五年改革纲要(2019—2023)》提出，要研究简便易行并且科学合理的审判绩效考核模式，对于重复设计、难以反映实际情况的指标，应予以精简、剔除。法院现行的考核指标多有不合理的情况，如为了多结案，法官必然压缩个案的办理周期，从而使审理天数尽可能缩短，故结案率与审理时长存在重复考核；若结案速度不变、收案速度加大，导致结案率下降，但实际上法官的办案效率并没有下降，故结案率不宜单独评价效率；法院无法选择案件情况，适用程序由案件性质决定，简易程序适用率外因影响极大，作为评分指标缺乏科学性。因此，将这些指标作为评价指标考核是否拖延并不理想。事实上，超审限及长期未结案件才应激起预警，故评价指标仅保留超审限案件延扣合规及长期未结案件数量的考核，足以达到防止拖延的导向性效果，其他的指标可以保留但仅作为参考指标作展示作用，不影响整体评分，不得排位公示比较。

长期未结案的考核可提对象法院近 5 年受理的超审限疑难复杂案件数量及案件总数，求取超审限案件的平均比值，以该比值作为基准向上浮动 10% 作为红线警戒指标，以结案数量乘以该比值计算得出各院长期未结案达标区间，法院长期未结案数量在红线指标线内则均应评定为合格，超出指标则每件予以减分。另外，结合前文对长期未结案的评查结果，若有案件被评定为履职拖延的，每件予以减分。审限延扣案件的考核则应将所有延扣案件提交审查，而不是仅对延扣案件的数值进行比较，符合延扣标准的视为合格，案件不符合标准的，每超出 1 件予以减分。

4. 确立当事人参与、异议权

防止诉讼拖延应当以当事人的程序参与权与法官的诉讼指挥权之间的相互制衡为核心观照。在肯认审限异议权的前提下，通过异议提出、异议审查和异议权舍弃等具体程序规则的设置来实现。

当事人提起审限异议的情形可设置为两种。其一,尚未超出法定审限,但存在超期可能性的情形。比如,法官未及时安排开庭、未及时作出判决以及诉讼延期或诉讼中止的原因消除后未及时恢复诉讼程序等。此举可预防超出法定审限结案。其二,已经实质超出法定审限的情形。如在诉讼尚未终结但法定审限期间已届满时,当事人可对法官审判改进计划和方案提出异议,以督促法官积极推进诉讼程序避免迟延影响的扩大。

用于推进诉讼乃至延长审限的程序行为在民事诉讼法律规范中多以"决定"或"命令"的形式被作出,故当事人对审限变动不服的,应当提出异议而非提起上诉。当事人可参照民事管辖异议的模式,向受案法院提出审限异议。程序异议权应当设定行使期间,若当事人逾期不提出审限异议,该权利将自动丧失,若审限异常是持续发生的行为,可限定当事人在宣判前作出。异议成立的,应当裁定确认审判程序存在瑕疵,并责令法官修改审理计划,如果理由不成立,则裁定驳回。对异议裁定不服的可提起上诉。

(二)有限"求快"考核制度探索

有限"求快"的考核依托案件评查开展。第一阶段,以法院为单位对抽样数据进行分类整理,案件筛选可采取多阶段抽样与分层抽样结合的方式。将各院已结案件依次按照审判小组构成、案由、适用程序、被告是否抗辩划分(见图 3),该步骤可以依托审判系统完善案件信息后自动进行。第二阶段,在不同法院相同层次的数据中进行同等数量的抽样。第三阶段,对抽样案件进行精细审查,确定案件的审理时长。需要注意的是,在审查中若发现存在与普通样本不同的"异常"因素,如调查取证、鉴定、管辖异议等,应当将这些存在"异常"因素的案件排除在样本之中,或将其耗时相应扣减后的修正数值作为计算基数。按照程序分类计算个案评查结果均值以代表各院的审判效率情况。

对于考核结果的运用。虽然案件评查的审判效率考核方式在一定程度上人为地排除或降低不具可比性的因素,但整体的审判效率数据与现实可能仍存在偏差。故计算出的整体审判效率应作为展示型参考指标,强调不得排位公布,不得纳入法院的任何评价。对于指标设置警示区间,指数过低或过高都应提请注意。

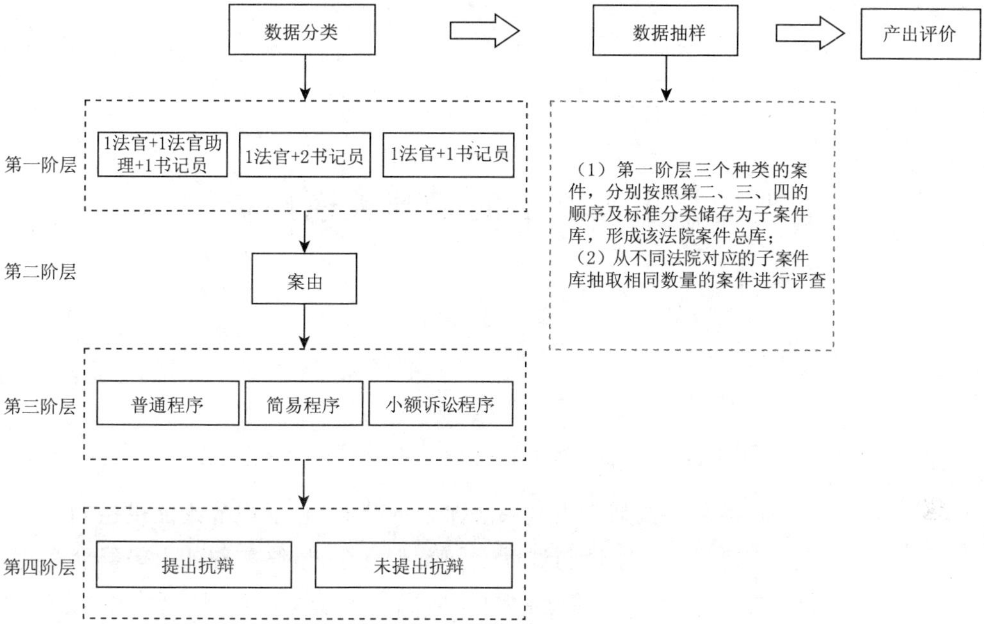

图3　评查流程

结　语

审判效率竞争是当下司法实践的真实写照，更是审判管理异化的典型映射，昭示着我国审判的效率焦虑。而较高的外部审判效率压力，必然触发法院及法官个体的应激性策略以缓解自身压力，司法最终将被行政所吸纳。因此，审判效率评估应当重拾其价值导向，修正一味追高竞速的评估体系，以防止诉讼拖延为根本出发点，有限求快，在充分尊重法官自由裁量的同时，给予当事人参与权，以期构建更为科学的促使审判效率、审判质量共同提高的评估体系。

不当后果主义之下的规则逃逸探析

乔栎静*

引　言

后果主义裁判应当纳入法律论证范畴,套上规范论证栊槛的后果主义能够使司法在刚性与温度之间游刃有余,最终实现让人民群众在每一个司法案件,尤其疑难案件中体会到公平正义。但是,现实中的后果主义却频频脱离规范论证的栊槛,导致出现种种规则逃逸现象,即在裁判中以多重后果诉求进行反向衡量,把多元价值与法律规则割裂看待,甚至把多元价值置于法律规则之上。对于如何防范不当后果主义之下的规则逃逸,笔者尝试探寻后果主义审判"反向消解"+"正向论证"思路,目的是实现司法裁判法律效果与社会效果的真正统一。

一、实践反馈:社会效果之下规则逃逸现状解析

裁判论证需要法条主义与后果主义思维的碰撞,但在后果主义思维庇护下,反向的不当后果主义思维悄然滋长,呈现社会效果外衣下的规则逃逸。笔者选取引发舆论非议的典型案件为例,谨慎求证并反思法官内心对社会效果与法律效果关系的衡量。

(一)现象剖析——类型化规则逃逸实践样态

1. 直线替代式逃逸

案件裁判中有明确法律规则指引,法官亦明知应当引用相应法律条文,却以社会效果为借口,公然跳脱法律束缚,有法却不依。以"绿地城

---

* 乔栎静,广西壮族自治区柳州市柳南区人民法院执行局局长,一级法官。

置业公司商品房买卖合同驳回起诉案”为例(见表1)。

表1　绿地城置业公司商品房买卖合同驳回起诉案

	当事人及案由	案情简介
案例一	谢某等诉河南绿地城置业有限公司房屋买卖合同纠纷案	谢某等因河南绿地城置业有限公司购买商品房,因房屋一直处于未完工状态,故诉至法院请求解除《商品房买卖合同》、《借款合同》、返还贷款利息、返还维修基金及支付违约金等费用。涉诉法院裁定认为,谢某等以《商品房买卖合同》提起诉讼,符合法律规定的起诉条件。但鉴于案件系涉众性问题楼盘引发的纠纷,涉及法律关系多、人员多,同时涉及社会公共利益和民生领域,非单一法律问题,政府及银行相关部门也在积极对接并推动案涉问题楼盘的化解工作,应先由政府有关部门处理为宜,故在本案中裁定驳回谢某等的起诉

案件来源:参见河南省郑州市二七区人民法院(2023)豫0103民初1406号民事裁定书。

表1体现的是一个非常典型的“有法不依”案例,对于符合立案条件的案件,人民法院应当依法保障当事人行使诉权并依法裁判。尽管该案中政府及银行相关部门正在积极介入化解,但这并不能成为驳回起诉的理由。况且化解工作与诉中调解工作完全可以同步进行,而法官却简单生硬借“涉社会公共利益”“涉民生领域”为借口,把案件“挡”在法院大门之外,实则体现的是法官对法律规则的公然逃逸。一方面难以令民众信服,另一方面更是错误传递了“维稳压力”“信访压力”之下规避法律规则、拒绝裁判的错误价值导向。

2. 价值逆推式逃逸

裁判中为达到一个看似民众都可以接受的社会效果,不少法官是运用对后果进行预测再评价的逆推模式来选择裁判的依据,变相使判决结果沦为价值判断和经验直觉的产物。以“电梯内劝阻吸烟案”为例(见表2)。

表2　电梯内劝阻吸烟案

	当事人及案由	案情简介
案例二	田某诉杨某生命权纠纷案	吸烟者段某因在电梯内吸烟与劝阻者杨某发生言语争执,双方走出电梯后仍有言语争执,杨某经物业员工劝阻离开,段某同物业员工进入物业公司办公室,后段某心脏病发作猝死。段某亲属田某诉至法院索赔40万余元。一审法院认为虽杨某劝阻行为与段某死亡无必然因果关系,但段某在与杨某发生言语争执后猝死,根据公平原则判决杨某补偿段某亲

续表

	当事人及案由	案情简介
		属田某 1.5 万元。田某不服提起上诉,二审法院认为杨某劝阻段某在电梯内吸烟全过程未超出必要限度,合法且正当,没有侵害段某生命权的故意或过失,虽劝阻行为与死亡结果先后发生,但二者不存在法律上的因果关系,一审法院适用公平原则判决杨某补偿 1.5 万元,属适用法律错误,驳回一审判决

案件来源:参见河南省郑州市金水区人民法院(2017)豫 0105 民初 14525 号民事判决书、河南省郑州市中级人民法院(2017)豫 01 民终 14848 号民事判决书。

表 2 案例中,法官在认定杨某劝阻行为和段某死亡事实无因果关系的情况下,理应依据一般侵权责任规则判定杨某不承侵权责任,但法官却根据段某死亡结果,机械适用价值判断、经验法则来逆推责任承担,以期达到民众可接受的社会效果。法官逃逸规则后的"公平补偿",不但不能体现裁判者对社会效果的"理性追求",反而会颠覆民众对善良风俗的一般认知,并且挫伤民众依法维护社会公共利益的积极性,实则使规则逃逸至原则滥用的深渊。

3. 释法错位式逃逸

裁判中的说理部分,本应是直击法律关系展开推理论证的释法过程,但法官为体现社会效果裁判思维,直接以非法律元素取代法律推理论证,对民众产生基于情感和直觉作出裁判的错误引导。以"王某生产、销售有毒、有害食品罪案"为例(见表 3)。

表 3 王某生产、销售有毒、有害食品罪案

	当事人及案由	案情简介
案例三	王某生产、销售有毒、有害食品罪案	王某于 2020 年 10 月偷给自家饲养的 2 头肉食牛喂食盐酸克伦特罗(别名瘦肉精),经检测,牛尿液克伦特罗含量分别为 152.3ng/ml、138.5ng/ml。生效一审判决认为,王某明知盐酸克伦特罗(别名瘦肉精)是国家禁止在饲料中使用的有毒、有害物质,仍给其饲养的牛喂食,其行为已构成生产有毒、有害食品罪。其到案后如实供述犯罪事实,属坦白,其认罪认罚,依法可从轻处罚。王某在其丈夫多年前去世后至今未嫁,始终照顾残疾的婆婆、多病的公公,此次犯罪系法律意识淡薄,在庭审能够认罪悔罪。本着法律效果与社会效果相统一的原则,贯彻落实宽严相济的刑事政策,弘扬社会主义核心价值观,对其可适用缓刑

案件来源:参见吉林省榆树市人民法院(2021)吉 0182 刑初 92 号民事判决书。

表3案例判决王某构成生产、销售有毒、有害食品罪并适应缓刑，其中对于是否能够适用缓刑的认定，本应从缓刑的四个基本条件进行论证，但法官却围绕“至今未嫁、始终照顾残疾的婆婆、多病的公公”展开，同时引入“法律效果与社会效果相统一原则、社会主义核心价值观”进行说理。然而这些因素本就不属于缓刑条件的认定范畴，实则是对缓刑适用条件的释法错位，有逃逸法律规则、强化以多元社会价值衡量裁判思维之嫌，错误引导民众认为照顾公婆就是本案缓刑的决定因素。

4. 过渡标签式逃逸

与错位释法表现形式相近的是过渡标签式，法官对法律推理过程一笔带过，反而本末倒置大篇幅刻意标榜及渲染价值观，并以此作为酌情裁判的重要依据。以“父母诉去世儿子共有物分割案”为例（见表4）。

表4　父母诉去世儿子共有物分割案

	当事人及案由	案情简介
案例四	徐某、邹某诉欧阳某、徐某共有物分割纠纷案	徐某、邹某因儿子去世诉至法院要求与儿子其他第一顺序继承人共同分割赔偿款1928000元。生效一审判决认为，各方均系痛失亲人的悲伤着，本应相互抚慰心灵的创伤，彼此用爱心来减轻每个家庭成员的悲痛……，而却为了亡者的赔偿金而诉诸法院，让彼此心灵的创伤加剧，当然，造成这一局面，欧阳某没有妥善处理赔偿款的分配，具有很大的过错，而家庭的和谐需要大家的宽容和谅解，社会主义核心价值观需要每个家庭成员努力做到团结友爱、传承美德。作为本案当事人均应先自行进行反省各自的过错，只有在此基础上去分配该赔偿款，才不会过分追求是否绝对公平分配，应该要知道吃亏了也是在自己家人面前吃亏的道理。后酌情考虑徐某、邹某尚有其他子女，媳妇欧阳某丧夫后无经济来源、其子尚未婚配等因素，判决欧阳某向徐某、邹某支付共有财产500000元

案件来源：参见江西省栗县人民法院（2022）赣0322民初1846号民事判决书。

表4案例涉及共有物分割问题，法官本应对分割主体、分割规则，以及多分或少分进行法律规则的论证，但说理部分开篇却直接引用价值观进行论述，最后才简单结合经济来源、婚配等因素一笔带过酌情裁判，明显是将对价值观的崇尚完全跃居于法律规则之上，使本应作为裁判基础的推理论证与促进民众接受朴素价值观的阐释说理完全本末倒置。

（二）共性呈现——规则逃逸思维溯源

从规则逃逸的思维溯源，能够发现其具有在反向衡量路径、多元价值错位等方面的共性呈现。

1. 多重后果判断的反向衡量

近年来，后果判断影响司法裁判的案例不胜枚举，公平正义、社会效果、营商环境等多元价值取向成为法律解释的重要导向因素，凸显着法律解释的后果取向，同时滋生出不当后果主义。

案例一基于“维稳压力”“信访压力”考虑，选择“社会公共利益”“保民生”价值取向，驳回购房者的起诉；案例二基于“人死为大”压力，选择“公平原则”，判决劝阻吸烟者承担补充责任；案例三、案例四基于民众接受度，选择“法律效果与社会效果相统一”“社会主义核心价值观”价值取向，忽略裁判本应遵循的法律论证。无疑，法官审判中经常面临多重后果价值判断，社会效果的无形压力需要法官极其慎重面对，稍有不慎就可能被冠以“不识大体”，甚至引发舆情。但谨小慎微之下对后果判断的偏重，经常呈现出过度反向衡量的状态，结果必然是偏离法律规定，同时助长非理性民众裁判诉求，最终模糊了司法的固有预期与示范价值。

2. 多元价值与法律规则的割裂看待

基于对后果判断的过度反向衡量，法官对待多元价值与法律规则的选择态度误入对立抗衡的困境，往往认为对案件社会效果合理性实质追求的同时，必然无法兼顾遵循法律规则。

很显然，多元价值与法律规则应当具有内在的一致性，割裂看待两者是后果主义的不当运用，但同时应该反思二者的对立抗衡并不是一蹴而就，从“重规则”向“重后果”的倾斜，中间经历了类似“许霆案”“邓玉娇案”“南京副教授聚众淫乱案”“药家鑫案”“贾敬龙案”“老太摆射击摊案”“于欢案”等，多元价值导向压力已经令法官犹豫、迷茫、不知所措。法官经常陷入坚持规则与强调后果考量的对立陷阱。

3. 多元价值取向优于法律规则

多元价值本应是法官在以法律规则为裁判依据的前提下，通过运用正当后果主义思维进行的综合衡量。其适用也在于帮助当事人理解裁判结果，朴素传达法理与价值观念，提高司法裁判认可度和可接受度。但在不当后果主义思维之下，多元价值与法律规则处于不当对立之中，标签化的多元价值动辄就被提升至“大局”“大体”的至高无上位阶，成为裁判的优选项，陷入为“价值司法”误区，将多元价值取代法律规则而成为裁判依据，并发挥说理、释法功能，最终本末倒置。

（三）潜藏隐匿——规则逃逸悄然滋长

现实中的规则逃逸呈悄然滋长之态势，于此之下的法官往往出于规避风险与压力而未审先判，对事实进行裁剪论证，出现“伪多元价值”之下的自圆其说现象。

1. 充当挡箭牌：规避风险与压力

法官在裁判中常常经受舆论、维稳、人情、价值需求等多方面压力，压力之下本能地会去寻求逃避、寻求自我保护。因后果主义目前缺乏明确的司法定位以及规范的裁判思维，后果价值衡量的包容面较广，弹性较大，尤其是启动动机过于主观，应然性难以界定，更难以被察觉，故而极易成为法官应对舆论干预审判、非法过问案件、平衡多价值需求的“挡箭牌”。长此以往，将可能惯性地陷入不当后果主义之下规则逃逸的“黑洞”。

2. 逆推结论的正向呈现：未审先判

与通常认知的裁判思维过程不相符的是，不当后果主义现象与法律规则并非正面碰撞，而是逆向的预先排斥。即更为常见的是，当法官接收案件但尚未触及具体案情时，社会压力、当事人的情绪等因素已经进入法官视野，并且往往成为法官裁判案件不得不优先顾虑的难题。换言之，在法官司法实践裁判思维中，后果因素对于法律规则具有“先入为主”的优势。于此之下，不当后果诉求经常实际主导法官思维路径，一般过程为：第一步，先根据案情甚至案外信息初步判断裁判可能造成的后果；第二步，经审理，对可能适用的法律规则进行初步锚定；第三步，当被锚定的法律规则与后果诉求不能对应一致时，根据后果诉求寻找逃逸规则的多种路径；第四步，最后在多种路径中选取最安全、最匹配所谓“社会效果”的裁判结果。虽然最终实现以正向“三段论”裁判思维在裁判文书中呈现，实际上却是法官反向套装进入“三段论”演绎推理模型的操作方式。

3. 裁剪事实与论证：“伪多元价值”之下的自圆其说

在不当后果主义中，其正当性虽然经常是以社会效果、营商环境等多元价值的形式出现，但实际上，法官却是在逆推结论的前提下，把不得不顾虑的各种因素附着于相近的多元价值，形成“伪多元价值”。“伪多元价值”导致多元价值与法律规则处于对立抗衡中，且难以形成符合逻辑的充分说理。于是，法官往往会在预定的价值说理之下，以自圆其说为逻辑路径，想法让裁判“说得过去”。自圆其说的常用逻辑路径有：举证责任的不当分配、法律事实的刻意裁剪、经验法则的过渡运用、法律原则的错位适用等。法官以此完成对事实与论证的“择优”选择，以此成为支撑自由裁量依据。

二、成因透析：不当后果主义之下规则逃逸问题实质

不当后果主义之下规则逃逸有其现实原因，长期以来被视为法教义学弊端的机械司法在现实中被放大排斥，经常导致法律规则一旦触及社会效果，即在批判机械司法的外衣下处于被排斥状态。思维起点假定、证据推理偏差等因素之下的司法前见模式更是导致了不当后果主义，进而呈现为规则逃逸。

（一）机械司法的放大理解排斥

法律院系毕业生有可能因缺乏社会阅历的累积，往往带有强"规则导向"的规范式思维，时有出现机械司法思维现象。但一直未受关注的是，机械司法在司法实践中也成为规则逃逸的常用标签。在法官会议、案件讨论过程中，在各种抽象的多元价值面前，年轻法官一旦强调规则遵守，从法律规则的解释角度看待裁判，经常都被领导或老资历法官贴上"年轻缺乏社会阅历""读书人只会机械司法"的标签，导致法官对遵守法律规则谨小慎微。这体现着法官对机械司法放大化的理解排斥，动辄以社会效果作为裁判考量的首选项，呈现不当后果主义之下的规则逃逸。

笔者以亲身经历的房屋租赁合同纠纷案例为样本（见表5），通过访谈方式深度解读法官裁判思维中机械司法被放大理解排斥的风险（见表6）。

表5　沈某诉刘某、高某、梁某、黎某房屋租赁合同案

	当事人及案由	案情简介
案例五	沈某诉刘某、高某、梁某、黎某房屋租赁合同案	黎某与沈某系母子关系，黎某将其名下房屋过户登记（有违建部分，仅过户有证部分）至沈某名下，沈某未支付转让价款，房屋仍由黎某居住。后黎某在沈某知情的情况下委托刘某将房屋租给高某和梁某，高某和梁某依约向梁某支付完毕租金并在本案起诉前搬离房屋。因房屋涉及拆迁，沈某与拆迁办签订安置补偿方案（沈某获取补偿款，沈某在房屋交付前享有占用、适用、收益权，同时沈某需清空房屋交付拆迁办）后，黎某拒绝搬离，故黎某诉至法院请求：1. 判决租赁合同无效，高某、梁某搬离房屋；2. 判决刘某、高某、梁某赔偿租金损失

表6　访谈记录

访谈时间	2023年6月12日15:30～16:30
访谈方式	面对面访谈
访谈问题	沈某诉刘某、高某、梁某、黎某房屋租赁合同案件中，裁判思路是怎么样的？是否会对裁判后果进行考量

续表

承办法官	我认为,房屋登记在沈某名下,沈某和拆迁办达成安置补偿方案,房屋已被征收,沈某已获取大部分补偿款,补偿方案中约定沈某在房屋交付前享有占有、使用、收益权,以及沈某有清空房屋交付拆迁办的义务,那么沈某诉请黎某搬离房屋,符合法律规定,所以我认为可以支持搬离诉讼请求
资深法官 A	办案不能循规蹈矩,判决不能只看法律规定,其他什么都不管,一旦这样判下去,将会有什么样的社会效果?本案一个重要关键点,就在于是儿子起诉母亲搬离房屋,这样符合社会主义核心价值观吗
庭室领导 B	案件办理中,最忌讳的就是机械司法,如果一件案子判决后,社会效果非常差,那这个判决就是失败的判决,只懂法不考量效果是不行的
承办法官	当时我觉得资深法官和庭室领导说的有一定道理,裁判应该要从社会效果考虑,但是这个案子怎么去突破法律规定?直接引用社会效果吗?还是需要考虑从其他角度变相处理

承办法官因此一度陷入茫然,迟迟不敢裁判,虽然最终在多方请教讨论之下还是支持搬离诉请,但从访谈内容来看,承办法官明显是受到了资深法官 A、庭室领导 B 关于社会效果观点的影响,承办法官想要遵守法律规定,但又怕被贴机械司法标签,下意识否定自我,认为从道德角度考虑不应该支持儿子起诉母亲搬离房屋,但却不能跨过坚守法律规则的内心确信,不敢坚持法律规则裁判。

(二)司法前见模式下的不当后果主义

多元价值的逆推影响着法官裁判思维,审判中规则逃逸的念头往往先于审理案件伊始,表现为司法前见。前见之下,法官先入为主地固化事实认知思维,倾向于寻找证实前见的证据而忽视相反性事实,从而坚持错误判断并循环往复。一旦前见发生偏差,极易陷入不当后果主义困境。

1. 思维起点假定

“前见的生成是社会现实和历史经验交互作用的结果,其内容由解释者生活世界的印迹和职业经验所决定。”[1]案件附带的各种压力、后果影响也经常导致法官生成

---

〔1〕[德]罗伯特·阿列克西:《法—理性—商谈:法哲学研究》,朱光、雷磊译,中国法制出版社 2011 年版,第 68 页。

强大的前见，前见的主观化特征，决定了法官势必将有意无意地将前见带到案件审判中，也正是法官个人法律知识、生活阅历、职业经验等差异，或者纠纷附带的社会压力等因素，一定程度决定其选择接纳或排除一些经验和法律知识，就此形成初步的裁判观念、知识结构和思维方式，并作为裁判思维起点假定。然而该遵循固化逻辑的起点假定，法官对其中存在的错误认知或者风险浑然不知，或者知而不避，甚至自认为能够言之成理，成为不当后果主义裁判错误的隐患起点。

2. 证据推理偏差

前见思维之下，法官基于思维起点假定，对案件证据推理、法律事实判断同样容易背离中立，“存在为自己的裁判结果找寻法理上正当化理由的强烈动机”，〔1〕有意或无意寻找支持自己观点的有效证据和推理解释，“就像‘障眼法’让法官只看得到自己想要看到的，只相信自己想要相信的”。〔2〕 在法律关系复杂的案件中，如果不当后果主义判断“先入为主”，那么在面对纷繁复杂、盘根错节的证据链条时，就极易因非理性因素导致推理论证发生偏差，更是可能过滤掉与其预定目标不符的部分，导致法律规则大前提和构建事实指向的小前提被随意剪裁，最终偏离案件客观事实，导致事实认定错误。

3. 反思检验缺位

由于法官对案件处理的主导地位，先入为主的个人视角很难自知，其对案情的初步了解已对证据预设评价，小概率能够通过庭审举证质证纠偏。法官虽困于前见固化思维与证据偏差推理，但一定程度上付出很多时间与精力，在多项效率指标加持下，不可能轻易全盘推倒重建。

而且，基于“感性思维占据主导的媒体和公众盲目地追寻‘同情弱者’及‘否定强者’的朴素情感，法官形成结果导向裁判思维，采取规避损失策略，竭力使事实认定结果迎合社会的普世价值观”，〔3〕这也令法官在坚持前见思维之下更倾向于坚持自身对裁判价值的选择判断。加之法官在员额制改革后，脱离了庭长负责制的科层式管理模型，享有独立签发权，即便可通过制度层面设计比如合议庭、专业法官会议、审委会对法官裁判进行检验，但其他与会者对案件缺乏亲历性，启动程序仍需以法官为主导，故案件经常难以得以及时有效反思检验。

---

〔1〕［日］棚赖孝雄：《纠纷的解决与审判制度》，王亚新译，中国政法大学出版社 1994 年版，第 166 页。

〔2〕张奠、左霞：《判断之前何以判断：法官前见在案件事实认定中的偏差及消减》。

〔3〕侯猛：《不确定状况下的法官决策——从“3Q”案切入》，载《法学》2015 年第 12 期。

（三）后果主义审判规范化缺失

后果主义审判思维体现着司法裁判对变动社会的适应性追求，但系统性裁判规范的缺失，容易使后果主义走向恣意的极端。规范化缺失分别体现在“裁判理由”与“裁判原因”的动机混淆、“法之发现”与“法之证立”的路径误区，以及“论证结构”与“衡量模型”的多重标准。

1. 启动动机——“裁判原因”与“裁判理由”混淆

后果主义滑向不当后果主义，正是错误将影响法官裁判考量的原因等同于法官作出裁判的理由。“原因”与“理由”本属不同的概念逻辑，“判决理由是具有规范意义的命题，它关注的是理由与结论之间是否存在应然领域的对应关系，其本质是价值判断，具有评价性。判决原因则是具有事实意义的命题，其关注判决原因与判决结果之间是否存在实然领域的因果关系，其本质是事实判断，不具有评价性”。[1]

也就是说，“裁判原因”是结果发生的客观事实或行为发生的动机，“裁判理由”则是证成观点或行为成立的正当性依据。将两者画等号，无疑是用行为动机等同于证成依据。而且后果主义仅应当是为法律适用过程中通过形式逻辑推导出的结论提供证成，但形式逻辑本身无法检验法律前提的妥当性，因此在法律论证结构中，后果主义扮演的角色是为法律发现的结果提供二次证明。[2] 换言之，“裁判理由”应当是立足于“裁判原因”，“裁判原因”不能完成自我论证。因此，将“裁判原因”混同于“裁判理由”，明显失当。

2. 过程路径——“法之发现”与“法之证立”误区

与“原因”与“理由”对应的是“发现”与“证立”。“发现”是纯粹的思维过程，“证立”是对命题评价正当化的论证过程。体现在裁判中，“法之发现”表达的是结果如何得出，“法之证立”表达的是法官运用法律理论加以论证推导得出裁判结果。法官在运用后果主义审判思维时，容易混淆两者的适用，落入“法之证立”逃逸误区。

根据笔者列举的引发舆论非议的四则案例，不当后果主义最表象的特征就是裁判论证推理过程的缺位，分类表现为有法不依的规则替代式逃逸、单纯运用后果选择的价值逆推式逃逸、非法律元素取代论证的法错位式逃逸、论证本末倒置的过渡标签式逃逸。案例共同揭示了裁判在“法外因素”影响下作出，实际体现“法之发现”的论证推理缺位。

---

〔1〕 杨贝：《论判决理由与判决原因的分离——对司法虚饰论的批判》，载《清华法学》2016 年第 2 期。

〔2〕 参见王建强、童建华：《破译司法裁判的备用密码：后果主义审判的实践困境及纾解》。

3. 论证标准——“论证结构”与“衡量模型”多重性

法律论证分为内部证成与外部证成，内部证成对应的问题是法律判断是否由证立前提逻辑推导而来的，外部证成对应的问题是这个前提是否正确的问题。法律关系单一案件中，案件事实涵摄的法律规则唯一，一般借助于法条主义的审判理论和法律方法，在既有的法律系统内能够得到完满解决。但法律关系复杂型案件，事实往往关联多个相互冲突的法律规则，基于“三段论”推理逻辑公式中法律大前提和事实小前提可以涵摄出结论，那么法律关系复杂型案件中，不同的大前提分别结合不同的事实小前提，可以涵摄出不同的结论，即多重“论证结构”。

后果考量之下，为了选取最优结论，多重“论证结构”被放置于多元价值中衡量，形成多重“衡量模型”，再根据所欲实现的价值逆向挑选对应的“论证结构”，最终完成形式上正向“三段论”推理。此过程实际经历了三次选择：一是“论证结构”的构成，二是“衡量模型”的构成，三是经由“衡量模型”逆向选择“论证结构”的过程。三次选择均由法官主导，但也正因如此，选择起点“论证结构”中的事实小前提往往存在因法官前见导致被剪裁的隐患，加之经过筛选作为优选项的“论证结构”本身就不具备唯一属性，法官为回应社会期待又套用吸收了各种法外因素的“衡量模型”，更是无法掌控，极易构成对法安定性的挑战，形式上造就法官的“造法功能”。

（四）法律效果之外寻求社会效果

最高人民法院将“实现法律效果与社会效果的统一”作为指导法院审判工作的一项司法政策，因而这一裁判思路在司法实务界备受青睐。[1] 然而结果导向的司法裁判为回应社会期待，误将寻求社会效果置于法律效果之外。

1. 社会效果被错误解读

最高人民法院在 1999 年首次强调“法律效果与社会效果相统一”，[2] 学者曾产生概念性歧义，认为严格的法律推理对应“法律效果”，政策考量对应“社会效果”，最高人民法院法官也曾据此将裁判方法区分为“法条方法”与“政策方法”，[3] 以及将评价裁判正确与否区分为“逻辑标准”与“政策标准”[4] 等，一系列解读体现着我国司法界对“社会效果”的模糊认知。

---

〔1〕 参见王彬：《为后果主义审判正名——基于理论谱系的梳理》，载《内蒙古社会科学》2023 年第 2 期。

〔2〕 李国光：《坚持办案的法律效果与社会效果相统一》，载《党建研究》1999 年第 12 期。

〔3〕 孔祥俊：《论两个效果统一与防止机械司法》，载《人民司法 · 应用》2008 年第 19 期。

〔4〕 孔祥俊：《论裁判的逻辑标准与政策标准》，载《法律适用》2007 年第 9 期。

为了集中回应司法界各种观点，江必新撰文直击要害，强调“在法律之内寻求社会效果”，[1]杜绝将两者割裂看待。从逻辑上看，社会效果本就是法律适用自然推导的结果，裁判的社会效果必然寓于法律效果之中，是严格依法裁判在实践层面的自然延伸。

然而在司法实践中，对社会效果与法律效果的割裂看待仍然大量存在，因社会效果被赋予过渡“内涵”，维稳、保民生、保就业、保交楼、公共秩序、服判息诉、舆论热点、优化营商环境等考量因素纳入社会效果概念，加之近年来“许霆案”“于欢案”等案件足以触发舆论非议，法官在“自我保护”的内心驱动下，过渡追求社会效果以避免自己被推至舆论的风口浪尖，使裁判的社会效果逐渐与法律效果分离而不自知，甚至完全忽视法律效果，仅以“社会效果”为名进行着规则的公然逃逸。

2. 社会效果被错位追求

错误解读社会效果之下，法院追求裁判社会效果的实践暴露出方法论上的随意，不当后果导向作为一种回应社会的裁判方式，被错误用于避免法律僵化导致的机械主义司法，各种法外因素以“社会效果”之名被不断输送到审判之中，通过随意裁剪和变通法律的方式挑战着法的安定性与权威性。

从方法论上看，结果导向的裁判方法本应以司法的形式理性为默认前提，在此基础上借助法律解释、漏洞补充和原则裁判技术，以表达个案判断。[2] 但被错位追求之下的“社会效果”，则是在法官经由潜意识、直觉、经验得出一个初步法律结论的基础上，根据法律之外的因素指引裁判思路，以工具主义的观念来对待法律解释，导致以法律解释的结论服务于解释者所欲实现的目标，[3]最终越过法律规则，取代或填补成为裁判依据。

三、寻求制衡：后果主义审判限度之理性思辨

在逆推呈现正向“三段论”的后果考量推理中，值得我们警惕的是，逆推的起点实际就是法官所欲的结论，一旦选择偏差，将“满盘皆输”。警惕之外更应当警醒的是，本文讨论的规则逃逸，是明显区别于法律暂无规定，或因知识不足、法律理解不当导致的法律适用错误，法官主观上均“明知故犯”，并以社会效果掩之。由此，必须制约

---

[1] 江必新：《严格依法办事：经由形式正义的实质法治观》，载《法学研究》2013 年第 6 期。

[2] 参见宋亚辉：《追求裁判的社会效果：1983—2012》，载《法学研究》2017 年第 5 期。

[3] 参见王彬：《为后果主义审判正名——基于理论谱系的梳理》，载《内蒙古社会科学》2023 年第 2 期。

法官的“明知故犯”。

(一)实现法律效果与社会效果的一体两面

法律关系复杂案件中,后果考量为法官审判提供了不同的视角与思路,法官对结论的选择本就是一个价值判断与取舍的过程,不免使法官陷入任性与恣意的危险之中,甚至有些情况下,为了实现特定后果而游离于论证结构之外,另辟蹊径实现所欲的结论,表面看是依法推理的过程,实则是超越法律寻找所欲结论的规则逃逸出口。因此,“必须要认识到社会科学应用于司法裁判的限度,应尽可能避免以社会科学的外部性知识和方法直接批判法律,警惕以社会科学的各种后果论据直接替代法律性论据,坚守住依法裁判的底线性立场”。[1]

(二)以构成要件破除后果主义审判中的“伪多元价值”

目前学术界对后果主义的研究侧重于对价值、意义的肯定,但其中何谓裁判后果,并无清晰梳理,以至于审判实践中对后果概念的理解过于宽泛,任何与价值相关的欲求都纳入后果考量,导致本应适用法条主义解决的问题,却运用后果主义思维展开裁判,形成“伪多元价值”。“伪多元价值”在逆推结论前提下进入裁判,由于对价值的定位与取舍存在主观的不恰当抉择,其中的价值权衡也大多隐而不现,无价值运行逻辑之具体呈现,故破除“伪多元价值”就在于让其中的价值权衡昭然若揭。

其中的规范路径,应当在涉及多重价值标准时明确非规则性价值判断引入裁判后果考量的构成要件,选取具有连接效应的价值作为论证逻辑起点,避免价值权衡的滥用,出现“戴帽子”式泛后果考量。法官必须在裁判文书中阐明判决的理由,以说服当事人和社会民众接受裁判结果,尤其是在疑难案件中,裁判者需要排除规则适用或者创制一个规范,作出一个与之前不同的判决的时候,则必须承担更高的说理义务,证明新的解决方式比先前的解决方式更优。[2] 这不仅能够让裁判文书以“说理”说服民众,更是一种对法官“明知故犯”、恣意逃逸规则的有效制衡。

(三)防止非纯粹裁判思维不当的司法前见

司法实践中极为隐蔽的是非纯粹裁判思维不当导致的司法前见,实则是对规则逃逸的“明知故犯”。基于法律之外的压力或片面不当认知,法官在裁判中经常自觉或不自觉地形成法官的非纯粹裁判思维。欲排除法官因司法前见形成的非纯粹裁判思维,就必须尽量避免法官在审判权衡全案事实之前与案件接触,防止法官仅仅基于

---

〔1〕 孙海波:《司法裁判社会科学化的方法论反省》,载《法制与社会发展》2021年第2期。

〔2〕 参见赵利肖:《后果考量裁判思维的风险及其规制》。

社会压力或对片面案情的感觉即形成固化的司法前见。

以司法前见促成非纯粹裁判思维表现为两个方面：一方面，在于程序中的当事人接触传导压力。法官在庭前阅卷、开庭审理之前有很多种渠道接触到案件当事人，比如当事人与法官沟通申请变更诉讼请求、申请追加当事人、申请调取证据等，此过程中当事人不免以己方视角向法官陈述案情与表达观点，法官容易受到当事人言语、情绪方面的影响，从而被错误牵引。甚至一些当事人在立案之初便开始缠访闹访，并在之后推进的每一步正当程序中均恶意阻挠或投诉，意图向法官施加压力，从而使法官怯于正当审判，萌生规则逃逸念头，导致引入"伪多元价值"以寻求后果考量的庇护。另一方面，在于碎片案情向社会效果的直接转换。在法官接触程序过程中，无论是通过当事人的表述还是阅卷，都是案情的碎片化呈现，由于并非整体案情，法官此时也并无完整裁判思维的应对，司法前见中的感性与自觉经常出现，往往呈现出跨过形式逻辑而直接进入价值判断的过程，一些法官在多元价值观模糊不清的情况下，就极易被"伪多元价值"所主导。

所以，要防止上述司法前见促成非纯粹裁判思维，就必须在诉讼程序上进行隔离设计，并以制度矫正其生成发展。对于诉讼程序上的隔离设计，应当实现法官在开庭审判之前与案件隔离，不接触案卷与当事人。对于制度矫正，则在于制约法官的独立判断，比如可以通过陪审员制度防止证据推理偏差之下的证据过滤。

四、模型搭建——探寻后果主义审判"反向消解"+"正向论证"思路

实践中后果主义审判缺乏规范性弊端时常显现，本文案例可见一斑。笔者尝试首先反向消解"伪多元价值"及证据推理偏差之下的证据不当过滤，再顺向、逆序多层次分步骤规范法官后果考量论证推理，目的是实现司法裁判法律效果与社会效果的统一。

（一）反向消解

基于"伪多元价值"思维的存在，笔者尝试通过内部防御与外部干预进行消解。

1. 内部防御：筛选过滤"伪多元价值"

（1）排除无效价值连接点

为避免"伪多元价值"滥用，首先应当在判决引发的诸多后果中，排除无效价值连接点，遵循初步锚定的客观性规律。比如，合同类案件，应以经济效应为锚，民生类案件，应以保障民生、社会稳定为锚，婚姻家事类案件，应以公序良俗为锚，环境类案件，应以可持续发展为锚等，不可任意突破。

以案例二为例，一般民众心中，电梯内吸烟本不应当，那么劝阻吸烟是值得提倡的，既然劝阻吸烟是善举，那么民众接受认可的劝阻吸烟方式应当是好言相劝、合理恰当。当劝烟者劝阻行为并无不当，肢体无接触的情况下，通常不会造成他人情绪激动进而发生猝死。因此，“人死为大”“公平原则”等无效连接点应被排除。

再以案例五为例，之所以资深法官 A、庭室领导 B 的意见会令承办法官一度陷入茫然无措，正是将母子血亲关系作为道德价值判断植入后果考量，令人产生似错又无力反驳的模糊感。单纯以母子血亲关系作为价值决策依据，很明显正是以无效连接点对理应考量的价值取而代之，并对合同类案件应当遵循经济效应锚定思路的任意突破。

（2）排除无效相干性连接

一个前提对结论肯定性相干，只有接受该前提才能增强结论的可接受性。[1] 在运用价值权衡并对后果进行预测时，应当使价值决策之下的后果考量与裁判之间具备逻辑相关性，即直接的因果关系。任何不能通过相干性检验的价值筛选，借以作为后果考量依据并经由其推导出结论，均可能导致谬误。

案例二中根据调取发生地和发生时段的监控视频，可知劝烟者劝烟全程语气较为温和，与吸烟者仅发生语言上的争执，无肢体接触，那么可证吸烟者的死亡结果与劝烟者的劝烟行为不存在法律上的因果关系，无相关性连接。

由此价值决策应当符合：第一，法官应当运用能被公众感知与理解认可的具有高度盖然性经验法则作出恰当预测，实现后果考量的客观性与可靠程度；第二，法官对价值筛选与后果考量相干性负有释明义务，避免借价值之名逃逸规则；第三，法官能够对裁判结论与裁判后果之间的关系加以证明与验证，保证价值决策之下的后果考量与裁判结论之间具备逻辑相关性。

2. 外部干预：防止证据推理偏差之下的证据过滤

（1）使法官从审判辅助性事务中剥离

审判决断权的行使，包含法官对案件事实的认定、法律适用的选择、裁判的决断，集中表现为法官开庭审理、作出裁判文书等审判核心事务。因审判辅助事务比如案件送达、排期、保全、调查取证、现场勘验等相对于审判核心事务，一般遵循固定程序化规则即可完成，不需高度的专业知识水平和决断能力，所以应当使法官与审判辅助事务剥离，最大限度地减少法官在开庭前因辅助事务接触到当事人的机会，尽可能地

[1] 参见武宏志、周建武：《批判性思维：论证逻辑视角》，中国人民大学出版社 2010 年版，第 142 页。

避免法官受当事人过激情绪、恶意投诉以及社会不当舆论的牵绊，杜绝泛后果考量之下对客观事实裁剪导致规则逃逸，强化法官的审判裁量权。

(2)强调人民陪审员对法律事实认定的监督制约

《人民陪审员法》于2018年出台，意在促进人民陪审员发挥实质参审的作用。但事实上整个审理过程仍然是完全由法官主导，人民陪审员介入案件的时间点一般晚于法官，也经常无意参与事实认定，故其参与事实审的深度并未根本性解决。

虽然案件事实认定与法律规则适用以至于价值判断是裁判的不同方面，但事实认定对法律规则适用、价值判断具有一定“对位”功能。案例五中资深法官认为违背社会主义核心价值观所持的事实基础是“儿子起诉母亲搬离房屋”，但真实的事实全貌却是房屋登记在儿子沈某名下，房屋已被征收且由沈某与拆迁办达成安置补偿方案并获取大部分补偿款，补偿方案同时约定沈某在房屋交付前享有占用、使用、收益权以及负有清空交付义务。如案件审理中能够准确完整认定事实，则无效价值连接点就能够被轻易排除，“戴帽子”式的多元价值也会明显不能“对位”，现出原形。

因此，在加强落实人民陪审员参审案件的同时，应当由法官在开庭审理前制作好事实问题清单，合议庭对照问题清单对庭前阶段掌握的事实在庭审中一一核实，形成证据的基本固定。一方面利于证据梳理、事实查明；另一方面能够在事实认定上不走入误区，避免法官运用过度的“专业化”和思维“机械化”对客观事实任意裁剪而令人民陪审员无法反驳。

(二)正向论证

“反向消解”之外，法官应当基于立法目的对司法裁判的抽象后果应当进行评价论证，从而使后果考量基于“法内理由”而非“法外因素”。

1.顺向思维：论证结构规范化

(1)论证程序应当具备要件化特征

后果考量的规范性不足以及本文呈现的规则逃逸，实际源于法官对说理的逃避以及对裁判理由的隐藏，因此后果考量裁判说理与规范法官法律论证与增强后果评价息息相关，应当具备要件化特征：

第一，具备适用前提。论证当前案件没有明确的法律规定，或者若根据既有的法律规范会导致明显不正义的结果，即排除规则适用的正当性；第二，具备适用意义。根据经验、常理、具体情境等进行综合考量，认定案件中事实行为具备引入后果考量意义；第三，具备适用正当性。在对行为属性和行为意义作出认定的基础上，论证法院裁判价值选择的正当性,作出价值和适用规范的选择。[1]

(2)论证过程应当符合逻辑推理

后果考量实际是为裁判理由提供的二次证立,第一层级评价标准为法律因素,第二层级评价标准为法外因素,第一层级优于第二层级。二次证立之下,再在多重后果中评价论证并获取最优结论。当裁判可能产生的后果能够被纳入既有法律涵盖的目的中,且不违反法律体系基本价值与原则,后果就是可欲的。

法律论证结构中的外部证成,关涉论证前提本身的正确性,实际是对后果考量可靠性问题的论证。法官将后果考量纳入裁判视野时,应当将后果考量与法律论证相结合,通过说理来论证支持其结论的理由是否足以确立其结论。比如当 A 规则,推导 B 后果,C 规则,推导 D 后果,当选择后果 B 而非 D 时,就需要论证说明后果 B 更优于 D。换言之,阐释所选法律与后果实现之间具有因果关系,以及之间如何权衡,客观上实现通过论证补强后果考量的可靠性。

(3)价值论证应当区分定位

“对裁判后果进行事先预测并不足以保障后果主义裁判的可靠性,还应该通过一系列的评价程序,对裁判行为可能涉及的多种后果进行排序和权衡”。[2] 也就是说,法官基于立法目的对司法裁判的抽象后果应当进行评价论证,从而使后果考量基于“法内理由”而非“法外因素”。然而司法实践中“伪多元价值”乱象,往往表现为法官因法外因素放弃了法律价值,倒推寻找判决结果。

因此价值论证应当区分定位:第一,对于当事人有争议、法律规定不明确的,价值论证作为裁判逻辑之一,法官应当按上述价值评价结构规范化标准对抽象后果进行论证;第二,对于法律规定明确的,价值论证应当定位于修辞辅助,价值评价应限制在强化说理与裁判效果示范层面,以法律语言修辞解释法律问题、裁判考量以及分析视角,不应以价值修辞代替法律规范成为证成结论的直接依据。

2. 逆序路径:引入辩驳式论证

(1)辩驳式论证的必要性

在司法实践中,裁判文书一般只从正面论证判决结论得以支持的理由,不会从反面阐明不支持相反意见的理由,这是值得思考的。因为从反面论证相反意见的不合理,一方面为后果考量推定不利一方保留辩驳性推理论证的机会,另一方面能够直面

---

〔1〕 参见赵利肖:《后果考量裁判思维的风险及其规制》。

〔2〕 江必新:《司法审判中的价值考量》,载《法律适用》2020 年第 19 期。

反对者的质疑,通过对话、协商、辩论等方式增强推理论证的正当性和说服力,既符合裁判文书回应式论证要求,更能体现裁判的恰当、合理、公正。

(2)论证路径

第一,选择法律规范应当辩驳论证。“在审判领域中,法律真实性和有效性之间的内在张力,本身表现为法律确定性原则和对法的合理运用(及提供准确或正当判决的要求)这两者之间的张力”。[1] 语言作为法律的载体,其本身具有的多重含义、表意局限、开放性等等特征,在很多情况下导致法律含义存在多种解释的可能性,意味着法律选择在语言这一开放结构中存在较大的自由裁量空间。而伴随社会进步出现的新兴事物有可能对现有法律规定造成冲击,稳定、可预期的法律无法包罗所有需求。因此,对当事人有争议、法律规定不明确的法律规范援引,裁判文书中应当体现辩驳式论证路径,对有可能因语意、新兴事物等模糊因素影响法律规范适用的进行选择决策论证。

第二,建构法律事实应当辩驳论证。法官在案件审理中确认的法律事实,只能是通过证据、技术手段、经验法则重塑再现并尽可能接近客观真实的事实,意味着还原真实的过程中有可能存在疏忽大意或不理性,甚至因法外因素故意错误识别导致裁剪客观事实后对法律事实认定偏离。因此,裁判文书应当对体现法律事实认定的证据规则、证明标准进行说明,论证对应建构法律事实的程序规则及判断过程,积极回应采纳与否辩驳方的意见,并充分展示对所有证据及案件线索的推理论证。

第三,结论推理应当辩驳论证。多元价值之下,同一案件事实在不同的理论框架下可能具有不同的法律意义,引发舆论非议案例中针锋相对的价值选择,实际体现法官对理论的鉴别与取舍。裁判结论作为裁判标准与尺度,除了保证其正当性与合理性,还应当考量是否具有民众可接受度。因此,裁判文书不可和稀泥、求平衡,而应该综合考虑法律规范、当事人诉求、价值权衡,对后果考量本身进行辩驳论证,充分保障一方具有举证证明后果可能性权利的同时,另一方同样具有举证排除该后果可能性的权利,主动识别后果考量的例外情况并加以论证校验,以此排除不成立的后果考量。

结　语

在社会问题疑难复杂、各阶层利益冲突放大的今天,后果主义审判体现了更多的

[1] [德]哈贝马斯:《在事实与规范之间——关于法律与民主法治国的商谈理论》,童世骏译,三联书店2011年版,第244页。

人文关怀,为法律效果与社会效果的统一提供了明确的司法进路,但其缺乏科学化、规范化的弊端,又不小心滋长着规则逃逸,成为过度滥用后果考量的“温床”,破坏司法裁判的公正客观性。笔者尝试探寻后果主义审判“反向消解”+“正向论证”思路,以表达对后果主义审判的期待。

去伪存真:裁判思维中信念定势之偏失与规制

付凡胜*

引　言

何为信念定势？当人们对事物形成一种观点后,观点会独立于最初推论出它的信息而存在,并影响人们对其他所有相关信息的知觉;即使最初信息虚假或错误,人们依然会坚持原观点,并努力为之辩护。如心理学家丹尼尔所言:“当人们相信某个结论是正确的时候,他们很可能会相信支持这个结论的论证,哪怕这些论证不正确。”[1]信念定势表现为:一是主观自信,轻视或忽视冲突信息,强烈渴望观点认同;二是厌恶异见,重观点维护,轻异见回应。

我国学理和实务界对裁判信念定势关注较少,多认为其是司法前见(偏差)和后见(偏见)之结果,无意识主动而生,未注意到其被动形式、由弱到强之过程、成因多层次和相对独立性。事实上,即使完全阻却前见偏差和后见偏见后形成裁判观点,观点背后的信念定势依然可能存在并不断强化,观点错失继续优化的动力与机会。本文拟通过分析裁判信念定势的实践样态,重点研究裁判思维程序与策略,拟构建破除定势早熟及过强之路径,以期进一步规范审判权运行。

一、动态考察:裁判思维中信念定势的微观样态

正式讨论记录易被剪裁,讨论情绪难以跃然纸上,笔者遂“蹲点”或

---

* 付凡胜,广西壮族自治区柳州市柳南区人民法院刑事审判庭法官。

〔1〕[美]丹尼尔·卡尼曼:《思考,快与慢》,胡晓姣、李爱民等译,中信出版社2011年版,第29页。

委托他人详细记录 A、B、C 三市 45 场法院案件讨论，访谈部分参与讨论者（以下简称调查 1），发现被动型裁判信念定势并不鲜见，个体和集体信念定势可以相互转化，信念定势时常“早熟”。

（一）实践类型

1. 主动型和被动型信念定势

（1）主动型：法官裁判信念系自主内化形成，其主要源于内部的自我经验、法律知识等，呈自然生成状态，法官对裁判之公平正义有信心，渴望观点认同，反感异见，就是主动型信念定势。

记录 1 中，B 法官（法学硕士）刚知悉案情就迅速根据既往判例将此案定性为非法经营，随后强势辩论并极力维护初始观点，从经验到对规范的理解，再到抽象批判，甚至给相反观点盖上“经不起历史检验”的帽子，重刑情绪渐渐外漏，主动型信念定势较强。

【记录 1】

X 某非法经营案请示式讨论（节选）

简要案情：被告人 X 某等人在一邻近居民小区的巷子里无证销售汽油销售金额 60 万元。

A 法官（承办人）：辩护人提交了一个定危险作业罪的类案。被告人邻近居民区储存、买卖汽油，无消防保护措施，具有现实危险。我认为应定危险作业罪。

B 法官（中级法院领导）：该类案件本市一直都定性为非法经营（经验导入和压制思维），汽油属于国家规定的限制买卖物品，宜定非法经营罪。

C 法官：2019 年“放管服”背景下，国务院办公厅颁布了《关于加快发展流通促进商业消费的意见》，取消了石油成品油批发仓储经营资格审批；2020 年《成品油市场办理办法》被废止。现在汽油应该不再是特许经营产品。

B 法官：只是取消了成品油批发仓储经营资格审批，又没有说取消零售行政许可。根据规定：未经许可，任何单位和个人不得经营危化品。汽油属于危化品。被告人销售汽油金额这么大，危险作业罪法定最高刑才 1 年，定此罪便宜被告人了。

A 法官：那么如何回应辩护人交的类案？我从“法信”上检索到最高人民法院公布案例、人民法院报案例，发现定危险作业罪是主流。

B 法官：不用回应。你检索的这些案件都出现了烧伤人、烧毁财物等实害结果才符合了危险作业罪的现实危险，才定的此罪，本案无实害结果。

C法官:举重明轻,本案无实害结果,更宜定轻的危险作业罪吧?

B法官:裁判尺度应当统一,这些定危险作业罪的案例都是《刑法修正案(十一)》后为了创新而刻意适用新罪(危险作业罪),他们经不起历史考验的。最高人民法院会纠正这股"不正之风"的。

(2)被动型:法官裁判信念系外化因素逆向压迫形成内化因素,其主要源于外部舆论、当事人上访、他人过问等,呈逆向填充的非自然生成状态,法官仅对裁判之短期效果有信心,观点因无奈而生,努力为观点披上"合法外衣",就是被动型信念定势。其外在表现通常为规则逃逸。

记录2中,D法官被迫优先从法外因素考量裁判,因公安机关程序有瑕疵,为避免被告人"闹访",遂建议对不符合缓刑条件的被告人判处缓刑。D法官刚接触案案件,知道被告人"难缠"后就有了尽量给其判处缓刑的观点,但观点与规范冲突,遂而提交专业法官会议讨论,被动型信念定势明显(见访谈1)。

【记录2】

王某某危险驾驶案专业法官会议(节选)

简要案情:被告人王某某醉酒驾驶小汽车,经鉴定血液酒精含量221.53mg/ml。但查获抽血时未使用抗凝管装血,其也未在血液酒精含量鉴定书上签字。王某某经常居住地司法局以其"威胁调查的工作人员,态度恶劣,悔过态度差"为由,发表其不适用缓刑、不适合社区矫正的意见。

D法官(承办人):庭前庭后被告人已经去公安机关和来本院闹了好几次,称装血的管不合规定,对鉴定意见有异议。不给他判处缓刑,肯定会继续闹,开庭时他就说到时候去中院求主持公道。我个人倾向于给其判处缓刑。

E法官:根据《广西壮族自治区高级人民法院〈关于常见犯罪的量刑指导意见〉实施细则》(以下简称《细则》),200mg/ml以上酒精含量的一般不得判处缓刑,该类案件本院也从未判处过缓刑;再说司法局也认为不适合缓刑,如果判缓到时候他犯恶性犯罪,责任就都是我们的了。但本案程序确有瑕疵,他闹起来也确实是个大问题。

……

一致意见:承办人劝下被告人,让其态度好点,向司法局和社区工作人员道歉,服个软;也与司法局沟通下让他们再做次调查,争取让他们同意"接收"被告人;同时向被告人户籍地司法局发调查函看看。凡原则必有例外嘛!量刑指导《细则》只是说

“酒精含量200mg/mL以上一般不得判处缓刑”，并未说一律不得，同意对被告人判处缓刑。

【访谈1】

D法官：“案卷刚分到我手中，检察院承办人就告诉我这个被告人很‘啊杂’（指不讲理、难缠），已经在公、检闹了好几次。阅卷后，我发现被告人不适合判缓，但觉得还是应该给其判缓。怎么说呢？这种酒驾小案子，也没人关注。判缓的话被告人肯定不上诉，本案公检阶段就有瑕疵检察院也不会抗诉，几乎‘双赢’，所以第一时间我就发缓刑调查函了。后来被告人找我闹了好几次，公安机关也无法补正瑕疵，我就更觉得应该判缓了。”

2. 个体和集体信念定势

（1）个体型：法官在个案裁判中产生相对优势观点时，即个体信念定势开始形成，其会反向屏蔽、裁剪与之相矛盾信息，凸显、放大与之相一致的信息。

（2）集体型：当个案讨论中多数人达成共识时，即形成了集体信念定势，其会迅速压制个体相反观点。一般而言，其比个体信念定势更加强大。值得注意的是，因话语权差异、“权威效应”、从众心理等影响，其形成可能并非基于理性，有时“人”比法律规范、法律逻辑对集体裁判观点的影响更大（见访谈2）。

【访谈2】

A法官：“几乎每个‘难办’案件首次审委会讨论快结束时，领导都会说‘会后问问中院的看法’。请示完中院后第二次上会讨论时，委员多会直接同意中院看法，往往10分钟不到就决议了。尽管我几次强调‘陈某某非法经营案’定非法经营罪只是中院刑某庭副庭长B法官个人观点，我和Y（本院资深刑事法官）并不认同，但没人听。首次审委会时多数委员认为定危险作业罪，但第二次就都认为定非法经营罪了。这也可以理解，B法官既是领导，又是本市刑事领域权威，还能影响甚至决定二审，而委员只有1/3不到有刑事审判经历……”

个体和集体信念定势可以相互转化。期望获得认可是人类本能，法官有将自身信念上升为集体信念并融入最终裁判结果的强烈欲望。犹豫不决或消极参与讨论的法官时常会选择与多数人意见一致，以规避风险。

（二）强化过程

裁判信念定势可根据其产生时间、稳定程度、外在表现等，分为弱、较强、成熟三个阶段,其时常“早熟”——在观点修正流程运行完毕前就变得无比强大。

1. 弱定势阶段

法官面对具体案件时,因认知惯性、效率驱动,易基于经验快速、整体对案件初步“浅判断”,形成一个相对优势的初始观点。若其觉得案件简单,且诉讼双方无相反观点,此优势观点就会快速成为唯一观点;若案件稍显复杂,一个相反的劣势观点也会悄然而生,与之“搏斗”。但无论如何,受首因效应、锚定效应等影响,其会对这个初始优势观点更加自信和偏爱,不由自主地轻视与之相矛盾的信息,放大与之相一致的信息,此所谓信念定势萌芽,定势较弱。对承办法官而言,此阶段通常为庭审前,如前文D法官;对其他法官而言,此阶段通常为刚接触案件时,与审判阶段并不对应,如前文B法官。

此阶段,主动型信念定势比被动型得强,因为“一旦超出‘规范论’思维,无论如何把握目的、推敲分寸考虑社会后果,谁也无法保证自己的‘判断’不会引发争议,就一定是‘好’的”[1]。

2. 较强定势阶段

庭审中及之后,法官会先独自检验修正初始优势观点,方式有四种:一是庭审倾听及调查;二是反复阅卷和理解规范,更深入分析;三是类案检索;四是非正式讨论,请教他人或与他人探讨。

此阶段,法官对检验合格或修正后的观点已投入较多,信念定势多较强。心理学家研究表明:“前期的投入就像万能胶一样,将决策者粘在原来的思路上,使他无法做出客观的选择,而且投入越大,被粘得越牢。”[2]须警惕的是,萌芽期的优势观点在此阶段多数被强化,但多是认识方向性、信念固执的结果:

一方面,因存在预判,法官会不注意全面倾听当事人的诉辩,多选择性倾听,甚至不当引导诉辩;类案检索也常具有选择性和目的性,调查1的45场案件讨论中37名承办法官仅提交了与自己观点一致的类案,但笔者轻易检索到与其观点不一致的类案。

另一方面,私下讨论时,许多法官会如记录3中的F法官那样,引导他人观点,如自我观点前置、强自我观点而弱相反观点说理式“暗示”、情绪引导、异见论据及信息隐藏等。其他法官也多“理解并默许”F法官的做法(见访谈3)。

---

〔1〕 陈洪杰:《因法之名:司法的程序沟通原理》,厦门大学出版社2022年版,第66页。

〔2〕 孙恩棣:《怪诞博弈论》,当代中国出版社2012年版,第19页。

【记录 3】

王某某与赵某民间借贷纠纷案私下讨论(节选)

简要案情:原告王某某借款 10 万元给被告赵某,但借条上仅写了“利息 1 分 8”,未明确是年利率还是月利率。原告说是月利率,被告说是年利率。

F 法官(承办人):目前有三种观点:一是根据经验推定 1.8% 为月利率(笔者注:先行导入、观点暗示),二是视为约定不明判定对诉求不支持,三是从有利于被告的角度就低认定 1.8% 为年利率。

G 法官:第二种应该酌定一定利率,才更加公平。

F 法官:我赞同第一种观点。原告和被告并非亲戚,只是普通期友,若 2% 是年利率话,那比只银行利率高一丢丢。这年头“借钱的是大爷,要账的是孙子”,原告会冒着收账难的风险而超低利率借款给不熟悉的人吗?(笔者注:情绪引导)。换做你是王某某,你会如此吗?(笔者注:情绪引导)还有,我检索到(2021)皖 02 民终 803 号案例,他们认为这种情况是月利率(笔者注:其实还有很多第二、三种观点的判例)。此外,按照市场行情,月利率 1.8% 还算正常。

【访谈 3】

G 法官:“私下讨论就是这样的,大家这么忙,承办人一般都会简单说下案情,然后说几种观点。很多讨论,承办人实际上就是让他人选择其中一种观点,尤其是排在首位的观点。我对案情肯定不如 F 法官清楚,所以实际上我是在听他自己对几种观点论证辩论。我虽然会参与讨论,但程度有限,通常只是说‘这个论证不充分、依据不足’‘这个点有道理’之类的话。F 法官对 1.8% 是月利率的理由明显比是年利率的多,我也赞同 1.8% 是月利率。”

3. 成熟定势阶段

当法官独自检验未完全打消怀疑,或为了分散裁判压力时,会将案件会提交“集体智慧”讨论决策,如合议庭、专业法官会议和审判委员会讨论,或“向上”请示。然而,在此之前其信念定势已经较强,很难改变。调查 1 中正式讨论的有 25 场,其中 14 场集体观点与承办法官的完全一致,9 场集体对承办法官观点加以完善——案件定性未改变,只是对“拟判项”稍微修改,承办法官观点维护率高达 92%。这不难理解:一方面,部分法官会像前文 F 法官那样无意识地对他人观点进行引导;另一方面,为分散裁判压力而讨论,只是一种形式化的讨论,法官只会疏导、说服他人而非听取异见。

此阶段，个体信念定势易上升为集体信念定势，完全成熟。尤其是被动型信念定势，更易变为强集体信念定势，如记录2“王某某危险驾驶案”之讨论。案件法律属性带来的难点，在高法律素养的法官眼中或许并不算难；但被告人“闹访”、舆论压力等案件社会属性带来的难点和“身不由己”，让法官们普遍觉得“难办”，更易激发共情。

（三）最终呈现

信念定势成熟后会通过裁判文书表达，可能有三种表现：一是说理丰富，既证成也证伪，逻辑清晰；二是说理杂乱，回避证伪，自说自话；三是不说理，或“空洞”“抽象”说理。

第一种情形往往意味着信念定势正确，裁判得当。若非案件极其简单，或法官“不屑说理”，那么第二、三种情形的原因可能如下：第一，观点背后的强信念定势产生了偏差，难以自洽说理。第二，被动型强信念定势因法外元素主导而生，这些元素时常不合法而“拿不上台面”。这种逆向裁判只会关注与结论一致的信息，忽视异见，极易裁判不当。第三，案件争议确实较大，甚至涉及学派、理念之争，有多种合理处理方式，因学说、理念引入裁判方式受限、不当引入风险较大，法官不愿或不敢说理。第四，默会知识难以用文字表达。

二、静态检视：裁判思维中信念定势的宏观样态

强裁判信念定势普遍存在，但未引起重视，有信念偏差、错失优化、正义过窄等风险。

（一）普遍存在

对四级法院法官助理问卷调查“其所在团队法官在审判中信念定势强弱及强定势首次出现阶段”（以下简称调查2），回收到有效问卷528份。

1. 强信念定势的法官比较常见。133份问卷回答“信念定势极强”，161份问卷回答“信念定势较强”，二者共计294人，占比约为56%。

2. 强信念定势存在审判各阶段。294份回答强（极强和较强）信念定势的问卷中，回答强信念定势首次出现在庭审前、庭审中、庭审后的分别为86份、132份、76份。法官在庭审中及前后都容易出现强信念定势；但29.25%的强信念定势首次出现在庭审前，与庭审实质化相悖，即信念定势常“早熟”。

3. 强信念定势存在裁判各部分。从前文调查1可知，强裁判信念定势既存在于事实认定之中，如“王某某与赵某民间借贷纠纷案”中F法官根据经验和自身感受判定1.8%是月利率；也存在于法律适用之中，如“X非法经营案”中B法官坚持此案件

定性为非法经营而非危险作业；还存在于结果考量之中，如“王某某危险驾驶案”中D法官先有尽量对被害人有利裁判的信念，再寻找裁判依据。

（二）未被重视

从前文调查2被评价的法官中随机抽取120人展开定向问卷调查，调查其对自身信念定势的看法，回收到有效问卷83份（以下简称调查3）。

1.多数法官意识不到自身信念定势之强。25份认为自身“无信念定势”，37份认为自身“信念定势较弱”，12份认为自身“信念定势较强”，9份认为自身“信念定势极强”。亦即，仅有约25%的法官认为自身信念定势强，与法官助理眼中的约56%相差较大。如尼采所言“人离自己最远”，心理学家科胡特诊断证明“每个人本质都是自恋的”，旁观者清，法官助理的看法更加客观。

2.多数法官认为信念定势负面影响不大。7份认为“信念定势有利，比如有利于克服虚无怀疑主义，提高工作效率”，29份认为“信念定势很正常，无所谓好坏，无须在意”，22份认为“信念定势对审判有一定负面影响”，25份认为“信念定势对审判负面影响较大”。69.88%的法官认为信念定势不利影响不大。

3.经验丰富和领导型法官信念定势更强。将“调查2”和“调查3”中涉及的法官对应，以前者（法官助理）回答确定法官信念定势强弱。将83名法官背景拆分为8个要素，假设信念定势强弱为因变量，8个要素为自变量，将二者内容转化为数值（见表1）。通过SPSS软件分析二者关联度，发现：年龄、司法工作年限、年办案数量三要素与信念定势强弱“皮尔逊相关系数”[1]分别为0.401、0.695、0.439，正相关性相对显著，而三要素数值越大意味着法官生活和司法经验越丰富；是否为领导与信念定势相关系数为0.141，也呈正相关性。换言之，法官经验越丰富，或具有领导职务时，信念定势越强。

表1 要素内容转化数字

要素	类型转化	性质
信念定势	无（或不清楚）、较弱、较强、极强分别为0、1、2、3	因变量
性别	男女分别为0、1	自变量
年龄	年龄为数字	

〔1〕 皮尔逊相关系数范围为[－1,1]，小于0表示负相关，大于0表示正相关，等于0表示不存在相关性。相关系数越接近0，相关性越小；相关系数越接近－1或1，相关性越大。

续表

要素	类型转化	性质
司法工作年限	年限为数字	自变量
学历	专科及以下、本科、研究生及以上分别为0、1、2	
有副庭长以上职务	有无分别为1、0	
年办案数量	100以下、100～150、150～200、200～250、250以上分别为0、1、2、3、4	
是否获得过省级以上“优秀法官”称号	是否分别为1、0	
近5年待过2个或近10年待过3个以上部门	是否分别为1、0	

4.二审法官往往信念定势更强。个体信念定势冲突最大的往往是一审、二审承办法官,尽管许多中级法院要求“拟改判前要与一审沟通,以避免错漏,维护司法权威”,而要求抽象、合法性常受外界质疑,导致这种对话机制并不顺畅,二审法官因拥有终审权、处理疑难案件经验更丰富、常指导下级法院业务,往往定势更强。2017年以后刑事二审开庭率降至20%以下,2023年9月最高人民法院、最高人民检察院联合印发《关于开展促进提高刑事案件二审开庭率专项工作的通知》,多地中级、高级法院印发贯彻落实文件要求提高二审开庭率,侧面说明当下二审法官听取意见和异见欲望不足。

(三)潜在风险

强裁判信念定势普遍存在,且常出现于庭审前,会导致庭审虚化和修正观点的诸多流程空转,风险巨大。

1.信念偏差

首先,前见偏差常见,“法官以和普通人同样的方式产生偏见,并且他们的经验和专业技术基本不会有助于提高他们在事实判断方面的准确性”,[1]而且“法官有一种倾向,使事实平滑地符合法律结论”[2]。其次,后见偏见普遍,侵权或医疗纠纷案件、过失犯罪中,法官易同情“弱者”和过于自信,以事后眼光看待事故的发生,坚信被告

[1] 陈林林、张晓笑:《认知的双重加工模型与司法决策》,载《浙江学刊》2014年第5期。

[2] [美]理查德·波斯纳:《法官如何思考》,苏力译,北京大学出版社2009年版,第64页。

(人)所采取措施不合理、未尽到注意义务,尽管从事前来看,可能措施完全合理、被告(人)已竭尽所能。最后,社会加速、复杂性膨胀和价值更多元,法官经验过少过时的概率加大。固守信念出错的风险增加。

2. 错失优化

公众对正义有更高期望,不再满足司法权能基于法律形式主义、逻辑自洽得出周延的裁判,已将思维认知触角延伸到纯粹意义的规范评价与批判,如"于某案""赵某华非法持有枪支案"。一方面,公平正义的界定与评判具有某种相对性和时代性,即使过去被证实是错误的异见也并非一无是处、永远错误,真理也有时空限制,听取异见是完善观点和保持观点生命力之道。另一方面,矛盾是事物发展的动力,"陷于工作惯性营造的稳定氛围,就容易落人墨守成规的窠臼",[1]法官信念定势过强会使其失去创造力,不再追究精细化裁判。

3. 正义过窄

裁判结果正义、过程正义、表达正义缺一不可。司法公开价值和裁判规则指引功能凸显,让裁判表达正义更为重要。"感受公平正义的主体是人民群众",裁判需要忖度民众看法,进而希冀引导民众行为趋向,谦虚、兼听、辩论必不可少。回应异议,才能实现表达正义;重视司法的过程性,尊重当事人,更有利于实质性化解纠纷。前文"X非法经营案"中,判决如B法官所言的那样并未回应辩护人提交的类案,定非法经营罪说理时"自说自话",并未说明为什么不构成与不定危险作业罪;[2]法官信念定势过强,拒绝与异议沟通,被告人不服判决提起上诉。

三、逻辑透视:信念定势早熟及过强的双重逻辑

(一)理论逻辑

法官个案裁判思维多为"初始判断—修正判断—观点定型"三步。信念定势成熟的外在表现是观点定型,其影响因素如下(见表2)。

---

〔1〕 李奋飞:《论司法决策的社会期望模式——以"于欢案"为实证切入点》,载《法学》2019年第8期。

〔2〕 非法经营罪和危险作业罪不完全对立,二罪构成要件并不互斥,犯二罪侵害法益差异较大,二罪可以竞合,甚至部分情形下可数罪并罚。

表2 信念定势强弱及成熟时长影响因素

影响因素	原理(逻辑)
对初始判断的自信度	自信度越高,愿意对之修正的意愿越低,大脑联想机制抑制怀疑越强烈,观点越快定型,"对庭前假定结论过于自信,它会功能固着在法官庭审思维过程中来解决案件"〔1〕
情绪消磨程序复杂度	程序越复杂则定势成熟时间越长,且其越弱。法官信念定势萌芽出现后,时常有立刻让萌芽变成最终裁判观点的冲动,程序为之降温。信息摄入过快会习惯性产生知觉忽视。〔2〕程序越简单,法官看到异议的机会越少,且审判压力越大,厌恶异见的情绪越大,越主观自信
期待结论的合理区间	区间越大,则裁判越不易"脱靶"偏离初始判断,即使偏离也只需小修小补,越成功越自信,继而越能自证初始判断的正确性并获得成功感,定势越强且越快成熟
异议强势程度和质量	越强势和质量越高越能引发承办法官的自我怀疑、观点辩论,定势越弱且成熟时间越长

(二)实践逻辑

1.职业惯性缺乏制约:导致对初始判断自信度高

法官对初始判断自信是职业惯性。一是行为自信。法官以事后视角评判对错,权力感会提高自信,〔3〕审判活动庄严、裁判后果的强制性赋予其自信。二是方法自信。法官习惯用经验粘连破碎的案件信息,以构成要件为导向去还原并切割案件真相,下意识将不知道甚至矛盾信息过滤掉、屏蔽掉,〔4〕而"如果我们能很轻松地想到自己想要的那个故事,且各个情节之间并无矛盾时,我们就会很有自信"。〔5〕

一方面,当下司法制度关注的重点是有意失范行为,对主动型信念定势这种无意识行为认识和重视不足。司法改革去行政化取得巨大成效之余,某种程度也导致对法官职业惯性制约变弱。另一方面,不少法官遇到问题才应急式学习,重实用性,学

〔1〕 韩振文:《裁判思维的整合性认知》,清华大学出版社2019年版,第15页。

〔2〕 参见[德]威廉·冯特:《认知心理学》,王彦译,百花洲文艺出版社2019年版,第90页。

〔3〕 参见朱静、段锦云等:《权力感对建议寻求的影响:自信和谦卑的作用》,载《应用心理学》2017年第2期。

〔4〕 参见[日]养老孟司:《打破思维定势》,吕婷轩译,吉林出版集团有限责任公司2012年版,第4页。

〔5〕 [美]丹尼尔·卡尼曼:《思考,快与慢》,胡晓姣、李爱民等译,中信出版社2011年版,第216页。

习纯法律和"碎片化"知识,知识和逻辑具有同一性,信息不完整,"信息茧房效应""回声室效应"也会使其对初始判断自信。

2. 因重效率而弱流程:导致冲动情绪难被抑制

"审判效率的可量化特征使审判质效具备形式上的可比较性,审限管理与绩效考核的结合造就了司法审限的竞争化态势",[1]司法效率价值由"防止拖延"向"求快"转变。很多法院在审限之外再设(压缩)"审限","个案办理时长"成为一项重要考核指标。例如,N 市部分法院要求刑事案件速裁案件、简易案件、普通程序案件分别在 5 日、10 日、1 个月内结案,民事案件在审限 2/3 内结案;A 市将涉企案件平均审理时长由 59 日降为 29 日。[2]

唯有加班将庭审后的任务前置、简化诉讼流程、缩减思维程序,才能达到目标。有统计显示,法官每周平均加班 6 小时以上的占 49%。[3] 当程序过于简化或错位,其将只有形式而无实质,与阙如并无二致。自信和厌恶异见的情绪不仅未被抑制,反倒被放大。

3. 角色困境下功利化:导致期待结论的合理区间较大

法官公正裁判者、社会治理者、行政人的角色扮演都被迫更深更广,三者冲突日益紧张。泛司法活动更易量化、更新颖、看似更符合政治主题、更易获得绩效分,而司法投入与裁判质量并非线性关系,更似边际递减,如此一来,司法资源向短期投资收益率更高的泛司法活动倾斜。

审判资源减少,导致部分法官不追求精细化裁判结果,只求"不错""基本合理""息诉"等,可接受的结果为"面"而非"点"。二审法院为维护司法权威,对一审裁判的瑕疵问题和大致合理的结果多沉默或维护,只有错误导致裁判明显不当才会改判,这客观上导致追求"面"愈加普遍,裁判期待结论的合理区间越来越大。

4. 对话制度动力不足:导致强势和高质量的异议较少

非承办法官发表强势和高质量异议收益成本失衡。首先,"声誉就是人们位置追求的一个偏好"[4],承办法官对审判投入更多,更希望其投入得到认可。其次,承办与非承办法官时常角色互换,非承办法官能理解,甚至认同承办法官厌恶异见的心

---

〔1〕 郑涛:《民事审限之"双高"悖论及其司法化构建》,载《法制与社会发展》2021 年第 5 期。

〔2〕 参见张玲:《我市法院涉企案件审理"大提速"》,载《鞍山日报》2023 年 5 月 11 日,第 A2 版。

〔3〕 参见汪澜、邱素芳:《法官工作量测量——计量模型与四川经验》,载《上海交通大学学报(哲学社会科学版)》2019 年第 6 期。

〔4〕 艾佳慧:《大国转型中的法官管理——信息、激励与制度变迁》,北京大学出版社 2023 年版,第 205 页。

理。最后,错案的责任难以落在非承办法官身上,非承办法官更倾向于节省决策成本而直接认同承办法官观点。社会心理学研究发现,人们对某领域了解得越少,就越没有竞争力,越重视群体的观点。[1] 他人相信掌握优势信息的承办法官的意见不失为一种理性。

四、方向探寻:信念定势偏失纠正中"异见理论"之借鉴

Class R. Sunstein(桑斯坦)的"异见理论"对意见和异见的形成、二者关系等进行了深入研究,予以借鉴、对之展开可以进一步明晰裁判信念定势的本质并为纠正其偏失指明方向。从本质上看,裁判信念定势是法官以自我中心倾向思维为核心、易得性启发式判断为开端、努力挣脱异见约束为准终端的观点自信;锚定效应和话语权既是开端、核心、准终端间的桥梁,也与三者相互作用(见图1)。

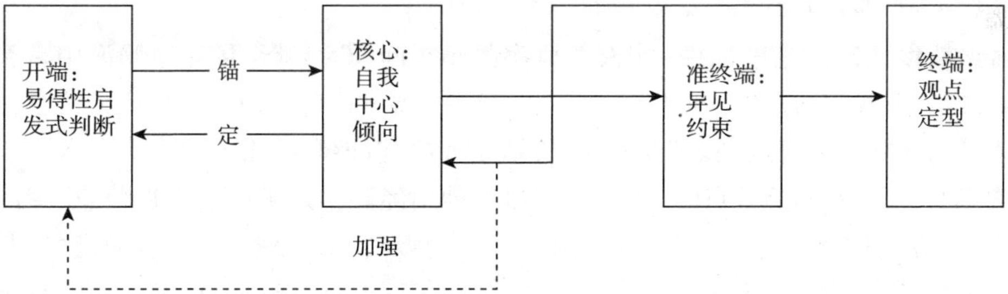

图1 信念定势本质结构

(一)核心:自我中心倾向思维

桑斯坦指出:"人们有时候忽视自身感受到的明证",[2]这是一种自我中心倾向,"以自我中心的角度来确定该相信什么、该拒绝什么,倾向于自我服务"[3]。法官信念定势产生后,会开始轻视甚至忽视冲突信息,只看自己想看的信息。

1. 认知自利。一是视角自我化,仅依靠自身或小群体视角来感知外在,非公正看待他人观点。二是结果追求自利,前文论及的因重效率而弱流程导致法官冲动情绪

〔1〕 参见[美]S. E. Taylor 等:《社会心理学》(第10版),谢晓非等译,北京大学出版社2004年版,第226页。

〔2〕 [美]凯斯·R. 桑斯坦:《社会因何要异见》,支振锋译,中国政法大学出版社2016年版,第19~20页。备注:多数翻译者译的作者中文名为"卡斯·桑斯坦"或"卡斯·R. 桑斯坦"。

〔3〕 [美]理查德·保罗、[美]琳达·埃尔德等:《批判性思维工具》,候玉波等译,机械工业出版社2013年版,第159页。

难被抑制、角色困境下功利化导致期待结论的合理区间较大等正是其表象。三是证实性偏差,期待事情朝着预想方向发展,只关注支持自己观点和信念的信息,忽视或选择性遗忘矛盾信息,信息提取片面化。

2. 认知结构。知识结构越单一,或者越回避自我反思,则认知视域越窄,论证逻辑越易封闭,所相信的东西越绝对,认知以自我为原点向外圆圈式辐射的半径越小,越易处于“达克效应”认知曲线的第一阶段:不知道自己不知道反而自信爆棚。谓之:无知者易无畏,无畏者易自信,自信者易偏执。

3. 专业主义陷阱。为强化职业垄断和职业权威,“法律人”会不自觉强调自我专业性和理性,无意识轻视其他群体的思维与法感情。随着分工愈加细致,法律人内部各小群体之间、个体之间也会有意识形成思维排斥、观点差异,以维护自身尊严和凸显业务价值。

(二)开端:易得性启发式判断

桑斯坦认为,我们“回答一个有关概率的复杂问题时,就会依赖于脑海中是否有现成的事例;我们的信念和取向是可得性的产物,通常倾向于用某一个或另一个特定的例子来解释一种普遍现象”。〔1〕 越易知觉或想起的事例,会觉得其越易发生。〔2〕前文述及,法官对初始观点的方法自信,但这种用经验粘连破碎的案件信息、瞬间推理决断(方法)多是“易得性启发式”判断,并非严密逻辑推理。研究表明,法官裁判中锚定启发式判断占58.3%,〔3〕“法官倾向于对于相关信息进行启发式而非系统性的思考”〔4〕。司法判断从事实认定到法律适用都离不开概率判断,如民事事实认定中“高度盖然性”、过失犯中“风险升高理论”之运用、具体危险犯认定、缓刑条件中再犯可能性之判断。

1. 影响因素。事例易获得性越高,且易得的一致性事例越多,个体估算出对象的概率越高,对概率背后的判断越自信。

(1)易得性的影响因素。“事件的生动性、突出性、新近性直接影响着个体对其

---

〔1〕 [美]凯斯·R. 桑斯坦:《社会因何要异见》,支振锋译,中国政法大学出版社2016年版,第91、94页。

〔2〕 See Tversky A, Kahneman D. *Availability: A heuristic for judging frequency and probability*, Cognitive Psychology, 1973, 5(2).

〔3〕 See Francisca Farin, Ramon Arce and Mercedes Novo, *Anchoring in judicial decision making*, Psychology in S-pain, Vol. 7. No. 57.

〔4〕 [美]戴维·克雷因、[美]格里高利·米切尔:《司法决策的心理学》,陈林林、张晓笑译,法律出版社2016年版,第30页。

提取过程的容易感受,进而影响着个体对事件易获得性的评估"[1],三者与易得性正相关。毫无疑问,个体亲身经历过的事例、高频宣传事例、说理丰富的事例、刚接触的事例更加生动、突出和易得。

(2)一致性的影响因素。法官判断时,瞬间提取的信息有时候是多个事例,若它们背后的观点及价值越接近,则一致性越高,对判断越自信;若它们背后的观点及价值差异越大,则一致性越低,意味着论据之间的矛盾越明显,其会延迟判断或对预判断产生怀疑。通常,易得性高的事例越多样多元,易得的一致性越低。

2. 判断逻辑。资历浅的法官面对简单案件,经验丰富、领导型法官面对所有案件,易得且较一致的事例常会影响甚至决定其对待决案件的判断,方式为:从易得事例中提炼出"高概率",将之镶嵌进"三段论"中的大前提。如前文"X 非法经营案"中,B 法官快速从其所在市既往某个或某些类案裁判中提炼出"无证销售汽油 100% 是非法经营"这一"大前提",据此对该案定性。

(三)准终端:挣脱异见约束

异见表达能力和异见表达欲望构成异见约束力。前者主要受话语权影响,后者主要受情感和群体认同影响。桑斯坦提出,易得性启发式判断本身就带着倾向,用于支撑判断的事例很可能经倾向挑选,因此需要异见来纠错,但他人压力会影响个体判断和意见表达,群体会压制异见。[2] 被情感、友谊、团结所联结起来的讨论会中,个体害怕被认为破坏组织团结和内部规则,表达异见欲望较小。这种欲望影响因素如下:

1. 异见规模。"一个少数群体仅有一人时,可能会被贬低为一个疯子或傻子",[3]因此异见的持有者最好 2 人以上。当异见增加时,人们会重视异见并怀疑初始意见,表达意见的欲望变强。

2. 奖励规则。集体对复杂任务的决策正确时,若只奖励持正确意见的个体,则多数人会盲从群体中权威者,因为这样获利可能性更大;而且,如果个体因自己意见正确而获得奖励,那么他只会关心自己正确的可能性,只会将支持自己观点的信息告诉大家,隐藏不一致信息,这在复杂任务中很容易因信息不全而决策失误。反之,若奖

[1] 李燕、徐富明等:《判断与决策中的易得性启发式》,载《心理研究》2015 年第 5 期。

[2] 参见[美]凯斯·R. 桑斯坦:《社会因何要异见》,支振锋译,中国政法大学出版社 2016 年版,第 20、78、95 页。

[3] [美]凯斯·R. 桑斯坦:《社会因何要异见》,支振锋译,中国政法大学出版社 2016 年版,第 31 页。

励所有成员,则所有人无保留发表意见的欲望越大,集体决策的信息更全。

3. 群体认同。其主要取决于群体结构,群体中成员越少、越固定、背景越相近,则成员之间的关系越易紧密、越易彼此了解,发表意见时越会顾忌对方感受,且思维及意见越易同质化。

(四)桥梁:锚定和话语权博弈

1. 桥梁作用

(1)锚定效应的受力与发力。一方面,易得启发式判断强化锚定效应。相较于逻辑严密的理性判断,启发式判断主观放大事例发生的“概率”和规则的普适度,瞬时决断、逻辑相对封闭,主动寻找与锚值不一致信息的动力较小;事例易得性和一致性越高,即与锚值不一致的信息越少。另一方面,锚定效应和自我中心化会相互强化。自我中心倾向下的认知自利、知识结构单一、专业主义陷阱必然导致视域狭窄,与锚值不一致的信息难被看见或重视;锚定效应容易使判断按照法官“预设”前进,带给其“成就感”,从而忽视自我反思、更加自我中心化。

(2)话语权的作用力。话语既深处权力关系中,又对这种权力关系改造,话语权即言说资格与行为资格。一方面,强话语权易导致司法任性,易使启发判断及锚定恣意并强化。另一方面,话语权博弈是自我中心化与削弱异见的桥梁。法官自我中心倾向会导致其主观自信,若其缺乏话语权,一旦案件进入讨论流程或被监督,这种自信很容易被削弱;若其话语权强,则更易实现认知自利,且他人难以发表异见,其难以“以人为鉴”,更易陷入前文所述“达克效应认知曲线”中“不知道自己不知道”的低智慧水平阶段,更加自我中心化。

2. 群体差异

一般而言,经验丰富、领导型和二审法官维护与强化自身权威的欲望更强,自我中心倾向明显,其又拥有更多话语权——裁判话语权、行政话语权、监督话语权、审级话语权等,且各种话语权可以相互转换,强话语权又反向强化锚定效应,故其身上强信念定势更常见。

对普通法官而言,简单案件裁判时,他人的话语权很少介入,其亦多处于放松状态,故易得性启发判断高频、锚定效应强、自我中心化明显,主动型信念定势强大;复杂案件裁判时,因合议、讨论、监督等外在话语权介入,话语权博弈中其又常处于下风,故其主动信念定势一般较弱,但外在强话语权介入可能会使其产生强被动型信念定势。

五、路径构建：破除信念定势早熟及过强的具体方法

根据异见理论，破除信念定势早熟及过强，须削弱自我中心倾向、警惕易得性启发式判断、强化异见约束。

（一）主体层面：削弱自我中心倾向

1. 关键主体

前已论及，经验丰富、领导型和二审法官（以下简称“三类法官”）的信念定势更强。凭借强话语权，其强信念定势易上升为强集体信念定势，易使其他法官产生被动型信念定势。因此，削弱其自我中心化为“破局”之重点。

（1）规范话语权运用。一方面，防止行政话语权、终审话语权、监督话语权、指导话语权等转化为裁判话语权。如尝试建立跨地区独立的改判申诉委员会，一审法官就改判向审判委员会申辩、二审法官答辩，并赋予审判委员会启动审判监督程序的建议权，以此削弱“因为我终审所以我对”之定势。另一方面，防止裁判话语权反向着力于观点。司法话语权是言说行为权，即表达和解释观点的一种资格，[1]而非司法判断权。“三类法官”裁判时要聚焦于案件本身而非他人看法，警惕“情绪思考”“面子思考”。

（2）同类群体“镜鉴”。第一，将“三类法官”的案件纳入年度案件评查的重点，让不同地区的“三类法官”交叉评查交锋并反馈。第二，定期让业务交流过的级别接近、资历相近、审级相同的“三类法官”互相匿名评价、互提优缺点。第三，尝试让“三类法官”跨部门、跨法院、跨专业领域列席旁听案件讨论。据此，通过知彼以知己、反馈以知己。

（3）精英群体“突破”。尝试探索基层法院业务庭副庭长、中级法院法官到上级法院交流担任短期法官助理的学习机制。层级越高的法院案件越多元、疑难案件越多，也更侧重于规则治理、司法行为越规范。据此，多元化这些法官的认知，培养其全局意识和系统思考能力，减少无意识自我中心化；短期去行政化职务有利于增强其对裁判者身份的认同，培养其规范运用话语权的习惯。

2. 所有主体

（1）理性认知：“自省 + 自醒 + 自行”

第一，公正批判以“自省”。时刻明确自我观点正确的条件或假设，预设他人观点

---

〔1〕 参见刘卉：《我国司法话语权的语境困惑及完善》，载《江西社会科学》2016年第4期。

皆有可取之处，从历史、当下、未来三位一体的角度体察事物，以标准思维元素——清晰性、准确性、精确性、相关性、深度性、广度性、逻辑性、重要性、公正性[1]——为标准，持同理心评估所有的观点。

第二，及时预警以"自醒"。一方面，搜集信念定势强化在审判各阶段之可能迹象（见表3），承办法官定时自查，当事人、其他参与案件讨论者及时反馈，动态搜集已出现的迹象，当其数量超过"预设值"时预警，防止信念定势不断强化。另一方面，参考香港"开枪警员强制接受心理干预"的做法，及时对残忍、严重反道德、恐怖活动、引发重大舆情等类型案件中的法官心理测评与治疗，防止其因个案导致情绪泛化，继而形成偏执信念。

表3 法官信念定势强化迹象

阶段	法官视角	当事人视角	讨论者及合议庭成员视角
庭审前	(1)浏览起诉状就有了"预判断"； (2)觉得找到了超越"前人"的新裁判方法，很想将此方法普及； (3)因案件产生了严重的道德情绪，如怜悯、憎恶、恐惧； (4)阅卷时瞬间想起某权威论据（如判例、学说、意见等），并为此惊喜； (5)庭前已经草拟好了判决书大部分甚至全部	—	—
庭审中及合议时	(1)觉得当事人废话太多； (2)发现庭审中查明与自己庭前"预判断"越来越一致； (3)其他人都觉得案件复杂，庭审却很快结束	(1)感觉发言多次被法官打断，法官选择性倾听，弱化参与人； (2)感觉法官诱导式发问； (3)感觉法官庭审还未结束就有了裁判	(1)感觉众人未实质参与讨论； (2)承办人庭审或讨论耐易激动，以身份地位权威"压人"； (3)感觉审遵报告过于简单，承办人观点论证"太大太空"，缺乏规范分析；

[1] 参见[美]理查德·保罗、[美]琳达·埃尔德等：《批判性思维工具》，候玉波等译，机械工业出版社2013年版，第72页。

续表

阶段	法官视角	当事人视角	讨论者及合议庭成员视角
			(4)感觉承办人对他人观点进行了引导，如自己的观点前量、自己的观点论，让篇幅更长、情绪引导、将矛盾信息隐藏等
庭审后	(1)类案检索输入时加入了“预判断结论”词句； (2)发现许多与自己观点不一致的裁判； (3)与人讨论时，他人仅发表了抽象意见(如意见很少、仅对错评判、法理情理分析)； (4)讨论结束后的观点与庭前初始“预判断”完全一样； (5)拟判决说理不顺畅，结论和论据缺乏连贯性	—	(1)感觉众人未实质参与讨论； (2)承办人庭审或讨论耐易激动，以身份地位权威“压人”； (3)感觉审遵报告过于简单，承办人观点论证“太大太空”，缺乏规范分析； (4)感觉承办人对他人观点进行了引导，如自己的观点前量、自己的观点论，让篇幅更长、情绪引导、将矛盾信息隐藏等； (5)讨论被事后剪裁

第三，约束私欲以“自行”。以追求高质量裁判的方式获取认可、彰显尊严，警惕将“以审判和庭审为中心”曲解为“以法官为中心”；擅用归零思维，注重倾听，警惕将个人价值甚至偏见替代为共识，注意论据获得的客观性、论证路径的可复制性、观点的可接受性。

(2)多元认知：“自力+借力+合力”

第一，重新角色定位以“自力”。参考医生，将法官定位为“司法者+研究者”，既要通过审判实践法律，又要从实践中提炼理论、为法律及制度优化建言献策，主动学习多元知识践行社会学家身份。

第二，建立知识社群以“借力”。在指导案例、“法答网”等之外，还应引导建立灵活度更高、参与意愿更强、知识更多元的市域级司法知识社群，以加快多元知识的流动、转化与再生产。为预防陷入司法专业主义陷阱，社群邀请适量非司法领域的精英加入，要求话语权平等、交换互利、价值多元。

第三,优化团体结构以"合力"。在法官与法官助理搭配、陪审员选用、司法人员流动时,根据个体知识结构差异作出合理的搭配与分配引导,注重团体成员知识多元、习性差异、优势互补,以优化团体认知结构。

(二)方法层面:警惕易得启发式判断

1. 易得事例多元化:建立反常识案例库

让差异对立观点的事例易同时进入法官视野,以降低事例一致性,提醒经验的或然性,抑制"信息茧房效应",降低主观自信。

(1)案件搜集。第一步,从多元(裁判文书、法律人、社科领域、社会实践等)渠道搜集素材,并将其分类整理,提炼其背后的观点:优先整理与法律关联度高的素材;就同一事项而言,将支持素材多和少的观点分别定义为"常识"和"反常识"观点。第二步,对两种观点提纯,通过验证和逻辑分析,剔除错误的"反常识"观点,"标红"错误的"常识观点"。第三步,将观点背后的素材转化为案例。

(2)表达呈现。根据异见理论,突出性、生动性、新近性的事例易获得性高,更易引起关注。一方面,将反常识的结论转化为案例标题以突出要点,叙事注重故事性和细节以生动内容。另一方面,将案例库镶嵌进"法院综合应用平台",定期向法官推送案例,优先推送"标红错误"的常识观点的反面观点案例及新入库案例;案例库主动对法官放入"智慧审判系统"的裁判文书草稿提取要素和观点,并及时推送观点不一致的案例。

2. 开放判断逻辑:引入"图尔敏模型"

引入"图尔敏模型",在三段论的基础上,加入"支撑""限定""例外"三要素(见图 2、表 4),"仅就特定情境下所获得的材料和掌握的知识范围做出断言,并不会把'主张'作为一劳永逸的'最终结论',而是容许并承诺了可能在未来发现或证实的'另种可能性'"[1]。从方法论上杜绝法官易得启发式瞬间决断,使推理和认知始终保持开放。前文拟建的"反常识案例库"可以为"例外 R"之认定提供素材。

---

[1] 张留华:《批判性思维教育的一个议题:教人论证,还是教人探究?——罗素、杜威和图尔敏》,载《华东师范大学学报(教育科学版)》2021 年第 6 期。

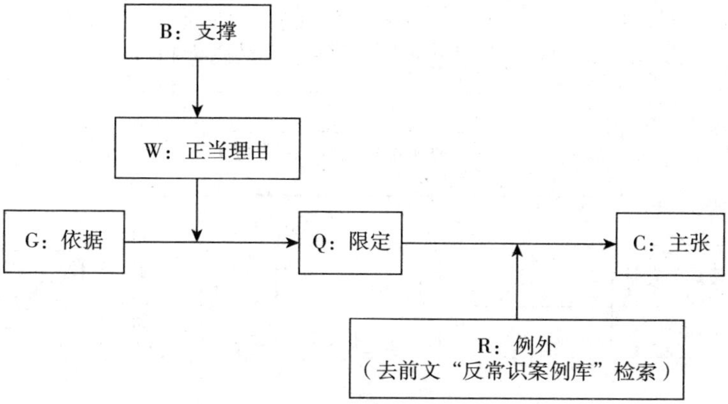

图2　图尔敏模型

表4　图尔敏模型要素

要素名称	内涵	特点
G:依据	与论证相关的数据、事实、证据	相当于小前提
C:主张	被证明的议题、观点等	相当于结论
C:主张	连接依据和主张的普遍性原则、规律、规范等	相当于大前提
Q:限定	为确保主张成立,而对论证范围和强度做的限定,通常有肯定、极大可能、很可能、可能等限定	新增要素
B:支持	为正当理由提供进一步支持的陈述,以展示原则、规律的客观性	新增要素
R:例外	对已知反例的考虑,并进行补充性说明;一旦例外出现,则主张不成	新增要素

(1)运用展示:以“王某某与赵某民间借贷纠纷案”为例,F法官采用三段论论证:“根据经验,常人不会冒着收账难的风险低利率借款给不是特别熟悉的人——王某某与赵某只是普通朋友,且借款利率低至1.8%——1.8%不是年利率,而是月利率。”运用图尔敏模型论证,则逻辑更严密且更开放:若无“例外R”,则结论为“1.8%很可能为月利率”(见图3),结论不绝对,更容易听取吸收异见。

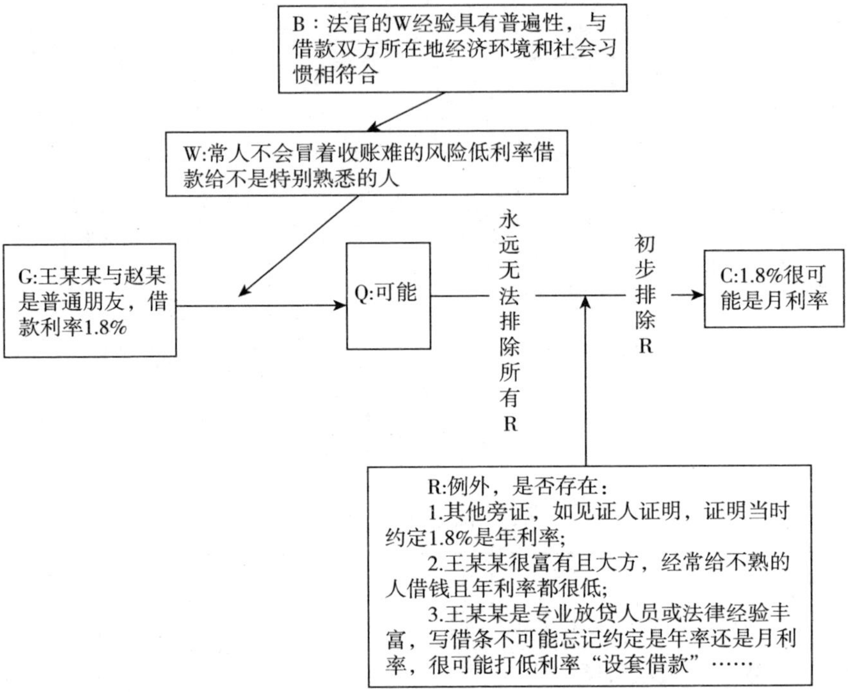

图 3 图尔敏模型运用示例

(2)运用要求:法官在审判中要及时、充分、平等地向当事人释明所要使用的“正当理由 W”,并由当事人对其有无“支持 B”,“限定 Q”值的大小以及有无“例外 R”发表对抗意见,以此检验推理的支撑力、或然性与例外可能,法官在此基础上作出最终判断。就涉民生案件而言,客观事实重于法律事实,法官须主动根据“反常识案例库”的案例,询问当事人有没有相同或类似的 R 存在。

(3)复杂结构:一是串联结构,即链条互为首尾推论,表现为 G1→C1(G2)→C2(G3)→…→Cn。当推理链条拉长时,须警惕整体 Q 值下降趋势及下降幅度,因为每个环节均可能出现 R,导致累积误差。二是并联结构,即数个 G 共同支持了同一个结论 C,表现为 G1→C1、G2→C2、Gn→Cn,G1 + G2 + … + Gn = C。若是补强式并联,整体 Q 值将随着单独论证的增多而增大,C 更加可靠;若是缺一不可式并联,整体 Q 值将取决于单个推理中 Q 值的最低者,可谓之“木桶效应”。

(三)制度层面:构建“角色扮演”对抗式讨论

合议庭评议采用诉辩式方式,由合议庭成员分别扮演诉讼各方角色,进行对抗式的讨论。专业法官会议和审委员会会议的参与者对案情的了解主要源于承办法官和

审理报告,为防止信息垄断、先入为主和从众,对抗讨论规则如下:

1. 准备阶段

第一,确定角色。讨论3日前,以抽签的方式从拟参与讨论的法官中确定二人(B和C)为与承办法官(A)的"打擂者",B和C须持与A不一致的观点。但若A的意见与合议庭多数意见不一致时,考虑到陪审员话语权有限、合议笔录易被剪裁或事后"全权书写",A法官的真实意见可能是多数意见,故而此时B和C须分别与A意见一致和不一致,防止A逃避"打擂"。第二,检验素材。B和C简略阅卷,对审理报告的全面性、逻辑性进行审查,检验推断采用"图尔敏模型"方法。检验合格之后,站在其所持意见立场论证分析,并检索类案。第三,削减诱导。审理报告由承办法官所在庭庭长审查,庭长将其中褒贬义、引导性和暗示性表达转化为中性表达,再将其分发给拟参会人员。

2. 讨论阶段

在现行讨论流程的基础下,增加"审查(审理)报告""审查类案""对抗辩论"三个环节,以增加讨论的对抗性:

第一轮,审查报告。A介绍案情后,B和C对审理报告的全面性和严谨性评价并补充遗漏,A对遗漏申辩解释,避免审理报告对事实裁剪或组合不当继而使他人产生情绪、丧失中立,或信息不全影响他人判断。

第二轮,观点发表。先是其他资历由低到高的法官,接着是B、C、A发表观点,但不说明理由,避免对后发言者引导或威压。

第三轮,众人初辩。众人围绕观点辩论,事实对事实、规范对规范、价值对价值,每个维度讨论完才可进入下一维度,提高效率。

第四轮,审查类案。A、B、C将检索到的类案提交会议,集体决策剔除不合格的类案,避免不合格类案带偏集体决策、压制异见。

第五轮,对抗辩论。A和B、C修补观点及理由后对抗式辩论:发言—攻辩—提问—总结,随后其他人发问,若空论、循环论证、情绪引导、人身攻击等,主持人将及时打断,避免消极辩论,保证辩论效率。

第六轮,总结表决。先总结归纳最后观点类型,再原则上不记名表决,若人数较多(超过8人)B、C也不参与表决,若人数较少任选1人参与表决,降低"会后压力""情感认同压力"。

3. 评价阶段

假设A办理待决案件的绩效为M,那么,首先,B、C获得0.3M固定绩效,其他参与讨论的法官获得0.1M固定绩效。其次,根据异见理论提倡"奖励意见正确的集体而非个人”，当事后证明集体决策正确时，如二审维持原判、被中级法院以上评为优秀案例、入选中国法院年度案例、被省级以上主流媒体正面宣传等，所有参会法官再加0.1～0.3M绩效。最后，若审理报告错漏或类案不合格则扣提交者的绩效（见表5），所扣绩效奖励给发现错漏者。

表5 错漏扣除绩效

类别	解释或影响	错漏将扣绩效
定性核心事实	遗漏其定会对案件定性判断失误	1M
定性关联事实	遗漏其综合分析全案，对案件定性判断一般不会失误，但若对其他部分事实考虑不全则对案件定性判断失误	0.5M
责任分配（或量刑）事实	遗漏其会导致责任分配或量刑不当	0.3M
裁剪类案	口头或文字篡改类案原意	1M
类案不合格	提交与待决案件差异过大的类案，但与待决案件相似度高的类案不难寻找	0.3M
类案代表性弱	只提供支持自己观点的类案，实际上与自己相反观点的类案占比更大、更权威，且会议中对此不加说明	0.3M

4.结构调整

一方面，动态统计参会法官“观点发表”环节所持观点的正确率、平均每场讨论所得绩效数，为防止众人为获得高绩效而盲从观点正确率高者或者平均绩效数高者，每半年重新排列法官发言顺序：将职务、等级、观点正确率、平均每场绩效数等综合加权计算个体“影响力”，影响力大的后发言。另一方面，专业法官会议组成打破部门隔阂，根据业务经历、教育背景、生活阅历等将全院法官细分归类，保证每个“刑行民”会议团队法官类型丰富、知识多元；各团队同类型的法官之间定期流动，以降低情感认同。

结　语

经验有限而正义无限，结果正义、过程正义、表达正义缺一不可；欲装新物、欲填新知、欲求更好，须先空其杯、虚其心、远其志。个案裁判永远不可能完美无瑕，法官唯有将规则之治的理性思维、互动沟通的对话思维、温情关怀的能动性思维相结合，开放认知、优化观点、打磨裁判，通过自我抑制和制度约束破除信念定势早熟及过强，才能满足人民群众日益渐高的司法期待。同时，也要警惕走向虚无怀疑主义之极端。

审判质效考核视域下案件评查制度的转型与体系化重塑

卢楚越[*]　杨雪莹[**]　韦君宜[***]

引　言

伴随司法大数据的运用,审判[1]质效考核实现了数字化转型,并代替了之前的案件质量评查制度。但在司法实践中,数字考核之下"为了数据而数据"的内卷化弊端日渐突出,时常违背审判质效考核的功能目的。数字考核具有定量分析的优势,而作为定性分析的案件评查制度其实也至关重要,是避免唯数字考核种种弊端的重要考核方式。但在缺乏最高人民法院的顶层设计规制下,各地法院对案件评查重视不够,虽每年也有开展评查,但对评查机制缺乏系统性构建与规制,导致各地法院的案件评查往往运转梗阻,评查结果在审判质效考核中更是少有运用。为了探求如何构建科学合理的案件评查制度,本文对案件评查的实际流程、制度构建、运行困境等方面进行全面深入分析,并尝试构建合理有效的案件评查制度。

一、考证:案件评查现状的多维度解析

案件评查在各地法院都有所推行,但对评查结果却应用极为有限,

* 卢楚越,广西壮族自治区柳州市柳南区人民法院民事审判第二庭五级法官助理。

** 杨雪莹,广西壮族自治区柳州市柳南区人民法院立案庭副庭长、一级法官。

*** 韦君宜,广西壮族自治区柳州市柳南区人民法院立案庭五级法官助理。

〔1〕 本文所指的审判均包括执行。

在审判质效考核中更是处于被忽略状态。案件评查的制度构建以及评查运行也是偏重于形式化,评查过程经常是“走过场”,成为各地法院每年的“例行公事”。

（一）总体特征:审判质效考核重数据、轻案件评查

为检视案件评查在审判质效考核的应用现状,本文选取北部、中部、东部、西部五家各层级法院近年来制订的审判质效考核指标文件作为观察样本(见表1)。

表1　北部、中部、东部、西部五家各层级法院近年来审判质效考核指标文件

法院及文件名称	质效考核方法	案件评查在质效考核的规定内容	案件评查所占比例
吉林省高级人民法院《吉林省高级人民法院机关审判绩效考核办法(试行)》	强化信息化运用,努力实现全部依靠信息手段提取审判绩效考核数据、生成审判绩效考核结果分数	案件评查仅用于法官审判绩效中的审判质量考核,通过案件评查方式认定案件质量瑕疵,裁判文书差错、瑕疵	占分值6分,案件评查分值占总分比为7.5%
河北省高级人民法院《全省法院审判质效考核评价办法》	强调以信息技术为支撑	未提及案件评查	无
浙江省慈溪市中级人民法院《慈溪市人民法院绩效考核及奖金分配办法(试行)》	强化智能监管,打造“智慧审管”全新平台	未提及案件评查	无
广西壮族自治区柳州市中级人民法院《柳州市基层人民法院绩效考评指标体系》	通过综合信息管理平台、执行系统等信息化考核系统,生成审判数据	未提及案件评查	无
广东省深圳市龙岗区人民法院《深圳市龙岗区人民法院2022年审判执行绩效量化计算办法》	以可视平台为依托,以智慧法院一体化建设试点为契机,使用量化计算系统实时计算	案件评查用于对法官个人考核的个人负向激励分值计算,通过案件评查认定瑕疵案件、长期未结案是否存在主观因素,异议审查团队用案件评查方式审核发改案件	总分80分,瑕疵案件扣分最多不超过3分,长期未结案、发改案件每件扣2分

观察上述审判质效考核样本,大部分法院都未将案件评查作为考核方式,审判质效考核主要依靠司法大数据系统采集的客观数据。虽有部分法院在审判质效考核中纳入了案件评查考核方式,但应用范围小,评查分数在考核指标分数中占比例低。审

判质效考核整体呈现重智能数据、轻案件评查的面貌。

（二）流于形式：案件评查运行过程要素分析

虽然各地法院在审判质效考核中大多未重视案件评查，但现实中基于领导要求、调查案件办理情况等原因，各地法院依旧在推行案件评查工作。为深入分析现实中的案件评查，本文以各地法院开展案件评查的相关文件及做法进行具体分析。

1. 启动与应用场景：缺乏针对性，形式化较强

笔者以G省三市法院近三年开展案件评查情况为例，展示案件评查在实践中的情况（见表2）。

表2　G省三市法院开展案件评查场景

评查启动主体	评查目的	评查内容	开展情况
L市政法委	监督司法活动，促进严格执法，提高办案质量，提升司法公信力及满意度	可能存在问题瑕疵、群众反映强烈、有重大社会影响的且法律程序已终结的案件	近三年均由政法委牵头每年开展一次年度交叉案件评查
Q市中级法院	分析案件发改原因，评查案件质量，统一裁判尺度	被二审、再审改判和发回重审、指令再审、撤销变更原裁定、二审驳回起诉的案件	近三年均按季度要求下级法院开展自行评查
H市中级法院	规范司法行为，提高审判工作质量和效率，实现司法公正、廉洁	依据上级法院通知确定评查内容	依据上级法院通知，开展对下级法院的评查，2021年未开展，2022年开展，2023年尚未通知

由表2可知，案件评查启动主体有政法委、上级法院自上而下评查，也有本级法院开展内部评查，呈现多头评查的样态。虽然评查目的有所差别，但除专项评查是就某方面问题开展评查之外，其他的评查目的、内容均较为宽泛，案件评查工作的针对性较弱，形式化较强。

2. 评查主体：选任随意性较强，难以确保评查公正

评查主体组成一般有两类：一类是常规主体即法院司法人员，如审判管理办公室人员、抽调其他庭室法官及其他辅助人员。另一类是部分法院创新机制，引入了第三方评查。

(1)由司法人员组成评查组的情况

为了解现实中案件评查的主体构成特征,笔者对G省H市中级法院、G省L市N区法院审判管理办公室负责案件评查的工作人员进行了访谈问话(见表3、表4)。

表3 与G省H市中级法院审判管理办公室工作人员的谈话记录

问:	你们法院2022年开展的案件评查,评查人员都是如何选任的
答:	没什么具体要求,法官办案都忙……基本上谁有空谁去评吧。有时候人手不够的话,就发通知让下级法院自查,查完了把报告反馈给我们
问:	案件评查对评查人数有要求吗
答:	没有具体要求,视情况而定,有时候一个人,有时候两个人。上次去评查是一个审管办法官带了一个书记员,书记员也帮评查

表4 与G省L市某基层法院审判管理办公室工作人员的谈话记录

问:	你们法院2022年、2023年开展的案件评查,评查人员都是如何选任的
答:	一般是找较为资深的老法官,他们现在也比较有空。2022年是找了一个执行局的老法官,2023年还是找了那个老法官,他现在调去办公室了,还找了一个我们院的专委
问:	也就是说评查也没有固定人数
答:	嗯……院里结案压力比较大,有空去参加评查的法官也不多的
问:	你们市是交叉开展案件评查的,那么对方法院派来评查的都是什么人呢
答:	对方法院是副院长带队,评查小组成员是该院的审管办主任、一个刑庭法官助理和一个执行局书记员,他们都进行了评查

表3、表4说明,案件评查主体的人数、选任标准、评查案件与评查人员匹配度等重要因素无明确的要求和规范,甚至明显经验不足的法官助理、书记员乃至司法行政人员都充作评查人员。单个评查人员自行判断的情形时常存在。

(2)引进第三方参与评查的评查组情况

为了提高评查的科学性,借助评查汇集社会各界意见,一些法院尝试引进第三方参与评查(见表5)。

表5 法院引入第三方开展评查情况

法院名称	具体做法
东莞市中级法院	2019年启动案件第三方专业评查机制,选取包括立法工作者、法律学者、执业律师等社会各界人士成立第三方专业评查委员会,对司法改革后全市法院的生效案件进行评查,在全市法院系统建立常态化、制度化的第三方专业评查机制
深圳市前海法院	聘请来自深圳各法院的退休法官,以及北京大学、清华大学、中山大学的法学教授成立前海法院案件质量评查专家库成员
孝感市中级法院	2022年邀请律师参与全市执行案件评查
珠海市斗门区人民法院	在2016年针对妇女儿童权益保护、金融、法律援助等五类案件中,邀请妇联、银行、司法局等第三方专业人员进行质量评查
南京市雨花台区法院	在2022年涉诉信访案件评查中邀请区人大代表、执业律师进行评查

现实中部分法院对案件评查主体进行了有益探索,对特定案件选取适当人员进行第三方评查,但从整体上看,更多的还是针对特定案件的偶发性第三方评查,并非普遍情况。引入第三方评查虽然有助于汇集社会意见,但参加评查的多数主体均无实际办案经验,专业能力也无从衡量,能否给出准确的实质意见也存在问题。

3.评查案件选取方式:潜藏操作空间

评查案件的选取方式至关重要,科学合理的评查案件选取方式不但利于确保评查结果反映真实,而且能确保评查结果的公正性。在实践中,评查案件选取方式实际上有以下两种:

(1)评查组定方向,受评法院自行选取案件

以L市2023年案件评查为现实样本,评查的案件为2022全年已审结的涉养老诈骗刑事案件、涉企民商事案件等重点案件。在实际操作中,由于是受评法院自行上报确认评查案件清单,故在人为抽选中,为规避风险就可能倾向于抽选程序简单、案情并不复杂、当事人争议不大的案件,甚至有些法院为图便利,直接选用系列案用以评查。笔者对此与G省L市某基层法院审判管理办公室工作人员及法官进行了访谈(见表6)。

表6 与G省L市某基层法庭审判管理办公室工作人员及法官的谈话记录

问题	你们院在本次评查中是如何开展评查工作的
答(审管办工作人员):	根据政法委转发通知做好重点评查案件的自查整改工作,拟制被查案件清单,其中涉嫌养老诈骗案件1件,民商事案件4390件,行政确权11件,执行终本2091件,涉诉信访3件
问题	你们院是如何抽选待评审案件的
答(审管办工作人员):	在给定范围内先筛选符合评查类型的案件,再把案件清单下发给到具体庭室承办人,由承办人自行选择案件,我们审管办只是汇总
问题	您是以什么标准选择案件的呢?
答(A法官):	就先把案卷都拿出来,程序实体方面都仔细看看,找比较有把握的案子,尽量找公告的、程序简单的、案件事实清楚的案件
答(B法官):	尽量还是选案卷薄点的那种案子,案卷厚的案子容易在程序或者归档上有点瑕疵。还有就是能避开发改的案子就避开,上次别的法院评我一件发改的案子,直接抄内部意见函的内容,都没考虑案件实际情况就算我的案子有问题……反正选简单点的案子总不出错的,多一事不如少一事

可见,该种情况下评查案件的选取方式中潜藏着操作空间,由于选取样本的“事先准备”,可能导致真正需要评查的案件被掩盖。

(2)评查组自行选取评查案件

在司法实践中,也不乏评查组根据需要评查特定案号案件,或是随机选取具体案件然后再进行评查。但实际上这种情况下一般都是评查组将案号通知受评法院,让受评法院调取案卷做好准备,择期接受评查。为了解此种评查的运转情况,笔者与G省L市某基层法院审判管理办公室工作人员及法官进行了访谈(见表7)。

表7 与G省L市某基层法庭审判管理办公室工作人员及法官的谈话记录

问题	你们院有过评查组自行确定要评查案件的情况吗?具体是怎么开展的
答(审管办工作人员):	有过这种情况,我记得一次对发改案件的评查,就是上级法院专门通知对特定的发改案件开展评查,当时是上级法院的人联系我们审管办,审管办通知承办人调卷,审管办收到案卷后统一移送中院。但有时一两件案子就是上级法院直接联系具体案件的承办人,承办人调卷后再交给我们审管办移送案卷。还有些信访类的案子是信访部门通知院内立案庭专门对接信访案的同事,然后就由该同事负责通知具体庭室或案件负责人

续表

问题	据了解,L市中院评查过您的两件发改案件,您接到调卷的通知后,是怎么操作的呢
答(C法官):	从接到通知到实际上交案卷有个时间差,所以如果案件还没归档,就先整理案卷,整理的过程当中先看看程序性的东西有没有问题,比如说送达程序啊,庭审笔录、合议庭笔录签字有没有遗漏、有没有庭审录像光盘之类的,如果有就要马上补。实体方面也没什么好补的了,可以针对被发改的事由想想怎么写申辩报告

由于自案件确定到评查组开展评查存在一定时间差,实践中受评法院会一般都会对案卷逐一仔细检查,尽力进行各种整改、弥补,尽力在案件评查之前消除各种可能存在的问题。由此,案件评查变成了突击整改,实际上无助于发现案件问题。

4.评查标准:缺乏一致性及可比性

案件评查的结果以评查人员的主观意见呈现,故需以科学、严谨的评查标准规范评查人员的评查意见。实践中,不同地区法院的计分规则不同,如实行定级制的有吉林、北京、上海、浙江、湖南等地,实行扣分制的有黑龙江、山东、广东、广西等地,部分地区扣分后再予以定级。扣分制与定级制并无实质区别,仅是评查所发现问题的不同呈现方式,本文以扣分制为评分方法的样本法院的评查标准为例进行分析(见表8)。

表8　样本法院部分评查标准示意

		黑龙江高级法院《全省法院案件质量评查规则(试行)》	广西高级法院《全区法院案件质量评查标准》
部分评分项目及扣分标准	证据认定	认定案件主要事实缺乏证据证明的	遗漏影响裁判的主要事实或证据的
	评分标准	逐项扣1~5分,各项累计不超过15分	扣15~35分
	实体处理	确定当事人之间的法律关系或刑事案件定罪明显错误的	确定当事人之间的法律关系性质明显错误,未影响实体判决的
	评分标准	逐项扣1~5分,各项累计不超过15分	严重的直接不予评查,其余扣10~25分
	案件程序	不适用简易程序而适用简易程序的	不应适用简易程序审理而适用了简易程序的
	评分标准	逐项扣1~5分,各项累计不超过25分	扣5~25分

如上述评查标准所述，虽然评查标准从证据认定、实体处理等方面进行了逐一规定，但仅是规定了案件审理的程序、实体中一些节点上的整体认定标准，并未解构为具体的评定细则，实质上等于放任评查人员自主判断，故对于同样的案件情况极易出现评定差异（见表 9）。

表 9　L 市 2023 年案件评查针对同一案件的不同评查意见

评查项目	评查意见 1	评查意见 2
缺失廉政监督卡	程序有瑕疵	不属于程序瑕疵（因为评查标准未有明确规定）
缺原告送达回证	程序有重大瑕疵（属于无法律文书送达回证或送达凭证的的情形）	程序瑕疵轻（原告已实际参与庭审，庭审笔录有原告签名的情况下不影响当事人权利）
改判案件一审认定事实部分错误	不合格案件	不是明显错误，属于合格但有瑕疵案件

由表 9 可知，在评分标准没有详细规定如何扣分的情况下，评查人员只能依照自身理解作出价值判断，评查人员的主观判断容易导致评查尺度不统一，进而导致评查结果缺乏可比性。

5. 评查流程：缺乏公正的保障机制

评查流程机制健全程度决定案件评查功能的实质性发挥程度，下面以 L 市 2023 年案件评查开展流程为例进行分析（见图 1）。

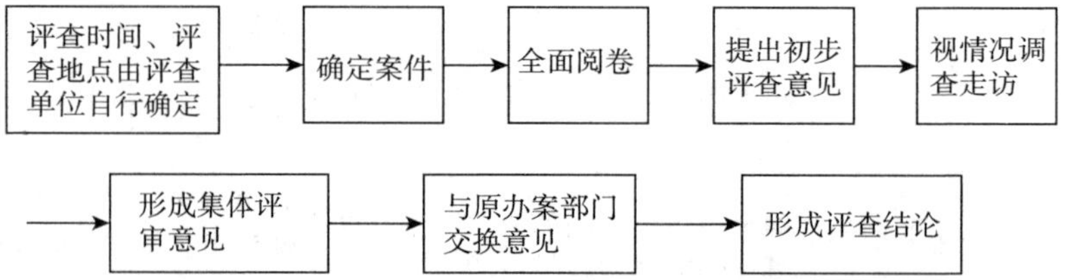

图 1　L 市 2023 年案件评查开展流程

该评查流程看似正常，实则缺乏科学性。第一，因评查时间及地点由评查单位自行确定，无法避免评查组织与受评法院进行联系，加上评查过程与结论出具不具有同时性，同为法院系统的“熟人社会”下，容易因“人情体谅”“留情面”“不让受评法院难堪”等因素影响评分。第二，缺乏评查人员隔离、案件互评等确保公平打分的机制，打分难以保证客观中立性，如参与评查的 D 法官所言“有时候在一起评查案卷，一起商量某个点扣不扣分，如果他扣我就扣，他不扣我就不扣了”。而在只有一人进行开展评查的情况下，则成为“一言堂”。

6. 评查效果：结果接受度低，运用不畅

评查结果的可接受性来自评查流程整体良好地运行，在评查流程多个关键节点均流于形式的情况下，评查结果受到质疑也是必然的逻辑后果。

以样本案例的评查结果作为说明：L 市政法委 2022 年、2023 年的评查结果均只显示优秀、良好、合格、不合格，且优秀、良好、合格案件在评判项目有无问题上均显示为“无”，部分案件即使有问题结论也是“合格”，评查结果没有区分度，无法看出案件的具体情况。评查出的瑕疵多半不痛不痒，基本为“书记员未在笔录签名”“无廉政监督卡”“文书错别字”等小问题。发回重审和改判的案件共 17 件，评价都是简单记载为“合格但有问题、有瑕疵”或“不合格”，对案件本身情况分析不到位。以 L 市政法委近年开展的案件评查来看，评查结果往往呈现出高分但不是满分，各方均能接受的最佳状态（见表 10）。

表 10　L 市政法委 2022 年、2023 年案件评查结果

年份	案件数	优秀	良好	合格/合格（有瑕疵）	不合格
2022	50	10	15	24	1
2023	80	0	35	45	0

得出评查结果后，从实践中看，近两年 L 市的案件评查结果均是将个案结果汇总进行同期数据增减对比，未有进一步梳理总结问题形成指导，评查结果对法官个人评优评先也并无直接作用。对结果反馈缺乏跟踪回访举措。案件评查与质效考核衔接、法官权益保护等缺乏配套机制，实践操作趋于空白。

（三）文本梳理：案件评查的制度层面分析

对于案件评查，最高人民法院并无相应的制度构建，目前地方法院对此则已经开展了一定的探索（见表 11）。

表 11 地方法院案件评查制度梳理

法院名称	评查主体	评查范围	评查标准
北京市高级人民法院	院内自行组成案件评查委员会	对已结案件开展重点评查、专项评查和常规评查	从案件实体、执行法定程序、裁判文书内容、案卷卷宗情况等方面进行评查，相关信息录入案件评查信息系统
吉林省高级人民法院	开展评查时院内组成评查小组，可邀请第三方参评	常规评查针对已结案件，专项评查针对审判、执行中某类案件或者某类专项工作，重点评查针对个案需要开展评查	重点围绕证据采信、事实认定、程序执行、法律适用、实体处理、庭审情况、裁判文书制作、审判作风、社会效果等方面进行评查
广西壮族自治区高级人民法院	无具体规定	无直接规定	分刑事、民事、行政、执行四类案件，分别就案件性质从实体、程序、文书制作、卷宗装订等方面规定详细扣分细则

在没有统一规定或法律规范规制的前提下，地方法院依靠经验逐步探索建立案件评查制度。但如表 11 所示，样本法院的评查制度从评查主体的建立到评查结果的运用均未有统一、明确做法，也缺乏主动拓展案件评查运用到其他场景的意识。可以说，当前各地依照自身实践建立的评查制度仍处于“摸着石头过河”的阶段，缺乏可操作性的充分科学论证。

二、归因：案件评查的适用困境分析

案件评查的各个方面较为形式化，其原因在于定位迷失，且制度构建面临种种困境未经消解。

（一）审判质效考核中数字考核与案件评查的定位迷失

在司法信息化技术普及之前，案件评查作为实践中的传统审判质效考核方式一直存在且被长期适用。[1] 随着信息化技术在司法运行中铺开，传统案件评查因便利

〔1〕 参见胡夏冰：《审判管理制度改革：回顾与展望》，载《法律适用》2008 年第 10 期。

性、客观性、覆盖面不如依据信息技术量化的数字考核有优势,数字考核逐渐在质效考核中全面取代了案件评查。这二者间的改变看似只是审判质效考核方式的改变,但本质上是混淆了数字考核与案件评查在审判质效考核的定位,忽视了审判质效考核的综合性。

审判质效考核通过指标转化在实际应用中时,指标不仅是为了计量"量"也是为了反映"质",即理想情况下数字考核立足于收集、测量和计算客观数据,强调结果的可重复性,案件评查收集大量经验性资料,强调以对个案的评价描述反映案件的问题及意义。因此,案件评查与数字考核从不应是此消彼长而应是相辅相成的关系。当前单一的数字考核实际上是错误把指标认为成指数,在追求数学计量的道路上越走越远,对数字考核的路径依赖强化了数字考核的自身存在,在理论认识模糊、定位、操作存在缺陷的情况下,试图以单一数字考核达成审判质效考核的目的无异于缘木求鱼。

(二)案件评查制度的结构性困境

1. 保障难:实现公正评查的制度困境

(1)定性分析的效度难以把控

案件评查的工具价值在于为审判质效考核提供科学标尺,即通过运用科学的规则,对审判质效进行定性分析和全方位评价,修正数字考核的缺陷。这里的科学与测量的效度有关。效度即测量的有效度或准确度,指测量手段能够准确真实地度量事物属性的程度。案件评查的效度越高,其就越能反映案件的真实质效情况。案件本身即为复杂司法活动的缩影,所呈现的问题经常各异,评查结论又来自评查人的个人判断,而个人判断往往受制于感情因素、经验与法律知识素养,难以确保尺度的一致性,导致评查结论出现偏差,评查难以精准到位。

(2)评查过程监督管理制度缺位

目前,案件评查多为"一评了事",而对评查人在评查过程中是否按照评查规则、评分标准行使评查的权力不得而知,只要评查结果属于合格以上的可接受范围,人们往往并不会过分关注评查结果的形成过程。现实评查中很少出现寻求"申辩"等救济途径的现象,少有对评查结果进行纠错、纠偏的制度。虽有少量法院针对评查人出现的评查失误制定了追责、惩罚、监督机制,但在操作中却存在难以认定的问题,例如何为怠于或不当履职难以界定,这也变相纵容了评查人缺失审慎评查态度。同时,对评查中所暴露出的问题,受评法院是否已根据评查结果作出相应整改,也缺乏跟踪、回馈的监督机制,使评查存在"软"着陆现象。

2. 构建难:制度构建涉及面较广

案件评查制度的预期功能能否得到实现,不仅取决于制度本身设计是否合理,还受到制度所在的制度结构与环境的制约。评查制度的设计不仅需要围绕案件办理的全过程设计评查指标,还需要对评查的启动、隔离、主体选任、监督、结果应用等环节全面设计并落实到位。这实质上是一项浩大的工程,只有由各层级法院、多个部门组织进行跨地域、多层级的全方位协同合作方可有效构建,否则无法打破案件评查必须面对的法院地域、层级壁垒。

3. 衡量难:案件评查范围界定难

基于现实的局限,案件评查只能是抽样评查,而且相对于各个法院每年大量审结的案件,抽样比例不高,这就涉及案件评查结果能否全面反映真实情况的问题。

综观各地法院开展的案件评查活动,抽样标准都较为简单,不少法院抽样范围的标准界定极为随意,甚至完全就是毫不标准的抽取样本案件;少数法院采用了简单的"配额抽样"模式,即按照一定标志如适用程序、案由等确定各类样本的数额,然后在配额内任意抽选样本。显然,各地法院的抽样标准缺乏科学基础与规范性,使评查结论不能言之为真实的全貌,导致评查结果在审判质效考核中导向不明,缺乏可比性,这也是各地法院只是非常有限地运用案件评查结果的重要原因。所以,面对数量众多且纷繁复杂案件,如何科学、精确地确定抽样标准,以获取"有代表性的样本"作为评查范围,是案件评查必须解决的难题。

三、功能价值分析:案件评查的正当性

当前审判质效考核处于"唯数据论"状态,而案件评查不仅能够破除数据假象,反映审判真实情况,还能实现考核的可比性优化,并且可以消除审判质效考核的隐性功能。

(一)破除数据内卷下的数据"假象"

"当权力自上而下贯彻的时候,成员也会进行自下而上的接受、反抗、分解以及转化。"[1]当下,依托贯通全国四级法院的大数据管理和服务平台,审判质效考核实现了数字化转型,但过度倚重信息化平台的生成数据。为了在数据的评比赛道上占优势,各地法院的审判运行出现逆向选择。审判运行中表现为具体行为不能增进考核所追求的司法公正效率,但能满足质效考核指标要求,甚至还挤占司法公正效率的有

〔1〕[英]萨拉·米尔斯:《导读福柯》,潘伟伟译,重庆大学出版社2017年版,第33页。

效行为空间。这导致审判绩效考核的发展呈现一种"内卷化"[1]倾向,数据"假象"较为突出,具体而言表现为:

其一,"唯数据"假象。在单一数字考核下,数据的抓取只能基于审判信息平台录入的可统计节点,简单的数值不能涵盖和评价审判全貌,且审判过程的诸多变化与特殊情况无法完全在系统数据中反映,容易出现数据缺失,故直接以信息化数据提取的单一质效指标数据作出考评判断,易致结果与实际存在偏移。

其二,"造数据"假象。鉴于审判质效考核多体现为指标数据高低的评价,在"唯数据论"的评价模式中,一些法院为了数据竞优而迎合数据去完成质效指标,陷入内卷意义上的过密投入,更有甚者会选择在数据统计方面做文章,乃至"数据造假"。

要破除数据内卷化,需创新质效考核手段,矫正单一数字考核的不合理之处,从而使案件评查有效破除数据内卷:第一,提高考核内容全面性,涵盖数字考核无法摄取的主观评价、审判过程的诸多变化与特殊情况等,在弥补数据缺失的情况下,还能矫正数据与审判实际的偏移;第二,通过增加考核方式优化考核机制,避免数字考核陷入无意义优化或竞争,以科学性和中立性打破单一数据的"自说自话";第三,发挥监督功能,虽无法对每个案件都逐一评查,但能对"数据造假"起到震慑作用,毕竟"数据造假"的内容一旦被评查到,将会产生严重负面效果,让"数据造假"望而止步。

(二)化解审判质效考核的可比性难题

审判质效考核的可比性提高分为横向可比提高与纵向可比提高,指对不同法院同一期间内的考核或对同一法院不同时期内的考核,应当采用一致的考核标准,确保统计信息口径一致,互相可比,以真实反映各法院之间的履职情况或法院建设成果。故可比性在于数据的一致性、真实性,并实现在统一层面上互相比较,因此提高可比性的关键在于优化原始数据来源。

目前,审判质效数据主要是按照固定指标公式,对审判信息平台收集的数据运算得出,并通过数据对比形成考核结果。但审判质效系综合性结果,其提升受多重因素综合作用,比如案件性质、内部资源配置,甚至是宏观政策、地区发展等外部因素影响。在评估法院、法官的审判质效时,需排除可能影响考核内容的不可比干扰因素。但问题是,案件性质、内部资源配置等因素在审判中的影响具有综合性、间接性的特征,难以被审判管理系统自动化采集,故需运用客观分析的科学方法,实现审判质效

---

〔1〕 笔者借鉴社会学、经济学等研究领域常用的"内卷化"概念,参见吴英姿:《诉讼标的理论"内卷化"批判》,载《中国法学》2011 年第 2 期。

考核从关注指标数据到重视问题实质的质变——这就需要以案件评查加以解决。通过科学设计的多层面抽样案件评查，在具体案件的具体审查中，综合性、间接性的影响因素都可以进入评查人的分析评查视野并进行综合评定。当案件评查结果在质效考核中配合数据进行考核时，就可以在相当程度上防止目前无视可比性的唯数字考核弊端。

（三）消除审判质效考核的隐性功能

显性功能和隐性功能是由默顿提出的一种功能划分，他认为："传统功能论在概念上有一个严重的混淆，即对社会成员参与某种行为模式的'主观动机'（意向、目标、目的）与此种行为模式的客观后果不加区分。功能论中的'功能'一词应该是研究者所观察到的一个行为模式或社会结构中的客观后果，而不是社会成员的主观动机。"一个行动模式的后果可能很多，假若某一后果与参与此行动模式者的主观意向相符，亦即此后果为此体系之参与者所意图的，而且知悉的，则此后果即为显性功能。[1] 反之，则为隐性功能。

早在2011年最高人民法院正式发布修订后的《关于开展案件质量评估工作的指导意见》指出，案件质量评估体系已成为全国法院强化审判管理的重要"指挥棒"和评价案件审判公正、效率、效果的"体检表"。这种客观后果合乎审判质效考核的建立意图和功能预期，即所谓审判质效考核的"显性功能"。但在长期司法实践中，由于对数据的过分强调，以致处处"用数据说话"，对指标优劣的过度关注使得指标考核结果成为"成绩单"，导致审判质效考核不仅未完全实现其正向显性功能，还产生了负面隐性功能——冲击了司法审判的正常形态，法官的判案依据不再局限于法律，还包括质效考核制度中的各种指标。[2] 而案件评查是对个案公正、效率、效果的全过程、全方位体检，能深入剖析案件质量问题背后的制度短板和能力短板，以查促改、以改促治，实现从案件评查"纠一案"到质效考核"治一域"的实践效果，从而消除审判质效考核产生的背离司法规律、损害司法公正的隐性功能。

四、路径：案件评查制度的有效性构建

案件评查在质效考核制度中的有效性构建需完善两部分内容：一是案件评查制

[1] 参见[美]帕深思、[美]默顿：《现代社会学结构功能论选读》，黄瑞琪译，巨流图书公司1981年版，第15页。

[2] 参见钱大军、谢遥：《论案件质量评估制度的功能预期与超负》，载《学习与探索》2017年第5期。

度本身的重构，二是案件评查如何融入质效考核。一方面，使案件评查制度回归其应有功能，确保案件评查结果的正当性；另一方面，使案件评查与数字考核实现优势互补，改善当下质效考核的唯数据论困境。

（一）确保正当性：案件评查规则重构

1. 主体优化：人员组成与资质相称问题

案件评查的主观判断应当尽可能来自成熟的实践经验，故资深优秀的法官才应当是资质相称的评查主体。现实中由普通审判员随机参与的模式并不可取，审判辅助人员更非适宜的评查主体。因此，须设立案件评查委员会作为评查组织，并组建评查人员专家库，保证评查人员具备案件评查资质。具体而言：

组成人员选任标准：评查人员应当具有全面性、针对性、权威性（见表12）。一方面，以各法院具有一定工作经历的法官（包括退休法官）为中坚力量；另一方面，吸纳少量第三方人员即高校、科研院所的法学专家、拥有法学专业背景的人大代表等作为补充。法官与少量专家共同组成案件评查委员会。

表12　案件评查委员会组成人员选任标准

	法官选任标准	专家选任标准
从事岗位	区分执行、民事、商事、行政等部门从事岗位差异	参照法官选任标准，但更偏重调查研究的学术能力，与法院评查人员的实务能力互补
从业经历	以年龄、从事对应法律工作的年限、擅长案件类型、办案质量及效率（审理案件数量、错案发改率等）、司法研究能力（发表论文、撰写案例、调研等）、参与评查次数等综合考量人员的从业经历	

组成人员的产生：首先，从选任部门上看，选任的组织者至少为中级以上法院的法官考评委员会。法官考评委员会作为法官业绩考核主体，充分掌握法官的业绩档案，[1]且依托现有的法官考评委员会不会产生机构冗余。其次，从选任流程上看，一是应当公开征集，从符合条件的法官名册中，由法官考评委员会提名或个人自荐，并可辅以法官投票的方式提高公信力；二是特邀合作，对于符合条件的高校机构或特定专家学者，向其发出邀请，建立长期合作研究关系。

〔1〕 参见何帆：《完善绩效考核办法　实现员额“有进有出”》，载《人民法院报》2017年5月26日，第2版。

2. 内在优化：对评查意见主观认知差异的规制

案件评查是对案件的程序、实体等多个方面进行综合判断的过程，但评查人的知识结构、对评查标准的了解程度和自身偏好等众多因素都存在差异，易导致评查意见的任意性，故需建立处理主观性认知差异的解决机制。

一方面，为避免"一言堂"出演，应建立一案多评的综合计分制度，通过"四评制"（见表 13），保障评查质量。

表 13 "四评制"运行流程

首评	首次评查为两人背对背评查，若分数差值在合理阈值内，则取平均分值作为评查结果
二评	若超过阈值，则由第三人评查，如其中两个分数差值在阈值以内，取这两个分数的平均值作为最终得分
三评	如二次评查后仍超过差值阈值，则发到评查组组长进行第三次评分
四评	若仍有分歧，则集体讨论进行第四次评分

另一方面，为避免评查人自由裁量权过大，应借鉴群体决策理论重构决策方式。基于评查人身份、评价意见贴近度，动态调整评查人意见权重，将评查人的实际决策权重根据其个人意见与集体意见的贴近程度进行动态调整。[1]

为避免任意主观评分，还应建立打分依据说明制度，一方面，每项打分点均应附随打分说明，避免出现理解偏差；另一方面，要求评查人员对扣分事由，在扣分时必须清楚写明理由，对优秀、不合格、不予评查的异常结果在评定等次时亦需说明（见表 14）。

表 14 案件评查结果报告单

案号：		
证据认定：	扣分值	扣分说明
1. 认定案件主要事实缺乏证据证明的	0	
……		
法律程序：		

〔1〕 参见唐润：《公平公正视角下的研究生招生面试问题研究》，载《研究生教育研究》2018 年第 4 期。

续表

证据认定：	扣分值	扣分说明
1. 案件应当受理而不受理的	0	
2. 未在法律规定时间内立案，或未在规定的时间内将案件移交有关业务部门审理的	0	
3. 民事案件追加共同诉讼当事人，未通知其他当事人，或者普通共同诉讼的民事案件，未经通知当事人而合并审理的	2	
……		
总分：		
定级：	定级说明	

3. 外在优化：评查的程序公正与隔离制度

制度与程序是保证案件评查公正实现的外在条件，包含评查的前提与过程两个方面。当前相互直接联系或者相互知晓的“面对面”评查方式必然无法确保评查结果的公正性，实证分析中“没有大问题”的评查结果、人情照顾等，相当大程度上都源自独立与分化的缺失。对此，把握程序的正当过程、判断者中立性、条件优势、合理化[1]四项原则，限制恣意是关键，将面对面评查转变为背对背评查，隔离评查组与受评方。

(1)人员回避

打断主体与主体间的交互关系，涉及评查组、受评法院、评查人三个主体。评查组人员不可来自受评法院；对曾经来自受评法院或者其他存在可能影响公正评查的关系的，评查人应自行回避；依照评查人的从业经历，评查组发现回避事由的应要求评查人回避。明知有回避事由而不回避的，评查结果作废，且对相应人员予以惩戒。同时，评查组与评查法院的对应过程应为双随机设计，随机在评查人员专家库中抽选评查人，确定评查人后，由评查人在评查当日临时抽签决定加入哪个评查组，评查组随机匹配对应受评法院，杜绝评查组和受评法院之间互相知晓，评查人亦不得泄露身份。接收纸质案卷过程中与受评法院对接的工作人员，不得参与评查。

(2)地域隔离

从地理上隔绝主体联系。评查组不得在受评法院就地开展评查工作，应有独立

〔1〕 参见季卫东：《法律程序的形式性与实质性——以对程序理论的批判和批判理论的程序化为线索》，载《北京大学学报(哲学社会科学版)》2006年第1期。

的评查办公场所,避免接触过程中发生拉关系、请托等行为。评查人之间也应保持隔离,禁止在评查时交换意见,影响他人评分,非评查人不得进入评查组工作场所。同时,可充分运用司法信息技术以电子卷宗、网上阅卷等方式开展无纸化评查,避免接收纸质案卷过程中双方的接触,同时评案件也可以通过系统随机分配给评查人。

(3)时间连续

主要是指评查结束与得出结果之间不应当存在时间差,每案评查结束后应立即生成不可更改的结果并且公布。评查组长对每位评查人的评阅情况进行网络实时监控,实时掌握评查进度和评查质量,一旦发现异常,及时沟通,修正错误。所有评查人员在评查过程中遇到重大问题时,必须向组长汇报,讨论研究评分细则或处理方法。

4.样本优化:确保抽查的案件反映现实

在社会科学的量化研究当中,如何对目标总体进行科学、精确的抽样,是决定研究成果优劣的先决条件。只有经由"概率抽样",才能获得对总体有"代表性"的样本。[1] 故需以一种精细化的抽样来解决案件评查选取案件质量不佳,导致覆盖率低、人为选择干预多而无法全面反映现实的问题。

案件评查抽样的案件样本必须是"有代表性的样本"。当前依托数据管理平台,每个案件都会稳定录入内部系统,形成极为优越的抽样框,且在系统已涵盖所有案件的情况下,可以完全不考虑抽样覆盖偏差问题和计量错误等非抽样误差。但囿于法院之间不同的收案情况、案件分布的不同周期等客观因素,简单随机抽样或系统抽样容易出现代表性不足或抽到"差"的样本的问题,而分层抽样能在使用系统给出的全面辅助信息的基础上修正抽样误差。

分层抽样是指确保总体内同质的次级集合会被抽出适当数量的要素,而不是直接随意地由总体中抽出样本。[2] 在使用时需要考虑分层的标准和分层的比例两个问题。[3] 对分层的标准应当保证各层内部同质性强、各层之间质异性强、突出总体内在结构的变量作为分层变量。[4] 比如,以案件性质作为分层标准,以案由分类进行抽样。对分层的比例,考虑到某些案件如物业纠纷、劳动纠纷、信用卡纠纷等经常

〔1〕 参见沈明明、王蕴峤:《精准抽样是量化分析推论的基础》,载《学术界》2011年第10期。

〔2〕 参见[美]艾尔·巴比:《社会研究方法》(第10版),邱泽奇译,华夏出版社2005年版,第199页。

〔3〕 参见风笑天:《社会研究方法》(第6版),中国人民大学出版社2009年版,第85~89页。

〔4〕 参见黎娅、郭江娜:《基于数据挖掘的启发式抽样方法研究》,载《微计算机信息》2009年第12期。

大批量立案,导致总体中某类案件数目过多,故采取不按比例分层的方法比较适当。当然,由于是不按比例分层,那么在得出数据后还需要对数据进行加权处理,使数据恢复到总体中各层实际的比例结构。

综上,以多层次、类型化抽样为设计标准:从时间因素上,根据评查时间节点抽选新生成的长期未结案、超审限案件、发改案件等。从数量因素上,注意剔除极大值,防止批量案件挤占案件数额,同时会有部分数量极少但有代表性、重要性、新颖性的案件,故要注意加重极小值的权重。从案件自身情况上,可以标的额、案由、案件当事人身份等为分层标准。

同时,抽样规模直接影响结果精确性。根据风笑天的观点,中型调查作为最常见的正式调查,其抽样规模通常在 300 ~ 1000 个,正好契合案件评查的范围数量,根据实际情况对每个法院全年共抽取总收案数的 10% 开展评查较为适宜。

(二)应用优化:质效考核量与质的提升

"就实现司法公正的根本价值,计量方法也有其局限性,它在考核中的运用应当是有限度、有条件的。"[1] 案件评查发挥贴近式评价优势,排除干扰因素,以实质司法质量来评估法院是否正常履职。

1. 为数据内卷做减法

基于当前司法改革的客观情况及司法工作规律,部分指标分值应当谨慎使用绝对数据加以评价,故以案件评查调整数据占指标权重比是有效的做法。如一审、二审服判息诉率、审限内结案率、审限变更率等指标,在指标权重中占比高,具有对案件效果、效率的评价效度,但部分数据的产生并非法院系统内部可控,设定区间上又占分值较多,故应当通过案件评查调整绝对数值权重,为审判工作留下弹性空间,避免数据竞争扭曲审判规律,实现法院理性竞争。以案件服判息诉率为例,服判息诉率是以二审新收案件数作为分子,但上诉是当事人的法定权利,且容易出现非理性上诉因素,故以案件评查审查上诉事由,评价是属于正常上诉还是为故意拖延、发泄不满情绪等事由而上诉,科学衡量案件是否应纳入考核数据范围。

2. 为提高可比性做加法

(1)评查无法提取的审判要素,实现审判质效考核的多维度可比性

在数据来源上,司法大数据的源数据当前集中于人民法院大数据管理和服务平

---

〔1〕 参见龙宗智:《试论建立健全司法绩效考核制度》,载《政法论坛》2018 年第 4 期。

台等系统中,[1]但审判数据的采集在匹配技术上存在缺陷,不能对隐含的、非精确的、没有严格类型约束的半结构数据[2]或非结构数据进行提取,如庭审活动数据、法律文书等,故在审判质效考核时基本被排除应用。但缺乏此类无法通过数据提取的审判要素,审判质效考核可比性则难以符合"采用一致的考核标准"的要求,得出的结果也难以谓之真实可靠,无法作为发现问题、指导法院发展的依据。而案件评查则可以将上述系统无法自动采集的数据纳入审判质效考核之中,分析所有数据库未储存数据,如通过评查法律文书的写作、举证责任分配、说理是否明晰等增加判断案件质量的途径,对审判工作实际而进行多变量、多维度的综合评定,从而实现对审判质效考核结果在质量、效果、效率的实质可比性优化。

(2)排除外部干扰因素,解决数据的客观可比性因素困境

在比较对象上,法院等级一致是开展比较的基础,但即使等级一致,受制于经济、政策、编制等客观因素,仍会出现审判配套保障的差异,且一段时间内可能出现某类案件激增、人员编制扩张或减少等人力变动,导致审判质效存在差距,但据此认为数据低的法院就是未认真履职则有欠考虑。案件评查可以超越人力、时间等外部影响因素,从案件本身出发,通过合理抽样评查案件,从有代表性的案件样本反馈的情况检视法院履职情况,减少客观因素对可比性的影响。如在从各院抽取一致案件类型的情况下对比评查结果,加入法院办案人手、团队配置等因素调整权重比例。

3. 案件评查的独立功能点

有学者观察到"近年案件质量关键性指标虽有所改善,却与社会各种矛盾反映和公众对案件审理效果的感觉存在较大差距"[3],这是数字考核的短板,因为考核效果的"案件比""服判息诉率""案访比""调撤率"等指标仅能反映数据高低结果而非过程,而"当事人在每一起司法案件中都感受到司法公正"贯穿司法活动全过程。从案件评查的独立功能上看,其能发挥定性评价的作用,通过评查人检视案件的实际具体运行过程及结果,如对当事人诉权在程序上是否充分得到保障、法官在庭审中的司法作风等进行评查,综合评价案件的司法效果。

另外,案件评查擅于发现数字考核难以体现甚至规避的程序空转、衍生案件等问题。比如,分析合议笔录即可分辨是否实质合议,但数字考核则无法提取、评价合议

[1] 参见孙晓勇:《司法大数据在中国法院的应用与前景展望》,载《中国法学》2021年第4期。

[2] 参见王静、孟小峰:《半结构化数据的模式研究综述》,载《计算机科学》2001年第2期。

[3] 严戈、袁春湘:《2012年全国法院案件质量评估分析报告》,载《人民司法》2013年第13期。

笔录;又如,在合同类纠纷案件中,法官是否通过释法明理促进当事人主动提出备位诉求,实现一次性解决纠纷等。

(三)配置优化:数字考核与案件评查在质效考核的分配比例

案件评查的应用价值及多场景用途决定案件评查在审判质效考核中的应然比重,应当强制提高案件评查的比例,以数字考核与案件评查同时嵌入的方式,重塑审判质效考核指标,实现质效考核在形式与实质的合理性。当然,这样的混合设计相对单纯运用数字考核而言,成本、精力等资源投入更高,但从结果质量的提升上看,投入的资源是有意义的。质效考核指标是多方面的,根据数字考核与案件评查在侧重点上的不同,有的指标适宜用数字量化方法考核,有的则一定要通过案件评查考核,两者之间呈现相辅相成的最优化特征。

1. 必须通过案件评查考核的指标

公正是审判的生命线,故必须将案件质量放在考核指标的优先地位,从数据下的公正走向案件实质的公正。将案件评查作为审判质量指标下的约束性指标,以案件评查统筹审判质量,才能深入了解案件质量,纠正仅以发改率作为指标的不全面考核,更为准确地反映案件的公正水平。此时,案件评查既是衡量审判质量的指标,又是考核的手段(见表15)。

表15 案件评查在审判质量指标之体现

一级指标	二级指标	考核方式
审判质量	案件评查	参照制定的案件评查流程,对选取案件开展程序、实体、文书、庭审表现等方面的全流程评查
	一审裁判、生效案件被改判发回重审率等	系统自动生成数据

2. 案件评查辅助数字考核的指标

效率是审判工作的重要目标与原则,但仅以结果导向的数据反馈审判效率,造成为美化效率指标产生的压立案、不立繁案等扭曲司法公信力做法,需要以案件评查予以监督(见表16)。

表 16 案件评查在审判效率指标之体现

一级指标	二级指标	之前的考核方式	加入案件评查后的考核方式
审判效率	审限内结案率、变更审限率、长期未结案等	系统自动生成数据	通过评查简易程序、小额诉讼程序适用等是否规范，长期未结案是否存在主观拖延等事项，得出案件是否应排除在统计之中，修正数据

注重审判效果是司法能力的基本要求，但以服判息诉率为主的指标，未能排除非理性不服判息诉因素，若一概而论则不能满足对司法能力的正向考察与激励，故需以案件评查加以修正(见表 17)。

表 17 案件评查在审判效果指标之体现

一级指标	二级指标	之前的考核方式	加入案件评查后的考核方式
审判效果	一审服判息诉率、二审服判息诉率等	系统自动生成数据	评查上诉、再审等案件，通过分析上诉原因、提交证据情况、裁判文书说理等，排除因当事人搭制度便车、故意以上诉拖延履行等非理性不服判息诉因素，修正系统自动生成数据

综上，案件评查在审判质量、效率、效果指标中均应得到全面适用，各地法院应根据指标的不同科学制定分配比例，提高评查概率，赋予更高权重。在混合的权重上，因数字考核与案件评查具有同等重要性，且两者得出的数据资料均有助于质效考核"质"的达成，[1] 故至少应当达到定量与定性评估并重，[2] 才能科学完善审判质效考核体系。

(四)扩展延伸：案件评查而非案卷评查

长期以来的案件评查工作落脚于对案卷的查阅及审查法律文书之上，但是，案卷虽能够较为全面地体现审判实际运行过程，但仍然不能等同于审判实际过程。一般性地审查法律文书或查阅部分案卷材料，通常只能发现书面载明的案件审理和裁判

〔1〕 参见徐建平、张雪岩等：《量化和质性研究的超越：混合方法研究类型及应用》，载《苏州大学学报(教育科学版)》2019 年第 1 期。

〔2〕 参见施鹏鹏、王晨辰：《论司法质量的优化与评估——兼论中国案件质量评估体系的改革》，载《法制与社会发展》2015 年第 1 期。

中的法律、事实和程序错误以及文书错漏。[1] 实际上,域外法中如德国、法国等国家采取的平时观察、法庭现场观察等方式,美国参考对律师、陪审员、当事人的外部调查,还有的法院将评鉴工作交给退休法官组成的委员会进行评价,[2]这类评价方式的核心和优点在于通过质与量相结合,以多元方法进行评价,可以作为良好的经验借鉴。案件评查也应当结合全审判流程,接触案件下法官的日常工作,加入庭审观摩、专门部门和专业人士评价以及社会评价等方法,对案件情况进行全面判断。

(五)精细优化:案件评查的细节提升

制度运行流程的设计决定制度的生命力。为使工作有效开展,案件评查应拥抱科技发展,探寻使用传统技术之外的其他信息化技术予以辅助,并按照以下流程设计有序进行。

1.“常态”与“非常态”的工作开展周期

基于对审判质效考核的需求、发现问题以便于及时整改的需要,结合审判规律,并考虑评查人员的工作负担,设定案件评查的周期应考虑覆盖面与灵活性两个方面。对考虑评查覆盖面的常态评查周期,可以以民商事案件的普通程序6个月作为一个评查周期,分上下半年开展评查。这样一方面可以防止成为评查大突击,使被评查法院与评查人员都忙于应付;另一方面也符合各地法院半年总结、改进的工作进度周期。

针对发现的具体问题,比如通过投诉、舆情、审判监督等渠道得到的审判问题或者如长期未结案、发改案件案件质量、四类案件或其他特定事由案件等审判情况,以往各地法院也会针对性地进行案件评查,以防止问题蔓延,并深入查找原因。该种模式的评查针对性强,是及时解决问题的有效路径,故应当在常态化评查之外继续坚持该种灵活的“非常态”评查模式。基于该种评查具有不确定性,有时仅是在部分法院针对专门问题进行,故评查结果可计入受评法院审判质效的扣分项。比如,A法院案件的某个审判问题酿成舆情,经上级法院预判该类情况并非单一情况,亟须及时发现整改,则可组织案件评查,根据发现以及整改的情况,在全年质效考核中扣一定比例分值。

2.“统一”与“灵活”的标准设置

评查结果能够比较的前提在于一致性,为确保案件评查方法的一致性,应当在评

[1] 参见龙宗智:《审判管理:功效、局限及界限把握》,载《法学研究》2011年第4期。

[2] 参见龙宗智:《审判管理:功效、局限及界限把握》,载《法学研究》2011年第4期。

查点、评分参数、评分权重上实现一体化。评查点设置上，之前各地的评查点之所以不一致，根本原因在于仅是粗略设置评查点与大致评分差别，并未根据评查点的构成要件进行深层次解构设置，导致评查主要依赖于评查人员的主观判断。所以，应当在各个评查点上设置具体化、类型化的评查标准，并统一设置各解构要件上的分值，以实现客观化、公正化、一致化。比如，对证据认定的评查，就应分为举证责任的分配、主要证据的采信、证据链的形成、证明力的标准等各个点位，让评查人员逐一对号入座评查计分。以此修正为按照统一的评查点、统一的评分方法、相同的案件权重得出评查结果，再考虑地区间的区域特点、经济发展水平、办理案件数量及审判团队配置、评查人员间的实质差异进行灵活的权重设置。

3. “初评 + 复评”的评查模式

经过评查组“四评制”得出初步结果后，由于全面实现了评查委员会与受评法院间的隔离，故需要从制度上保障受评法院的异议权，保障双方平等对话，以监督评查委员会的工作结果，即采取“初评 + 复评”模式。复评开展模式如图 2 所示。

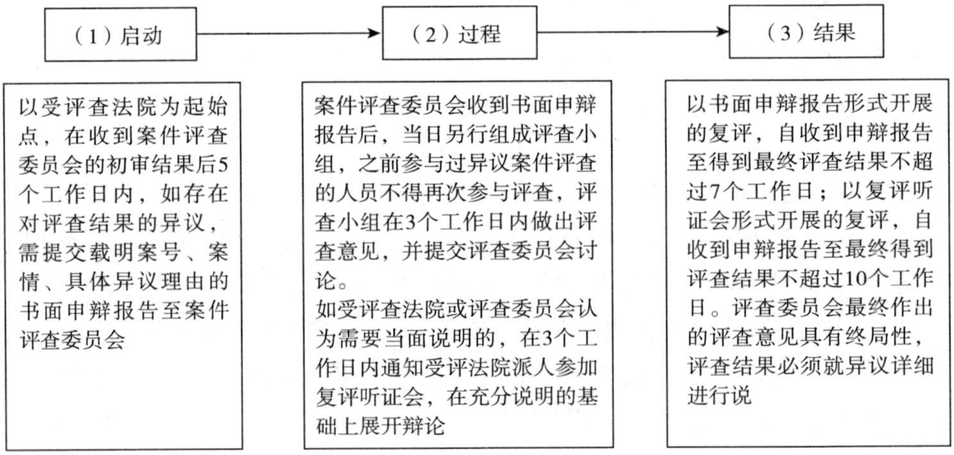

图 2　复评开展模式

结　语

剧烈式的组织变革是破解困境的重要途径。借助最高人民法院开展研究建立审判质量管理指标体系的东风，当下正是审判质效改革的窗口期。本文论述难免挂一漏万，案件评查制度亦囿于人力、技术等客观因素，可能无法发挥其全部价值，但笔者仍希冀案件评查制度能破除数据迷障，助力审判质效考核制度健康、有效地发展。

区分与融合：虚拟货币交易纠纷司法裁判规则的实践反思与重构

——以民事法律法规和部门规范性文件的衔接适用为视角

郭定选*

引 言

虚拟货币是非有权机关发行的以区块链为底层技术支撑并以电子数字化记录的通货,[1] 主要包含比特币、以太币、泰达币等。目前我国并无直接规制虚拟货币的法律法规,而以部门监管为主。中国人民银行等部门先后于 2013 年、2017 年、2021 年发布了《关于防范比特币风险的通知》(以下简称《2013 年通知》)、《关于防范代币发行融资风险的公告》(以下简称《2017 年公告》)、《关于进一步防范和处置虚拟货币交易炒作风险的通知》(以下简称《2021 年通知》)、《关于整治虚拟货币"挖矿"活动的通知》(以下简称《2021 年整治挖矿通知》),形成对虚拟货币的强监管。但是,这并没有浇灭大众投资交易的热情,相关交易屡禁不止,导致纠纷频发。

司法实践中,因民事法律法规和部门规范性文件的混淆适用,导致对虚拟货币交易的法律行为效力和无效后的责任承担方面出现较大分

---

* 郭定选,广西壮族自治区桂林市七星区人民法院立案庭法官。

〔1〕 参见齐爱民、张哲:《政策与司法背景下虚拟货币法律属性的实证分析》,载《求是学刊》2022 年第 2 期。

歧,无法形成稳定的司法预期。如何处理部门规范性文件与民事法律法规对虚拟货币规制的关系,达到维护金融安全稳定的前提下最大限度保护公民财产权益的目标是值得探讨的课题。

一、检视:虚拟货币交易纠纷裁判规则适用冲突之廓清

在法信平台以关键字“虚拟货币”“合同纠纷”进行类案检索,截至 2023 年 5 月 20 日,共检索到 2020 年以来民事裁判文书 1077 件。以“泰达币”进行类案检索,共检索到民事裁判文书 181 份,案由以买卖合同纠纷、委托合同纠纷等为主,呈现覆盖面广、增长速度快等特点。基于泰达币是市值排名第一的稳定币,在中国有众多持有者,以泰达币为代表的稳定币事实上已成为投资者进入加密金融市场的主要金融工具,具有典型性;[1]并且样本适中,能窥视交易纠纷全貌等原因,故选择泰达币为分析样本之一。同时,为便于考察其他虚拟货币交易纠纷的裁判情况,又选取中级法院以上的其他虚拟货币交易纠纷典型案例,形成以泰达币案例全貌和其他虚拟货币二审典型案例的样本群,全面考察虚拟货币交易纠纷裁判规则适用情况。

(一)法律行为效力之争

法律行为效力主要存在有效、无效以及回避效力认定三种情形。交易类型主要有平台相关服务、购买“矿机”、直接买卖或委托买卖(投资)虚拟货币,以及以虚拟货币进行借贷等,如表 1 所示。

1. 认定法律行为有效。主要是依据民事法律法规保护契约自由和保障公民财产权两大核心理念,限缩法律行为效力的认定依据。其一,直接交易类,如郑某光与柯某委托理财合同纠纷一案[2],一审法院认为我国当前法律法规并未禁止泰达币的持有和合法流转,双方的法律行为有效,二审维持原判。其二,购买矿机类,如武汉某科技有限公司与桂某勇买卖合同纠纷一案,[3]一审法院认为双方签订矿机购销合同是真实意思表示,不违反法律、行政法规强制性规定,合同有效,二审维持原判。其三,以虚拟货币借贷类,如韩某与王某超民间借贷纠纷一案,[4]法院认为被告将原告在 D 米交易平台账户中的泰达币转走并出具借条,双方债权债务法律关系成立。

---

[1] 参见邓建鹏、张夏明:《区块链金融司法治理的困境及其化解——以稳定币相关司法文书为视角》,载《武汉大学学报(哲学社会科学版)》2023 年第 2 期。

[2] 参见广东省汕头市中级人民法院民事判决书,(2021)粤 05 民终 614 号。

[3] 参见湖北省武汉市中级人民法院民事判决书,(2020)鄂 01 民终 524 号。

[4] 参见河北省河间市人民法院民事判决书,(2021)冀 0984 民初 1400 号。

表1　法律行为效力认定情况

效力	类型	典型案例	主要依据	导出的问题
有效	直接交易类	郑某光与柯某委托理财合同纠纷	依据民事法律法规保护契约自由和保障公民财产权两大核心理念	1. 虚拟货币的法律属性是什么,本身是否是违法物,当事人是否有诉权? 2. 法律行为效力的认定依据是什么? 3. 虚拟货币所有类型的交易是否均违法
	购买矿机类	武汉某科技有限公司与桂某勇买卖合同纠纷		
	以虚拟货币借贷类	韩某与王某超民间借贷纠纷		
无效	平台相关服务类	深圳市某科技有限公司与某区块链(深圳)有限公司合同纠纷	参照部门规范性文件为法律行为效力认定依据	
	直接交易类	鲁某伟与熊某为买卖合同纠纷		
	买卖矿机类	黄某玲与某科技(广州)有限公司合同纠纷		
	以虚拟货币借贷类	薛某庆与蒋某民间借贷纠纷		
未认定	合同纠纷	华某星与黄某阳买卖合同纠纷;何某与谭某友合同纠纷等	违反部门规范性文件,不属于民事案件受理范围等	

2. 认定法律行为无效。主要是参照部门规范性文件为法律行为效力说理依据。依据法律规定,规章及以下不得作为裁判依据,但可以作为说理依据。其一,平台相关服务类,如深圳市某科技有限公司与某区块链(深圳)有限公司(以下简称某区块链公司)合同纠纷一案,[1]法院认为头条公司本质上是为某区块链公司买卖虚拟货币提供中介服务,参照《2017 年公告》确认合同无效。其二,直接交易类,如鲁某伟与熊某为买卖合同纠纷一案,[2]法院认为由于案涉标的物本身不合法,涉及该标的物的交易行为亦不受法律保护,参照《2017 年公告》确认合同无效;何某公与任某华委

〔1〕 参见广东省深圳市前海区人民法院民事判决书,(2021)粤0391民初5533号。

〔2〕 参见河南省沁阳市人民法院民事判决书,(2021)豫0882民初34号。

托合同纠纷一案,[1]法院认为原告委托被告购买以太坊虚拟货币的行为违反《2021年通知》,直接认定无效。其三,买卖矿机类,如黄某玲与某科技(广州)有限公司合同纠纷一案[2],一审法院认为"挖矿"行为属于高耗能、高排放的行为,该行为及相关的矿机买卖行为均有悖于国家宏观政策,违背公序良俗,参照《2021年整治挖矿通知》判决合同无效,二审维持原判。其四,以虚拟货币借贷类,如薛某庆与蒋某民间借贷纠纷一案,[3]法院认为根据《2013年通知》虚拟货币不能且不应作为货币在市场上流通使用,更不能作为借款合同的标的物,因此借贷关系无效。

3.未进行法律行为效力认定。该类判决回避对虚拟货币交易法律行为效力的认定,通过不属于法院受案范围或应当属于公安机关管辖为由驳回起诉或不予受理。如华某星与黄某阳买卖合同纠纷一案,[4]一审法院认为在互联网上从事泰达币交易,不属于人民法院民事诉讼受理的范围,裁定驳回原告起诉,二审维持原裁定;何某与谭某友合同纠纷一案,[5]原告转错虚拟货币,法院认为不属于人民法院民事诉讼受理的范围,裁定不予受理;而梁某妹与阳西县某电子科技有限公司买卖合同纠纷一案[6]一审法院认为当事人买卖虚拟货币挖矿机与出租挖矿机,涉嫌经济犯罪,应当移送公安机关处理,裁定驳回起诉,二审维持原裁定。

基于不同规则的适用直接导致虚拟货币同类型交易纠纷法律行为效力认定的分歧。那么,虚拟货币本身的法律属性是什么,是不是违法物,当事人是否有诉权;认定虚拟货币交易法律行为效力的依据是什么;虚拟货币所有类型的交易是否均违法等问题需要进一步考证。

(二)法律行为无效的后果承担之争

在认定虚拟货币交易法律行为无效后,对后果的承担亦存在分歧,主要表现在是否承担无效的法律责任以及如何承担两个方面。

1.是否承担法律责任。主要是由部门规范性文件规定的投资交易虚拟货币"损失自担"和民事法律法规规定的合同无效的"返还财产"引起。这可以分为合同无效风险自担与合同无效支持返还两种情形,如表2所示。

---

[1] 参见山东省潍坊市潍城区人民法院民事判决书,(2021)鲁0702民初2007号。

[2] 参见广东省广州市中级人民法院民事判决书,(2022)粤01民终19334号。

[3] 参见广东省深圳市福田区人民法院民事判决书,(2021)粤0304民初55554号。

[4] 参见福建省福州市中级人民法院民事裁定书,(2021)闽01民终5048号。

[5] 参见湖南省汝城县人民法院民事判决书,(2020)湘1026民初1229号。

[6] 参见广东省阳江市中级人民法院民事裁定书,(2021)粤17民终1572号。

表 2　法律行为无效后果承担情况

无效后果	典型案例	是否已完成交易	主要依据	衍生出的问题
无效后果自担	易某勇与李某峰买卖合同纠纷	是	参照金融规范性文件认为交易虚拟货币应从自担损失	1. 部门规范性文件“损失自担”的范畴和适用条件是什么? 2. 民事法律规范合同无效“返还财产”的适用条件
	朱某龙与郑某泉买卖合同纠纷	否		
无效支持返还	李某梅、张某斌与杨某清买卖合同纠纷;方某春与被告深圳市某网络技术有限公司买卖合同纠纷;田某与梁某丰委托合同纠纷	是	主要是依据民事法律规范合同无效条款确定责任的承担	

其一,法律行为无效风险自担。主要是参照部门规范性文件认为交易虚拟货币应自担损失。如易某勇、李某峰买卖合同纠纷一案〔1〕,一审法院认定合同无效后判决驳回原告要求被告返还交易款项的诉求,二审法院认为双方应当明知虚拟货币不得买卖,仍然擅自交易,维持原判;而朱某龙与郑某泉买卖合同纠纷一案,〔2〕原告向被告购买泰达币,但被告未向原告支付泰达币亦未退还货款,法院参照《2021 年通知》认定合同无效后,判决该损失由原告自担。

其二,法律行为无效支持返还。主要是依据民事法律法规合同无效条款确定责任的承担,分为全额返还不支持利息、全额返还并支持利息以及根据过错责任确定责任比例三种情形。如李某梅、张某斌与杨某清买卖合同纠纷一案,〔3〕法院认定买卖合同无效后,判决被告返还原告的交易款项,同时原告具有过错,对利息的诉求不予支持。方某春与被告深圳市某链网络技术有限公司买卖合同纠纷一案,〔4〕法院认定合同无效后,判决被告返还原告全额购机款并支付利息。而田某与梁某丰委托合同纠纷一案,〔5〕一审法院认为原告盲目投资,被告盲目推荐,双方均有过错,判决原被

〔1〕 参见福建省福州市中级人民法院民事判决书,(2022)闽 01 民终 2883 号。

〔2〕 参见云南省陆良县人民法院民事裁定书,(2022)云 0322 民初 994 号。

〔3〕 参见安徽省池州市中级人民法院民事判决书,(2021)皖 17 民终 254 号。

〔4〕 参见广东省深圳市罗湖区人民法院民事判决书,(2021)粤 0303 民初 25331 号。

〔5〕 参见陕西省西安市中级人民法院民事判决书,(2021)陕 01 民终 20912 号。

告对原告的损失分别承担 20% 和 80% 。

依据不同的规则导致裁判出现合同无效后责任承担的分歧。那么"损失"具体是什么;部门规范性文件"损失自担"和民事法律法规合同无效"返还财产"的适用条件分别是什么,两者应当如何适用;支持返还财产是否会导致以诉讼获取利益的行为出现等问题需要进一步研究论证。

2. 责任承担方式。当一方当事人交付了虚拟货币,但是另一方未支付货款,或者当事人转错虚拟货币的时候,就会出现返还虚拟货币的诉求。主要存在返还虚拟货币、如不能返还虚拟货币折价返还、直接折价返还三种情形,如表 3 所示。

表 3 法律行为无效责任承担方式

<table>
<tr><th>责任承担方式</th><th>典型案例</th><th>主要依据</th><th>导出的问题</th></tr>
<tr><td>返还虚拟货币</td><td>某区块链(深圳)有限公司与深圳市某科技有限公司确认合同无效纠纷</td><td>部门规范性文件禁止折价</td><td rowspan="3">1. 判决返还原物是否具有强制可执行性;
2. 如依据民事法律规范判决折价返还,应当以何种标准确定价值</td></tr>
<tr><td>如不能返还虚拟货币折价返还</td><td>叶某与陈某委托合同纠纷</td><td rowspan="2">虚拟货币本身具有价值可以折价</td></tr>
<tr><td>直接折价返还</td><td>王某斌与李某诗不当得利纠纷</td></tr>
</table>

其一,返还虚拟货币,如某区块链(深圳)有限公司与深圳市某科技有限公司确认合同无效纠纷一案[1],二审法院改判被告返还原告服务费 252900 个比特币,未支持一审法院折价返还。其二,如不能返还虚拟货币折价返还,如叶某与陈某委托合同纠纷一案,[2]在被告不能返还虚拟货币又无约定折价的情况下,法院酌情以判决前一天的人民币汇率中间价对美元、MYTOKEN 交易软件查询的交易价分别折算人民币予以返还。其三,直接折价返还,如王某斌与李某诗不当得利纠纷一案[3],在原物已无法返还的情况下,一审法院根据双方达成的《和解协议》中确认泰达币折价人民币返还,二审法院认为该折算方法并未高于不当得利取得时的相应价值,维持原判。

基于虚拟货币去中心化的特征,判决返还原物是否具有强制可执行性;依据民事

[1] 参见广东省深圳市前海区人民法院民事判决书,(2020)粤 03 民终 26385 号。

[2] 参见上海市长宁区人民法院民事判决书,(2022)沪 0105 民初 4886 号。

[3] 参见上海市第一中级人民法院民事判决书,(2020)沪 01 民终 12524 号。

法律法规判决折价返还,应当以何种标准确定价值,是否与部门规范性文件内容相抵触等问题需要进一步分析论证。

二、溯源:虚拟货币交易纠纷裁判规则适用冲突之成因

认定虚拟货币交易法律行为无效、应自担风险的裁判,多是基于部门规范性文件维护金融安全稳定的理念;反之是基于民事法律法规尊重契约自由、保护财产权的理念。故以上问题的根源是为何会出现不同的裁判依据、虚拟货币是什么以及是否准确解读了部门规范性文件。

(一)立法供给不足和裁判规则的缺失

涉虚拟货币法制高度不完备,为司法部门"无法可循"提供了潜在土壤,同时部门规范性文件的层级较低,导致无法形成统一的裁判规则。

1. 法律法规阙如。当前我国并无直接规制虚拟货币的法律法规,与其相似的仅有《民法典》第127条"法律对数据、网络虚拟财产的保护有规定的,依照其规定",但该条并无具体的指向内容,属于宣誓性规定,导致直接规制虚拟货币交易纠纷的民事法律规范缺位。在此情况下,如需适用民事法律法规只能找寻原则性的规定,如认定交易法律行为效力时适用公序良俗条款。

表4 部门规范性文件监管情况

	《2013年通知》	《2017年公告》	《2021年整治挖矿通知》	《2021年通知》
发布时间	2013年12月2日	2017年9月4日	2021年9月3日	2021年9月15日
发文部门	中国人民银行、工业和信息化部等5部门	中国人民银行、中央网信办等7部门	国家发展和改革委员会、中国人民银行等11部门	中国人民银行、最高人民法院等10部门
对虚拟货币属性的界定	是一种特定的虚拟商品,不具有与法定货币等同的法律地位	不具有与货币等同的法律地位	未提及	不具有与法定货币等同的法律地位
关键性禁止	禁止金融机构和支付机构从事关于比特币的营业性业务等	禁止非法从事代币发行融资活动	严禁新增虚拟货币"挖矿"项目	虚拟货币相关业务一律严格禁止坚决非法取缔

续表

	《2013年通知》	《2017年公告》	《2021年整治挖矿通知》	《2021年通知》
主要内容	各金融机构和支付机构不得开展与比特币相关的业务，加强对公众教育及风险提示等	不得非法从事代币发行融资活动，机构不得开展与之相关业务等	全面梳理排查，严禁新增虚拟货币"挖矿"项目，加快存量项目有序退出	境外虚拟货币交易所通过互联网向我国境内居民提供服务同样属于非法金融活动
对自然人投资交易虚拟货币的态度	未禁止，予以风险提示，应理性投资，合理控制风险	未禁止，投资者须自行承担投资风险	未提及	违背公序良俗的，相关民事法律行为无效，损失自担

2. 部门规范性文件层级较低。《2013年通知》《2017年公告》《2021年通知》《2021年整治挖矿通知》对虚拟货币监管呈现出"认知—定性—收紧—打压"的态势，最终形成《2021年通知》中"虚拟货币相关业务活动属于非法金融活动……一律严格禁止、坚决非法取缔"的强监管。虽然上述规范性文件对虚拟货币的非货币属性、关键性禁止、主要内容以及自然人投资交易的态度等方面作了较为详细的规定（见表4），但是未载明通过日期、公布即实施等，不符合《规章制定程序条例》对规章制定的要求。从发文部门、发文形式等方面来看，上述文件应属于以中国人民银行牵头制定的，偏向于金融监管的部门规范性文件，效力级别较低。

3. 无法形成统一的裁判规则。立法供给不足和部门规范性文件层级较低导致无法形成统一的裁判规则。其一，在法律行为效力评价方面。法官裁判时往往在适用民事法律法规和上述部门规范性文件之间举棋不定。前者认为法无明文禁止即可为，应当尊重民事活动的契约自由和保护公民的财产权，法律行为的无效应当由法律、行政法规确定，不应扩大范围，而法律法规并未禁止虚拟货币的持有和合法流转；后者则认为金融活动并非一般的民事活动，事关金融安全和稳定，虚拟货币本身具有高风险性，并且涉嫌实施洗钱、赌博等犯罪活动，危及金融安全，部门规范性文件应当作为否定法律行为效力的说理依据。其二，在无效的后果承担责任方面。适用民事法律法规的裁判倾向于合同无效后应当"返还财产"，允许对虚拟货币折价；而参照部门规范性文件的裁判则认为投资虚拟货币的损失应当自担，并且不应当对虚拟货币折价等。

(二)对虚拟货币的法律属性认定不一

立法尚未对虚拟货币的法律属性予以界定。理论界也未能形成一致的观点,主要有货币说、商品说、数据说、新货币说等观点。货币说认为虚拟货币的本质是货币,是基于互联网和算法生成的、体现商业信用的新型货币。〔1〕商品说认为虚拟货币是一种虚拟商品。〔2〕数据说认为虚拟货币是一种依托于非中心化网络生态的整体性信息网络数据。〔3〕新货币说认为虚拟货币是一种准货币,其作为普遍认可的记账符号,依赖区块链技术,完成了去中心化的货币信用构建。〔4〕法律属性界定的缺失和争议导致裁判冲突。

1. 法律属性界定导致财产属性认定不一致。主要体现在虚拟货币是否是合法物上,并直接影响交易行为效力认定和责任承担。如出现前述鲁某伟与熊某为买卖合同纠纷等案例和王某斌与李某诗不当得利纠纷等案例的不同裁判,前者认为虚拟货币是不合法物,不具有财产属性,交易的法律行为当然无效;而后者认为泰达币是建立在数据上的虚拟财产,权利人可以排他地占有、支配和使用,其本身具有可交换性,具备权利客体的特征,应当受到保护。

2. 法律属性界定导致民刑法秩序的不一致。出现民事领域不认可虚拟货币的合法性,但刑事领域对盗窃私人持有的虚拟货币定罪处罚的情形。如李某盗窃罪一案〔5〕,二审法院认为比特币作为一种特殊的互联网商品,有其现金价值,属于他人的合法财产,符合盗窃罪的犯罪构成;田某华非法获取计算机信息系统一案,〔6〕田某华将被害人"钱包"内的比特币转至自己的"钱包",将部分卖掉后,赃款用于个人消费,法院以非法侵入计算机信息系统罪定罪处罚。

3. 法律属性界定导致价值认定的不一致。如果认定是货币,因货币属于种类物,应当以交易时的货币价值为准,辅以相应的利息或者违约金;如果认定为商品,则首先应当返还原物,当原物不存在时,则应当考虑商品的价值变化,以诉讼时的市场价

〔1〕参见王德政:《论比特币的法律问题——以 Faiella 案为视角》,载《武汉金融》2020 年第 10 期。

〔2〕参见欧阳本祺、童云峰:《区块链时代数字货币法律治理的逻辑与限度》,载《学术论坛》2021 年第 1 期。

〔3〕参见王敬礼、李建华:《数据权视域下虚拟货币法律属性及其规制》,载《中国社会科学院大学学报》2022 年第 2 期。

〔4〕参见杨延超:《论数字货币的法律属性》,载《中国社会科学》2020 年第 1 期。

〔5〕参见广东省汕头市中级人民法院刑事判决书,(2020)粤 05 刑终 10 号。

〔6〕参见广东省广州市越秀区人民法院刑事判决书,(2019)粤 0104 刑初 1253 号。

值计算。2016年美国加利福尼亚州审理的HashFast一案[1]即因不同属性导致计算价值不同的典型例证,2013年9月转账当天,3000比特币市值约363861美元,而2014年5月起诉当天价值1344705美元。我国司法实践亦存在相应的案例,如前述叶某与陈某委托合同纠纷一案,法院以判决前一天相关交易软件的价格折算人民币;而曾某与吴某峰不当得利纠纷一案,[2]原告主张按现行价格折算,被告不予认可,认为应以交易时的价格计算,最终法院按交易时的价格折价。

(三)对部门规范性文件的理解偏差

在参照部门规范性文件的情况下,对其内容的误读、误用亦会导致司法裁判的冲突,当前司法裁判主要存在以下理解偏差。

1. 偷换概念。《2017年公告》规定的是“代币发行融资本质上是一种未经批准非法公开融资的行为”,但是部分司法裁判将代币发行融资与虚拟货币混同,出现“虚拟货币本质上是一种未经批准非法公开融资的行为”[3]的错误认定,进而认定虚拟货币不受法律保护。

2. 扩大适用。《2017年公告》否定的是交易平台代币发行融资活动,并未禁止个人投资虚拟货币,但是出现类似前述易雍某与李某峰买卖合同纠纷等案例,直接参照该公告判决个人之间虚拟货币交易行为无效。

3. 逻辑颠倒。《2021年通知》规定个人投资交易虚拟货币法律行为无效存在“违背公序良俗”的前置条件,但是出现类似前述何某公与任某华委托合同纠纷等案例,直接参照该通知认定个人投资交易虚拟货币法律行为“违背公序良俗”,而不是对是否“违背公序良俗”予以先行阐释。

4. 简单适用。将《2021年通知》中的“由此引发的损失由其自行承担”简单地理解为只要涉及虚拟货币即属于损失的范畴,应当自行承担,对交易是否已完成、是否属于转款未交付虚拟货币或是交付虚拟货币但未转款,以及对方是否存在过错等情形不予考量。如前述朱某龙、郑某泉一案,原告支付了交易款,被告未交付泰达币,法院参照该公告直接认定合同无效原告应当自担损失。

民事法律法规和部门规范性文件的混淆适用,加上法律属性认定不一和对部门

---

[1] 参见赵磊:《论比特币的法律属性——从HashFast管理人诉Marc Lowe案谈起》,载《法学》2018年第4期。

[2] 参见安徽省芜湖市鸠江区人民法院民事判决书,(2021)皖0207民初5143号。

[3] 参见浙江省青田县人民法院民事判决书,(2021)浙1121民初3237号。

规范性文件的误读,引发裁判冲突。那么,民事法律规范和部门规范性文件对虚拟货币规制的范围应当是什么有待进一步论证。

三、思辨:虚拟货币规制的民商法与金融法区分与融合

在法律法规阙如的背景下,明确虚拟货币的法律属性和交易行为效力认定的依据是解决虚拟货币交易纠纷裁判冲突的两大前提。基于物权法定、尊重契约自由以及保护公民财产权的民法理念和维护金融安全的金融监管理念,两者在对虚拟货币法律属性和交易行为的效力认定上应坚持区分与融合的理念。

(一)区分:民事法律法规确定虚拟货币的法律属性

《民法典》第115条规定了物的种类包括动产和不动产以及依据法律规定可以作为物权客体的权利,第116条规定了物权的种类和内容只能由法律规定,第127条规定了数据、网络虚拟财产作为物权保护的接口。

1. 虚拟货币法律属性应由民事法律规范规定。根据物的流通性,可将物分为流通物、限制流通物、禁止流通物。当前并无法律法规规定虚拟货币是非法物。即使《2013年通知》《2017年公告》《2021年通知》等基于防范金融风险的目的均对其流通进行了限制或者禁止,也否定了其货币属性,但是限制或禁止流通只是对其作为物的交易进行规制,而否定虚拟货币的货币属性,仅是否定其某一属性,并不是对虚拟货币本身的法律属性进行定性。因此,在无法律法规规定虚拟货币是不合法物的情况下,其财产属性不受影响,基于物权法定原则,其法律属性应由民事法律法规确定。

2. 虚拟货币符合网络虚拟财产的构成要件。民事权利客体的范围随着现代社会中财产及具有财产属性的东西日益扩张而扩张,不再局限于有体物。[1] 按照民事法律规范判断物权的标准,虚拟货币符合网络虚拟财产的构成要件。第一,生产过程即"挖矿"需要投入物质资本购置与维护设备以提供算力,并需投入电力资源和时间成本,凝结了人类抽象的劳动,具有价值性。同时,虚拟货币已实际成为"利益"承载以及交换的介质,如比特币已成为Paypal的支付手段。[2] 第二,至少可以在有共识的区块链内流动,具有流动性。第三,持有者可以通过匿名公开的"公钥"和持有主体的"私钥"控制,具有可支配性。第四,以比特币为例,其发行总量固定,为2100万枚,具有稀缺性。亦即,虚拟货币具备财产的价值性、流动性、可支配性、稀缺性,符合一般

---

〔1〕 参见梁慧星:《民法总论》(第5版),法律出版社2017年版,第60页。

〔2〕 参见李燕、常烨:《〈虚拟货币〉的法律属性争议与思考》,载《内蒙古社会科学》2021年第6期。

财产的构成要件。另外,基于虚拟货币是由计算机通过算法产生,以数字形式呈现出来的本质特征,故虚拟货币应属于网络虚拟财产。

3.将虚拟货币本身与以其进行投资交易区分开来。基于当前监管政策,投资交易虚拟货币等行为应属于违法行为。但将虚拟货币用于非法投资交易的否定性评价与虚拟货币本身的合法性评价不应混为一体。虚拟货币符合民事法律规范的物权特征,并且部门规范性文件基于监管的需要禁止的是虚拟货币的发行及投资交易等行为,而非其作为财产的地位。故无论虚拟货币的持有者是否从事法律限制或者禁止的交易,就虚拟货币本身来说并不违法。而且,在当前强监管向度内当事人也有以下三种渠道取得虚拟货币。其一,当事人在中国境内通过接受赠与的方式取得"虚拟货币",2013 年 4 月 10 日四川芦山地震后,我国有基金会接受了 235 个比特币的捐赠。[1] 其二,自然人在中国境内通过支付法定货币取得虚拟货币,只有在违背公序良俗的前提下法律行为才无效。其三,中国公民在虚拟货币投资交易合法的国家,通过合法出境的资金获得虚拟货币。[2] 此外,在其他国家认可虚拟货币的背景下,如果否定其财产属性,也不利于境外追赃工作的开展,[3] 否则虚拟货币可能走向"暗网化"的发展道路。

故此,司法实践中"禁止的是作为货币流通的活动,并未否定其作为一般法律意义上的财产""我国法律、行政法规并未禁止虚拟货币的持有""法律法规并未禁止持有和合法流转"等观点[4] 应当得到认可。而不是将虚拟货币本身与以其进行非法投资交易合为一体。如前述何某与谭某友买卖合同纠纷一案,原告转错泰达币,原告应当具有诉权,而不是参照部门规范性文件裁定不予受理。此外,将虚拟货币本身与以其进行投资交易区分开来,也能解决刑事领域对侵占虚拟货币行为定罪处罚,而民事领域对虚拟货币本身不予保护的民刑衔接困境。虚拟货币本身具有财产属性,盗窃当然应当受到刑事处罚,但是并不代表可以以其进行非法投资交易,更不意味着放任其对公共秩序的负面影响。

---

[1] 王德政:《区块链向度下盗窃数字货币行为的刑法审视:实证解读与逻辑定位——基于 2014 - 2022 年 31 份刑事判决书的考察》,载《重庆大学学报(社会科学版)》2023 年第 3 期。

[2] 参见单志广:《正本清源之三:在中国持有和交易"虚拟货币"的法律分析》,载人民网,http://blockchain. people. com. cn/n1/2020/1103/c417685 - 31916715. html。

[3] 陈禹橦:《法秩序统一性视域中非法获取虚拟货币的行为性质认定》,载《中国检察官》2023 年第 3 期。

[4] 参见上海市第一中级人民法院民事判决书,(2019)沪 01 民终 13689 号;北京市高级人民法院民事裁定书,(2023)京民申 463 号;广东省汕头市中级人民法院民事判决书,(2021)粤 05 民终 614 号。

(二)融合:部门规范性文件转介为法律行为效力的评价依据

《民法典》第153条规定了法律行为无效的情形,具体包括违反法律、行政法规的强制性规定以及违背公序良俗。强制性规定具体包括效力性强制性规定和管理性强制性规定,违反前者的民事法律行为无效,违反后者则不一定无效。[1] 因涉虚拟货币法律法规阙如,导致无法直接得出虚拟货币交易法律行为无效的结论。在此情况下,如何审查虚拟货币交易法律行为效力成为司法实践中的难题。

1. 完全隔绝部门规范性文件对法律行为效力的评价不符合当前司法现状。按照我国现行法律体系,规章及以下规范性文件不能规定效力规则,即使规定了禁止性规则,在形式意义上也不能产生真正的效力评价。然而,在现行的法律体系中,因立法供给不足,为了满足监管需求,金融领域存在大量的部门规章及规范性文件,并且是最活跃的法律法规形式。其往往产自业务主管部门,虽然评价褒贬不一,如可能存在偏袒部门利益的不佳名声,但是其实质内容又往往最为贴合中国的经济活动现实。并且相较于民事法律规范,部门规章及规范性文件更具专业性、时效性和相机性。[2] 契合虚拟货币交易纠纷并非完全是司法擅长的权责问题,更突出的是政策和技术问题的实际。此外,金融监管政策的灵活性也恰巧弥补了民商事立法尾大不掉的短板。[3] 因此,在无明确法律法规规范虚拟货币的情况下,一概否定规章及规范性文件对虚拟货币交易法律行为效力的司法审查,不符合当前司法适用的体系性要求。

2. 部门规范性文件转介民事法律法规效力评价的证成。《民法典》第153条也规定了违背公序良俗的法律行为无效,该条不应沦为形式条款。最高人民法院2019年发布的《全国法院民商事审判工作会议纪要》第31条规定,违反规章一般情况下不影响合同效力,但是内容涉及金融安全、市场秩序、国家宏观政策等公序良俗的,应当认定合同无效。在立法阙如的背景下,对部门规范性文件能否作为效力评价依据,应从以下两个方面进行分析。

首先,从虚拟货币本身来看。其去中心化、匿名性、投机性等特征决定了风险远高于普通商品,其交易行为涉嫌扰乱市场秩序,危及金融安全,需要部门规范性文件的规制。其一,投机性可能扰乱金融秩序。虚拟货币不像有形商品一样具有固有的价值,也不像法定货币一样有国家信用背书,其价值支撑仅是基于参与者对区块链网

---

[1] 参见林鸿:《论虚拟货币纠纷合同效力认定的裁判路径》,载《法律适用》2022年第10期。

[2] 参见鲁篱:《论金融司法与金融监管协同治理机制》,载《中国法学》2021年第2期。

[3] 参见赵尧:《金融司法监管化的逻辑审视》,载《华中科技大学学报(社会科学版)》2020年第5期。

络的共识和预期，具有很大的投机性，交易价格会在短时间内巨幅振荡。虚拟货币的频繁爆仓可能冲击金融稳定，影响国家金融安全。[1] 其二，去中心化的特征挑战法定货币制度。虚拟货币运行的所有节点都是平等的，不存在超级权利的节点，不由中心化机构控制，导致可能既缺乏承担责任的法律主体，也威胁中央银行和金融监管部门的功能，挑战基于国家信用的法定货币制度。其三，匿名性容易沦为犯罪工具。虚拟货币以点对点的方式进行交易，且不限于同一国家范围内，不需要提供真实的身份信息，容易沦为犯罪分子洗钱、非法集资、传销、贩毒等违法犯罪活动的工具，冲击社会正常秩序。

表 5　部门规范性文件的制定目的

	《2013 年通知》	《2017 年公告》	《2021 年整治挖矿通知》	《2021 年通知》
发布目标	保护社会公众财产权益，保障人民币的法定货币地位，防范洗钱风险，维护金融稳定	保护投资者合法权益，防范化解金融风险	为有效防范处置虚拟货币"挖矿"活动盲目无序发展带来的风险隐患，深入推进节能减排，助力如期实现碳达峰、碳中和目标	进一步防范和处置虚拟货币交易炒作风险，切实维护国家安全和社会稳定

其次，从部门规范性文件本身来看。《2013 年通知》《2017 年公告》《2021 年通知》等均是国家有关职能部门针对特定风险防范联合发布的规范性文件，带有金融政策的性质。对于法律、行政法规以外的规范性文件的禁止性规定，不能一概否定，应根据公序良俗条款予以考量，如是否符合法律法规立法目的，是否有利于社会公共秩序的维护，是否涉及金融安全、市场秩序等。[2] 虽然上述规范性文件不是法律、行政法规或行政规章，但其制定目的（见表 5）均是保护投资者合法权益、防范化解金融风险、维护金融稳定、维护国家安全和社会稳定。并且内容涉及金融安全、市场秩序、国家宏观调控等公序良俗，在认定虚拟货币交易法律行为效力时，不能仅因其非法律、行政法规或行政规章就不予考虑。[3] 因此，在法律、行政法规无明确规定的情况下，审理案件需要时可以将《2013 年通知》《2017 年公告》《2021 年通知》作为说理依据并引申至《民法典》第 153 条公序良俗条款以认定虚拟货币交易法律行为的效力。

---

〔1〕 参见邓建鹏：《虚拟货币交易乱象的法律规制研究》，载《人民论坛》2021 年第 29 期。

〔2〕 参见崔文星：《民法典视野下强制性规范和公序良俗条款的适用规则》，载《法学杂志》2022 年第 2 期。

〔3〕 参见最高人民法院民事判决书，(2021) 最高法知民终 494 号。

四、缕解:虚拟货币交易纠纷司法裁判规则适用之重构

明确虚拟货币的法律属性以及必要时将部门规范性文件转介至《民法典》公序良俗条款二个问题后,需继续回应如何具体确立虚拟货币交易纠纷的裁判规则。

(一)按不同类型认定交易法律行为效力

从部门规范性文件规范对象层面进行准确的解读,避免扩大或错误参照适用,按不同类型区分法律行为效力,如图1所示。

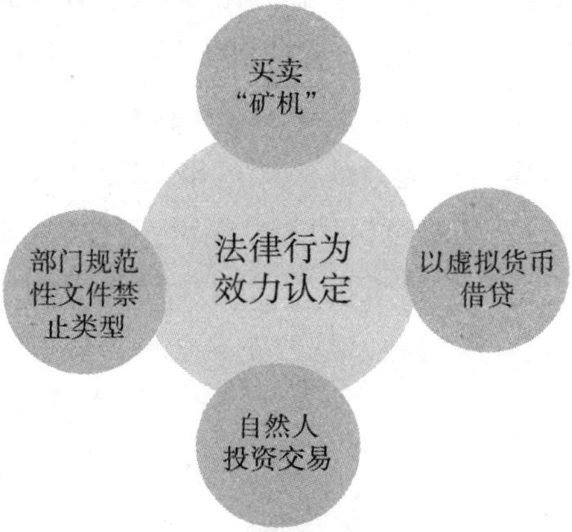

图1 不同交易类型法律行为效力认定

1. 确定法律行为无效的情形。其一,当前我国部门规范性文件基于维护金融安全稳定的考虑,禁止的是首次代币发行融资、虚拟货币平台相关服务(交易)、"挖矿"等行为,司法应当予以坚持。其二,因虚拟货币不具备法定货币的地位,以货币方式进行流通的行为亦应当认定无效,故如前述韩某与王某超民间借贷纠纷等案件中民事法律行为应当认定无效。其三,因"挖矿"行为已被禁止,因此如果买卖用途和功能单一、仅能用于虚拟货币"挖矿"的矿机也应属于法律禁止行为,原则上也应当认定买卖行为无效。如前述武汉某某科技有限公司与桂某勇买卖合同纠纷一案中,如果矿机仅有挖矿功能则应认定无效,如果具有其他功能,则应当具体分析。

2. 结合个案认定自然人投资交易行为。依据当前部门规范性文件,自然人投资交易虚拟货币的法律行为并非当然无效。《2017 年公告》否定的是代币发行融资,并未禁止个人投资交易虚拟货币;《2021 年通知》虽然将规制对象扩大到自然人,但有"违背公序良俗"的限定性前提。相较于法人从事虚拟货币投资交易的影响更大,更有可能引起系统性风险而言,自然人投资交易的风险显然要小得多。但自然人交易

虚拟货币虽未直接涉及代币发行融资，也可能成为该链条中的一环，且可能涉及与法定货币变价等问题，损害现有金融秩序。[1] 因此，如需否定自然人投资交易法律行为，应从交易目的、交易数额与频率以及交易对象等方面进行金融风险论证。[2] 如果是以投资为目的，频繁进行大数额交易，或是出卖一方交易对象众多且不确定的，则交易可能由个人风险向社会风险传递。经分析论证需确认无效时，应当进行裁判说理，而不是简单适用，可以表述为：确实无法律、行政法规明确禁止投资交易虚拟货币，但代币发行融资等行为已被我国当前部门规范性文件明令禁止，涉嫌开展非法金融活动，严重扰乱金融秩序，也可能导致系统性金融风险，侵害人民财产利益，严重损害社会公共利益，违背公序良俗，故应对该类行为及其延伸的自然人投资交易行为予以否定性评价。

（二）准确界定法律行为无效的后果承担问题

《民法典》第 157 条规定合同无效的法律后果是将取得的财产返还或折价补偿，有过错的应当赔偿对方损失，均有过错的各自承担；而《2021 年通知》规定的是“投资交易虚拟货币引发的损失由其自行承担”。处理好二者对法律行为无效的后果承担问题，应确定损失和过错责任范畴并以是否完成交易为依据，具体应从以下三个方面进行，如图 2 所示。

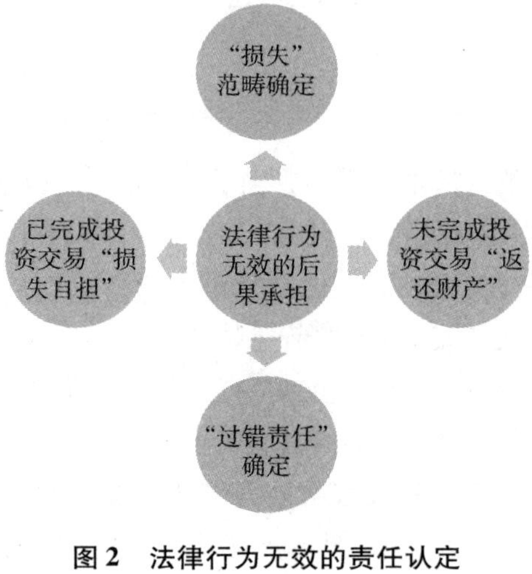

图 2　法律行为无效的责任认定

---

〔1〕 参见齐晓丹：《涉虚拟货币合同纠纷的司法裁判路径辨析——以政府监管政策导向与民事法律规范适用的衔接为视角》，载《法律适用》2022 年第 9 期。

〔2〕 参见许多奇、蔡奇翰：《我国加密货币财产属性的司法认定——以金融法与民商法的二维区分为视角》，载《上海政法学院学报（法治论丛）》2021 年第 6 期。

1. 明确《2021 年通知》中“损失”的范畴。对“损失”的范畴,因《2021 年通知》未具体定义,导致出现了不同理解。如理解为因被禁止流通引发的汇兑损失、因价格的涨跌引发的购置成本亏损、因适用民事法律法规合同无效返还财产后仍不能弥补的损失以及所有损失等,导致出现前述只要涉及虚拟货币即所有损失自担以及区分情况分担的不同判决。综合考虑虚拟货币的性质特征和《2021 年通知》的规范目的,该通知中的“损失”应包括以下三个方面:其一,虚拟货币本身价值的变化,如价格涨跌、崩盘等;其二,交易平台及技术支撑(非当事人原因)出现问题,如交易平台的注销导致资金套牢或无法提现、网络波动导致无法交易,软件系统遭到黑客攻击致使无法登录或虚拟货币被盗等;其三,政策性原因,如不同国家管控差异等。除此之外,不应对“损失”的范围扩大化。如前所述,不当得利纠纷中,买卖虚拟货币一方已经支付货款,但是另一方未支付虚拟货币的,不属于“损失自担”的范围,应当支持购买方要求退还货款的诉求。

2. 明确部门规范性文件“损失自担”的适用条件。民事活动应当坚持禁止通过诉讼获利的原则,对投资交易已完成且当事人是自愿、主动投资的情形,应当适用部门规范性文件“损失自担”的法律后果。以买卖合同为例,如双方已交易完成,后因亏损等原因买方以法律行为违反部门规范性文件为由主张无效要求返还交易款项的,不应当得到支持。因为如果判决被告返还货款,原告亦应返还虚拟货币,而虚拟货币已经亏损或无法强制执行,导致出现一方既获返还货款又占有虚拟货币或无须承担交易风险的情形,显然有失公平。司法实践中已出现以法律行为无效为由将诉讼作为套利手段的案例[1],原被告已完成交易,但是买方以交易法律行为无效为由提起诉讼并获得支持,继而获得了交易价款的返还。此外,在适用“损失自担”的情况下,仍应关注是否属于“损失”的范畴,如自然人委托投资交易已完成且存在投资收益,但是另一方拒绝支付收益也不返还本金的,不应一概适用损失自担。

3. 明确民事法律法规“返还财产”的适用条件。对投资交易未完成或者当事人不是自愿、主动投资交易的,则应当适用民事法律法规合同无效的“返还财产”。此时应当明确双方的“过错”范围。首先,如果是被推荐投资交易的,在当前金融政策宣传下,投资一方也有义务审查投资标的,审慎把控投资风险,即应当推定投资交易方存在过错,承担相应的过错责任。其次,如果推荐方(受托方)向投资方宣传并以承诺引

〔1〕 参见江苏省高级人民法院,(2020)苏民申 303 号;江苏省苏州市中级人民法院,(2018)苏 05 民终 8325 号。

诱投资的,或是推荐方平台技术支持未能完全起到风险防御作用等,应当认定存在过错,应依照合同无效后的过错责任承担赔偿义务。

(三)准确确立法律行为无效的后果承担方式

一方面,虚拟货币本身并不违法,有其固有的价值;另一方面,当前部门规范性文件禁止虚拟货币的交易,不得与法定货币兑换。导致法律行为无效后的责任承担方式上存在分歧,处理好该问题,应从以下三个方面进行。

1. 谨慎判决返还虚拟货币。虚拟货币转移具有不可逆性,其去中心化的特征导致不存在超级的中心机构实现强制扣划。如前述判决返还虚拟货币的案例,如果当事人不履行或因平台原因履行不能,人民法院无法像扣划银行存款一样完成执行。司法实践中已出现判决返还虚拟货币导致终结执行的情况。〔1〕 如此,则当事人的胜诉权益无法兑换,影响司法权威。

2. 结合个案判决折价返还。法律设置金钱赔偿的原因是很多救济手段客观上难以实行。〔2〕 对判决折价返还在理论界和司法实践中存在争议。不支持折价的认为按照现行金融监管的规定,虚拟货币的价值无法计算,任何机构不能提供兑换、定价等服务,如果法院判决折价赔偿,有变相行使定价权的嫌疑,有损社会公共利益。〔3〕 高某宇申请撤销仲裁裁决一案,〔4〕 仲裁裁决被告返还原告虚拟货币等值的美元(最终结算为人民币),法院以仲裁裁决违反国家金融监管规定、违背社会公共利益为由撤销仲裁裁决。支持折价的则认为当前金融监管认可虚拟货币的商品属性,而商品必然存在市场价格,当然可以以法币计价衡量。〔5〕

如前文所述,虚拟货币的法律属性应由民事法律规范规定,其本身并不违法,具有价值。因此,以法币计价是用现有标准来衡量财产价值的方式,是虚拟货币作为网络虚拟财产价格的外在体现。并且,当前窃取虚拟货币如以财产类犯罪定罪,对虚拟

---

〔1〕 参见北京市房山区人民法院执行裁定书,(2021)京 0111 执 727 号;江苏省启东市人民法院执行裁定书,(2019)苏 0681 执 3099 号。

〔2〕 凌斌:《法律救济的规则选择:财产规则、责任规则与卡梅框架的法律经济学重构》,载《中国法学》2012 年第 6 期。

〔3〕 参见李迎昌、潘喆:《涉虚拟货币纠纷的裁判路径——以委托投资 ICO 纠纷为切入》,载《法律适用》2021 年第 9 期。

〔4〕 参见广东省深圳市中级人民法院民事裁定书,(2018)粤 03 民特 719 号。

〔5〕 参见邓建鹏、马文洁:《加密资产司法救济的障碍与化解路径——以首例比特币仲裁撤销案为视角》,载《陕西师范大学学报(哲学社会科学版)》2023 年第 1 期。

货币定价是定罪量刑的必要前提,如果刑事领域对虚拟货币折价,而民事领域予以否定,不利于法秩序的统一。判决折价返还也可解决判决返还原物无法强制执行导致当事人的道德风险和逆向选择问题。故此,在当前民事法律法规并不否认虚拟货币商品属性的情形下可以综合个案采取判决折价返还。

3. 明确折价方式。因虚拟货币不是货币,故不应当仅以交易时的价格确定价值。虚拟货币的定价方法主要包括市场法、拍卖法、当事人协商法等。[1] 商品的市场价格由其价值和市场供需决定,市场交易所则是虚拟货币价格的外在表现形式,故相关网站公布的价格能较为直观真实地反映虚拟货币的价格。前述叶某与陈某委托合同纠纷一案即以网站价格作为虚拟货币市场价格参考的情形。但是网站价格毕竟不是我国法定的参考计价方式,在适用上尚存在争议,如李某艳等诉闫某东财产损害赔偿纠纷一案,[2]二审法院认为案涉币市场网站并非我国认可的虚拟货币交易价格信息发布平台,故不能作为损失的认定标准。结合当前监管政策促使当事人协商一致是较为可行的方式,如前述王某斌与李某诗不当得利纠纷一案,此属于双方当事人意思自治的范畴,并不违背国家对虚拟货币当前的态度。如当事人无法达成一致,也不存在更好的定价方式时,可以就法律行为发生时价格、历史兑换价格、当前网站价格等因素在个案中综合考量折价,以解决纠纷中的责任承担难题等。

结　语

在法律法规对虚拟货币无明确规定的情况下,裁判规则适用的模糊易引发虚拟货币交易纠纷司法裁判的冲突。部门规范性文件和民事法律法规基于不同的功能和定位,对虚拟货币的法律属性和交易法律行为效力的规制应坚持区分与融合的理念,即虚拟货币的法律属性由民事法律规范规制,而交易法律行为效力则可以通过将规范性文件引申至民事法律规范公序良俗条款确认无效。虚拟货币属于网络虚拟财产,其本身并不违法。在此基础上分类界定法律行为效力、处理好民事法律规范与部门规范性文件关于法律行为无效的后果承担及承担方式等问题,达到维护安全稳定和保护公民财产权的最大公约数。

---

〔1〕 参见阿迪力·阿尤甫、秦文豪:《虚拟财产保护路径之探析——基于对已发布案件的实证研究》,载《重庆大学学报(社会科学版)》2021年第4期。

〔2〕 参见刘江:《18.88个比特币背后的法律属性与财产价值》,载上海高院微信公众号2021年1月11日,https://mp.weixin.qq.com/s/NSF6PWJjDcidFK2Qhi2QMA。

环境民事公益诉讼案件执行机制规范化研究

——破解"执行难"目标下对144件代表性案例的分析

李　兴*　蒋　辉**　黄建林***

引　言

自2012年修订的《民事诉讼法》第55条规定公益诉讼制度后，针对环境民事公益诉讼的理论研究和法律法规制定均如火如荼，该诉讼制度体系日趋完备，案件数量也呈逐年上升态势。与之不成正比的是，上述研究主要围绕诉讼阶段展开，关于执行阶段的研究甚少，存在严重"偏科"。执行被认为是司法价值实现的最后屏障，由于生态环境存在复杂性、多样性和系统性等特点，环境民事公益诉讼案件执行更为复杂，[1]实践中存在执行不及时、修复成效差、机制不完善等问题。本文立足于环境民事公益诉讼案件执行工作的特点和困境，通过研究总结全国各法院具有典型意义的案例和司法实践中较为成熟的经验，对执行依据、执行启动、执行措施、资金管理、执行监督和执行保障六大环节进行探讨，旨在寻找一条环境民事公益诉讼案件执行的法治化、规范化、制度化途径，以期切实解决生态环境领域的"执行难"问题。

---

* 李兴，广西壮族自治区桂林市象山区人民法院三级法官，广西师范大学法学院法学硕士研究生（在读）。

** 蒋辉，广西壮族自治区桂林市象山区人民法院执行局局长，四级高级法官。

*** 黄建林，广西壮族自治区桂林市象山区人民法院三级法官助理。

〔1〕参见吕凤国、苏福：《论环境民事公益诉讼案件执行制度的建构》，载《法律适用》2019年第1期。

一、环境民事公益诉讼案件的司法实践考察

最高人民法院于2017年4月印发的《关于审理环境公益诉讼案件的工作规范(试行)》(以下简称《工作规范》)增加了执行依据、执行措施、执行监督等实质性规定,环境公益诉讼案件执行工作更加有法可依,故本文以该文件颁布为时间节点,以"环境民事公益诉讼""判决书""民事案由"为关键词在中国裁判文书网进行检索,对诉讼请求被驳回、不属于环境民事公益诉讼的案例予以剔除,获取了144份具有代表意义的裁判文书为主要分析样本,并结合最高人民法院公布的典型案例、指导案例和各法院较为成熟的工作模式和先进经验为参考分析样本,以期从中探究环境民事公益诉讼案件执行中的难点问题。该类案件呈现以下特点。

(一)案件涉及领域广泛

144份分析样本中,破坏动植物资源、"三废"违规排放、非法采矿等侵权行为占据民事环境公益诉讼案件绝大比例,涵盖了传统的大气、土壤、矿产、水源等各个生态环境要素。[1] 近年来,侵权行为还逐渐向自然保护区、湿地、野生动物栖息地等国家重点保护的重要生态功能区域延伸,涉及生态破坏、环境污染和生物多样性等保护领域,呈现多样化的特点。环境民事公益诉讼覆盖的领域广,不同类型的裁判采取的执行方式不尽相同,对执行工作提出了全新的挑战。

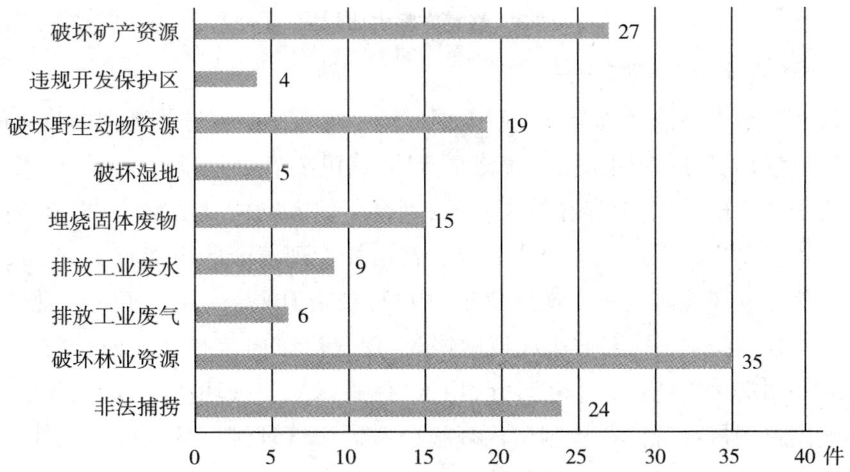

图1 案件类型和数量分布

[1] 参见陈爱武、姚震宇:《环境公益诉讼若干问题研究——以生态环境损害赔偿制度为对象的分析》,载《法律适用》2019年第1期。

(二)修复方案在裁判文书中所占比重低

从样本来看,裁判文书具体陈述环境修复方案或将方案作为附件的仅有 37 件,占比 25.7%,该现象说明案件在移交执行前作出具体修复方案还不是审判环节的普遍做法。修复方案的制定主要分为侵权人自主制定和委托第三方制定两种形式。自主制定的环境修复方案主要适用于修复工程较小、修复技术和使用设备较为简单的案件。例如,烟台市人民检察院与王某殿、马某凯环境污染公益诉讼案,[1]法院判决由侵权人制定修复方案并进行修复,逾期不履行则支付 72 万元至烟台市公益诉讼基金帐户。在委托第三方制定修复方案的情形中,委托人的类型主要是法院、检察机关或者社会组织(环境民事公益诉讼原告)和侵权人,主要适用于修复工程量大、费用高、周期长等修复难度大的案件。

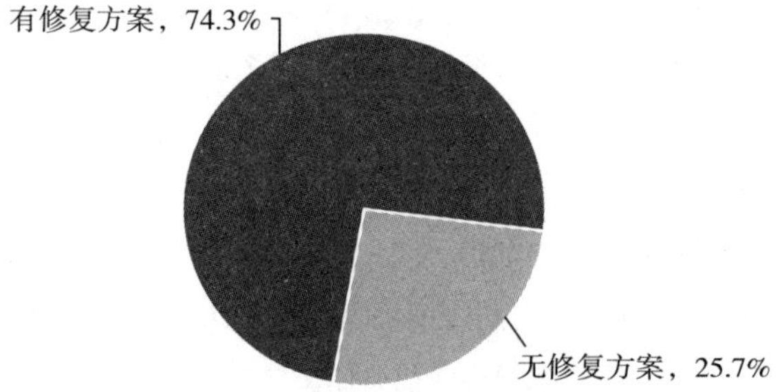

图 2　修复方案占比情况

(三)修复资金管理不统一

各地法院对生态修复资金管理暂未形成统一规范,有 56 份裁判文书没有确定归属,仅判决侵权人限期缴纳赔偿环境修复费用、惩罚性赔偿金等。部分案件虽然明确生态修复资金管理模式,但存在较大差异,判令侵权人支付到法院账户、上缴国库和政府专项资金账户的方式较为集中。以公益信托管理资金的模式较少,例如北京市朝阳区自然之友环境研究所诉现代汽车(中国)投资有限公司(以下简称现代汽车)大气污染责任纠纷案,[2]双方达成调解协议,现代汽车向信托受托人长安国际信托股份有限公司交付信托资金 120 万元,用于保护、修复大气环境、防治大气污染。该案件是我国首例将慈善信托机制引入环境公益诉讼管理制度的案件。此外,部分法院还判决由侵权人选择缴纳费用的账户,例如佛山市人民检察院与佛山市金业金属

〔1〕 参见山东省烟台市中级人民法院民事判决书,(2017)鲁 06 民初 8 号。

〔2〕 参见北京市第四中级人民法院民事调解书,(2016)京 04 民初 73 号。

制品有限公司环境民事公益诉讼案,[1]法院判决该公司将赔偿环境修复费用上缴至市地方国库或者支付至环境公益金账户(见图3)。

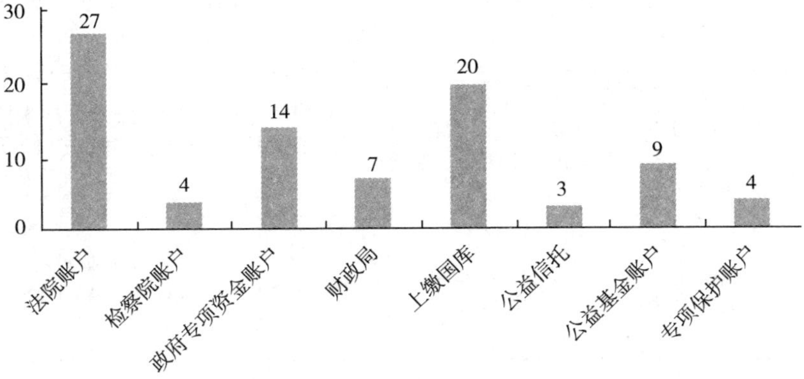

图3 生态修复资金归属分布

(四)被执行人承担义务混合性强

普通民事执行案件中,裁判文书确定的执行内容往往为单一金钱给付义务或者行为给付义务,两种义务混合的情况不多(见表1)。在环境民事公益诉讼案件中,侵权人承担的责任主要分为三类:一是行为作为义务,即恢复原状、赔礼道歉;二是金钱给付义务,即赔偿损失、支付惩罚性赔偿;三是不作为义务,即停止侵害、排除妨碍、消除危险。由于生态环境系统的复杂性,单一行为难以达到修复目的,因此该类案件执行内容以混合义务居多,大量案件存在金钱义务和行为义务相互交织的情况。[2] 例如,最高人民法院发布的2021年度和2022年度的25起环境资源审判典型案例,共有7起民事环境公益诉讼案件,其中执行内容为混合义务的就有5起,占比71.4%。

表1 2021年度和2022年度法院环境资源审判典型案例混合义务案例

年份	案件名称	裁判执行内容
2021	北京市朝阳区自然之友环境研究所诉山东某汽车制造有限公司大气污染民事公益诉讼案	向相关政府部门无偿交付约定型号的新能源电动车共计108辆用于公益事业,并在8年内无偿保养和维修,在国家级媒体公开赔礼道歉

〔1〕 参见广东省高级人民法院民事判决书,(2018)粤民终2366号。

〔2〕 参见赵爽、王中政:《论我国环境民事公益诉讼裁判的执行》,载《行政与法》2019年第1期。

续表

年份	案件名称	裁判执行内容
2021	北京市朝阳区自然之友环境研究所诉江苏某发电有限公司大气污染民事公益诉讼案	赔偿大气环境治理费用 5561511.93 元，在江苏省级媒体上向社会公开赔礼道歉并支付鉴定费用
2021	北京市朝阳区绿家园环境科学研究中心与江西某能源公司、丰城某焦化公司大气污染民事公益诉讼执行案	停止排放大气污染物、自行投入资金建设环保项目进行废气治理，支付 40 万元替代性修复资金用于当地大气污染治理
2022	朱某华、王某涵非法采矿、污染环境刑事附带民事公益诉讼案	赔偿清除污染、修复生态环境费用共计 10851559.87 元，在市级以上的新闻媒体公开道歉

二、环境民事公益诉讼案件执行的特殊性

（一）执行目的具有公益性

传统民事诉讼是公民、法人以及其他组织之间因为自身财产权利或者人身权利受损而提起的诉讼，其本质是对私利进行救济的手段，当事人在不违反法律强制性规定前提下，无论是审判阶段还是执行阶段，在程序方面和实体方面都享有高度的自由处分权。然而，环境民事公益诉讼案件的“公益性”决定了有权提起诉讼的机关和有关组织并不是为了维护自身权益，而是社会公共利益的“代言人”，启动执行程序的目的是“修复受损的生态环境”，胜诉权益兑现后的受益人并不是原告，而是社会公众。[1] 这种公益属性也决定了原告在执行阶段并不具备完整的诉讼权利，《工作规范》第 37 条规定，环境民事公益诉讼原则上不得进行执行和解，和解确有必要的，不得损害社会公共利益。这意味着原告原则上没有撤回执行申请、变更、放弃执行请求以及让渡实体权益与被执行人达成和解协议等诉讼权利。

（二）执行实施具有专业性和长期性

生态环境是各环境要素相互依存、相互作用和相互制约的有机整体，其治理和修复涉及众多领域，司法机关独立完成存在一定难度，需要专业机构、相关职能部门共同参与。因此，与普通民事执行案件相比，该类案件具有极强的专业性和技术性。该

---

〔1〕 参见黄凯：《环境侵害诉讼程序特别论》，载《中国应用法学》2018 年第 6 期。

类案件还存在执行周期长的特点，首先，生态环境的特性决定了其难以在短时间内完成修复，即便是重新种植树木，成长起来也需要合理的周期，例如江苏省南京市人民检察院诉王某林生态破坏民事公益诉讼案，[1]江苏省环境科学研究院出具的《生态环境损害评估报告》认为修复涉案被损山体以及自然林地重新恢复生态服务功能水平至少需要20年。其次，由于该类案件具有很强的专业性，执行实施前修复方案的论证和制定、执行过程中方式方法是否具有科学性和有效性、执行实施后对修复结果的验收评估等多个环节均需投入一定时间。最后，由于修复生态环境的成本高，大部分为"巨额"判决，即便内容仅为金钱给付义务，对于普通群众和一般市场主体而言，都难以在短时间内一次性执行到位。[2] 例如最高人民法院发布的第37批指导案例中，50%刑事附带民事案件的修复费用超过了50万元，20%的案件超过了600万元。

（三）执行标的具有可转化性

传统民事案件的裁判对败诉方应当承担的责任一般是明确的，不存在执行标的更变问题。而环境民事公益诉讼的价值在于保障生态环境可持续发展，[3]在司法实践中，办案人员会从执行力的角度采取灵活的、可转换的责任承担方式。主要分为两类：一是行为责任转化为金钱责任，表现为侵权人逾期不履行义务或者修复达不到标准，则转化为支付一定金额的生态修复费用或者第三方代替履行后由侵权人承担费用。例如被告人覃某权滥伐林木案，[4]法院判决被告人限期在采伐地点种植价值3万余元的杉木，逾期不修复的，检察机关可以自行或者委托他人修复，费用由被告人承担。二是金钱责任转化为行为责任，采取劳务代偿、技术改良代偿模式即为金钱赔偿责任与行为履行责任的同时空转化。例如，马鞍山市人民检察院与吴某祥环境公益诉讼侵权责任纠纷案，[5]法院判决被告提供不低于70日的环境公益劳动，以抵补其应支付环境损害赔偿金。

---

[1] 参见江苏省南京市中级人民法院民事判决书，(2020)苏01民初798号。

[2] 参见王麒睿、毋爱斌：《环境民事公益诉讼责任承担方式体系论——基于39起典型案件的实证研究》，载《法治论坛》2020年第1期。

[3] 参见黄凯：《环境侵害诉讼程序特别论》，载《中国应用法学》2018年第6期。

[4] 参见广西壮族自治区桂林市七星区人民法院刑事附带民事判决书，(2022)桂0305刑初54号。

[5] 参见安徽省马鞍山市中级人民法院民事判决书，(2019)皖05民初376号。

三、环境民事公益诉讼案件执行中的困境

(一)重判决轻执行理念偏差导致执行依据不明

法院的诉讼活动主要围绕认定案件事实展开,受"审执分离"模式影响,部分审判人员忽视了裁判文书能否兑现问题,致使审判和执行衔接不畅,这主要体现在判决欠规范上。最高人民法院《关于适用〈中华人民共和国民事诉讼法〉的解释》第 461 条规定,人民法院执行的生效法律文书应当权利义务主体明确,给付内容明确。但实践中部分判项过于笼统,没有对修复标准、修复方式等具体内容作出陈述或者附修复方案,例如北京市丰台区源头爱好者环境研究所与潍坊振兴焦化有限公司环境污染责任纠纷案,[1]法院认定被告存在违规排放废气和废水问题,但仅判决其"对涉案污染环境行为所造成的后果承担修复义务"。同时,检察机关也存在重裁判、轻监督的倾向,对环境公益诉讼案件往往"一诉了之",没有针对后续的执行工作有效开展监督工作。因此,此类给付内容不明的执行依据,对环境侵权人自觉履行和法院强制执行都造成了阻碍。

(二)立法碎片化导致法律依据不足

环境民事公益诉讼制度自 2012 年修订的《民事诉讼法》确立以来,围绕环境民事公益诉讼的法律法规、司法解释或者政策文件逐渐完善,但针对案件执行的规定在数量上和篇幅上占比较小。在开展环境民事公益诉讼案件执行工作的主要规范依据中,《关于审理环境民事公益诉讼案件适用法律若干问题的解释》共 35 条、《生态环境损害赔偿资金管理办法(试行)》共 19 条,直接涉及执行程序的均仅有 1 条;《工作规范》共 60 条,直接涉及执行程序仅有 4 条,且上述规定的原则性和概括性较强,缺乏专门化、系统化建设。由于立法上的粗疏,各地法院往往通过出台会议纪要、开展业务指导或者发布指导案例、白皮书等方式统一和细化执行规则,但这种模式缺乏制度刚性,也造成了不同法院之间执行尺度不统一的问题(见表 2)。

---

〔1〕 参见山东省潍坊市中级人民法院民事判决书,(2019)鲁 07 民初 1089 号。

表 2　关于环境民事公益诉讼执行工作的法律规定

文件名称及条文	具体规定	强调内容
《关于审理环境民事公益诉讼案件适用法律若干问题的解释》第 32 条	发生法律效力的环境民事公益诉讼案件的裁判,需要采取强制执行措施的,应当移送执行	移送执行的条件
《生态环境损害赔偿资金管理办法(试行)》第 5 条	……赔偿义务人不履行或者不完全履行生态环境损害赔偿资金支付义务的,赔偿权利人及其指定的相关部门、机构应当及时向人民法院申请强制执行……	移送执行的条件
《工作规范》第 31 条	人民法院应确保裁判内容具有可执行性,便于监督,裁判不仅要确定被告应承担的责任类型,还要确定其履行责任的方式、程序、标准和时限等	确保裁判可执行性
《工作规范》第 37 条	环境民事公益诉讼原则上不能进行执行和解。确有必要达成执行和解协议的,和解协议内容不得损害社会公共利益。人民法院应将和解协议内容公告	执行和解
《工作规范》第 38 条	被执行人在生效裁判指定期间,没有能力履行、拒绝履行或者怠于履行生态环境修复义务的,人民法院可以委托第三方进行生态环境修复,由被执行人支付生态环境修复的相关费用	第三方代履行
《工作规范》第 39 条	负责执行的人民法院可以请申请执行人或者负有环境保护监督管理职责的部门、其他社会组织等第三方对被执行人履行生态环境修复义务的情况进行监督,监督费用由被执行人负担	执行监督
《关于新时代加强和创新环境资源审判工作为建设人与自然和谐共生的现代化提供司法服务和保障的意见》第 18 条	……加强与公安机关、检察机关以及环境资源行政主管部门的工作协调,完善异地执行委托衔接,生态环境修复效果评估、环境修复资金管理制度等配套措施……	加强执行联动

(三)监督机制欠缺导致执行成效差

我国环境民事公益诉讼执行制度缺乏法院之外的第三方启动者、推动者和监督者,存在监督主体不明、监督机制不全、修复成效跟踪不力等问题。最高人民检察院曾对 19 个省份自 2015 年 7 月至 2020 年 12 月开展环境民事公益诉讼的情况进行调研,发现环境民事公益诉讼案件的生效判决平均实际执结率不足 30%,其中超过

50%的省份仅有1/3。[1] 其一,根据《关于检察公益诉讼案件适用法律若干问题的解释》第12条等规定,被告不履行生效的裁判人民法院应当依职权移送执行,即案件不需要当事人申请即可进入执行程序,由于环境民事公益诉讼"公益性"的特征,案件并没有特定的受害人,不存在执行不到位致使特定当事人权益遭受损失的情况,加之相关法律法规未对移送时限作出要求,造成执行动力极其匮乏。[2] 其二,执行顺位的后置性影响了执行质效,《关于审理环境民事公益诉讼案件适用法律若干问题的解释》第31条规定,被告因污染环境、破坏生态在环境民事公益诉讼和其他民事诉讼中均承担责任,其财产不足以履行全部义务的,原则上应当先履行其他民事义务。其三,强制执行的前提是"当事人未履行义务",对于金钱给付义务可以通过是否主动缴纳进行判断,但对于恢复原状停止侵害、排除妨碍和消除危险等专业性、综合性较强的行为义务,由审判人员跟进并判断是否履行到位也缺乏现实可行性。

(四)到位资金管理混乱导致环境修复实效不足

普通民事案件执行到位的资金经法院账户直接转交给权利人即可,由于环境民事公益诉讼的权利人是社会公众,起诉单位对环境修复费用、赔偿金等资金并没有所有权,因此,如何管理执行到位资金成为司法实践中不可回避的问题。《工作规范》第36条规定,生态环境修复费用、生态环境服务功能损失赔偿金等款项可以由环境公益诉讼专项基金或者专项资金账户受领。但最高人民法院、生态环境部等14部门于2020年3月联合发布的《生态环境损害赔偿资金管理办法(试行)》中却规定生态环境损害赔偿资金作为政府非税收入全额上缴本级国库,纳入一般公共预算管理。法律上的矛盾和不确定性也造成了各地对生态环境修复资金管理的混乱,目前中央和各地暂未建立相对统一的管理使用制度。

如前文所述,实践中大部分地区采取上缴国库、法院账户或者政府专项资金账户的做法,但上述做法弊端明显。一方面,财政部门未设置专门账户,资金上缴后不同程度存在支取程序烦琐、资金易进难出现象,有的地区出现一案一模式、每案必沟通的问题,影响了资金使用效率。有的地方由于财政收入紧张,甚至挪用、挤占修复资金。国家审计署于2020年度抽查了20个省份进行生态环境保护资金审计,其中17个省份共计3138.62亿元生态环境保护资金有38.17亿元被挪用或者挤占,仅有3个

---

〔1〕 参见张红霞、张晶:《生态环境损害赔偿资金管理的实证研究》,载《中国检察官》2021年第19期。

〔2〕 参见潘牧天:《生态环境损害赔偿诉讼与环境民事公益诉讼的诉权冲突与有效衔接》,载《法学论坛》2020年第6期。

省份管理规范。[1] 另一方面,部分法院或者检察机关将修复费用存入本单位的过渡账户,资金在管理上更为便捷,例如2017年最高人民法院印发的10起环境公益诉讼典型案例中,腾格里沙漠污染系列民事公益诉讼案[2]就是明确要求被告将生态修复资金支付至一审法院账户。但此举也存在缺乏专业技术人员、管理监督机制不健全、经验不成熟等问题,使修复费用沦为"僵尸资金"。整体而言,修复资金由谁管理、怎么管理、如何使用才能充分发挥"修复生态环境"的功效目前还没有形成统一模式。

(五)现实工作困境进一步放大执行难

除了制度上和案件自身的特点造成环境民事公益诉讼案件执行工作困境丛生,在实践工作中也有不少阻碍。其一,执行联动机制不健全。生态环境修复离不开专业机构、社会组织、职能部门甚至党委政府的大力支持,而环境民事公益诉讼制度在架构上将"群防共治"事实上转化为法检两家的事情,受职能限制,部分执行工作难以推进,尤其是涉及跨行政区域的案件执行更是处处掣肘。其二,执行工作压力大。大部分基层法院执行局只有4名至5名执行法官,有的法院甚至只有1名执行法官,人均年度办理案件数量数百件已屡见不鲜。在"案多人少"背景下,法律关系复杂、执行难度大且舆情风险极低的环境民事公益诉讼案件变得"可执行性不强"。其三,受执行考核指标影响。全国法院执行工作核心指标是"3+1",即有财产可供案件法定期限内执结率、执行案件执结率、无财产可供执行案件终本合格率、执行信访办结率,作为执结率极低的案件类型,部分法院为了不影响考核指标,选择消极立案。其四,审判业务法官缺乏执行工作经验。审理阶段作出的判决更多考虑的是"法律效果",对"实际效果"关注度不高,对判项最终能否兑现缺乏考虑。其五,案件疑难复杂。如前文所述,该类案件相较普通民事案件更为复杂,生态环境修复是一个复杂的综合系统工程,牵一发而动全身,执行关注点不能简单停留在被破坏的生态环境本身,传统的碎片化单一环境要素、各自为营的修复措施难以实现环境可持续发展,这些对执行法官的综合能力是极大的考验。

四、环境民事公益诉讼案件执行机制规范路径探析

鉴于当前环境民事公益诉讼案件执行工作面临的多种困境,执行质效距离该制度设计的初衷仍有一定差距,本文认为应当分为六个环节对执行工作进行规范管理,

---

〔1〕 参见刘传义:《生态环保资金审计情况反映出哪些问题?》,载《中国环境报》2021年6月11日,第3版。

〔2〕 参见宁夏回族自治区中卫市中级人民法院民事调解书,(2016)宁05民初17号。

以充分释放该项制度保护生态环境的效能。

（一）执行依据：强化环境民事公益诉讼执行制度供给

1. 制度基础：以相对集中式立法加强执行规范制定工作

我国环境民事公益诉讼执行法律规范碎片化、原则性和概括性强的问题与当前生态环境保护新形势已不相适应，加强制度构建具有现实必要性。目前我国民事案件执行程序属于《民事诉讼法》的一个章节，采取与民事诉讼混合立法的体例，司法实践证明，当前的执行法规已无法满足“根本解决执行难”的要求，故最高人民法院从 2019 年以来大力推动“民事强制执行法”起草工作。由于生态环境公益诉讼与普通民事案件执行工作有显著区别，分散式立法显然也不能满足生态修复治理的执行需求，本文认为，针对该类案件执行单独设立部门法的立法成本过高，且其本质上仍属于强制执行的范畴，与“民事强制执行法”立法计划相冲突，故可以采取出台专门的司法解释或者司法政策的方式予以推进，或者在民事强制执行法中设立专章予以规定，内容上则是以体系化的方式对执行程序、执行启动、执行措施、执行联动、结案标准、执行监督、执行救济等方面按照章节呈现并予以细化。需要强调的是，环境民事公益诉讼案件执行工作涉及环保、工程、水利、农林牧渔等专业领域，人民法院需要与行政机关形成合力，建立执行配套机制，在立法时应当明确各相关职能部门在其主管领域内的协助职责。

2. 执行基础：以清晰明确、现实可行的判项提升裁判文书可兑现性

由于裁判文书的不规范造成的依据不明，直接阻碍了判决结果的实效化。因此，必须要提高裁判文书的可执行性，避免其成为“一纸空文”，其一，要提高金钱义务的可执行性，对于修复费用、赔偿金等数额巨大而造成执行效果不佳的问题，办案法官可以灵活采取分期履行、“技改抵扣”“环保投入”等方式以缓解后续执行环节的压力，例如江苏省无锡市人民检察院与江阴星现汽车销售服务有限公司环境民事公益诉讼案，[1] 法院判决被告通过技术改造提高烤漆房利用效率、降低废机油产出量，如明显降低环境风险，可以申请在判令赔偿环境修复费用的 40% 额度内抵扣。此举在推动侵权人主动履行义务的同时，还促进了企业技术提升，避免再次发生环境侵权行为，实现“当下”和“长远”双赢效果。其二，提高行为义务的可执行性，一种途径是提高鉴定意见的标准，借助专业机构，原告在对被损坏的生态环境进行鉴定的同时对修复范围、方法、预算、周期、标准等内容进行论证说明，裁判文书主文对该意见详细陈

---

〔1〕 参见江苏省无锡市中级人民法院民事判决书，(2019) 苏 02 民初 282 号。

述。例如，浙江省遂昌县人民检察院与叶某成侵权责任纠纷民事公益诉讼案，[1]法院判决被告30日内在案发区域补植1年至2年生杉木苗1288株，连续抚育3年，且种植当年成活率不低于95%，3年后成活率不低于90%。若鉴定费用明显过高，可以结合案情并参照考环境资源监管职能部门的意见、专家意见等予以合理确定。另一种途径是由人民法院或者原告委托专业机构制定整体性修复方案，仍可参考环境资源监管职能部门的意见和专家意见，在裁判文书中表述"按照修复方案进行修复"或者将修复方案作为裁判文书附件。例如，巴州检察院诉李某环境民事公益诉讼案[2]，法院判决被告以尉犁县林业和草原局制定的修复方案确定被破坏林地的恢复标准。其三，进一步探索审判业务法官与执行法官轮岗交流机制，本文认为初任法官需到执行部门锻炼2年以上才能到审判业务部门任职，审判人员具备一定执行履历有助于其在案件审理阶段更好的立足执行实际，作出更有兑现可能性的判决。初任法官到执行岗位锻炼机制在上海、安徽、广西等地已经开始实施。

（二）执行启动：建立"第三方主要监管＋原告协同监管"的模式

1. 执行启动模式比较

对于金钱义务是否需要移交执行部门，审判业务部门可以直接判断，实务中不存在争议。司法实践中关于行为义务移送执行的模式探索主要分为四类：一是审判部门监管模式，即裁判文书生效后，由承办法官采取现场调查、实地回访等方式确定义务履行情况并决定是否移送执行。例如"泰州1.6亿元天价赔偿公益诉讼案"判决生效后，审判法官经跟踪调查后发现被执行人未履行义务便将案件移交执行。二是"审执合一"共同监管模式，即裁判生效后，由执行法官提前介入与承办法官共同监督侵权人义务履行情况，若其怠于履行的立即启动执行程序。例如，江苏、云南、贵州等地部分法院单独设立环境保护法庭，由审判和执行法官同步监督案件执行情况[3]。三是行政机关监督模式，部分法院通过由环境资源职能部门协助执行的方式进行监管。例如，部分法院在判决主文表述由当地农业农村局负责监督管理被告限期补种树木。四是第三方监督模式，即委托环境保护组织或者专业机构参与裁判履行监督管理工作，将义务履行情况反馈给审判业务庭后决定是否移交执行。前两种模式均由法院自行监督，优点在于实现"审执"衔接，但在司法资源和司法人员环境保护专业知识有

---

[1] 参见浙江省丽水市中级人民法院民事判决书，(2020)浙11民初35号。

[2] 参见新疆维吾尔自治区阿克苏地区中级人民法院民事判决书，(2019)新29民初25号。

[3] 参见王慧：《环境民事公益诉讼案件执行程序专门化之探讨》，载《甘肃政法学院学报》2018年第1期。

限的现实背景下，不具备持续可行性。行政机关监管虽然具备一定的专业优势，但由于其没有强制性义务，需要在判决作出前进行协调，将投入更多司法成本，相关单位协助的程度也具有一定随意性。第三方监督模式有利于发挥专业优势，具有一定的参考价值，但该模式存在对第三方机构监管不力的风险。

2. 创新执行启动模式

基于上述对不同模式的分析，本文认为，应当构筑“第三方主要监管 + 原告协同监管”的模式，即法院与环境保护组织或者专业机构签订《第三方监督协议》，由第三方组织主要负责监管被执行人修复义务履行情况，同时由原告协同监督，审判法官收到反馈情况后决定是否移送执行部门。该模式具有如下优势，第一，引入第三方进行监督有助于缓解办案人员对被告义务履行情况进行回访所消耗的精力，可以充分发挥其在专业技术、设备等方面的优势，强化了法官对整个修复过程的监督和管控。第二，原告熟悉案件基本情况，其加入监督有助于克服信息不对称的问题。同时，大部分原告是长期从事环境保护公益事业的专业组织，具有专业上和经验上的优势，但由于原告在诉讼过程中没有获取“私利”，由其主要负责监督缺乏积极性，故其负责协助较为适宜。第三，该模式既保证了专业性，又存在民事合同的约束力，若第三方组织怠于履行合同约定的监管义务时，可以追究其违约责任。第四，第三方组织在履职过程中可以获得一定经费保障，可以有效弥补监督主体激励性不足的缺陷。

（三）执行措施：规范代履行主体选定机制和执行威慑机制

1. 可替代义务：规范代履行主体选定机制

恢复原状、停止侵害、排除妨碍、消除危险等属于可替代义务，即被执行怠于履行义务时，可由第三人替代完成，代履行产生的相关费用由被执行人承担。司法实践中代履行机构往往由原告或者法院自行选定，但对机构资质没有明确标准，规范性不足。首先，应当明确代履行主体的资格范围，各级法院与环境保护主管部门、检察机关、环境保护公益组织联合建立环境公益诉讼代履行主体机构数据库，入选机构需具备一定条件的资质、运营经验、硬件设施和人员配备等，并根据不同环境领域的修复分类列明。其次，规范代履行主体选定方式，可由双方当事人协商一致并经人民法院审查后确定；协商不成的，由人民法院采取网络摇号的方式从数据库中随机确定，以此实现代履行机构选任过程的公开化、透明化。最后，对代履行主体实行动态审查和管理，加强与主管部门信息互通，入选机构应当无不良记录或者违法犯罪行为，对诚信度低、违约率高、存在违法犯罪等情形的机构应当取消其入库资格。

2. 不可替代义务:强化执行威慑机制

支付生态修复费用、惩罚性赔偿金给付义务和劳务代偿、赔礼道歉等义务均涉及被执行人主观意愿,具有不可替代性,必须由被执行人本人完成。金钱给付义务与普通民事案件执行程序一致,应当穷尽“一书二令四查两查”等执行手段,对被执行人的存款、债券、股票、基金份额等资产予以查控,并根据不同情形采取扣押、冻结、划拨、拍卖、变价等措施将其资产变现。由于生态环境违法犯罪行为侵犯的是社会不特定人员的利益,对怠于履行义务的被执行人,应当适用更加严格的执行威慑措施,迫使其履行义务。一方面,在其主动履行完毕前,永久纳入失信被执行人名单和限制高消费名单,通过失信公开平台和新闻媒体向社会公众曝光其不履行义务信息,同时适用罚款、拘留等措施,对其形成心理威慑。另一方面,加强拒不执行判决、裁定罪在环境民事公益诉讼领域的适用,明确被执行人故意不履行义务导致环境损害进一步扩大并达到一定数额、或者在一定期限内拒不履行义务导致被破坏的环境得不到及时修复的,可以依法追究其刑事责任,人民法院在执行过程中及时将线索移交给公安机关予以打击。

(四)到位资金管理:采取设立生态环境修复基金为主、引入公益信托机制为辅的管理模式

1. 明确资金的权属和使用范围

侵权人主动缴纳或者法院经强制执行到位的修复费用和惩罚性赔偿金都属于生态环境修复资金的范畴。由于环境民事公益诉讼具有“生态环境利益”和“公共利益”双重属性,该资金的权属应当定性为全体社会公众的共同财产。根据司法实践,本文认为其使用范围包括四个方面:其一,用于修复被破坏的生态环境,应当以“专款专用”为原则,这是环境民事公益诉讼制度和生态环境修复资金设立最基本的目的。其二,支付环境修复过程中产生的关联性费用,例如制定修复方案、开展评估、竣工验收等费用的支出,由于环境修复是技术性较强的工作,上述开支几乎是不可避免的,故应当由侵权人承担。其三,用于支付原告因调查取证、鉴定和律师费等为诉讼支出的合理费用,这是《关于审理环境民事公益诉讼案件适用法律若干问题的解释》第24条的明确规定,即使原告的诉讼请求不成立,人民法院也可判决从生态环境修复资金中酌情支付,由于该类案件诉讼成本较高,此举有利于鼓励原告积极开展环境保护公益工作。其四,用于开展生态环境公益培训、宣传、交流以及作为举报环境侵权线索的必要奖励费用。在明确使用范围的同时,还应明确上述费用的使用顺位。本文认为,环境修复是资金使用的首要性任务,第一项和第二项费用在判决生效后即可由人

民法院或者代履行组织优先申请使用,第三项费用由公益诉讼提起主体或相应费用垫付主体申请使用,第四项在上述款项使用后仍然有余额情况下经申请使用,且需要严格审核把关,避免修复资金被挪用和占用。

2. 规范资金管理模式

如上文所述,各地关于生态环境修复资金的管理尚未形成统一模式,传统管理模式存在明显弊端。本文认为,可以结合地方经济状况和行政机关履职能力等因素,因地制宜选择设立生态环境修复基金或者引入公益信托机制,采取“两条腿走路”的管理模式。

一种模式是设立生态环境公益基金,借助基金会对生态修复资金进行监管。最高人民法院在 2014 年印发的《关于全面加强环境资源审判工作 为推进生态文明建设提供有力司法保障的意见》中就已经明确提出“探索设立环境公益诉讼专项基金”的观点,虽然各地已经开始探索,但至今仍未形成较为规范的基金。本文认为,有必要设立专业化、规范化、标准化的环境公益诉讼修复基金。基金会是具备独立法人资格的主体,首先,基金会一般由专业的委员会对资金进行管理,运行模式更加科学、管理人员更加专业,能够根据不同的案情确定不同的资金使用方案。其次,相较传统资金管理方式,公益基金的管理在一定程度上更具灵活性和效率性,简化了行政审批流程,使资金能够更加高效、便捷投入生态环境修复。再次,公益基金已形成较为成熟的信息披露制度,保持了较高的透明度,监管机制较为健全,可有效避免资金被挪用、占用、滥用情形,充分保障社会公众的知情权与监督权。最后,该模式在我国环境保护中已有成熟经验可供借鉴,例如我国设立了船舶油污损害赔偿基金用于处理因船舶油污引发的环境损害赔偿等索赔请求,环境公益诉讼修复基金与其有相似性。同时,发达国家对于在环境治理中建立生态环境修复基金也有实践,例如美国建立“超级基金”用于修复受污染的环境。[1] 在设立公益基金时,应当同时出台配套法律法规和管理细则,使生态环境修复基金管理在法治化和制度化的轨道上运行。由于部分环境损害所涉地域广,涉及不同行政区划,受限于协调能力等因素影响,在县区和乡镇一级设立基金难以满足环境修复工作的现实需要,因此,至少应当是在地级市这一层级设立公益基金会,以便在全市范围内对跨区域生态环境修复工作进行统筹。

另一种模式是引入生态环境公益基金慈善信托管理。相较基金会,慈善信托在

---

〔1〕 参见陈莉莉、王怀汉:《美国超级基金制度对我国海洋环境污染治理的启示》,载《中国海洋大学学报(社会科学版)》2017 年第 1 期。

设立上更为简单，在资金管理上更加灵活，运行成本也相对更低，有助于克服法院在生态环境领域专业能力不足且人员吃紧的困境。其主要管理方式如下（见图4）：第一，建立信托关系，法院与信托机构签订信托合同，并在县级以上政府民政部门备案，委托该机构对生态修复资金实行专业管理。第二，开设账户，信托机构在金融机构开设生态修复资金专用账户，委托金融机构作为资金保管人，以确保资金安全。第三，聘任顾问，为加强管理的专业性，信托机构可聘任专业机构、环保组织等作为顾问，协助其开展修复、监督等工作。第四，加强监督，通过有关平台向社会公众公开资金管理使用情况，并按照《信托法》的规定设立信托监察人，建立协同监管平台，同步引入行政主管部门、审计部门、检察机关和公众进行立体式监督。其资金使用情况和环境修复进度定期向法院反馈，由法院决定案件是否执行完毕。该模式在部分案件中取得了一定成效，北京市、江西省等地在省一级开展了积极探索。[1] 但本文认为，我国信托法律体系还不健全是不能忽视的现实问题，配套机制尚未成熟，还存在一定风险，该模式难以大规模复制，因此该模式可适用于经济较为发达、行政管理理念较为先进的地区。

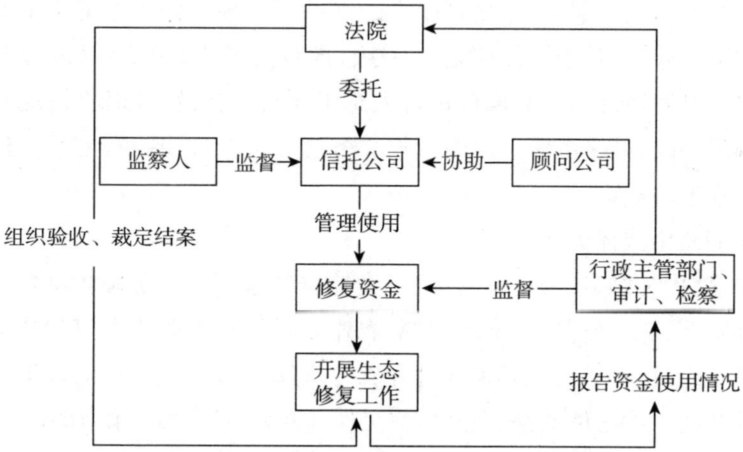

图4　生态修复资金慈善信托管理运作流程

〔1〕 参见胡淑珠：《从制裁到治理：环境公益诉讼案件生态环境修复执行机制研究》，载《中国应用法学》2023年第1期。

（五）执行监督：加强执行回访和多元监督机制建设

1. 健全执行回访制度

生态环境公益诉讼执行工作的对象更多是"修复生态环境"这一行为，即便是金钱给付义务，也是用于修复生态环境。如前文所述，该类案件存在执行不及时、履行不到位、监管滞后等问题。部分研究者出于对法院人员、专业和精力有限等方面考虑，对是否设立执行回访制度、该制度能否落实持不乐观的态度。本文认为，判断裁判是否履行到位的主体是法院，健全执行回访制度具有现实必要性。其一，明确回访的主体。本文主张在案件移送阶段采用"'法院＋第三方'主要监管、原告协同监管"的模式，在验收阶段仍可继续沿用该项设计，由第三方机构主要负责对被执行人义务履行情况进行回访跟进，原告承担协同配合义务，将回访情况及时向法院反馈，既能克服法院力量不足的缺陷，也使回访工作更加专业化。其二，明确回访的内容。应当根据义务不同而有所侧重，金钱给付义务回访的侧重点为修复资金的使用情况，行为给付义务回访的侧重点为是否落实修复方案、修复进度和效果是否与预期目标相契合，不作为义务回访的侧重点则为损害行为是否停止、损害是否扩大。其三，明确回访的次数。对于修复周期长、修复难度大的案件可以根据修复方案拟定的步骤和时间节点分期进行回访；对于增值放流等一次性履行完毕的义务，人民法院派员进行现场监督即可。对回访过程中发现被执行人怠于履行义务的，及时将情况反馈人民法院后进行督促整改，最终由人民法院根据义务履行情况作出执行完毕、终结执行、终结本次执行程序的裁定。

2. 健全多元化监督机制

着力构建"内外结合、公众参与"的综合监督体系，其一，加强内部监督。在党委政法委的统筹下，从环境保护、土地资源、农业农村等相关职能部门和政法单位选优一批业务骨干组成"环境公益诉讼案件评查专家库"，每年至少针对环境民事公益诉讼执行案件开展一次案件评查、交叉检查工作，同时将该类案件作为院庭长重点监督案件，常态化开展积案清结工作，并将执行质效作为考评执行法官的核心指标，设置权重相对较大的考核分值，推动执行法官主动履职、严格依法履职。其二，加强检察监督。最高人民法院和最高人民检察院联合发布的《关于民事执行活动法律监督若干问题的规定》明确规定，检察机关对法院的民事执行活动实行法律监督。部分环境民事公益诉讼案件，尤其是刑事附带民事公益诉讼案件，检察机关扮演原告和监督者的双重身份，对生态修复不及时、修复不到位等问题可以通过发送检察建议、纠正违法行为通知书等方式，强化对法院执行和当事人义务履行的双重监督，在监督过程中发现的不作为、慢作为、渎职失职等行为,将相关线索移送有关部门,并及时跟踪后续进展情况,适时开展立案监督工作。其三,加强公众监督。《环境保护法》以专章规定“信息公开和公众参与”,明确了社会公众对环境保护工作具有监督权,将环境民事公益诉讼执行进度、修复方案、修复进展、修复资金管理使用情况及被执行人基本信息等内容纳入依法公开的事项,在法院网络平台设置专栏向社会公众发布,并设立意见征集和线索举报窗口,探索建立邀请公众现场监督执行机制,让群众参与到生态环境保护工作中,广泛接受社会监督。

(六)执行保障:建立常态化执行联动机制

环境民事公益诉讼案件执行需要群策群力,建立“党委领导、政府及相关职能部门支持、法院具体负责”的多元共执模式,推动司法职能与行政职权有机结合,以解决执行工作中的疑难复杂问题和跨部门、跨区域统筹协调问题。其一,建立联席会议机制。参照信访工作联系会议模式,从中央到地方均成立生态环境诉讼案件执行联席工作会议,由党委政法委作为牵头单位和会议召集人,人民法院作为议题提出人,政法单位、相关职能部门、公益组织和协会作为成员单位,保证各单位实现信息互通、资源共享。其二,制定会议管理制度。各相关单位明确负责该项工作的内设机构、分管领导和联络员,各单位在日常工作中形成常态化协作,以解决分工不明、相互推诿的问题;联席会议分为报请议题、议题审查、集体商讨、形成决议、反馈落实、督导推进六个环节,经联席会议议定事项实行清单式管理,明确责任单位、责任人员、工作措施和完成时限,落实情况需及时向会议召集人书面报告,对无正当理由拒不落实议定事项的单位和责任人员,视造成的后果采取通报、约谈、处分等方式予以惩戒。其三,建立联动执行工作考核机制。将该项工作纳入法治政府建设或者平安建设考评范围,把会议召开次数、推动案件执行结案数量、相关工作被重要领导批示等作为考核内容,以此改善“联而不动、动而无力”的问题。

结　语

执行工作是环境民事公益诉讼活动的“最后一公里”,对保障人民群众生态环境合法权益、实现国家环境治理体系与治理能力现代化具有重大意义。作为新兴的制度,目前无论在理论研究还是在司法实践中都处于探索阶段,这要求司法工作者敢于实践、善于提炼、勇于创新,不断规范和强化环境民事公益诉讼案件执行制度,真正做到“用最严格制度最严密法治保护生态环境,让制度成为刚性的约束和不可触碰的高压线”,使环境民事公益诉讼案件执行成为生态环境保护的强大司法支撑。

阻滞与纾解：刑事案件事实认定中法官认知逻辑与纠偏路向

韦兰情*

看住入口是与认知错觉作斗争的方法之一；另一方法就是对抗制程序本身。

——［美］理查德·A.波斯纳

随着我国刑事诉讼制度的改革及《刑事诉讼法》的三次修改，辅以对冤假错案的积极治理，刑事诉讼改革取得了初步成效，刑事诉讼中法外因素的影响与制约正逐年减少。但除却法律制度本身的漏洞及法外因素的侵扰外，刑事法官的非理性认知与偏差在冤假错案中仍有所体现。刑事司法作为社会矛盾的中心，刑事诉讼相较于民事诉讼、行政诉讼而言，其独具的程序设计决定了对法官认知偏差进行程序控制的必要性。通过借助认知心理学中的"双重加工"系统理论，将刑事法官在事实认定中的认知外显化及具象化，提出对刑事法官认知偏差进行有效纠正的防偏路向。

一、揭示思维暗箱：法官认知在刑事案件事实认定中的机理分析

在法官的思维"工具箱"中，除却传统的司法三段论，还隐藏着个人丰富的思考、直觉观念及经验定势等。但法官并非智识巨人，在司法裁

* 韦兰情，广西壮族自治区河池市宜州区人民法院民事审判二庭二级法官。

判中难以做到不偏不倚。

（一）刑事法官在事实认定中认知推论的展开

1. 偏好选择：刑事法官的认知捷径

从决策理论维度而言，法官在事物认识之初即带有自身的认知，并在认知的作用下助推对案件形成初步预判。当法官面对复杂、疑难的刑事案件时，极易陷入“布里丹的驴子困境”，[1]此时法官对内心初步形成的预设值进行验证，而预设值的无意识形成，亦被称为“证实偏见”(confirmation bias)，[2]此为典型的认知捷径。通过认知捷径，可拓宽、激活事实认定空间，直抵事实认定真谛，引导法官进入选择思考情境。法官通过认知捷径，将对生活的常识与经验、对法律知识的直觉与印象、对案件的灵感与顿悟、个人的决策偏好与性格特征等融入案情，在此基础上综合案件故事得以构建，[3]故法官在认知过程中均不排斥“法律”之外的探寻捷径。[4]

2. 认知陷阱：事实认定中认知的盖然性

基于法官个体的差异性，不同法官的“知识库”糅合了个人的认知记忆、思维方式、经验直觉、刻板印象、偏见等。法官习惯于运用已有的个体认知观作为链接现有证据到待证事实的链条，每个链条犹如“经验概括之石”。但囿于法官认知的局限及认知本身的盖然性，法官在事实认定过程中踩的每一块“石头”，[5]均可能引发裁判合法化质疑。作为案件事实“真实之镜”的证据本身，其依靠思维判断与逻辑推导呈现案件待证事实（见图1）。

---

〔1〕“布里丹驴子”为一个寓言故事，主要梗概是一头驴面临同样的两垛干草时，因犹豫不决吃哪一垛而饿死。

〔2〕证实偏见，属于一种心理误区，主要指过于关注自己决策的信息，当我们在主观上认为某种观点正确时，往往倾向于寻找那些能够支持这一观点的信息，而忽略掉那些可能推翻这一观点的信息。

〔3〕参见［美］罗杰·帕克、［美］迈克尔·萨克斯：《证据法学反思：跨学科视角的转型》，吴洪淇译，中国政法大学出版社2015年版，第24页。

〔4〕参见［美］李·爱泼斯坦、［美］威廉·M. 兰德斯、［美］理查德·A. 波斯纳：《法官如何行为：理性选择的理论和经验研究》，黄韬译，法律出版社2017年版，第45页。

〔5〕参见［美］爱德华·E. 史密斯、［美］史蒂芬·M. 科林斯：《认知心理学：心智与脑》，王乃弋、罗跃嘉等译，教育科学出版社2017年版，第86页。

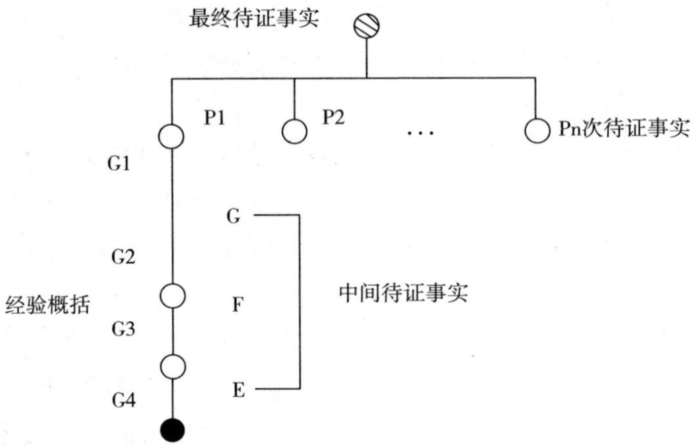

图1 经验概括在证据推论链条中的具体体现

图1直观形象地揭示了法官的认知过程：证据—中间待证事实（推断性事实）—次待证事实（要素性事实）—法律要件。[1] 黑点作为推论的起点，法官运用自身的经验概括G1、G2、G3、G4等作为链接中间待证事实E、F、G向次待证事实P1，P2，…，Pn推导的链条，而在完成向最终待证事实P的终极追求中，经验概括自始发挥了重要的牵制与指引作用。

（二）非理性启发式偏差：刑事案件事实认定中的认知偏误

法官在面对陌生案件时，非理性偏差往往表现为启发式呈现。欲探知非理性认知偏差在案件事实认定中的作用机制，可从现有裁判进行反推。特文宁为区分经验概括的强度与似真度，从来源、普遍、可靠三个轴度对经验概括的性质进行了直观描绘与勾勒，越靠近中心点，概括所依据的经验相对可靠、具体等，而越远离中心点，其呈现出较为抽象、直觉或不可靠之义（见图2）。

1.“初步印象”：锚定效应

锚定效应（anchoring effect）意在表明当法官面临诸多不确定因素时，决策的最终结果总是不断向着初始信息即“锚点”的方向无限接近。[2] “锚点”通过牵制估测值的折射范畴，使法官在面对大量复杂且碎片化信息时，极易忽略那些新出现的关键性信息，而作出与“初步印象”无限接近的偏差判断结果。在刑事司法实践中，不论“有罪锚点”呈现出的事实是否与证据规则的要求相符，是否符合严密的逻辑推理等，法

〔1〕 参见张保生：《事实认定及其在法律推理中的作用》，载《当代法学》2019年第6期。

〔2〕 参见［美］斯科特·普劳斯：《决策与判断》，施俊琦、王星译，人民邮电出版社2020年版，第121页。

官均会无意识朝着证实被告人有罪的方向寻找与填补案情情节。如在佘某林案中,能直接体现佘某林有罪的为其本人的口供,法官根据检察院移送的案卷材料"先入为主"地形成"有罪锚点",此后的系列事实认定与逻辑推理均致力于为证实佘某林有罪而作出的"合理解释与推理"。而实践表明,虽佘某林与其妻感情不和,曾发表犯罪倾向言论,确实存在作案动机。但由于法官受锚定启发式偏差认知的影响,最终作出的有罪裁判与客观真实不符,造成了冤假错案。另外,较为典型的是检察院的量刑建议均对法院量刑裁判产生显著的"锚定效应",这在我国完善认罪认罚制度的过程中有所体现。[1]

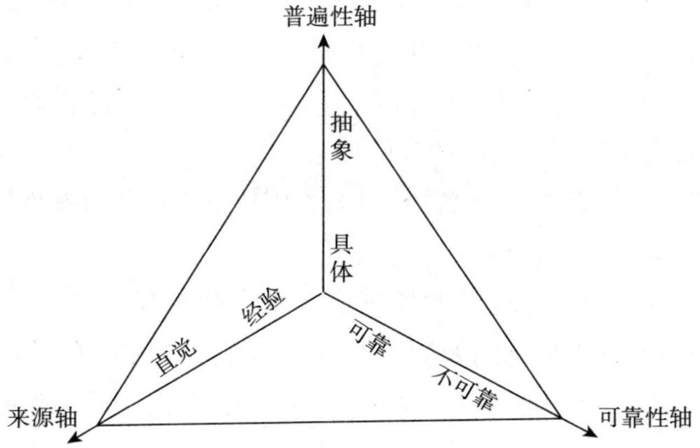

图 2　经验概括性质分类

2."快速搜索":易得偏好

法官在面对零碎信息时受惯习的隐形指引,往往优先提取与"快速搜索"那些与生活或办案经验等具有高度相似的信息。法官通过易得式启发系统即时或瞬时获取初步判断的观点,从而更倾向于走认知捷径对案件进行初步预设。经验主义者洛克认为,认知个体的经验间相互连结共同填满其思想白板,[2]但基于认知个体经验的差异,难免依赖可能与案件事实无关的经验。特别是法官首次接触到陌生的案件时,

---

〔1〕 2018 年《刑事诉讼法》修改时,第 201 条规定:"对于认罪认罚案件,人民法院依法作出判决时,一般应当采纳人民检察院指控的罪名和量刑建议……"由此可知,类似"锚定效应"在案件事实认定中的认知捷径仍将存在。

〔2〕 参见[美]伊丽莎白·S. 拉德克利夫:《休谟》(第 2 版),胡自信译,中华书局 2014 年版,第 55 页。

往往容易“偷懒”。[1] 从张某环案中可窥见一斑，法官根据现有证据认定张某环与被害人有过争执，其手上呈现被抓伤痕迹，在对两名被害人死亡原因进行初步认定后，根据张某环手上的抓痕，结合生活经验认定其手上抓痕系被害人所留，再结合争执事实，结合上述易得性启发信息认定张某环有罪。法官忽视了张某环在庭审中有罪供述的合理性，也未进一步思考抓痕来源的其他可能性，从而导致冤假错案。

3.“求同去异”：趋同心理

基于惯性思维的驱动与牵制，在类比归类的代表性启发偏差思维的启动下，法官往往依靠个人经验或直觉从现有证据快速获取与自身过往裁判经验具有相似性的节点，并将相关事实与之相关联，努力寻求两者间的“趋同”，但极易遗漏个案的特殊性，而过多关注归纳类比。[2] 作为事实认定的依据是否高度匹配待证事实，以及相关事件的发生与出现频率等，均应成为法官考量的重点。如刑事法官通常依靠自身办案经验，重点考量被害人与被告人间的身份关系、职业等，作为法官考量的“代表性”信息。但事实认定必须依靠真实、可靠的证据，否则依据高度相似案件推理出的当前裁判，极有可能严重偏离客观真相。

（三）理性分析式偏差：刑事案件事实认定中的逻辑分析

理性作为解决生活中概念问题的有效手段，法官在刑事案件的事实认定中，理性思维具体体现为法官有意识地对控辩双方现有证据的思考、分析与论证等（见图 3）。

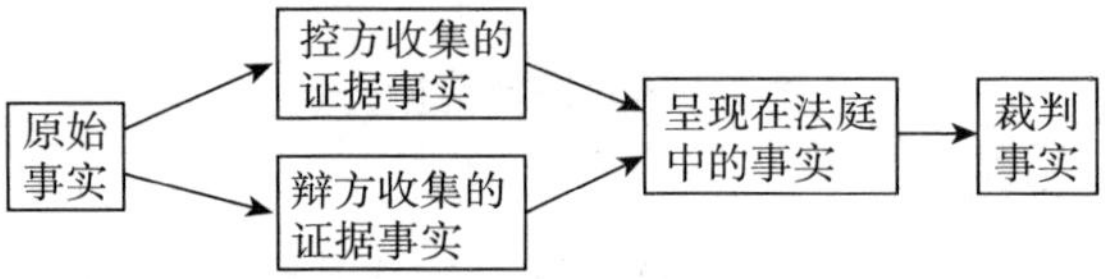

图 3 刑事法官事实认定流程

1. 法官在证据相关性认定中的经验偏差

法官在每一次论证中，均可能构成裁判观点形成的部分要素事实。[3] 较为典型的案例为，某日被害人王某在其家中被害，法官面对证人证言提供的信息，认定犯罪

〔1〕 参见［美］丹·西蒙：《半信半疑：刑事司法中的心理学》，刘方权、陈晓云译，上海交通大学出版社 2017 年版，第 167 页。

〔2〕 参见郑凯心：《案件事实认定中法官的经验偏差防范研究》，载《河北法学》2021 年第 11 期。

〔3〕 参见［美］罗纳德·J. 艾伦：《艾伦教授论证据法》，张保生、王进喜、王诸豪译，中国人民大学出版社 2014 年版，第 121 页。

嫌疑人张某具备 D2 特征,与证人证言中提及的四个特征 D1 相符,那么法官对证人证言相关性的推理过程如图 4 所示:

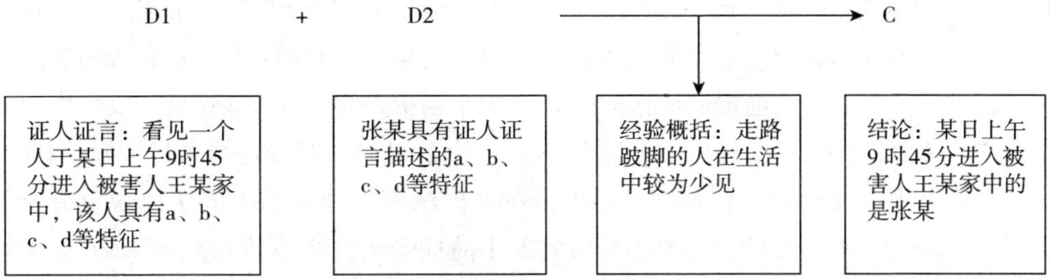

图 4　证据推理链条中经验的运用

又如在念某案中,法官对念某杀人动机的考量,若基于"通常被抢走商机的人会心生杀机"的经验逻辑推理,或"被人抢走商机,就会杀人吗"的合理质疑推理,将作出不同的裁判结果(见图 5、图 6)。但遗憾的是,法官未对上述经验的合理性产生怀疑,由此可知,不同的推理模型在法官事实认定过程中可能得出两种完全相反的裁判结果。

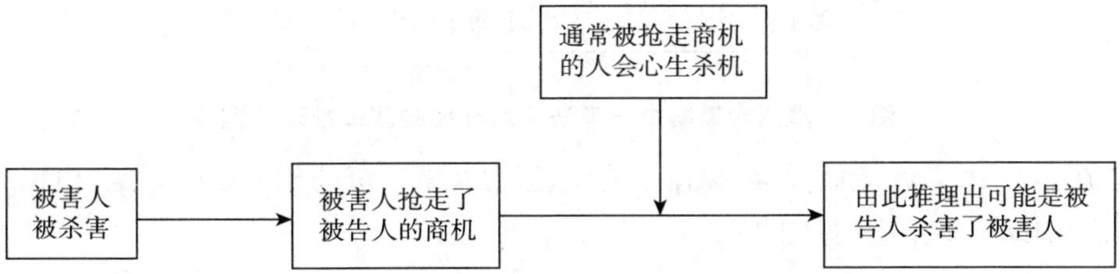

图 5　模拟念某案中一审法官运用经验的推理模型

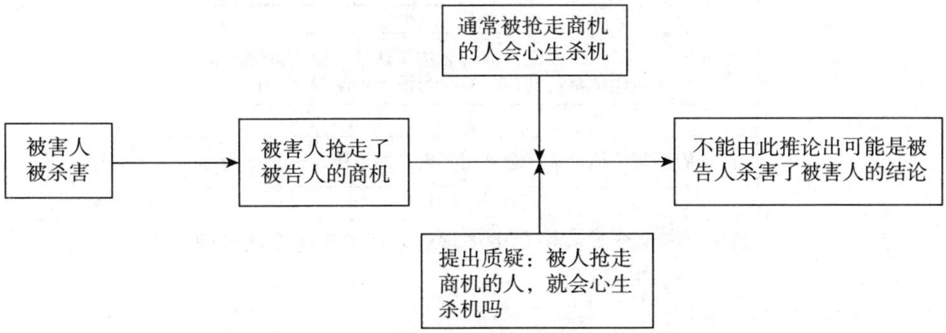

图 6　模拟念某案中加入质疑环节后的推理模型

2. 法官在逻辑推理认定中的认知偏差

弗洛伊德认为，潜意识犹如水下冰山，目前能够为人类所认知的意识仅为冰山一角。〔1〕 当人类的意识作用于生活各方面时，期翼人类成为完全理性经济人不符合认知规律。演绎推理作为传统的经典三段论推理方法与模式，可助推法官完成法的发现与法的证立。只要作为大前提的法律规范及作为小前提的事实正确，依照三段论作出的结论必然为真；反之，只要任何一个前提中存在不确定因素，其推理结果必为假，因此大小前提的基本逻辑成为法官事实认定的前提。因法官寻译大前提的法律规范有所差异，使推理的正确性难以保障，若作为事实的小前提受法官个体认知差异影响，即便可保障大前提正确，推理结果也难以达成基本的事实认定目标。〔2〕 以念某案为例，从一审、二审的裁判结果可看出法官对证据的演绎推理模型可能存在显著差异（见图 7）。

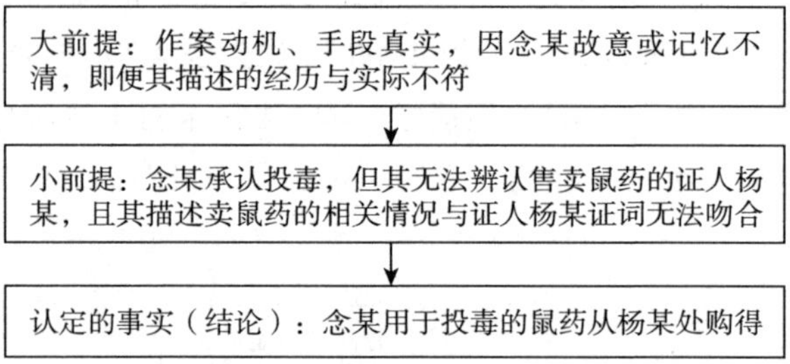

图 7 模拟念某案中一审法官对证据的演绎推理模型

在图 7 中，若改变大前提、保留小前提，据念某案二审的相关事实认定，模拟二审法官的演绎推理模型（见图 8）。

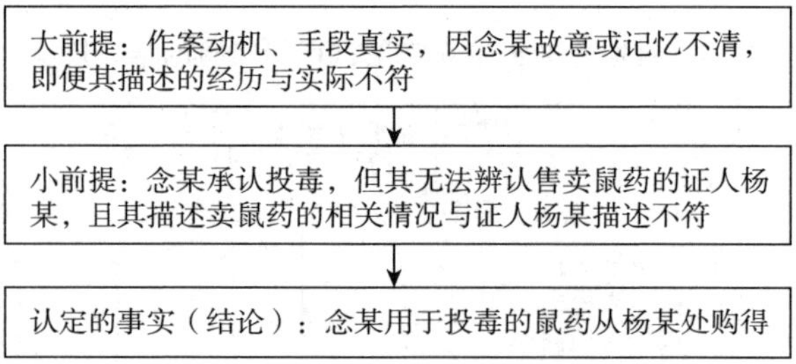

图 8 模拟念某案中二审法官对证据的演绎推理模型

〔1〕 参见［奥］西格蒙德·弗洛伊德：《精神分析引论》，高觉敷译，商务印书馆 1984 年版，第 7 ~ 10 页。

〔2〕 参见资琳：《疑难案件裁判的理论与方法：我国法理学的司法应用》，法律出版社 2018 年版，第 245 页。

再如法官的认知偏差同样影响着归纳推理的认定结果,这在王某军非法经营再审改判无罪案件中得以体现。法官依据王某军"无收购许可、非法经营数额巨大"的事实,归纳推理出其构成非法经营罪。但法官犯了过度理性之逻辑错误,未充分考虑王某军的行为社会危害性,再审法官揉入了个人的经验概括,充分考量行为的社会危害性进行归纳推理,认为王某军的无证收购行为虽违反了国家经营管理,但与非法经营罪的构成要件不符,亦缺乏刑法上的可责难性。

二、聚焦理性思辨:法官在刑事案件事实认定中偏差的剖析审视

作为一种卡尼曼式的快思考,[1]基于认知局限性的影响,法官在刑事案件的事实认定中极易滋生与形成"先定后审"的思维定式。

(一)心理惯习:法官事实认定偏差的心理归因

1.法官趋快的"惰性"影响

当前案多人少,法官面对复杂、疑难刑事案件时,通过"注意的过滤器模型"将那些不熟悉的信息过滤。法官之所以对直觉主义产生"惰性"选择偏好,主要基于职业风险的考虑,抑或为规避审限压力带给自身的超负荷牵制等,加之受案卷移送主义的影响,更是偏向于走思维"捷径"快速获取初步裁判信息,但极易遗漏严格的证据相关性认定及逻辑推理认定过程。在法官的"惰性"思维下,检察院移送的材料对法官产生了绝对的初步信息参照。即使在《关于办理死刑案件审查判断证据若干问题的规定》中,第5条已就刑事证明标准进行了明确,[2]但在实践中的践行效果甚微。如在张某超案件中,其在遭受刑讯逼供的情形下作出了有罪供述,法官受"惰性"思维的影响与制约,导致未严格审查案件可能存在的疑点作出有罪判决。

2.法官成见的"惯性"影响

受刻板印象(stereotype)之影响,法官在获取初步信息时常受自身经验的无意识影响,并在认知过程中逐渐习得与形成对某类事物较为固定的认知,经验与成见往往

---

〔1〕 参见沈宏彬:《裁判的双重结构:论一种"建构—回应"的裁判观》,载《中国法律评论》2020年第2期。

〔2〕 最高人民法院、最高人民检察院、公安部、国家安全部和司法部联合发布的《关于办理死刑案件审查判断证据若干问题的规定》第5条第1、2款规定:"办理死刑案件,对被告人犯罪事实认定,必须达到证据确实、充分。证据确实、充分是指:(一)定罪量刑的事实都有证据证明;(二)每一个定案的证据均已经法定程序查证属实;(三)证据与证据之间、证据与案件事实之间不存在矛盾或者矛盾得以合理排除;(四)共同犯罪案件中,被告人的地位、作用均已查清;(五)根据证据认定案件事实的过程符合逻辑和经验规则,由证据得出的结论为唯一结论。"

在其中自动发挥作用。[1] 法官对特定问题作出粗略判断,在此情形下形成的“惯性”思维间存在较大差异,基于成见“惯性”思维影响下的事实认定,极易出现偏差而导致认知阻滞。“惯性”可助推法官提高裁判效率,但使得法官极易遗漏或忽略与案件事实性质紧密关联的其他关键性信息,导致认定的事实不一定是最接近客观真实的。如某刑事法官在日常生活中接收到关于某地外地人口增加、犯罪率增加等信息的,若其恰好面对一个外地户籍的犯罪嫌疑人时,法官极有可能在其“成见”的作用与牵制下预先作出有罪的初步认定。

3. 法官直觉的“感性”影响

虽“感性”的法直觉在一些案件中可助推法官快速作出裁判,并塑造一个“看问题准”“找问题快”的法官形象,但在多数情形下,单纯依靠法直觉的“感性”作出的裁判,往往缺乏公众可接受性与说服力。[2] 法官的“感性”虽可在一定程度上快速“捕获”事实基础,从而推动审判,但未能对案件事实的全貌进行理性把握,导致“黑票效应”的出现。[3] 如长期从事轻微刑事犯罪审判的某法官,自我吸收与总结了丰富的遗弃罪相关经验,面对如下案情:犯罪嫌疑人为未成年女子,其未婚生子,基于自身名誉的考虑,在生下孩子后扔于郊外,造成孩子死亡。法官依据法直觉及审判经验快速对其作出了构成遗弃罪的初步判断,而完全忽略了构成故意杀人罪的可能。再如在被告人庭前完全认罪的案件中,其在庭审中作出了无罪供述,法官先前预判的思维则面临重新思考,而法官面对办案压力,极易认为被告人是在“为难”与“阻止”法官办案,为快速做到“案结事了”,法官则依据直觉认定被告人的无罪翻供系其逃避责任与惩罚的借口,从而对被告人的当庭翻供或提及的其他细节未引起重视。

(二)认知局限:法官事实认定偏差的固有限制

1. 回溯性:强迫证据链条趋完

法官的认知活动无法完整重现过去的事实真相,只能根据现有证据进行倒推。基于人类格式塔心理的影响与驱动,在事实认定时,法官的认知偏差在本质上属于

---

[1] 参见[美]爱德华·E. 史密斯、[美]史蒂芬·M. 科林斯:《认知心理学:心智与脑》,王乃弋、罗跃嘉等译,教育科学出版社 2017 年版,第 160 页。

[2] See Daniel Kahneman, *A Perspective on Judgment and Choice: Mapping Bounded Rationality*, American Psychologist 58.9(2003):717.

[3] 黑票效应,即“一票否决”机制,主要指的是无论一个人是否具备其他任何良好的品质,只要有一种极端消极的不好印象,就会把对方其他好的品质均一票否决。

“后见偏差”。[1] 法官通过联想将各种零散的证据进行链接,力争在新构建的认知框架范畴内弥补事实论证的空隙,因此一个趋完性的事实认定过程如图9所示。

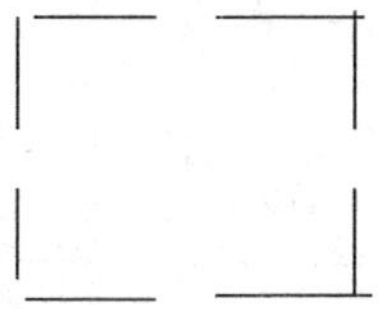

图9 趋完性的事实认定过程

图9中形式上与正方形趋近,但细看可发现四边的线条并不闭合,故称为“准四方形”。断裂、零散的四边线条可视为法官在事实认定中的证据材料,若仅依靠现有证据则无法绘制一个完整的正方形。法官通过现有证据搭建的心理认知框架,通过对证据链的推理对“准四方形”进行线条的填补,使其不断趋向完整的正方形态。法官的经验与直接等主观认知则会努力适应趋完性的事实建构过程,共同致力于对“准四方形”进行完整填补。

2. 有限性:认知能力的局限

法官作为有限理性主体,在事实认定中并非生产司法产品的机械装置,而是具有符合一般道德准则情绪的主观客体,其在事实认定基础上作出的裁判不一定符合完全理性人的利益追求,但至少是尽力符合社会公众价值追求的基本逻辑。[2] 刑事法官通过裁判文书的外化形式,向诉讼两造及社会公众展示事实认定过程,依靠有限理性及自身的认知能力尽力还原事实真相。但基于法官个体收集信息能力、知识结构的差异,其认知能力的局限难免使得法官的认知偏离证据裁判规则,导致法官随意滥用因果关系。

3. 差异性:认知风格的偏好

其一,认知风格与个体差异变量。认知风格将重点置于信息加工过程中的法官个体间的差异化,从而决定了法官对影响裁判的因子进行主观排序。[3] 与锚定效应相比,法官的认知风格对裁判的影响较为稳定且持久,风格的个体差异变量为过程变量而非内容变量,与法官个体的生活经历、裁判动机、思维记忆等密切相关。通过构建认知控制的宏观模型(见图10),认知控制通过链接法官内外信息世界,并呈现出

〔1〕 参见杨彪:《司法认知偏差与量化裁判中的锚定效应》,载《中国法学》2017年第6期。

〔2〕 参见张伟:《论事实认定的模糊性——一种怀疑主义研究进路》,载《河北法学》2017年第3期。

〔3〕 参见梁建宁:《当代认知心理学》,上海教育出版社2014年版,第45页。

不同个体之间的差异性。

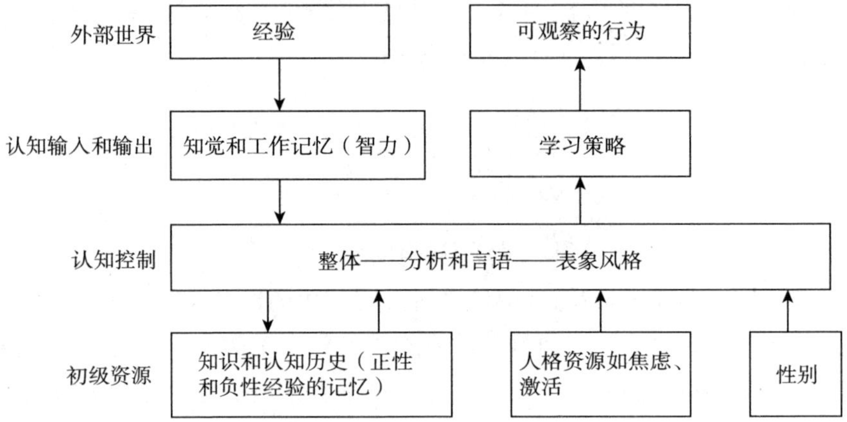

图 10 认知控制的宏观模型

其二，法官的认知风格与决策差异的形成。当法官面临不同的决策任务、情绪状态时，其在认知风格的不同推动下呈现出不同的决策强度，从而使法官人格与情景均成为事实认定中的变量因素。[1] 认知风格种类繁多，实践中较为常见的是“场独立、整体型”风格的德沃金式的刺猬型法官、“场依存、分析型”风格的波斯纳式的狐狸型法官，[2] 二者之间的区别主要见表 1。法官认知风格使得那些看似陷入舆论漩涡的个案（并非冤假错案），如李某奎案、药某鑫案的裁判结果，因法官尊重司法认知风格而被法律职业共同体容忍或认同。该两案发生后，曾引发公众舆论强烈关注，但基本体现出上述“场独立、整体型”风格式的刺猬型法官风格，在准确认定事实与适用法律、迎合大众舆论动机中，前者主导了案件的审理经过，将公众对“杀了一个人的药某鑫被判处死刑立即执行，而杀了两个人的李某奎却判处死缓”的疑惑解开，始终以刺猬型法官风格整体主导案件审理始末，并依法对李昌奎的自首情节进行认定，严格贯彻宽严相济的刑事政策，将最高人民法院《关于处理自首和立功具体应用法律若干问题的解释》落实，并严格以宏大的融贯性理论作为对案件信息要素的排序指导，在此基础上力排舆论重压作出公正裁判。

---

〔1〕 See Soane E, *Chmiel N. Are risk preferences consistent? The influence of decision domain and personality*, Personality andIndividual Differences, 2005(38):1782 – 1791.

〔2〕 参见韩振文：《预判确定性命题的证立与捍卫——以卢埃林法律现实主义观为线索》，载《人大法律评论》2018 年第 3 期。

表1 “刺猬型法官”和“狐狸型法官”的区别

	刺猬型法官	狐狸型法官
指导排序目标	宏大理论	细节分析式
行为反应特征	假设指导	流程导向
加工优势	整体加工任务	细节加工任务
裁判实践目标	唯一正解	实用主义

三、纾解指引:刑事案件事实认定中法官认知偏差的纠偏路向

通过对刑事法官的事实认定过程进行初步勾画,发现我国法官在事实认定中因受非理性因素的影响与制约,导致事实认定出现偏差。在司法改革进入纵深发展的当前背景下,如何对法官事实认定中的认知偏差进行纠正,并在此基础上进一步提高刑事裁判的质量及保证其公正性成为刑事诉讼改革的首要之义。[1]

(一)法官认知模型的构想及运行

1. 法官认知模型构想

长期以来行为科学与认知心理学均对认知活动进行了广泛持久的研究,从研究的熟稔程度及运用的广度而言,其中的“双重加工”(dual—processing)为至今被多个学科普遍承认与接受的理论指导。“双重加工”理论通过对人类思维模式进行了形象提取与概括,结合法官认知本身的特质,其中丹尼尔·卡夫曼提出的“双重加工”系统较具代表性,可为我们提出法官认知模型的构想提供良好的参照与借鉴。该系统理论认为,人类同时具备两个认知系统,相互间各具特征(见表2)。[2]

表2 双重加工系统的特征

系统一(启发式系统)	系统二(分析式系统)
不需要触动工作记忆、自动化进行	需要借助工作记忆来构建心理模拟
快速	缓慢
容量大	容量小
平行的	连续的

〔1〕 参见唐丰鹤:《现实主义视角下的司法决策》,法律出版社2018年版,第139页。

〔2〕 参见辛欣、任俊生:《“双重加工”理论的演化与反思》,载《当代经济研究》2018年第3期。

续表

系统一(启发式系统)	系统二(分析式系统)
无意识的	有意识的
偏见性回应	规范性回应
情境化的	抽象的
联想的	基于规范的
基于经验的判断	间接的判断
独立于认知能力	与认识能力有关

基于系统一作出的判断往往不具有“最佳性”,将其置于对准确性要求极高的法官认知活动中,须启动系统二中的谨慎推理机制,对系统一的信息进行有效识别、加工、验证与检测(见图 11)。[1]

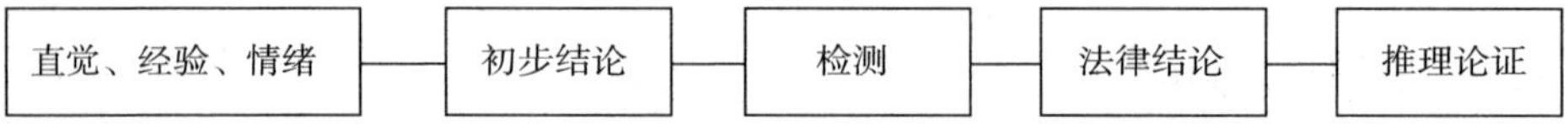

图 11　法官认定事实认知模型构想的表现

2.“双重加工”系统的运行机制

系统一主要依靠认知主体的直觉、经验作出非理性加工,系统二则依靠认知主体的逻辑、数理进行理性加工。通过系统一获取的初步结论确实节省了法官的心理资源,但极易出现认知偏差。系统二通过在系统一的初步结论基础上对相关事实检测、调整,将法官个人的结论转化为公众可接受或信服的裁判,两个系统相互结合、相互作用,才能构成完整的法律论证(见图 12)。通过借助“双重加工”系统理论,作为研究刑事法官事实认定中认知偏差的基本参照,并在此基础上探索构筑认知科学与刑事司法审判研究互通的基本通道,可在一定程度上对刑事法官在事实认定中的偏差提供纠正的思维与制度进路。

---

〔1〕 此为“目光往返穿梭理论”,详见[德]卡尔·拉伦茨:《法学方法论》,陈爱娥译,商务印书馆 2003 年版,第 33～34 页。

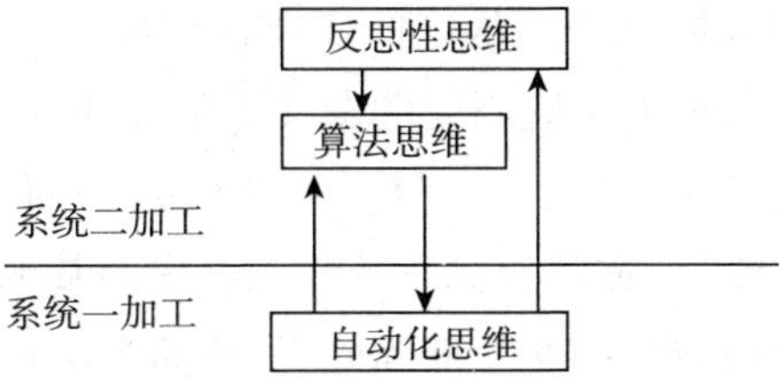

图 12　认知的双重加工系统之简化

(二)自我修正:运用分析式系统修正认知偏差

1. 加强证伪思维培育,防止“惰性”过度侵蚀

其一,积极培育证伪思维。在当前我国案卷移送制度下,法官极易受控方庭前指控书面材料的影响形成被告人有罪的锚定认知,从而忽略了被告人无罪的思维培育,使假设验证浮于表面。为克服“惰性”思维带来的认知偏差,应积极培育以非罪为验证思维的逻辑起点,打破长期以来的“证实思维”。[1] 证伪思维在我国《刑事诉讼法》中得以具体体现,该法明确了“证据确实、充分”,其中蕴含着“排除合理怀疑”的要求。受锚定效应制约,法官在后续的证据审查与推理论证中,极易朝着证实被告人有罪的方向进行,从而出现“证实偏差”,而证伪思维的确立可对有罪思维进行纠偏。

其二,刑事庭审实质化改革。一方面,我国刑事庭审曾一度遭受“走过场”质疑,特别是辩方在庭审中未能充分发表意见,其意见极易被法官不采纳或忽略。因此,在庭审中应充分保障控辩双方的实质举证与辩论权,法官应认真听取控辩双方意见,若对某些证据存在相反意见的,则允许双方进行充分辩论,并对控辩意见进行充分回应。另一方面,可加强控辩双方对法官认知偏差的辨别与证伪。[2] 控辩双方在庭审中可对证据可能援引的经验,以及经验如何运用于案件事实论证等进行思考与辨别,并在证据交换中及时识别法官的认知偏差。《人民法院办理刑事案件第一审普通程序法庭调查规程(试行)》中强调,法官应组织控辩双方对尚存争议的证据进行质证,并在此基础上充分听取控辩双方关于异议证据的各方意见。又如在最高人民法院《关于全面推进以审判为中心的刑事诉讼制度改革的实施意见》中,同样明确了控辩双方单独质证的重要性。

其三,完善证人出庭作证制度。以直接言辞为中心,不断完善庭审事实的发现机

---

〔1〕 参见李世峰:《刑事案件事实认定过程研究——基于法官审判实践视角》,法律出版社 2020 年版,第 168 页。

〔2〕 参见雷磊:《反思司法裁判中的后果考量》,载《法学家》2019 年第 4 期。

制，使刑事庭审真正发挥证据审查和认定的实质性作用。当前我国证人多数不愿出庭作证，但并不意味着完善证人出庭制度的意义受阻，而庭审实质化的前提在于确保广义上的证人出庭，即尝试从“证人出庭”到“人证出庭”方向转变，即确保鉴定人、侦查人员等“人证”的出庭率，[1] 亦系直接言辞原则要求的基本尝试与体现。通过专业性人员的出庭，可提高控辩双方的交叉询问能力，从而为法官的认知偏差提供技能层面的支撑。

2. 提高检测反思能力，警惕“惯性”偏好依赖

其一，加强对法官的心理分析培训。为促进法官在事实认定中及时做到自检、自纠、自控与自防，防止因“惯性”思维影响整体性判断，应通过启发式系统与分析式系统的相互结合，以及心证的公开，提高法官信息加工处理能力，从而将事实认定过程外化于裁判文书中。在加强对法官心理分析培训的基础上，使法官充分认识到认知活动的基本规律。一份刑事裁判文书的作出，必须包含事实、推理、正当化呈现。法官通过将启发式系统获取的信息与控辩双方进行比对，从而启动分析式系统对信息进行检测，以尽力确保裁判结论系对法律的最佳解释与适用。

其二，加强对裁判文书的事实论证。刑事裁判关乎被告人的实体权利与义务，法官在书写裁判文书时应更为慎重。裁判文书的事实论证部分须达到叙事与规范相结合的标准，为对刑事法官事实认定偏差进行理性纠偏，法官在裁判说理中应呈现认知决策进路，注重证据间的印证说理，在运用证据对案件事实进行论证过程中，应就证据本身的性质、证据间的印证关系及认定事实的心证过程予以说明。在此基础上，不断强化证据与事实间的逻辑论证，充分结合证据予以阐明二者之间的逻辑关联，不断提高事实论证的说服力。与此同时，注重事实论证中言语与修辞的有效运用，通过将专业、较为晦涩的说理语言转化为朴素、融贯的语言风格。特别是在民众普遍关注的重大案件的裁判文书事实论证中，适当进行一定程度上的道德修辞，对民众普遍关心关注的问题进行有效回应，通过修辞技巧对逻辑推论中的不足进行有效弥补。但应注重修辞本身的正当性范畴，通过加强事实论证对法官的认知偏差进行及时纠正，不断提高裁判文书本身的可接受性。

3. 完善论证说理水平，控制“感性”随意裁判

其一，严格贯彻证据裁判原则。我国现行《刑事诉讼法》中虽未对证据裁判原则

---

[1] 参见陈柏峰：《法律经验研究的微观过程与理论创造》，载《法制与社会发展》2021年第2期。

进行直接规定,但从现有司法解释及相关文件中,可窥见一些关于证据裁判原则的寻踪。[1] 具体到刑事司法实践中,证据裁判原则的运用与贯彻尚存诸多问题,证据作为事实认定的基础性与关键性材料,其本身应当具备证明能力,且应经过法定调查程序,在此基础上才可能达到相关的证明标准。[2] 可通过立法的形式对证据裁判原则予以明确,规定法官在事实认定中应以证据裁判规则为基本指引,并对证据进行充分质证、检测等,如存在合理怀疑的,则应加大对证据裁判原则的认定要求。

其二,建构裁判文书少数意见公开制度。通过裁判文书的说理,可将法官的认知活动予以"外化"与"可视化",从而转换为看得见的、可量化的正义。与法律适用的说理相比,证据推论说理在一些刑事裁判文书中,均以较为原则性的描述加以论证,如冠以"上述事实,有原被告提交的某某证据予以证实"等笼统概括。通过证据说理,使得法官的思维推理逻辑外显,以及通过非理性因素的悄然内含,敦促法官在事实认定中提高自省能力。此外,受"少数服从多数"原则的约束,合议庭中的少数意见是否应在裁判文书中明示尚未明确,实践中法官主动在裁判文书中公开合议庭少数意见的情况极少,[3] 使合议庭成员发表意见的积极性不高,不利于合议庭成员内部对主办法官认知偏差的及时发现与纠正。可尝试建构裁判文书少数意见公开制度,通过有序公开少数意见的方式,倒逼主办法官加强对自身认知的理性分析,不断增强裁判文书的说理性。

(三)外部控制:利用审判管理制度控制法官认知偏差

1. 重塑责任制度:重视法官认知回溯偏差

其一,建立以司法职业伦理为核心的法官责任制度。当前我国主要遵循以结果为导向的法官责任制度,该制度不利于发挥法官的积极性与主动性。可尝试将法官责任制度逐步向以裁判过程为规制重点的责任制度转变。其中法官的司法职业伦理尤为重要,通过外部制度的规制,使法官形成内部的自省约束。明确追责范围,制定追责程序与重点等,但切忌将法官假设为理性经济人而对其过分苛责。只要法官充分履职,在遵从认知规律基础上进行逻辑推理与证据推理,均应予以理解与尊重。司法判决本身无对错,对错的标准应在于法官是否尽职履责,裁判是否符合公众朴素的

---

〔1〕 参见陈柏峰:《法律经验研究的微观过程与理论创造》,载《法制与社会发展》2021 年第 2 期。

〔2〕 最高人民法院《关于适用〈中华人民共和国刑事诉讼法〉的解释》第 61 条明确规定:"认定案件事实,必须以证据为根据。"《中共中央关于全面推进依法治国若干重大问题的决定》中更明确地提出:"全面贯彻证据裁判规则,严格依法收集、固定、保存、审查、运用证据。"

〔3〕 参见王星译:《刑事证明标准的规范功能与实践归宿》,载《环球法律评论》2021 年第 3 期。

正义观期待等。

其二,通过程序机制限制法官"预涉值"水平及单向性思维。一方面,完善听取辩护律师意见制度,我国《刑事诉讼法》规定,在侦查、起诉、审判等各阶段均应充分听取辩护律师的意见。但相关规定内容较为原则,在实践中未得以有效落实。律师可提出辩护意见的阶段尚不明确,加之法官在庭前很少听取辩护律师的意见,从而形成被告人有罪的初步预判,即便当前规定了辩护律师的意见应当附于案卷中,但附卷的指向不明。辩护律师承担着帮助犯罪嫌疑人辩护的任务,但其阅卷权、调查取证权等未得以保障,导致律师仅能依据控方的指控在庭审中进行"突击"辩护,通过完善律师的庭前阅卷权等,从而增强庭审对抗性。

另一方面,落实庭前会议制度。当前庭前会议可阐明的问题范畴界定不清,庭前会议的功能及会议中是否可就证据争点问题进行实体性总结与阐明尚存争议。庭前会议应具备一定的实体性审查功能,通过对案件事实、证据争点进行整理,使法官得以初步了解案件的基本情况,从而有效削弱法官认知偏差获取的"预设值"基础。

2. 扩大经验范围:突破法官认知能力局限

其一,落实类案检索机制。通过类案检索为法官提供不同的经验支撑,尽力减少因认知偏差带来的裁判不准确性,同时为法官遵从认知论的基本逻辑提供参照,[1]在事实认定方向上提供基本指引。法官可通过类案检索扩大经验范围,从而有效缩减法官认知、裁判过程。[2]通过类案检索突破认知局限,借鉴与吸收类案中的合理观点,从而增加事实认定中的思考成分,将类案作为认定事实的衡量工具之一。因此,法官对类案检索结果应拥有筛选与甄别能力,检索结果与待决案件之间是否存在关联,以及在案情的相似度方面等,均需法官个人根据不同地区、当地的司法政策等不同因素谨慎甄别。

其二,充分发挥专业法官会议、审判委员会、人民陪审员的实质作用。我国 2021 年颁布实施的最高人民法院《关于完善人民法院专业法官会议工作机制的指导意见》中,明确了专业法官会议作为法院的内部工作机制。通过发挥法官的经验,为疑难案件的事实认定、法律适用提供专业化的辅助与指导,并通过融合法官集体智慧结晶,为弥补法官认知能力的局限提供了新的路径。与此同时,审判委员会作为专业的集

〔1〕 参见邵新、姜源:《司法责任制全面落实背景下裁判文书少数意见公开的再思考》,载《法律适用》2019 年第 11 期。

〔2〕 参见何春芽、管俊兵、陈国平:《类案强制检索结果的司法适用规则研究——基于从类案到类判的功能主义视角》,载《法律适用》2020 年第 18 期。

体决策机构，同样可作为扩大法官经验的方式之一，通过审判委员会和法官专业会议的集体智慧，及时发现待决案件事实认定可能存在的偏差。[1] 此外，推进人民陪审员实际参与陪审，也可对法官认知偏差起到一定纠正作用，但当前“陪而不审”的现象较为突出，因此，通过推进陪审员制度的实质性改革，充分发挥集体智慧，促使法官在事实认定时多角度考量问题。

3. 减少外部干预：调和法官认知风格差异

其一，减少外部干预因素对法官认知活动的影响。司法机关内部及其他主体对法官裁判行为的合理监督，可为法官带来正面的心理压力，敦促法官在事实认定中更为谨慎，从而有效抑制法官认定事实的随意性偏差。但外部的监督应严格限制，否则极易对法官造成干预与诱导，特别是对狐狸型法官而言，其更易受到来自法院内部、其他权利、社会舆论等干预。虽然我国现行多项政策文件提出对领导干部插手办案等实行记录追究制度，该改革的工作出发点与设计点具有充足的合理性，但还仅限于具体的制度构建，未能触及更深层次的权力机构与司法机制，缺乏有效的着力点与落脚点。故当前的司法改革是否能够有效遏制外部因素对法官认知的干预有待实践考究，此外，司法改革中未涉及如何有效预防舆论对司法的干预等问题。如在张某扣案中，法官受舆论压力影响，在后果导向主义的驱动下作出裁判。

其二，降低口供对法官的心理影响力。在当前以口供为中心的印证模式下，法官极易将“如何证明被告人有罪”直接转向“如何验证有罪口供”，此验证过程实为寻找其他证据“验证”被告人口供。但在裁判过程中，即使证据可相互印证，但极易导致法官忽略那些真正呈现案件事实真相的证据。[2] 实践中出现的很多冤假错案，亦由于法官仅依据被告人口供进行简单的事实印证，从而缺乏对那些印证不合理之处进行深入思考的动力。故应摒弃以口供为中心的传统印证模式，即使在被告人认罪的情形下，法官在裁判文书中亦应对认罪的主观心态、是否符合常理等进行完整说理。此外，应加强对虚假印证的防范，严格审查其他证据是否与口供相互印证等。除注重口供的证据形式外，还需提高科学证据、实物证据在证明中的作用，尽可能揭示证据体系中包含的信息，最大限度地查清案件事实。

其三，调和法官认知风格差异，构建统一认知融贯体系。从心理学层面出发，法

---

〔1〕 参见梁平：《基于裁判文书大数据应用的区域法治化治理进路——以京津冀类案检索机制的构建为例》，载《法学杂志》2020 年第 12 期。

〔2〕 参见杨林：《电子数据分析证据的审查与运用——对法官“认知—决策”经验的理性分析》，载《法律方法》2021 年第 2 期。

官在事实认定中通过其认知呈现法律事实与客观事实的尽力还原,但由于法官的认知风格呈现个体性差异,构建统一认知融贯体系受到现实因素的影响。要对法官群体的认知风格进行合理调控,以分析式系统对法官的认知捷径进行适度纠偏,着重培养"场依存、分析型"风格的波斯纳式的狐狸型法官,加强对法官认知的决策训练,在外界环境刺激下保障法官较为理性与辩证地展开认知活动,不断提升法官对事实认定的内在能力,最大限度缩小因认知风格差异带来的裁判差异,同时对外界干预与刺激进行正面回应,以此增强裁判说服力。

结 语

当前难以对法官认知进行系统的规范化研究,本文尝试从法官认知过程中的共性出发,肯定刑事法官在事实认定过程中的盖然性决定了偏差的必然性与永存性,但共同的终极目标均是致力于确保法律事实的准确性。本文的相关描述与论证不一定适用于所有法官的认知路径,但通过认知科学的研究范式可以揭开法官思维决策的"暗箱",从而发现并揭示法律推理的过程。通过直观的研究范式,辅以内外双向施策的方式,对法官在事实认定中的认知偏差进行纾解。以往对包括法官认知偏差在内的"隐性"错误研究较少,相信随着认知神经法学的不断兴起,将带动相关机制的构建与完善,未来将形成全面预防、控制法官认知偏差的理想局面,从而提高裁判的准确性与公信力。

分类救济：行政相对人不履行行政协议救济规则的反思与重构

——以170件非诉执行审查案件为切入点

韦雯馨[*]　谭利倩[**]

行政机关和相对人均存在不履行行政协议的可能性。但在目前“民告官”单向诉讼结构的法律框架下，相对人拒绝履行行政协议时，行政机关通常依据《最高人民法院关于审理行政协议若干问题的规定》（以下简称《行政协议司法解释》）采用非诉强制执行的方式来促使相对人履行行政协议。本文以2020年至2022年非诉执行裁判文书为样本，分析归纳非诉执行救济模式存在的理论和实践问题，并探寻问题发生的原因。在类型化理论的指引下将行政协议分类为等级关系协议和对等关系协议，并分别针对不同类型的行政协议提出不同的解决方法。

一、非诉执行救济模式的司法实践样态

裁判文书直接反映了案件的裁判依据和理由，通过考察裁判文书，可以了解司法解释颁布后非诉强制执行的实践情况。

（一）总体情况

笔者通过中国裁判文书网搜索2020年以来（截至2022年12月31日）的非诉执行裁判文书，以“行政协议”为关键词，程序选择“行政非诉审查”，剔除行政复议案件及申请人撤回非诉执行申请的案件，筛选到有

---

* 韦雯馨，广西壮族自治区河池市东兰县人民法院民事审判庭五级法官助理。

** 谭利倩，广西壮族自治区河池市罗城仫佬族自治县人民法院民事审判庭三级法官。

效案例共 170 件。笔者对以上案件的协议类型、执行名义、审查内容等进行统计。

1. 行政协议类型

行政协议构成了行政机关与相对人之间的重要合作桥梁，以此实现行政管理目标，形成、变更或消除特定的行政法律关系。[1] 本文共收集 170 个相关案例进行深入研究，分析结果显示，房屋征收补偿协议（56%）与国有土地使用权出让协议（14%）均占据显著的比例。其中，退回养老保险金协议 20 件，占比 12%；公有住房租赁协议 12 件，占比 7%；其他占比 11%。这种数据分布反映，在行政协议中不同类型协议的使用频率和适用范围有其独特性。

2. 执行名义类型

对于执行名义，可以说是行政协议的另一面，它指引了法院强制执行的途径和方法。通过分析可以发现，执行名义主要分为四大类型：行政决定、行政协议及其补充协议、催告行为以及执行协议约定的义务。在梳理的案件中，以行政决定为执行名义的案件数量最多，占比 46%，其次是以行政协议及其补充协议为执行名义的案件，占比 49%。执行协议约定的义务和催告行为分别以 4% 和 2% 的占比位列后面，详见表 1。这些数据表明，在实际行政管理和法律执行过程中，行政决定和行政协议及其补充协议作为主导的执行名义方式占据主流地位。

表 1　执行名义类型的数量及其比例

执行名义类型	具体类型	数量	占比
行政决定	责令履行决定书	16 件	9%
	行政处理决定书	10 件	6%
	行政决定书	46 件	27%
	征缴决定书	4 件	2%
	追缴决定	2 件	1%
催告行为	限期履行通知书	2 件	1.2%
	催缴告知书	1 件	0.6%
行政协议及其补充协议	行政协议及其补充协议	82 件	48%
执行协议约定的义务	执行协议约定的义务	7 件	4.1%

〔1〕 参见胡建淼：《对行政机关在行政协议中优益权的重新解读》，载《法学》2022 年第 8 期。

3. 法院审查事项的情况

就司法审查事项而言,法律及司法解释对审查事项没有具体规定,各法院的审查事项也各有不同,笔者归纳的审查事项主要有行政协议的合法性、执行前程序的合法性、行政机关是否有法定职权、行政决定书的合法性。笔者从95例房屋征收补偿协议中随机抽取10例,以此查看不同的法院对同一协议类型的行政非诉案件审查事项有哪些差异。通过从行政协议的合法性、执行前程序的合法性、是否具有法定职权、决定书的合法性四个维度进行审查,不同法院对于同一案件类型的审查事项并不一致(见表2)。

表2　各省法院对行政协议非诉执行案件审查事项

序号	法院及案号	协议类型	行政协议的合法性	执行前程序的合法性	是否具有法定职权	决定书的合法性
1	湖南省张家界市永定区人民法院(2020)湘0802行审100号	房屋征收补偿协议	√	√		
2	吉林省松原市宁江区人民法院(2020)吉0702行审31号	房屋征收补偿协议	√		√	
3	山东省东明县人民法院(2020)鲁1728行审23号	房屋征收补偿协议		√		√
4	湖南省张家界市永定区人民法院(2020)湘0802行审101号	房屋征收补偿协议	√			
5	湖北省保康县人民法院(2020)鄂0626行审23号	房屋征收补偿协议				√
6	四川省德阳市罗江区人民法院(2020)川0626行审6号	房屋征收补偿协议	√	√		
7	贵州省贵阳市南明区人民法院(2020)黔0102行审14号	房屋征收补偿协议	√	√		

续表

序号	法院及案号	协议类型	行政协议的合法性	执行前程序的合法性	是否具有法定职权	决定书的合法性
8	吉林省长春市绿园区人民法院（2020）吉010+行审38号	房屋征收补偿协议				
9	云南省澄江县人民法院（2020）云0422行审2号	房屋征收补偿协议	√			
10	贵州省贵阳市云岩区人民法院（2020）黔0103行审476号	房屋征收补偿协议				√

4. 听证与强制执行情况

就审理组织和审理程序而言，170个案件均组成合议庭书面审查，而听证由法院依职权启动，其中公开听证36件，占比21%；未听证134件，占比79%。由此可知，在司法实践中公开听证的案件数少于未听证的案件数。公开听证可以为相对人提供一个完整表达自己意见和诉求的宝贵机会，但从170个案件统计中可以发现在执行程序中有相对人参与的案件较少，审查的标准也不够规范、全面，导致执行审查一定程度沦为走过场，影响相对人和社会公众对司法公正的确信，进而影响司法权威和司法公信力。

此外，就执行情况而言，在170个非诉审查案件中，有以下四种情况：第一种是法院准予执行，但具体执行由法院组织实施或政府部门实施；第二种是法院准予执行，具体执行机关未写明；第三种是被执行人自行履行，逾期不履行由法院强制执行；第四种是不予执行的案件（见图1）。

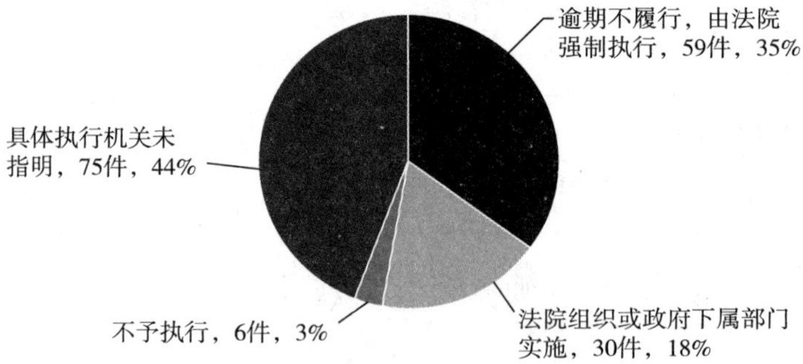

图1 强制执行情况

（二）非诉执行救济模式存在的问题归类

1. 直接将行政协议作为执行名义

笔者在样本案例中对行政协议非诉执行案件进行统计时，发现司法实务界存在默许行政机关直接将行政协议作为执行名义的情形，如行政机关直接以行政协议为执行名义向法院申请强制执行的案件 68 件，占比 49%，并且除了一件案件未被法院裁定予以执行外，其余的 67 件均准予执行。行政决定是行政机关依法对相对人的权利义务作出单方处分的行为，具有公定力和执行力。行政协议是双方共同协商、自愿达成的结果，合意性是行政协议最显著的特征，在任何情况下都不能将其认定为行政决定。[1] 在无其他约定的情况下，行政机关直接适用以行政协议作为执行名义，既与契约性相悖，又违反了法律保留原则，易遭合法性的质疑。

2. 法院审查的事项缺乏规范性

在非诉转介执行案件中，法院通常只会对行政行为的合法性进行审查，而未对合约性问题足够重视。然而，由于行政协议的性质与传统行政行为有所不同，将其直接适用于行政诉讼的审理规则可能会出现不适应的情况。为了解不同法院在处理同一类型的行政非诉执行案件时审查事项有何差异，笔者从 95 例涉及房屋征收补偿协议中随机选取了 10 例就进行对比分析。经比较发现，不同法院对同一协议类型案件的审查事项存在明显区别，说明司法实践中对非诉转介执行案件需要审查的事项尚未形成统一的共识。

3. 拒绝相对人参与听证损害其合法权益

在非诉转介执行案件中，法院以书面审查为原则，听取当事人意见为例外。笔者对样本案例进行统计发现，经过听证的案件仅有 36 件，占比 21%；未经听证的案件有 134 件，占比 79%，呈现较少听取相对人意见的特点。法院对非诉执行案件往往采取较低的审查标准，加上相对人在整个执行程序中无法表达自己的意见，可能会加大执行审查沦为走过场的风险，从而降低司法权威。[2] 当协议相对人违约，行政主体直接依据双方签订的协议向法院申请强制执行时，行政机关处于优势地位不言而喻。相对人不履行协议的情况比较复杂，与一般的非诉执行案件有很大的不同，审查程序

---

〔1〕 参见张卿：《论行政协议非诉执行制度的优化》，载《行政法学研究》2022 年第 1 期。

〔2〕 参见解志勇、闫映全：《反向行政诉讼：全域性控权与实质性解决争议的新思路》，载《比较法研究》2018 年第 3 期。

也应当有别于其他非诉执行案件,应当进行听证。[1] 因此,受理法院在审理非诉执行案件时,只有依职权启动听证程序,才能全面地了解案件情况,严格审查行政协议的合约性及合法性。

二、非诉执行救济模式司法实践混乱之原因探寻

(一)理论层面:缺乏坚实的理论基础

1. 将行政协议作为执行名义缺乏理论基础

在理论上转介强制执行制度逻辑不自洽。首先,因单向性的行政诉讼在行政协议纠纷处理上存在制度供给不足问题,为了尽可能地挖掘现行法上既有制度的资源和潜力,使司法资源发挥到了最大程度的作用,《行政协议司法解释》第 24 条规定了转介强制执行制度,但司法解释是以指导地方人民法院审判工作为主要目的,其效力仅及于法院审判工作,司法解释的效力并不直接溯及行政机关。其次,行政协议是一种非权力性质的合意行政行为,合意性是其与单方行政行为最大的区别。行政机关利用单方面的行政命令去代替行政协议中的"履行请求",泯灭了行政协议的合意性。这种做法不符合行政协议的立法原意,也违背了行政协议订立的初衷。

2. 违背"两种行为并行禁止"原则

"两种行为并行禁止"原则是指两种矛盾或者并列的行为不能同时存在于同一个法律关系之中。[2] 《行政协议司法解释》规定相对人不履行协议义务时,行政机关应先催告,催告后其仍不履行才能作出要求履行的行政书面决定,该决定即执行依据。该规定的思路是:行政协议基于双方合意,相对人履行义务并非源于单方命令,而催告是一种意思通知行为,不具有强制性,这两个行为无法作为执行依据。因此,行政机关需要转化为具有高权性的行政决定,才能成为转介强制执行的执行力来源。传统的高权行政行为建立在命令服从的框架下,行政协议建立在平等与对等的框架下,两者在本质上是泾渭分明的两种行为。亦即,行政机关与相对人订立行政协议后,便不能再以行政决定强制相对人履行协议。然而,为了符合我国现行法律的规定,《行政协议司法解释》确立了转介强制执行制度来解决行政协议相对人违约的问题,正好与"两种行为并行禁止"原则背道而驰,在理论与实务上来说都不具有正当性,对此做法应再行检视。

---

〔1〕 参见梁凤云:《行政协议案件的审理和判决规则》,载《国家检察官学院学报》2015 年第 4 期。

〔2〕 参见徐键:《相对人不履行行政协议的解决路径》,载《政治与法律》2020 年第 11 期。

3. 违反了"法律保留"原则

法律保留原则,是指行政行为必须有法律的依据,也即行政机关只有在法律有明确规定的情况下才能作出积极的行政行为,否则就构成违法。[1] 说明在有法律依据的情况下,行政协议才可作为执行名义。因《行政强制法》规定非诉强制执行的对象是生效的行政决定,在我国司法实践中多采用转介强制执行制度。转介强制执行制度与直接执行申请的相似之处在于,行政主体均处于优势地位,利用优益权强制相对人履行义务,放弃了以双方合意为基础的行政协议,具有浓烈的公权力色彩。而且,直接以国家强制力来保障行政协议的履行,违背了行政协议意在由传统的行政命令关系向具有相当平等地位的行政伙伴关系转变的初衷。[2] 这既与合意性相悖,又违反了法律保留原则,易遭合法性的质疑。

(二)立法层面:违反行政协议的立法本意

1. 制度供给不足

随着国家治理现代化的深入推进,社会发展的需求已经超越了传统的高权行政模式能够满足的范畴,行政协议这种新型模式应运而生。然而,随着行政协议在实践中的日益广泛应用,行政协议的违约情形也变得越来越常见,这进一步暴露出我国行政诉讼制度的供给不足问题。我国的行政诉讼体系基于"民告官"的单向诉讼结构,这意味着当行政机关违约时,相对人可通过诉讼的方式捍卫自己的权益。但当相对人违约时,行政机关却只能通过诉讼以外的方式来促使相对人履行协议,因为在单向诉讼结构中,行政机关不具备原告资格。这种结构的制约使我国的行政诉讼制度在为行政协议纠纷提供救济的功能上出现了明显的缺失。特别是在行政协议日益成为解决行政事务的重要手段的当下,这种缺失更是凸显出我国行政诉讼制度存在供给不足问题。

2. 立法上缺乏相应的预备性安排

我国目前采用的是单向行政诉讼模式,换言之,行政机关在行政法上并没有提起诉讼的权利。在我国行政法治尚不健全的背景下,这种模式已经暴露出一些显著的问题。主要的问题在于,行政立法机关在考虑行政诉讼受案范围时,过分聚焦于如何规范行政机关的高权性行政行为,而忽视了行政协议相对人违约引发纠纷的情况。这导致我国立法在此方面缺乏相应的预备性安排。这种缺乏预备性安排的情况,因

---

〔1〕 参见黄学贤:《行政法中的法律保留原则研究》,载《中国法学》2004 年第 5 期。

〔2〕 参见朱新力:《行政合同的基本特性》,载《浙江大学学报(人文社会科学版)》2002 年第 2 期。

我国行政诉讼制度存在缺陷，导致出现“官告民”直接转化为“官管民”情况。直接跳过“官告民”阶段，进入“民告官”阶段，不仅造成权利救济的滞后性，也加剧行政机关肆意侵犯行政相对人权利的风险。

（三）实践层面：未严格遵守司法解释的规定

1. 刻意规避转介强制执行的规定

在实践中，行政机关可能会刻意规避转介强制执行的规定。在我国现行法律制度的框架下，最高人民法院提出转介强制执行制度作为缓兵之计，但行政效率原则要求行政机关在行使其职能时要力争尽可能快的时间完成，若先将行政协议转化为行政决定，又须进行催告等程序，将影响行政效率，也影响公共利益。因此，不少行政机关选择“走捷径”，即规避转介强制执行程序，直接以行政协议作为执行名义。如前文所述，笔者通过中国裁判文书网对行政协议的非诉执行案件进行筛选统计后发现，直接以行政协议作为执行名义的非诉执行案件占比 48%，经法院审查后，准予强制执行率高达 98%。由此可见，转介强制执行制度并未起到规范行政协议申请强制执行的作用。

2. 行政协议无法嵌入非诉执行制度

行政协议的特性使其无法嵌入非诉执行制度。首先，法律规定只有行政决定才能作为执行名义。[1] 然而，行政决定与行政协议是截然不同的（见表 3）。行政决定作为行政机关单方面的意思表达，源于行政主体行使其行政职能时所处的优势地位，行政决定一经生效，权利义务关系就已明确，且有了可供执行的内容。而行政协议关系中，予以执行内容尚不明确，直接作为执行名义缺乏法律依据。[2]

其次，行政协议转换为行政决定存在的障碍。在实践中行政机关倾向于直接将行政协议作为强制执行的名义向法院申请执行。然而，与之形成鲜明对比的是，行政协议是行政机关与相对人在平等基础上共同协商达成的共识，不具备强制执行力。因此，无论在何种条件下，都不能假设行政协议能够转变为行政决定。

---

〔1〕《行政强制法》第 53 条：“当事人在法定期限内不申请行政复议或者提起行政诉讼，又不履行行政决定的，没有行政强制执行权的行政机关可以自期限届满之日起三个月内，依照本章规定申请人民法院强制执行。”

〔2〕参见王小金、洪江波：《行政相对人不履行行政协议的救济规则》，载《公安学刊（浙江警察学院学报）》2017 年第 1 期。

表3　行政协议和行政决定的区别

特征	行政协议	行政决定
行政主体的行为方式	行政机关与公民、法人共同协商、自愿达成	行政机关单方面制定和执行
法律效力的形成方式	双方当事人自愿协商达成的协议	行政机关单方面制定和执行
法律效力的程度	相对的法律效力，对双方当事人具有约束力	绝对的法律效力，对公民、法人具有直接约束力
法律制度的适用	行政法律行为范畴，与行政法规、行政指导意见等有所不同	行政法律行为的一种典型形式，与其他行政法律行为相同

三、行政相对人不履行行政协议的分类救济思路

（一）行政协议的识别标准：签订行政协议的目的

1. 签订行政协议的目的分类

行政协议的分类可归结为等级关系协议和对等关系协议，[1]它们各自关系到行政主体与相对人在行政关系中的定位，也分别具有独特的属性特征（见图2）。

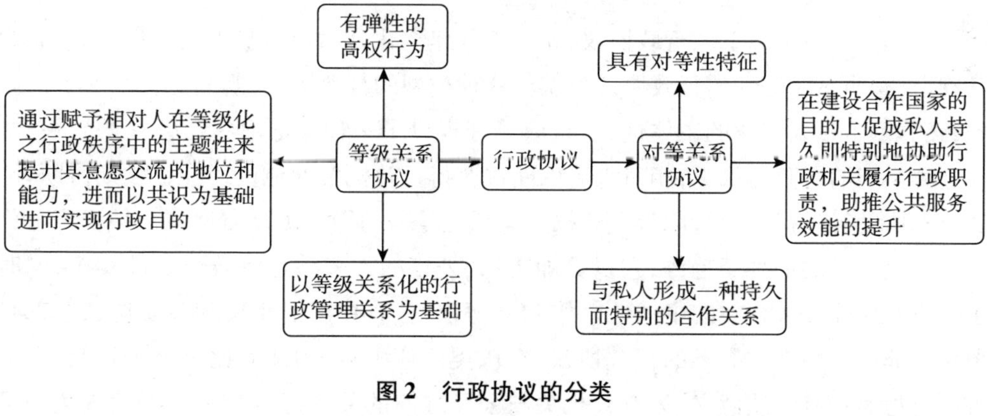

图2　行政协议的分类

首先，等级关系协议。该类协议目的是提升相对人在等级化的行政秩序中的主体性，激发其主动交流的意愿。其方法在于通过对相对人的赋权，借此达成一种基于

〔1〕　参见杨科雄：《试论行政协议的识别标准》，载《中国法律评论》2017年第1期。

共识的行政目标实现。此类行政协议基于等级化关系，这具有鲜明的从属性特征。

其次，对等关系协议。该类协议目的是在建设合作国家的框架下，促使相对人能够主动协助行政机关履行其职责，提升行政机关维护公共利益的能力。这种行政协议的基础不在于预先存在的等级化行政管理关系，而在于与私人建立一种持久而特别的合作关系，这种关系旨在共同完成原本由行政机关单独承担的职责。因此，这种行政协议具有对等性特征。

2. 权力关系主导下的行政协议类型

行政机关与相对人之间的关系被认为是一种强制性的支配关系，这是一种等级化、不平等、不对称、不可转换且不具有互惠性质的法律关系。其主要表现为由行政机关单方面形成和表达公共意愿，直接对相对人产生强制效果的权力。然而，行政协议为相对人与行政机关间的权力行使提供了一种新的交互模式，使相对人由行政权的被动接受者转变为行政权行使的分享主体。房屋征收补偿协议就是一种典型的权力关系主导下的行政协议，房屋征收是高权行政行为，稍有不慎极易引起群众信访，用行政协议替代高权行政行为的方式能让相对人感受行政机关是合作身份，消除对立感，使其能更好地配合工作。该类型行政协议使行政过程中的相对人能够提升其意愿交流的地位和能力，这无疑有助于缓解行政过程中的对抗性，快速和顺利地达成行政目的。

3. 非权力关系主导下的行政协议类型

非权力关系主导下的行政协议，就是这种建立在公私合作基础上，以共同意志为基础，具有明显对等性的行政协议类型。这种类型的行政协议，既满足行政职责的实施，又尊重了私人权益的主体性，为行政管理提供了一种灵活、高效、公正的新模式。在这种类型的行政协议下，相对人可以间接获得行政机关的地位，并以“长期协助者”的身份协助行政机关履行职责。非权力关系主导下的行政协议类型在某种程度上代表了行政管理的一种新趋势，它以更加灵活、公正的方式满足行政职责的实施，同时也尊重和保障私人权益的主体性。如 PPP 协议、公有住房的租赁和买卖协议等都是典型的非权力关系主导下的行政协议，在该类协议中，契约性的比重大于行政性，双方的意思表示有实质意义，为行政机关与公民之间的关系提供了一种新的视角和可能，呈现出明显的对等性。

（二）回转机制：由非诉转介强制执行转向强制执行程序

1. 回转执行程序的理论分析

在权力关系主导下的行政协议中，行政机关享有行政优益权。这种权力的存在，源于行政协议满足公共利益的目标。因此,在公共利益所需的范围内,行政机关履行行政协议并不必完全遵循私法上的规则,而是展现出特有的行政优益权。因此,此类法律关系呈现等级化的特点,并以强制力作用于相对人。[1] 然而,当相对人未能履行协议时,行政机关可选择放弃履行行政协议,将行政活动重新回转到"命令—服从"的行为模式。[2] 在这种情况下,行政机关将不再强求实现行政协议的内容,而是在保护一般公益的目标下,依法作出相应的具体行政行为。这就是所谓的回转执行程序:它强调的是行政机关在行政协议未能实现预期目的时,具有回归至"命令—服从"模式的能力和权利,确保公共利益的最大化。

2. 刺破面纱:回转到"命令—服从"的行为模式

权力关系主导下的行政协议实质上是一个在行政过程中介入的"面纱",为行政机关与相对人提供了一个意愿交流的平台。在这个"面纱"的遮蔽下,相对人获得与行政机关共享决定权的机会,这是行政协议带来的独特价值。

然而,当相对人不认同行政机关的意愿(协议未能达成),或在实现共同意愿的过程中表现出消极态度(不履行协议),意味着双方试图通过行政协议这一"面纱"来实现行政管理的目标失败。在这种情况下,行政机关有责任刺破"面纱",切换回"命令—服从"模式,确保行政目标的实现。例如,在行政强制执行协议中,行政机关通过介入行政强制执行过程,以履行行政协议来替代强制执行,高效地实现行政目标。但是,如果相对人不履行协议,那么行政机关原先以便宜实现执行内容为目的的行动策略便失效。此时,行政机关应当及时调整行为模式,回归至行政强制执行程序,重启强制执行,而不是固守于强求实现行政协议约定的内容。

(三)增补机制:由"单向性"向"双向性"诉讼结构的转变

1. 理论证成:构建行政协议双向诉讼的理论基础

(1)新公共服务理论:从高权行政到平权行政的趋势。随着政府退缩、市场回归的趋势,原来传统的行政模式已经无法满足经济发展的需要,行政方式也由集权行政扩张发展到了合作行政。以此为契机,行政协议开始得到广泛适用。新公共服务理论是"呼唤开放的、公开的治理模式和公众参与制度"。[3] 在行政协议中,行政机关不再是高高在上的行政主体,而是与相对人处于同等的地位,即双方的权利义务相

〔1〕 参见王名扬:《法国行政法》,中国政法大学出版社1989年版,第186页。

〔2〕 参见章剑生:《现代行政法基本理论》(上卷),法律出版社2014年版,第125页。

〔3〕 参见李清伟:《论服务型政府的法治理念与制度构建》,载《中国法学》2008年第2期。

同,不适用行政行为的“推定合法”,要求行政机关主动将争议移交法院审查,双方在更为“平等”的框架内解决纠纷,是从高权行政过渡到平权行政的表现。

(2)诉权平等理论:双向诉讼结构契合诉权平等。从司法解释的观点来看,最高人民法院明确规定在行政协议案件中可适用民事法律规范。诉权平等原则是民事诉讼的重要原则,该原则是指当事人平等地享有和行使诉讼权利。在行政协议法律关系双方主体平等又对等的情况下,将行政诉讼权仅赋予相对人一方是不合理的,行政协议诉讼更应在诉权上体现平等性。基于诉权平等原则,行政协议双向诉讼结构赋予行政机关作为原告的资格,不仅在行政协议诉讼中平衡了两造的利益,还有利于维护诉讼两造的合法权益。

(3)行政法治理论:司法审查成为权利救济的最终手段。这是行政法治的重要理论观点。通过司法审查的全面覆盖,对行政机关的行为都可以得到公正的评估与判断,确保了权利救济的可能性与完整性,体现了依法行政的理念,推动了行政法治的深入发展。

行政法治的基石在于依法行政,即行政机关的所有活动必须基于法律,而法律是评判其行为的终极标准。[1] 只有当司法审查成为权利救济的最终手段时,才能确保行政机关的行为符合法律的要求,避免权力的滥用,真正实现行政法治。马怀德教授指出,我们在解决社会矛盾时,过于依赖行政手段,而忽视了法治手段,这种做法有悖于行政法治的原则。[2] 为了更好地落实行政法治原则,行政诉讼制度的双向性在行政协议、行政执行、行政之债等领域的应用十分重要。这一制度设计的目的是防止行政机关在行使行政权力时,绕过法院的司法审查。

2. 可行性分析:行政协议双向诉讼价值基础

(1)双向行政诉讼能够更好地控制行政权。双向行政诉讼,即赋予行政机关和公民双方起诉权,无疑能够更好地控制行政权,实现行政权力的合法行使,保护公民的合法权益,实现公平与正义。学术界和实务界原本忧虑赋予行政机关原告资格后,可能会导致行政权力难以控制,[3]然而现实的发展证明,这种忧虑是没有必要的。

首先,司法审查的原则是“不告不理”。在行政协议相对人违约的情况下,如果行政机关不能提起行政诉讼,那么其基于具有的对行政事务主动、直接、连续、具体管理

---

[1] 参见应松年:《依法行政论纲》,载《中国法学》1997 年第 1 期。

[2] 参见马怀德:《法治政府建设:挑战与任务》,载《国家行政学院学报》2014 年第 5 期。

[3] 参见闫尔宝:《论行政协议诉讼的特殊性》,载《治理研究》2019 年第 2 期。

的权力,可能会直接采取行使行政权的方式,这可能违背自然公正原则,引发不公平现象。

其次,如果只有当公民的权益受到侵害时才能提起行政诉讼,那么法院对行政协议的全面、实质性审查则必然是事后性与弥补性的,这无法满足我们当前制约与控制行政权力、保障公民权益的需要。如果仅在行政协议纠纷中排除行政主体的原告资格,这不仅背离了合同相对性与平等原则,还阻碍司法机关对行政协议进行全面审查。〔1〕

最后,双向行政诉讼更能对权力形成有效控制。这种诉讼方式要求行政机关在实现行政协议的过程中将争议的判断权直接提交给法院,放弃采用行政优益权的方式。参与制定《行政协议司法解释》的法官也曾提出:"诉讼方式对于此类案件的实质解决最有利,对于公平正义的实现也最有利。"〔2〕

(2)行政法发展新趋势呼唤双向行政诉讼。在行政法制定初期,大多数纠纷都是由行政机关侵害公民利益而引起的,因此为了保护相对人的合法权益,行政法以审查行政机关具体行政行为为设计重点,以"民告官"为主要模式。传统的单向诉讼制度逐渐无法满足时代的需求,单方控制的传统行政法需要向双方协调的新行政法进行转变。〔3〕随着行政协议被明确纳入行政诉讼的受案范围内,行政协议无法实现的情形频发,赋予行政机关和相对人平等的诉讼权利和义务,制定双向诉讼制度便成为当下的最优解。

(3)双向诉讼符合司法最终解决行政诉讼目的。行政协议的双向行政诉讼体现了司法最终解决的原则。依法行政是现代法治政府行使权力普遍奉行的基本准则,要求"法律是行政机关据以活动和人们对该活动进行评判的标准"。〔4〕在依法行政的要求下,"任何一个由国家机关所作的决定总要有一个最后的裁决者",这个裁决者无疑只能是司法机关,〔5〕若不改变如今的行政诉讼单向性构造,在行政相对人违约时,行政机关习惯于直接行使优益权来迫使相对人履行行政协议,这种做法刻意绕过司法审查,违背了司法最终解决原则。双向行政诉讼可以防止行政机关运用行政权

〔1〕参见梁凤云:《新行政诉讼法讲义》,人民法院出版社2015年版,第79页。

〔2〕最高人民法院行政审判庭编著:《最高人民法院关于审理行政协议案件若干问题的规定理解与适用》,人民法院出版社2020年版,第334页。

〔3〕参见江利红、张宇帆:《行政协议反向诉讼制度之逻辑机理》,载《北京行政学院学报》2022年第6期。

〔4〕应松年:《依法行政论纲》,载《中国法学》1997年第1期。

〔5〕参见罗豪才主编:《行政法论丛》(第1卷),法律出版社1998年版,第424页。

力却无须经过法院司法审查的情况出现，有力保障司法的全面覆盖，保障司法最终裁决的实现。

3. 域外经验：域外双向诉讼模式的规范蓝本

德国行政程序法准用民法模式的规范蓝本为我国构成双向行政诉讼制度提供有益借鉴。德国的《联邦行政程序法》专门设立了行政合同的章节，并且在适用法律上主要参照行政合同的章节，辅以行政行为的规定。对于《联邦行政程序法》未明确的问题，则会参照《德国民法典》的规定，由此形成了行政程序法在适用时参考民法的模式。根据德国《行政法院法》第 40 条的规定，行政合同纠纷由行政法院管辖，行政机关和相对人都可以将争议提交给法院审理。当合同当事人拒绝履行约定的义务时，行政机关不能通过行政行为来确认或强制实施其合同请求权，而必须向行政法院提起诉讼。〔1〕 如果行政机关在其权限范围内，可以通过单方行政行为实现其请求权，那么就没有必要保护其在诉讼法上的权利。相反，如果行政机关需要实现其公法上的请求权，就应该通过行政赔付诉讼来实现。借鉴德国的经验赋予行政机关在行政协议诉讼中的原告资格，不失为我国规制行政权力和促进行政机关依法依约履行协议两者间的路径选择。

在我国的司法实践中，我们曾经见到过行政机关将合同相对人告上法庭，并要求对方履行行政合同的情况。〔2〕 因此，我国可以参考德国的司法实践，建立行政合同的双向诉讼制度。这不仅顺应行政法和行政诉讼法理论的创新，还具有合理性、合法性和可行性。

四、相对人不履行行政协议的分类救济制度构建

（一）等级关系协议：程序回转机制的制度设计

1. 程序回流：恢复传统强制执行程序

以权力为主导的行政协议在实践中若无法达到预期效果，“程序回流”并恢复传统强制执行，能更好地保障行政目的的实现，同时保持行政效率。

《行政协议司法解释》第 2 条列举的 5 类典型行政协议中，房屋征收补偿协议、国有土地使用权出让协议、政府特许经营协议均属于等级关系协议。根据前文的样本数据分析可知，在司法实践中房屋征收补偿协议、国有土地使用权出让协议发生相对

---

〔1〕 参见[德]哈特穆特·毛雷尔：《行政法学总论》，高家伟译，法律出版社 2000 年版，第 381 页。

〔2〕 参见河南省登封市人民法院行政判决书，(2012)登行初字第 52 号。

人不履行协议的情况概率较高。以房屋征收补偿协议为例,当相对人不履行征收协议的义务时,行政机关应按照征收补偿方案作出征收决定,经法定程序告知相对人后其仍不履行,行政机关即以行政决定为执行依据强制执行,而不是强求行政协议内容的实现,因小失大。以权力为主导的行政协议在行政程序中的出现,标志着行政权力的柔性化运作,提高相对人签订和履行协议的积极性。当激励相对人自觉履行的行政协议行政目的落空时,就应该采取恢复传统强制执行的策略,也就是所谓的"程序回流",能更好地保障行政目的的实现。这种适应性的策略调整,显示了行政管理中的灵活性与务实精神,更符合行政权力的公共性本质。

"程序回流"是从表象回归实质的转变,即从形式层面的协议处理方式回归到行政权力的实质性行使。"程序回流"是一种行政权力行使的策略,其主要形式是行政主体出具程序回转决定书。在决定书中,行政机关要求相对人按照原初的行政方案执行,而非按照行政协议约定的内容进行执行。这样,行政主体可以直接掌控行政执行的过程,确保行政决策的落实。这种"程序回流"的做法避免行政协议与传统的高权行政行为在同一程序中并存的情况,同时,通过直接行使行政权力,也有利于提高行政效率,加速行政决策的实施。

2. 利益平衡:引入听证程序

听证程序是一种制度保障,能为公民设置一项充分维护自己的合法权益的程序机制,能够保证行政相对人有充分表达自己意见的机会,也促进行政主体与行政相对人之间可以深入的沟通和交流,使非诉执行案件的审理更加合理。在等级关系协议中,行政相对人违约时,直接进行程序回流,回归传统的强制执行,此时行政机关从给付行政恢复到高权行政。从平衡论的观点来看,"行政法上的权力与公民权利的配置应当是平衡的,运用制约、激励与协调机制充分发挥行政主体与相对人的能动性,维护法律制度、社会价值的结构均衡,促进社会整体利益的最大化"。[1] 因此,为了平衡双方的地位,维护相对人的合法权益,恢复传统高权行政行为的同时,采用听证审查方式,给相对人表达自己意见的机会,更有利于双方利益的平衡。

3. 权利保障:充分保证相对人的权利救济

(1)建立最大化的协商和沟通机制。在等级关系协议中,相对人不履行协议约定的义务时,行政机关固然是为了维护公共利益而恢复强制执行程序,但这并不意味着政府可以不考虑契约精神。平等协商和沟通机制要求行政机关在恢复强制执行前,

---

〔1〕 罗豪才等:《行政法平衡理论讲演录》,北京大学出版社2011年版,第6页。

首先与行政相对人进行充分的沟通协商，了解其真实需求和困境以寻求问题的友好解决，能够在很大程度上避免不必要的冲突和对抗，保障行政相对人在和行政机关的沟通中提出自己观点，在沟通协商范围内有权利为自己所承担的义务和享有的权利进行改变，有助于寻找双方都能接受的解决方案。这体现了行政行为的人性化，强调行政机关应站在民众的角度上考虑问题，柔性执法，而不是单纯地从行政执行的角度出发。

（2）遵循程序正当原则。行政机关作出影响行政相对人权益的行政行为，必须遵循正当法律程序，强制执行程序是否规范关系到执行程序是否公平公正。为回应“程序回流”的制度需求，应做好行政机关在等级关系协议中自行恢复强制执行相关的制度设计。首先，只有在行政相对人拒绝履行行政协议约定的义务，或自愿履行不足以达到预期的行政目的时，才能启动行政强制执行。其次，行政机关在行使强制执行权时，必须依据明确的法律规定，并确保其行为符合法律规定的程序，如规定催告、公告、作出强制执行决定书等相关程序的期限。这不仅可以提高行政效率，还有利于维护法律关系和社会关系的稳定性，行政机关恢复强制执行需要等上述程序的履行期限都届满，否则会面临程序违法的危险。最后，在执行方式方面，行政机关在执行时应进行严格的权衡，慎用强制逼迫型手段，注重软硬兼施，考虑是否存在其他较为温和有效的手段来达到预定目标，促进行政强制执行目的的实现。

（3）执行范围不能超出协议内容。等级关系协议虽然是以权力为主导的行政协议，但仍能制约行政机关权力的行使。如果行政机关以保护公共利益为借口，在执行过程中采取的措施超出行政协议所约定的范围，这意味着行政机关的权力可以突破自身曾经同意的限制，暴露了行政机关行使权力的任意性，将会损害行政机关的公信力，增加群众对行政协议的质疑和抵触。考虑到行政强制执行对行政相对人权益影响大，需要充分保障相对人的救济权利，行政强制执行的措施应当与其目的相符，不得为达到目的而执行超出行政协议约定的范围，以最大限度地防止行政强制权的滥用。必要时可引入司法作为监督手段，避免过度执行现象的发生。

（二）对等型关系协议：双向行政诉讼制度的构建建议

1. 有限的起诉权

反向行政诉讼的出现给行政诉讼受案范围带来了巨大的影响，考虑到立法的概括性和前瞻性，应给反向行政诉讼的范围制定一定的标准。总的原则是，与相对人提起行政诉讼的受案范围尽量扩大不同，行政机关提起行政诉讼应采取受案范围法定主义，即只有法律明文规定应当提起反向行政诉讼的，行政机关才需要提起反向行政诉讼。建议将实践中常见的行政合同尽量详细地在条文中列举出来。司法救济是公共利益保护的最后防线,是行政相对人对抗行政机关的有效手段,严格限制行政机关的起诉权,不仅能避免司法资源的浪费,还能避免行政机关恶意拖延司法进程,给予相对人“安全感”。

2. 明确行政机关获得原告资格的标准和范围

行政协议中的反向诉讼,作为一种特殊的诉讼形式,其关键在于明确谁具有原告资格。主要体现在以下两个层面:

(1)直接与行政相对人签订行政协议的行政主体。按照行政主体理论,行政主体不仅包括行政机关,还包括法律法规授权的组织,以及行政机关的内部和派出机构。因此,所有在授权范围内与相对人签订行政协议的这些实体,都应具备反向诉讼的原告资格。只有直接参与行政协议并有权力实现特定公共利益的行政主体,才能够获得反向诉讼的原告资格。

(2)必须有直接的利害关系。由于各行政机关所负的行政职能并不相同,代表的公共利益也会有所区别。这导致当某一行政主体与相对人缔结行政协议以实现本机关所代表的公共利益时,其他未参与该协议的行政主体在法律上并无利害关系,自然也无法作为原告提起反向诉讼。

3. 被告资格的限定

在行政机关为了维护公共利益提起诉讼的行政协议案件中,为了防止行政机关滥用诉权侵犯相对人的合法权益,应对被告的资格进行必要的限定。一方面,被告应为与行政机关签订协议的公民、法人或其他组织,即只能是“官告民”,不能是“官告官”。在实践中,一些地方政府为了打破区域壁垒,实现跨区域事务合作,带动经济发展而签订合作协议。倘若发生纠纷,因其双方都是行政主体的属性,明显不属于行政诉讼的受案范围。另一方面,被告的状态应限定为协议履行过程中。行政协议的制定过程包括协商、签署、履行等环节。协商阶段是行政协议制定的基础,双方需就协议内容进行充分协商并达成一致意见,此时协议尚未缔结,没有产生实质性的利益,自然不会产生诉讼纠纷。在行政协议的缔结阶段,适用双阶理论,[1]行政机关可通过行使传统的行政职权来维护公共利益。而在对等性关系协议履行阶段,若相对人不履行协议约定的义务,因对等性关系协议的合意性,行政机关不能随意行使行政优益权,应向法院提起行政协议反向诉讼。

---

〔1〕 参见严益州:《德国行政法上的双阶理论》,载《环球法律评论》2015年第1期。

4. 建立双向审查和双重裁判结构

在行政协议案件的司法审查中,"双向审查和双重裁判"的结构显得尤为重要。行政性和契约性是行政协议的一体两面,因此,在司法审查中既要审查行政协议行为的合法性,又要审查行政协议的效力性,在裁判主文中要体现对行政合法性和效力性的双重裁判。双向的实质审查结构更科学,兼顾了行政协议的双重性质。

这种双向的审查结构更加科学,因为它充分考虑了行政协议的双重性质。当经过合法性和效力性的审查后,如果发现协议合法且有效,那么人民法院可判决驳回诉讼请求;如果发现协议违法并无效,人民法院则可以根据具体情况,确定行政协议无效等。在这两种情形中,人民法院只需要一个判项即可实现对合法性和效力性的双重裁判。

当经过双重审查后发现协议存在违法但有效的情形时,此时一个判项无法同时解决合法性和效力性的问题。因此,人民法院需要用两个判项分别对合法性和效力性作出裁判,比如,虽然行政协议的签订存在违法行为,但涉诉行政协议不属于无效的情形,双方基于真实意愿达成的协议已实际履行完毕,且协议的内容并未损害相对人的合法权益。法院坚持双重裁判原则,确认了行政机关的违法行为,但同时维持了行政协议的效力。[1] 建立双向审查和双重裁判结构是在审理行政协议案件时保障公平正义的重要手段,既要严肃对待行政机关的行为合法性,也要尊重行政协议的效力。

结 语

随着柔性行政理念的深化,行政协议已成为我国现代行政管理的重要工具。行政机关不履行行政协议时,相对人享有相应的救济途径,但行政机关在相对人违约时的救济机制尚显不足。为弥补这一缺陷,《行政协议司法解释》尝试通过转介强制执行来补足此空白,但针对行政协议的双重属性和类型多样性,当前的做法在理论和实践层面均面临挑战。为确保行政协议的执行与其立法初衷相一致,建议探讨行政协议的分类救济机制,按等级关系协议与对等关系协议进行划分,并相应设立恢复强制执行及双向行政诉讼制度。这种分类救济的策略或将为解决行政协议争议提供更为高效和合理的路径。

---

〔1〕 参见浙江省高级人民法院行政判决书,(2018)浙行终13号。

金融稳定语境下“穿透式审判”与金融监管之理性调试

——以329份涉虚拟货币民事裁判文书为研究对象

杨凌燕*

引 言

金融监管和金融审判系保护国家金融活动健康运行的“两驾马车”,一般在权属范围内各司其责,并不易越界引发冲突。金融投资作为创新活跃又专业复杂的典型商事法律活动,机构改革组建了金融监督管理总局,统一行使审慎监管和行为监管职能,形成了二者并重的“双峰监管”模式。[1] 在强监管保障金融稳定的语境下,金融审判也会客观强化自身能动性、潜在地发挥金融监管功能,金融审判稳定性、金融监管相机性之间的冲突与协作相融并存,如何认定违反监管政策文件的金融投资交易行为法律效力,寻求价值选择的帕累托最优状态,是新时代人民法院面对金融创新亟待解决的重要课题。

然则,区块链新兴技术的涌现催化了虚拟货币的诞生和快速发展,自2009年以比特币为代表的虚拟货币面世至今,受到技术更新、交易风险和监管政策等多重因素的叠加影响,社会主体之间涉虚拟货币投资交易纠纷大量滋生,而我国现监管文件位阶较低,且虚拟货币法律属性界

---

* 杨凌燕,广西壮族自治区高级人民法院民二庭三级法官助理。

〔1〕 参见杨梦雪:《北京金融法院陈广辉:穿透式审判可有效应对金融市场复杂性和金融创新动态性》,载《21世纪经济报道》2023年3月31日,第10版。

定在理论和实务适用上均存有较大分歧。鉴于此，本文以涉虚拟货币民事裁判文书作为主要研究对象，通过量化分析与统计梳理，层次鲜明地勾勒出裁判总体样态的宏观图景、裁判结果的微观形貌以及裁判规则趋向概览，并进一步对涉虚拟货币民事纠纷中“穿透式审判”与金融监管之博弈偏差及困局成因予以审视，探寻涉虚拟货币民事裁判与金融监管衡平调试之协同优化路径。

一、冲突源起：虚拟货币监管政策演进及其法律属性界定纷争

本文所称的虚拟货币区别于以往的 Q 币、游戏币、充值卡券等虚拟财产，系指以比特币、以太币等为代表的狭义上的虚拟货币，即依托于区块链网络作为底层技术支持，基于去中心化的共识机制，以非对称加密的收敛算法确保交易流通安全性，通过私钥控制、模拟现实中支付工具或证券等形式权益凭证的虚拟凭证，[1]具有高度匿名性、价值相对性、独立性等特征。

(一)演进：我国虚拟货币金融监管政策发展历程

如表 1 所示，2013 年《关于防范比特币风险的通知》否认了比特币的货币属性，规范主体主要为金融支付机构，对社会公众尚停留在“知识教育及投资风险提示”层面。2017 年《关于防范代币发行融资风险的公告》界定并禁止了代币发行融资活动，规范主体拓展到“任何组织和个人”，对社会公众明确提出了“高度警惕风险隐患”的要求，但并未禁止个人投资交易行为。2021 年出台的三份文件均采“禁止性”用语。特别是《关于进一步防范和处置虚拟货币交易炒作风险的通知》的发文单位首次将最高人民法院、最高人民检察院纳入，具备司法政策属性，并将对虚拟货币的管控深入交易炒作环节，对相关活动定性为非法金融活动予以禁止取缔，同时明确采用“相关民事法律行为无效”这种效力性强制性规范的语义表达。

表 1　我国虚拟货币金融监管政策发展历程概览

发布日期	文件名称	效力级别	发文/监管部门	主要文件内容/监管措施
2013 年 12 月 5 日	《关于防范比特币风险的通知》(银发〔2013〕289 号)(以下简称 2013 年《通知》)	部门规范性文件	中国人民银行、工业和信息化部、中国银监会(已撤销)、中国证监会、中国保监会(已撤销)	1. 正确认识比特币不具有货币属性，应当是一种特定的虚拟商品，不具有与货币等同的法律地位，不能且不应作为货币在市场上流通使用；

〔1〕 参见李燕、常烨：《虚拟货币的法律属性争议与思考》，载《内蒙古社会科学》2021 年第 6 期。

续表

发布日期	文件名称	效力级别	发文/监管部门	主要文件内容/监管措施
				2. 各金融机构和支付机构不得开展与比特币相关业务； 3. 加强对比特币互联网站的管理，防范洗钱风险； 4. 加强对社会公众货币知识的教育及投资风险提示
2017 年 9 月 4 日	《关于防范代币发行融资风险的公告》（以下简称 2017 年《公告》）	部门规范性文件	中国人民银行、中央网信办（已变更）、工业和信息化部、工商总局、中国银监会（已撤销）、中国证监会、中国保监会（已撤销）	1. 准确认识代币发行融资活动的本质属性，是一种未经批准非法公开融资的行为，涉嫌违法犯罪活动； 2. 任何组织和个人不得非法从事代币发行融资活动； 3. 社会公众应当高度警惕代币发行融资与交易的风险隐患
2021 年 5 月 18 日	《关于防范虚拟货币交易炒作风险的公告》	部门规范性文件	中国互联网金融协会、中国银行业协会、中国支付清算协会	1. 金融机构、支付机构等不得开展与虚拟货币相关的业务； 2. 消费者要提高风险防范意识，谨防财产和权益损失
2021 年 9 月 3 日	《关于整治虚拟货币“挖矿”活动的通知》（发改运行〔2021〕1283 号）	部门工作文件	国家发展和改革委员会、中央宣传部、网信办、工业和信息化部、公安部、财政部、中国人民银行、国家税务总局、国家市场监督管理总局、中国银保监会、国家能源局	按照“严密监测、严防风险、严禁增量、妥处存量”的总体思路，加强虚拟货币“挖矿”活动上下游全产业链监管，严禁新增虚拟货币“挖矿”项目，加快存量项目有序退出，促进产业结构优化和助力碳达峰、碳中和目标如期实现

续表

发布日期	文件名称	效力级别	发文/监管部门	主要文件内容/监管措施
2021年9月15日	《关于进一步防范和处置虚拟货币交易炒作风险的通知》	部门规范性文件	中国人民银行、网信办、最高人民法院、最高人民检察院、工业和信息化部、公安部、市场监管总局、中国银保监会、中国证监会、国家外汇管理局	1.进一步强调虚拟货币的本质非货币属性,虚拟货币相关业务活动属于非法金融活动。 2.境内:禁止几类虚拟货币相关的非法金融活动;境外:禁止虚拟货币交易所通过互联网向我国境内居民提供服务。 3.强调参与虚拟货币投资交易活动存在法律风险。任何法人、非法人组织和自然人投资虚拟货币及相关衍生品,违背公序良俗的,相关民事法律行为无效,由此引发的损失由其自行承担;涉嫌破坏金融秩序、危害金融安全的,由相关部门依法查处

基于上述梳理,金融监管对于虚拟货币金融活动系统性风险的管控,从对其货币属性的否认,延伸到对机构的业务规范,进而逐步深入个人投融资行为要求;对于虚拟货币相关金融活动的态度表现为"不应→不得→严格禁止";对于社会公众参与投资交易虚拟货币活动的态度也从"教育提示→高度警惕→风险自担",直接援引公序良俗原则对行为效力予以明确否定。[1]

(二)争议:虚拟货币法律属性界定分歧

关于虚拟货币的法律属性,我国民法学界对其认定出现了分歧,主要观点包括债权说、物权说、数据说、货币说、其他财产说、虚拟财产说等。其中,主张"债权说"的学者认为,虚拟货币具有类似金钱债权的性质;[2]还有学者从会计与法律的交叉研究中将虚拟货币的私法属性界定为债权。[3] 有较多的学者认为虚拟货币应属"物",传

〔1〕 参见林鸿:《论虚拟货币纠纷合同效力认定的裁判路径》,载《法律适用》2022年第10期。

〔2〕 参见罗勇:《论数字货币的私法性质——以日本Bitcoin. Cafe数字货币交易所破产案为中心》,载《重庆大学学报(社会科学版)》2020年第2期。

〔3〕 参见李敏:《数字货币的属性界定:法律和会计交叉研究的视角》,载《法学评论》2021年第2期。

统民法对物须为有体物这一特征的论述实非必须，所有权归属是否变动的关键在于物权享有者是否具备对物的支配管领力。[1] “数据说”则另辟蹊径，认为虚拟货币是一种具有财产性价值属性的电磁记录型数据；比特币、数字加密币实质是数据，而不是法定的币。[2] “货币说”则将虚拟货币作为一种货币，虽然得到境外某些国家的立法承认，但在我国不具备学理及法律规范上的可能性和合理性。此外，还有“其他财产权说”，主张应当受到类似绝对权的保护。[3] 笔者最为认同的是“特殊网络虚拟财产说”，即认定虚拟货币的法律属性为区别于物和数据的特殊网络虚拟财产。从技术原理和社会功能来看，虚拟货币系依托区块链网络能为人控制并满足人们生产生活需要的网络虚拟财产。[4] 除网络虚拟财产的共性之外，虚拟货币还具有流动性极强、可转换性[5]的特殊金融属性，在未来亦将受到更为严格的金融监管。

综上所述，我国理论界对虚拟货币法律属性的认识分歧较大，而不同的法律属性认定也会导致司法保护力度和裁判结果大相径庭，尤其影响着涉虚拟货币法律行为效力认定及其案涉财产问题的具体处理。

二、实然概貌：涉虚拟货币纠纷民事裁判样态考察

本文以“虚拟货币”为关键词，在“中国裁判文书网”进行全文检索，案由限定为“民事案由”，案件类型限定为“民事案件”。截至 2023 年 6 月 1 日，共获得民事裁判文书共计 4607 份。

（一）宏图远观：涉虚拟货币民事裁判总体实态分布

其一，在时空分布上，涉虚拟货币民事纠纷裁判总体实态分布呈现出“波动增长，区域级差”之样态，涉虚拟货币民事案件司法适用领域愈加广泛频繁。如图 1 所示，涉虚拟货币民事案件数量由东至西依次递减，且中西部地区案件是在 2016 年后才逐渐开始浮现，波动起伏式增长恰是反映了虚拟货币交易热度的冷却与反弹。值得注

---

〔1〕 参见赵磊：《数字货币的私法意义——从东京地方裁判所 2014 年(ワ)第 33320 号判决谈起》，载《北京理工大学学报(社会科学版)》2020 年第 6 期。

〔2〕 参见李伟民：《〈民法典〉视域中区块链的法律性质与规制》，载《上海师范大学学报(哲学社会科学版)》2020 年第 5 期。

〔3〕 参见冯洁语：《论私法中数字货币的规范体系》，载《政治与法律》2021 年第 7 期。

〔4〕 参见齐爱民、张哲：《政策与司法背景下虚拟货币法律属性的实证分析》，载《求是学刊》2022 年第 2 期。

〔5〕 参见吴云、朱玮：《数字货币和金融监管意义上的虚拟货币：法律、金融与技术的跨学科考察》，载《上海政法学院学报(法治论丛)》2021 年第 6 期。

意的是,在 2021 年后,东部、中部、西部三个地区[1]均展现出线性递减趋势,根据前述对涉虚拟货币金融监管规章的梳理可知,2021 年出台的三份部门规章均采用“禁止性”用语,对于虚拟货币相关金融业务活动转为“严格禁止”的强监管态度,故全国各地区案件数开始回落,这也是符合“政策冲击→司法反映”特征,即体现出司法实践对国家金融监管政策的反馈与回应。

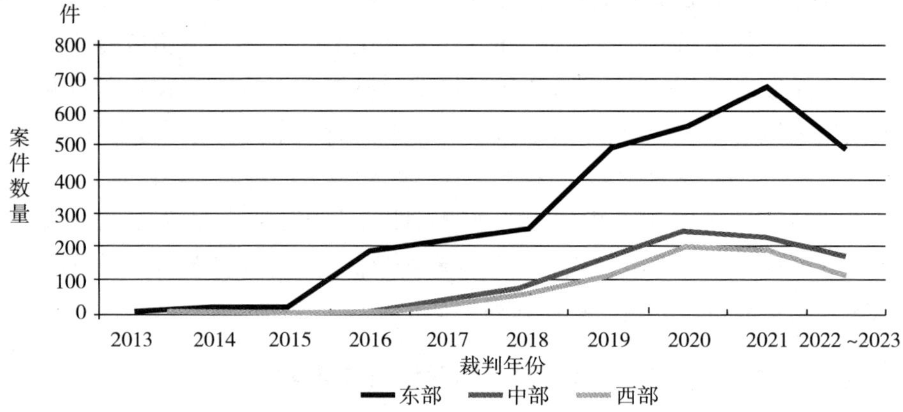

图 1　涉虚拟货币民事案件时空分布

其二,在审理层级分布上,涉虚拟货币民事纠纷裁判呈现出“层级下沉、类型集中”之特征。由图 2 可见,基层人民法院作为诉讼的第一道关口,案件频次最高,占比 69.8%;中级人民法院次之,占比 28.4%;由高级人民法院审理案件数有 72 件,最高人民法院审理的尚有 11 件。

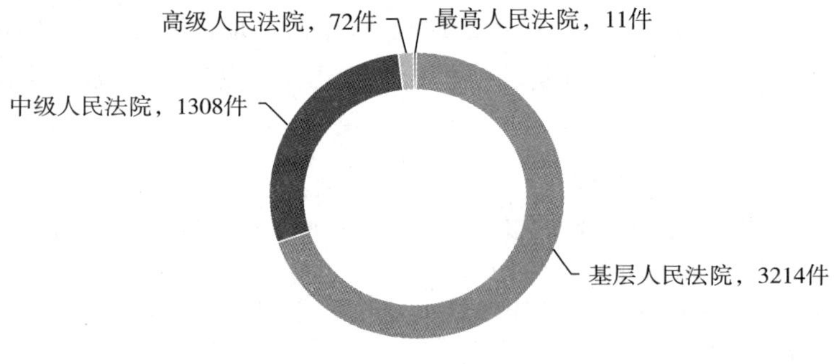

图 2　涉虚拟货币民事案件审理层级分布

〔1〕 本文采用学术研究常用地区划分方法,参考国家统计局“东西中部和东北地区经济地带划分方法”。

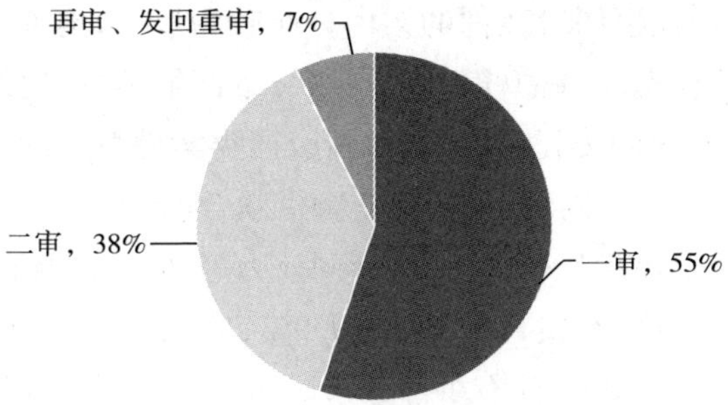

图 3　涉虚拟货币民事案件审理程序分布

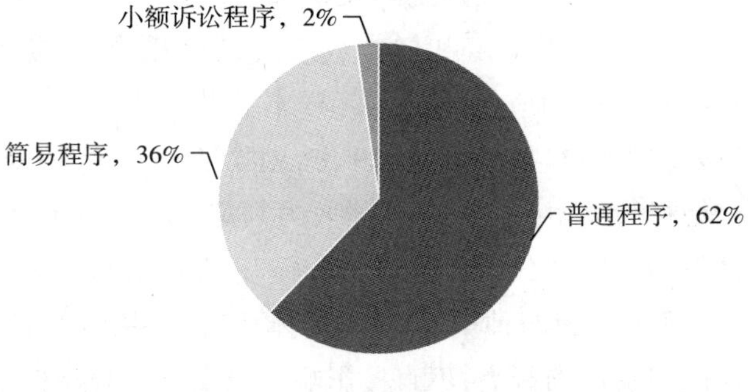

图 4　涉虚拟货币民事案件适用程序分布

其三，在审理程序和适用程序方面（见图 3、图 4），涉虚拟货币民事案件一审程序占比 55%，二审占比 38%，再审与发回重审案件相对较少，占比 7%，其中适用普通程序的案件约占六成，简易程序占比不到四成，小额诉讼程序仅为 2%。可以看出，随着金融创新的不断深入、金融交易结构的日益复杂，涉虚拟货币民事纠纷在金融审判实务中属于较为新颖疑难的案件，故其审理适用程序较一般传统民事案件更为复杂。

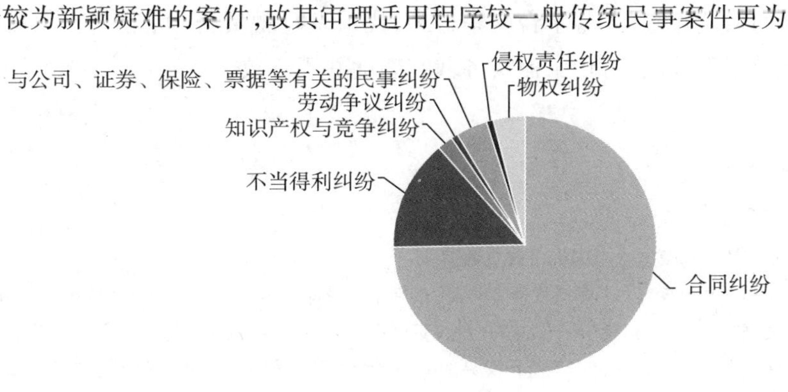

图 5　涉虚拟货币民事案件案由分布

其四,涉虚拟货币民事纠纷案件的案由分布较为广泛,但亦呈现出类型化、集中化的特征(见图5)。首先,涉虚拟货币合同纠纷案件最多,占比约81.2%。其中,委托合同纠纷案件(包含民间委托理财纠纷)占合同类案件总数的41.9%;买卖合同纠纷次之,约占34.8%;借款合同纠纷(包含金融借款合同、民间借贷纠纷)约占14.2%;服务合同、保证合同、房屋租赁合同、确认合同效力等其他合同纠纷占比约9.1%。其次,涉虚拟货币不当得利纠纷案件数约占10.9%,物权纠纷案件约占3%。最后,合伙企业纠纷案件占比约2.7%,尚有少部分系属知识产权、侵权责任及劳动争议纠纷。

(二)规则近察:涉虚拟货币民事纠纷效力判定处理

为进一步对涉虚拟货币民事裁判规则及结果予以近察,本文采取随机抽样的方法,结合大数定律,即在保证置信度和样本代表性的基础上,根据全国人口数量比例,[1]计算出各省级行政区划应抽取的实际样本数共计475件。经过精读筛选后,获得符合实证分析要求的样本判决书为329份,剔除了无效样本146份。[2]

1.虚拟货币交易行为类型区分及其法律效力判定

虚拟货币交易行为可以划分为区块链交易行为、平台交易行为、代币发行融资行为、"挖矿"生成虚拟货币行为四种类型。[3] 具体而言,区块链交易行为是指通过区块链网络实施转让虚拟货币的行为,不直接影响金融安全等公序良俗;平台交易行为是指通过中心化虚拟货币交易平台实施转让虚拟货币的行为;代币发行融资行为(包含首次代币发行ICO项目)是指融资主体通过区块链网络发行虚拟货币并由投资者认购的行为;"挖矿"生成虚拟货币行为是指利用计算机硬件系统("矿机"),通过算法来锁定虚拟货币对应位置并获取,能源消耗和碳排放大,违背新发展理念,不利于国家碳达峰、碳中和目标的实现。在金融监管政策明确否定虚拟货币交易平台市场准入资格的强监管态势下,平台交易行为、代币发行融资行为、"挖矿"生成虚拟货币行为原则应属无效法律行为,但实务裁判态度并不一致。

---

〔1〕 参见国家统计局第七次全国人口普查数据。

〔2〕 无效样本主要包括:(1)"虚拟货币"不属于裁判主文说理范畴;(2)系指网络游戏虚拟货币而非本文所称狭义概念上的"虚拟货币";(3)多人争议案件产生的多个独立判决书。

〔3〕 本文借鉴齐爱民、张哲在《虚拟货币交易的类型区分及法律效力》一文中对于虚拟货币交易行为的分类方式,载《数字法治评论》2022年第1期;本文将"'挖矿'生成虚拟货币"单独列作一项虚拟货币交易类型。

表 2　虚拟货币交易行为类型及法律效力认定情况统计

类型	案件频次（占比）	认定有效频次（占比）	认定无效频次（占比）	回避认定频次（占比）	一审、二审/再审认定不一致（占比）
区块链交易行为	2(0.6%)	2(100%)	0	0	0
平台交易行为	275(83.6%)	58(21.1%)	125(45.5%)	71(25.8%)	21(7.6%)
代币发行融资行为	16(4.9%)	3(18.75%)	6(37.5%)	4(25%)	3(18.75%)
“挖矿”生成虚拟货币行为	27(8.2%)	7(26%)	11(40.7%)	4(14.8%)	5(18.5%)
平台交易行为+代币发行融资行为	4(1.2%)	0	4(100%)	0	0
平台交易行为+“挖矿”生成虚拟货币行为	5(1.5%)	2(40%)	1(20%)	0	2(40%)
合计	329(100%)	72(21.9%)	147(44.7%)	79(24%)	31(9.4%)

如表 2 所示，涉虚拟货币平台交易行为的案件数最多，为 275 件，占比 83.6%；“挖矿”生成虚拟货币行为 27 件，占比 8.2%；代币发行融资行为 16 件，占比 4.9%；区块链交易行为案件数最少，仅有 2 件。此外，尚有少部分案件是“平台交易行为+代币发行融资行为”“平台交易行为+‘挖矿’生成虚拟货币行为”两种类型相结合。进一步观测各交易行为类型下的效力认定情况，区块链交易行为在实务裁判中全部认定为有效，“平台交易行为+代币发行融资行为”全部认定为无效。针对不同的虚拟货币交易行为，存在认定有效、无效[1]、回避认定、一审、二审认定不一致多种裁判结果，其中认定行为无效的裁判结果占比最大，约占 44.7%；其次是回避认定的裁判结果，占比约 24%；认定行为有效的占比 21.9%，尚有 9.4% 属于一审、二审/再审认定不一致的情形。

2. 虚拟货币财产属性裁判态度及其法律效力判定

针对涉虚拟货币的“货币属性”此类案件，因金融监管政策文件中均否定了虚拟货币的货币属性，司法裁判一般认定“合同无效”或“不受法律保护”。故本文在此重

---

[1] 本文所指的“认定有效、无效”包含裁判未直接认定法律行为效力，但根据其判决结果可以反推认定行为有效、无效，区别于“回避认定”。

点讨论涉虚拟货币财产属性相关的民事纠纷，该类纠纷在司法实践中争议较大，裁判规则及结果更是迥然不同。笔者将司法裁判对于虚拟货币财产属性所持态度分为肯定说、否定说、态度不一致三种。肯定说是指认可虚拟货币的财产价值属性，否定说即否定财产价值属性，态度不一致即一审、二审/再审中裁判所持态度各有不同。由表 3 可知，对虚拟货币财产属性持否定说态度的案件数最多，共计 238 件，占比约 72.3%；持肯定说态度的有 63 件，占比 19.1%；一审、二审/再审中所持态度不一致的案件占比5.8%；另外还有约 2.8% 的案件裁判持回避态度。

表 3　虚拟货币财产属性裁判态度及法律效力认定情况统计

裁判态度	案件频次（占比）	认定有效频次（占比）	认定无效频次（占比）	回避认定频次（占比）	一审、二审/再审认定不一致（占比）
肯定说	63(19.1%)	58(92%)	0	3(4.8%)	2(3.2%)
否定说	238(72.3%)	7(2.9%)	145(60.9%)	70(29.5%)	16(6.7%)
回避	9(2.8%)	0	0	9(100%)	0
一审、二审/再审态度不一致	19(5.8%)	2(10.5%)	1(5.3%)	2(10.5%)	14(73.7%)

法院对于虚拟货币财产属性裁判态度的差异，亦进一步影响到其法律行为效力的判定。具体而言，裁判持肯定说态度的案件，约 92% 认定法律行为效力为有效；持否定态度的案件，约六成认定法律效力无效，回避认定法律效力的案件亦较多，约占 29.5%，且仍有 2.9% 的案件认定法律效力有效，与其持否定说前后矛盾。在一审、二审/再审中所持裁判态度不一致的情况下，也产生了有效、无效、回避认定、认定不一致四种不同的法律行为效力认定结果。此外，在持回避裁判态度的案件中，也全部回避了涉虚拟货币法律行为效力的认定。

3. 涉虚拟货币法律效力判定及其案涉财产处理

受到金融监管政策、法官自由裁量等因素影响，类似案件在不同地域年份的裁判存在有效、无效、回避认定的情况。鉴于此，本文建立在涉虚拟货币法律效力认定的基础上，进一步对其案涉财产处理情况予以统计分析。

表4　涉虚拟货币法律效力认定及其案涉财产处理情况统计

财产处理 效力认定	认定有效 频次(占比)	认定无效 频次(占比)	回避认定 频次(占比)	一审、二审/再审 认定不一致 频次(占比)
按约履行各自义务	16(22.2%)	—	—	1(3.7%)
返还交易钱款	34(47.2%)	45(30.8%)	2(2.45%)	0
返还虚拟货币	5(7%)	2(1.4%)	0	0
回避处理	1(1.4%)	3(2.1%)	69(85.2%)	0
不予支持,自行承担	15(20.8%)	76(52%)	8(9.9%)	2(7.4%)
一审、二审/再审处理不一致	1(1.4%)	7(4.8%)	2(2.45%)	24(88.9%)

如表4所示,首先,在认定虚拟货币法律行为有效的案件中,裁判针对案涉财产处理方式主要包括返还交易钱款(占比47.2%)、按约履行各自义务(占比22.2%)、自行承担(占比20.8%)、返还虚拟货币(占比7%)、回避处理与处理不一致等情况。其次,基于无效认定,对案涉财产处理方式主要是自行承担(约占52%)、返还交易钱款(约占30.8%),另外基于法律行为无效,判决按过错程度分担责任的案件有13件(约占8.9%),还有少部分案件处理结果是返还虚拟货币、回避处理或是处理不一致。最后,在回避效力认定的81个案件中,绝大部分(约占85.2%)也是回避案涉财产的处理问题,且尚有约9.9%的裁判认为应由其自行承担风险后果。此外,针对效力认定不一致的情况,案涉财产处理问题一般也随着效力认定差异而发生变化,尚有少部分裁判认为应按约履行或自行承担。

4.涉虚拟货币民事案件事实查明依据以及裁判说理依据

一方面,进一步对涉虚拟货币民事案件事实查明依据予以研析,笔者将事实查明证据属性分为区块链证据(通过区块链网络获取的证据)、非区块链证据(传统民事证据,包括借条、协议书、转账记录、微信聊天记录及截图、当事人陈述等)两大类。由表5可知,在涉虚拟货币民事裁判中,约有62.9%的案件仅适用非区块链证据,即传统民事证据作为事实查明依据;在传统民事证据的基础上,复合适用区块链证据进行事实查明的案件仅有8件,占比为2.4%;有34.7%的案件更是未提及具体事实查明依据。

表 5　涉虚拟货币民事案件事实查明依据统计

事实查明依据	案件频次	占比
传统民事证据(非区块链证据)	207	62.9%
区块链证据 + 传统民事证据	8	2.4%
未具体提及	114	34.7%

另一方面,通过梳理司法裁判说理依据,笔者将其分为以下五种情形(见表 6):一是单独依据部门规章,即仅以表 1 罗列的部门规章作为裁判说理依据的案件共有 42 件,占比约 12.8%;二是单独依据民法法律相关规定(如《民法典》《民法总则》《合同法》等),实务裁判约 43.5% 的案件系只援引民法法律相关规定予以裁判说理;三是复合适用部门规章和民法法律相关规定作为裁判依据,共计 85 件,占比约 25.8%;四是依据最高人民法院《关于在审理经济纠纷案件中涉及经济犯罪嫌疑若干问题的规定》司法解释之规定,约有 8.2% 的案件认为虚拟货币纠纷涉嫌经济犯罪,不进行法律效力实质审查,裁定驳回起诉或移送司法机关;五是尚有 9.7% 的案件没有明确适用实体法规定,仅适用民事诉讼法相关程序性规定作出裁判。

表 6　涉虚拟货币民事案件裁判说理依据统计

裁判说理依据	案件频次	占比
部门规章(通知/公告文件)	42	12.8%
民法法律相关规定	143	43.5%
涉嫌经济犯罪司法解释	27	8.2%
未明确具体法律法规	32	9.7%
民法法律相关规定 + 部门规章(通知/公告文件)复合适用	85	25.8%

(三)趋向概览:最高人民法院、高级法院裁判规则剖析

本文进一步针对样本判决书中最高人民法院、高级法院近五年共计 19 起案件深入剖析,以探究在虚拟货币法律属性界定纷争及强监管的金融政策语境下司法裁判的判定趋向。如表 7 所示,首先,所有案件均系合同类纠纷,包括委托合同 8 件(含民间委托理财合同)、买卖合同 7 件、计算机软件开发合同 3 件、合伙合同 1 件,其中有 4 件适用二审程序、15 件适用再审程序,原审法院与二(再)审法院的裁判思路基本保持一致,仅有 1 个案件被改判。其次,案涉虚拟货币交易类型包含买卖或委托投资虚拟货币的区块链交易行为、平台交易行为,还有虚拟货币软件开发行为、买卖设备"挖

矿”生成虚拟货币行为。针对虚拟货币财产属性，约有63.2%的裁判持否定说，36.8%持肯定说态度。最后，在事实查明部分，仅采用传统民事证据的有9件（约占47.4%），采用传统民事证据与区块链证据相结合的仅有2件，尚有8件（约占42.1%）并未具体提及事实查明的证据由来。此外，从裁判依据来看，仅采用金融监管部门规章的有6件，仅采用民法法律规定的有5件，复合适用民法与部门规章的有5件，尚有3件未具体援引实体法律规范，仅以民事诉讼法相关程序性规定直接作出判决。

表7　最高人民法院、高级法院裁判规则概览

案例名	审理法院（审理程序）	虚拟货币财产属性	合同效力认定	财产返还处理	虚拟货币交易属性	事实查明部分	二审/再审是否改判	裁判依据
陈某1与星蓝区块链公司、陈某2计算机软件开发合同纠纷	最高人民法院（二审）	否定说	无效（损害公共利益）	一审：不予保护，自行承担 二审：基于合同无效，按过错程度、劳动付出分担责任	软件开发行为	传统民事证据+区块链证据	是	民法法律规定
创世纪公司与威瑞迪安公司委托合同纠纷	最高人民法院（再审）	肯定说	有效（判令解除合同）	解除合同，返还设备，并支付设备折旧损失	委托保管运营、平台交易行为	传统民事证据	否	民法法律规定
建金公司与玖星公司计算机软件开发合同纠纷	最高人民法院（二审）	肯定说	有效（自愿达成解除合同合意）	解除合同，按履行情况、过错程度、劳动付出分担责任	软件开发行为	传统民事证据	否	部门规章+民法法律规定
创世纪公司与GM公司委托合同纠纷	最高人民法院（再审）	肯定说	有效（判令解除合同）	解除合同，返还设备	委托保管运营、平台交易行为	传统民事证据	否	部门规章+民法法律规定
王某与蒽凯公司计算机软件开发合同纠纷	最高人民法院（二审）	肯定说	有效（自愿达成解除合同合意）	解除合同，按履行情况、过错程度、劳动付出分担责任	软件开发行为	传统民事证据	否	部门规章+民法法律规定
张某与胡某委托理财合同纠纷	北京高院（再审）	否定说	无效	不予保护，自行承担	委托投资虚拟货币、平台交易行为	未提及	否	部门规章+民法法律规定

续表

案例名	审理法院(审理程序)	虚拟货币财产属性	合同效力认定	财产返还处理	虚拟货币交易属性	事实查明部分	二审/再审是否改判	裁判依据
王某与刘某等买卖合同纠纷	山西高院(再审)	否定说	无效	基于合同无效,按照过错程度酌定双方各担一半责任	买卖虚拟货币、平台交易行为	未提及	否	部门规章 + 民法法律规定
毛某与李某不当得利(委托合同)纠纷	内蒙古高院(再审)	肯定说	未直接认定,但反推有效	举证不足,不予支持	买卖虚拟货币、区块链交易行为	传统民事证据	否	民法法律规定
任某 1、任某 2 等委托合同纠纷	黑龙江高院(再审)	否定说	回避认定。认为不属于法院受理民事诉讼的案件范围	回避处理。认为不属于法院受理民事诉讼的案件范围	委托投资虚拟货币、代币发行融资行为	未提及	否	部门规章
张某与朱某买卖合同纠纷	江苏高院(再审)	否定说	无效	基于合同无效,按照过错程度酌定双方各担一半责任	买卖虚拟货币、平台交易行为	未提及	否	部门规章
马某、亿邦公司买卖合同纠纷	浙江高院(二审)	肯定说	有效	按约履行,支付逾期交付产品违约金及物流费损失	买卖设备挖币生成虚拟货币	传统民事证据 + 区块链证据	否	民法法律规定
林某与张某买卖合同纠纷	福建高院(再审)	否定说	回避认定	不予保护,自行承担	买卖虚拟货币、平台交易行为	传统民事证据	否	未具体援引
张某 1 与张某 2 买卖合同纠纷	湖北高院(再审)	否定说	未直接认定,但反推无效	不予保护,自行承担	买卖虚拟货币、平台交易行为	未提及	否	部门规章
陈某等买卖合同纠纷	广东高院(再审)	否定说	回避认定,不属于人民法院应当受理民事案件的范围	回避处理,不属于人民法院应当受理民事案件的范围	买卖虚拟货币、平台交易行为	未提及	否	部门规章

续表

案例名	审理法院（审理程序）	虚拟货币财产属性	合同效力认定	财产返还处理	虚拟货币交易属性	事实查明部分	二审/再审是否改判	裁判依据
李某与黄某买卖合同纠纷	广东高院（再审）	否定说	未直接认定，但反推无效	不予保护，自行承担	买卖虚拟货币、平台交易行为	未提及	否	部门规章
陈某与彭某等委托合同纠纷	广西高院（再审）	否定说	无效	基于合同无效，返还合同所得款项	委托投资虚拟货币、平台交易行为、代币发行融资行为	传统民事证据	否	民法法律规定
雷某与方某合伙合同纠纷	重庆高院（再审）	肯定说	未直接认定，但反推有效	回避处理	合伙投资虚拟货币、平台交易行为	传统民事证据	否	未具体援引
朱某与李某委托合同纠纷民事申请再审审查民事裁定书	陕西高院（再审）	否定说	回避认定，不属于人民法院应当受理民事案件的范围	回避处理，不属于人民法院应当受理民事案件的范围	委托投资虚拟货币、平台交易行为	未提及	否	部门规章
程某、李某民间委托理财合同纠纷	青海高院（再审）	否定说	无效	基于合同无效，按照过错程度酌定双方各自承担一半责任	委托投资虚拟货币、平台交易行为	传统民事证据	否	未具体援引

进一步对上述裁判规则予以探析，笔者将司法实务中涉虚拟货币民事案件归纳为两大“派别”、十大“分支”的典型裁判路径之异。由图6可见，实务裁判中分为“否定说”与“肯定说”两大“派别”。一方面，在对虚拟货币财产属性持“否定说”派别下，法律行为效力认定主要分为无效认定、未直接认定而反推无效、回避认定三种方式。基于行为无效，案涉财产处理也有不予保护自行承担、按过错程度（履行情况、劳动付出）酌定承担责任、返还所得款项三种裁判结果；基于回避效力认定，对案涉财产处理有不予保护自行承担、不属于法院受理民事诉讼范围两种结果。另一方面，在持“肯

定说"的派别下,主要包括有效认定、未直接认定而反推有效两种模式。基于有效认定,法院会判令按约继续履行或促使当事人自愿达成解除合同合意,对案涉财产处理会按履行情况、过错程度、劳动付出承担责任。在未直接认定而反推有效的情形下,案涉财产问题也有不予保护自行承担、回避处理两种不同处理结果。

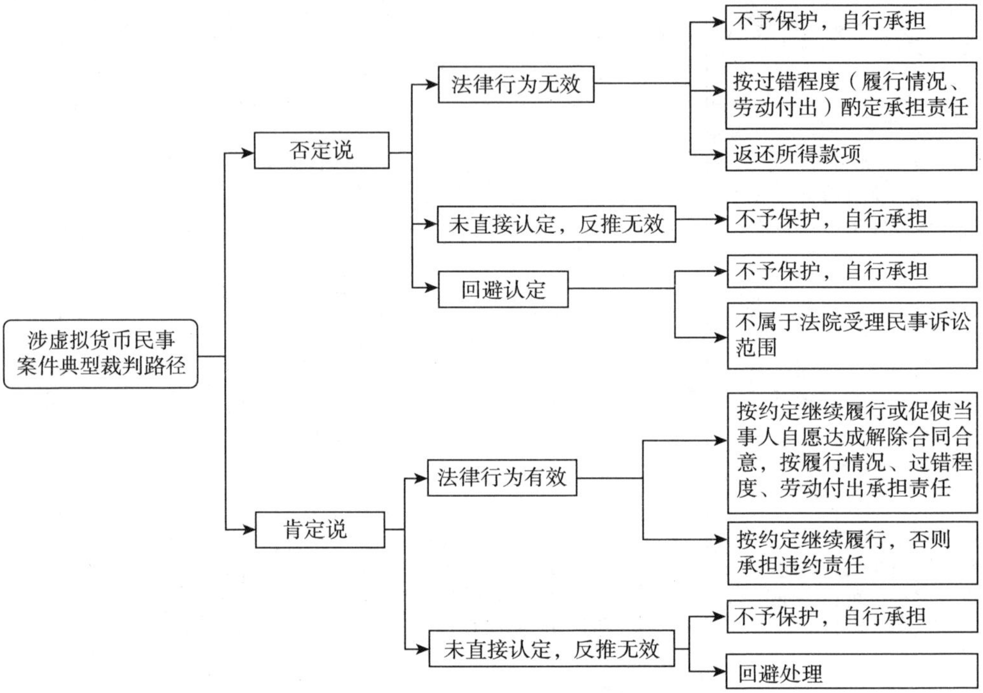

图6 涉虚拟货币民事案件典型裁判路径

三、博弈困局:"穿透式审判"与金融监管之偏差审视

基于上述裁判样态考察,发现很多案件系依传统民事外观主义之理念认定的法律效力与金融监管政策出现偏差,两大"派别"十大"分支"的典型裁判路径亦折射出当前司法实践对涉虚拟货币问题的认识理解较为混乱,对穿透式审判思维适用界限仍处茫然,金融监管政策文件能否作为裁判标准尚未厘定,同案异判现象凸显,陷入"左右为难"与"适用乱象"的博弈困局。

(一)同案异判:审判思维迥异之"左右为难"困境

由表3可知,当前司法实践对虚拟货币财产属性持有四种不同裁判态度,即否定说(占比72.3%)、肯定说(占比19.1%)、回避或态度不一致(占比8.6%)。在裁判标准尚未厘定的情形下，审判思维迥异导致同案异判现象凸显，陷入涉虚拟货币法律行为效力认定“左右为难”的现实困境。

1.“否定说”之“左难窘局”。其一，持“否定说”难以统一裁判标准。在监管政策从弱到强的演进过程中，效力认定也从有效转为无效，裁判标准判然不同，不利于维持司法裁判的预期稳定性。其二，难以处理法律行为无效的后果。若认定无效，首先面临的是基于法律行为取得财产返还问题，但虚拟货币的交付一般不具有强制执行性，这也是在45个样本案件中仅处理返还款项而不处理虚拟货币返还的原因所在。当然，这种处理方式易引发当事人不满，且有违《民法典》第157条民事法律行为无效后的公平“双返”原则。在不能或没有必要返还虚拟货币时应予折价补偿，但基于虚拟货币不具有货币属性，折价补偿亦成为悖论。其三，难以稳定交易秩序。“否定虚拟货币交易行为或法律关系的效力，并非实现个案公平和维护公共利益的最佳路径，反而会诱导通过诉讼获取不正当利益的行为发生。”[1]当事人双方均可基于交易无效诉请返还款项或虚拟货币，通过诉讼将交易风险转嫁，违反了风险自担原则和诚信原则，影响交易秩序稳定。其四，难以实现法律价值。民事权利客体的多样性伴随着现代社会中财产及具有财产价值的东西日益扩张而扩张，[2]在区块链技术发展未与虚拟货币脱钩的现实世界，虚拟货币已成为“利益”承载与转移的介质，若不加区分地否定虚拟货币合法财产属性及其相应民事行为的效力，反而无助于法律价值的实现。此外，尚有部分裁判[3]回避虚拟货币投资交易行为的效力认定，仅以案件不属于法院受理民事诉讼范围为由裁定驳回起诉，该做法确为欠妥。在“跨境化”的虚拟货币仍被作为有财产价值对象进行交易且与法定货币存在兑换行为的背景下，其发展极易走向法律无法介入的“暗网化”道路。[4]

2.“有效说”之“右难困境”。首先，持“有效说”裁判规避了涉虚拟货币交易行为损害公序良俗、公共利益的可能性。[5] 在考察违反监管政策是否构成违背公序良俗时，要考察政策规范对象是禁止从事某类交易行为，还是限制主体资格、交易场所、时

---

〔1〕 李燕、常烨:《虚拟货币的法律属性争议与思考》，载《内蒙古社会科学》2021年第6期。

〔2〕 参见梁慧星:《民法总论》(第5版)，法律出版社2017年版，第60页。

〔3〕 参见宁夏回族自治区吴忠市中级人民法院民事裁定书，(2023)宁03民终471号;陕西省高级人民法院民事裁定书，(2022)陕民申432号;广东省高级人民法院民事裁定书，(2021)粤民申35号等。

〔4〕 参见张卿:《论行政协议非诉执行制度的优化》，载《行政法学研究》2022年第1期。

〔5〕 参见程啸:《虚拟货币相关交易合同的效力》，载《法治日报》2022年5月18日，第9版。

间、数量等。[1] 尚有76个样本案件裁判认为虚拟货币的投资交易与“挖矿”行为属于非法金融活动，损害公共秩序和公共利益，应当认定无效。其次，“有效说”与金融监管政策导向难以保持一致。虚拟货币产生的财富效应引发国内不少“散户”跑步进场，金融风险高度聚集，虚拟货币交易市场中频繁的爆仓风险冲击着传统金融市场的安全稳定。[2] 在强监管政策背景下，若裁判直接认定交易行为有效，似有与国家金融监管政策导向相悖之嫌。最后，“有效说”现实难以履行。虚拟货币交易所涉国内网络平台本身具有不法性，所涉境外平台也不在国内法院的强制执行范围内。[3] 同时，实务裁判也不能以判决的方式实现虚拟货币与法定货币的兑换或计价，面临返还交付执行难题。

（二）规则缺位：裁判说理分歧之“适用乱象”困境

如表1所示，我国对涉虚拟货币金融监管规范性文件位阶较低，且仅从预防金融风险角度作出原则性表述，导致裁判对虚拟货币的定性更是模棱两可，裁判结果也不尽相同。笔者通过对329份样本裁判文书予以精读分析，可以发现涉虚拟货币民事纠纷案件由于缺乏高位阶法律统一适用标准，在裁判论证过程中表露出以下“说理乱象”：

1.“张冠李戴”。部分裁判说理论证在未对虚拟货币交易方式定性的前提下，与规范性文件中的交易模式进行错误匹配。在原告李某诉被告白某委托合同纠纷案中，[4]案件查明事实并未涉及代币发行融资的交易模式，而系委托投资虚拟货币的平台交易行为，该裁判援引金融监管的通知公告文件来认定涉嫌违法犯罪、不属于民事案件受案范围裁定驳回起诉，确有“张冠李戴”之嫌。

2.“按图索骥”。样本案件中有127件（约占38.6%）系单独或复合适用金融监管政策文件作为裁判说理甚至定论的重要依据，但没有案件对其法律层级进行详细阐释认定。根据最高人民法院《关于裁判文书引用法律、法规等规范性法律文件的规定》，引用部门规章等其他规范性文件，未经审查认定不能直接援引。另外，法院未对规章是否有禁止性规定表述及效力否定语义进行论证，在对交易行为无效进行先入

[1] 参见最高人民法院民法典贯彻实施工作领导小组主编：《中华人民共和国民法典总则编理解与适用》（下），人民法院出版社2020年版，第765～767页。

[2] 参见邓建鹏：《虚拟货币交易乱象的法律规制研究》，载《人民论坛》2021年第29期。

[3] 参见《比特币是否具有财产属性？怎样执行返还交付?》，载上海市高级人民法院微信公众号“浦江天平”2022年5月5日，https://mp.weixin.qq.com/s/4KH68E0MVhxjgyeWgJAHOA。

[4] 参见黑龙江省齐齐哈尔市龙沙区人民法院民事裁定书，(2021)黑0202民初1279号。

为主的判断后,不加明晰地适用规范性文件,经过粗糙且循环论证的说理后作出判决,应当警惕此种倒果为因、"按图索骥"的机械主义裁判倾向。

3."渺若烟云"。涉虚拟货币民事裁判依据通常表现为部门规章、民法法律相关规定、涉嫌经济犯罪司法解释三种类型。表6、表7的统计结果显示,329个总样本案件中有32件(约占9.7%)、由最高人民法院、高级法院审理的19个案件中有3件(约占15.8%),在裁判说理论证中并未明确指出援引上述实体法律规范依据,仅凭民事诉讼法相关程序性规定直接作出判决或仅以"违反金融管理秩序和强制性规定"为由,混淆法律规范文件的层级进行援引,金融监管文件对虚拟货币交易行为效力认定的影响并未厘清,似有"渺若烟云"之象。

(三)问题反思:涉虚拟货币民事裁判实践困顿之成因

1.金融审判稳定性与金融监管相机性之内在冲突。金融审判作为法律手段,需维持法律预期合理稳定以保障金融市场公平交易。金融监管作为行政手段,需在合法框架下采取相机抉择的策略,及时根据经济形势灵活调整金融监管政策。因此,金融监管的相机摇摆性与金融审判的预期稳定性天然存有内在矛盾与冲突,若仅持"否定说"贸然认定法律行为无效,意味着会否定金融市场中体量庞大的虚拟货币投资交易,在违背法不溯及既往的法理同时,更是打破了传统民商事诚实信用交易原则,可能带来难以估量的金融风险溢出后果。但若仅持"肯定说"认定虚拟货币投资交易行为有效,而忽视金融监管规定,则会滋生虚拟货币生产交易环节衍生的虚假资产、经营失败、投资炒作等多重风险,不符合防范化解重大金融风险以及产业结构优化调整的政策导向,不利于实现碳达峰、碳中和的目标。因此,面对金融监管手段的临时局部性和灵活创新性,金融审判难以及时跟进处理好合法与合规的关系,陷入"左右为难"的裁判困境。

2.金融监管政策文件之定性模糊且位阶较低。首先,我国出台的政策文件既否定虚拟货币的货币属性,同时肯定其商品属性,这种模糊的定性规范极易引起实务裁判的认定困惑。其次,我国现存监管文件的法律位阶较低,虽然行政规范性文件作为民法的非正式法源也具有介入民事裁判的余地,[1]但由于上位法并未完全缺位,行政规范性文件需与民商法基本原则、立法目的等相结合作为参考要素,无法直接作为判定交易行为效力的裁判依据,导致实务裁判经常忽视金融监管政策导向,仅是粗糙援引、形同虚设甚至不予提及。最后,法律、行政法规的制定出台程序烦琐复杂,耗费

---

[1] 参见汪君:《行政规范性文件之民事司法适用》,载《法学家》2020年第1期。

时间精力及所需专业难度较大，而金融市场瞬息万变，具有创新性和高频动态性的特点，涉虚拟货币法律法规的制定缺失难以适应金融审判的实践需求。

3. 新兴技术的属性争议与审理虚拟货币纠纷之复杂性。一方面，司法裁判者对新兴事物虚拟货币及其底层技术区块链的交易运作模式知之甚少，在缺乏统一裁判标准的情况下，司法实践中同案异判"乱象"抑或"一刀切"的模糊裁判俯拾皆是。另一方面，涉虚拟货币纠纷案件审理难度较大且复杂，具体表现在四个方面：其一，基于各国对虚拟货币投资交易监管政策存在偏差，国外融资项目性质及虚拟货币法律属性的界定分歧较大；其二，虚拟货币系基于区块链技术进行全球交易，在区块链证据未普及的案件审理中，难以查证当事人之间的投资交易细节和资金流向等案件事实；其三，虚拟货币的价值能否以主权货币进行衡量，案涉交易财产应如何处理，裁判说理应当如何表述并无定论；其四，可能会牵涉破坏金融秩序、危害金融安全的刑事犯罪活动，此时应当如何处理民刑交叉的问题也存在分歧。

四、协同路径："穿透式审判"与金融监管之衡平调试

《全国法院民商事审判工作会议纪要》明确提出，要注意处理好民商事审判与行政监管的关系，通过"穿透式审判思维"，查明当事人的真实意思，探求真实法律关系。金融领域的"穿透式审判"可以视为"穿透式监管"在司法实务中的延伸和扩展，[1]是金融监管与金融司法形成协同能动治理格局的集中体现。[2]在金融稳定语境下，涉虚拟货币民事裁判如何构建金融审判与金融监管的协同路径，以调试实现"穿透式审判"与"穿透式监管"之间现实博弈偏差的衡平，本文将从"三个穿透"即穿透合法外衣、穿透法律适用、穿透秩序价值予以勾勒探析。

（一）穿透合法外衣：基于要件事实理论之探寻真实合意

"法律适用之重心不在于最终涵摄，而在于就案件事实个别部分，判断其是否符合构成要件中的各种要素。"[3]穿透式审判的本质是保护真实权利者，案件事实的查证是贯彻穿透式审判的基础支撑，因此，作为裁判者，需要基于要件事实理论穿透表面合意与证据表象，穿透合法外衣下的通谋假意，以探寻双方当事人之间的真实意思

[1] 2018年中国人民银行、中国银保监会等部门联合印发《关于规范金融机构资产管理业务的指导意见》，明确提出施行"穿透式监管"。参见张桦：《"穿透式审判思维"的功能与边界刍议》，载《人民法院报》2021年3月18日，第8版。

[2] 参见黄海龙、潘玮璘：《论"穿透式审判"的基本内涵与实践方法》，载《法律适用》2023年第7期。

[3] [德]卡尔·拉伦茨：《法学方法论》，陈爱娥译，商务印书馆2003年版，第165页。

表示。具体而言，一方面，应当强化事实调查，实质化审理涉虚拟货币交易的基础事实及法律关系，穿透证据表象予以全面审查判断，对各方当事人提供的传统民事证据、区块链证据材料的真实性、关联性、合法性均应保持合理怀疑态度；妥善分配证明责任，即使一方认可案件事实，但也不能据此免除另一方的举证责任。另一方面，应当加强裁判者对虚拟货币金融监管政策的有效识别与认知，需要适度突破不告不理原则与合同相对性原则，即突破原告诉请特定合同相对性的表面合意，整合多个关联关系以确定双方真实法效意思。

（二）穿透法律适用：基于实质理性理念之强化内外证成

民事案件的法律适用包括内部论证说理和外部论证说理，前者主要是基于传统的“三段论”涵摄演绎推理模式，“来回穿梭于民法规范与事实之间”。为深入分析适用前提自身准确性，则需依赖于外部论证说理得以实现。〔1〕虚拟货币纠纷的穿透式审判不仅应满足形式理性的法秩序要求，还应满足实质理性的要求，即确保法律推论前提的适当性，解决实质性规范与评价性主张的可接受性问题。〔2〕

穿透法律适用意味着对“法律”〔3〕予以深度解释，准确选择法律依据并充分释法说理。首先，运用“穿透式审判”并不是忽视法律依据或拒绝适用“三段论”推理模式予以依法裁判。裁判者需要对虚拟货币交易市场风险特征以及法律适用逻辑予以系统梳理，并结合监管政策在裁判文书中进行详细论证和周延说理，系统展示其适用逻辑，使参与投资交易的社会主体充分理解其现实关切和适用尺度，为金融市场确立稳定预期。其次，根据《全国法院民商事审判工作会议纪要》第 31 条，在认定规章是否涉及公序良俗时，要基于考察规范对象，兼顾对监管强度、交易安全保护以及社会影响等方面进行慎重考量，并在裁判文书中进行充分说理。最后，裁判者需要能动地把握“时”和“度”介入虚拟货币交易行为效力的判断及市场整体秩序的建立，〔4〕在行使自由裁量权过程中需要审慎作出个案判定，可以通过比例原则检验虚拟货币投资交易主体合法利益可能被侵害的结果，磨合涉虚拟货币法律规定或金融监管规则之间的缝隙。

---

〔1〕 参见陈广辉：《资管纠纷“穿透式审判”的适用路径与方法》，载《中国法律评论》2022 年第 6 期。

〔2〕 参见王彬：《逻辑涵摄与后果考量：法律论证的二阶构造》，载《南开学报（哲学社会科学版）》2020 年第 2 期。

〔3〕 这里的“法律”系指广义的法律，包括法律、法规、司法解释、国家政策、社会公序良俗等。

〔4〕 参见周荃：《金融领域中监管与司法的博弈与融合》，载《法律适用》2020 年第 8 期。

（三）穿透秩序价值：基于价值选择视角之兼顾个案正义

涉虚拟货币民事裁判在实现法律安定性的同时应兼顾个案正义，以价值衡量选择作为协调"穿透式审判"与金融监管利益冲突的方法论，并根据法律、行政法规以及相关金融监管政策，在涉及虚拟货币及其衍生物的纠纷中作出衡平与理性调适，这也是在虚拟货币相关法律规则供给不足或缺位现状之下的帕累托最优选。

基于价值衡量视角，一方面，可以充分运用"穿透式审判"思维方法，整体评判案件全貌，准确认定涉虚拟货币实质法律关系，妥善调整裁判说理过程和结论，最终恢复或矫正上述原则背后应有的实质公正和秩序价值，发挥司法推动实现法律效果、政治效果、社会效果有机统一的效能。比如，以虚拟货币交易威胁金融秩序、损害公共利益为由，对虚拟货币的交易行为进行限制具有正当性基础。但在不影响公共利益的虚拟货币买卖或委托合同纠纷中，此时虚拟货币交易大多是额度有限、自主议价、"去中心化"的"点对点"的市场交易，且标的物是已进入流通环节的虚拟货币，与非法公开发行融资并无关联，故不能"一刀切"地直接否认虚拟货币的财产属性及行为效力，裁判审理的重点应是根据当事人权利义务履行情况、劳动付出、过错程度综合考量裁判结果是否符合公允平等原则，尤其是判断虚拟货币交易是否会损害虚拟货币主体的合法权益、国家金融秩序及社会公共利益以及是否属于"风险自担"情形。另一方面，穿透秩序价值的本质系在裁判思维上进行"价值利益衡量"，即对涉虚拟货币案件各方当事人的利害关系作出实质判断与衡平调试。在事实认定和定性说理等方面充分发挥"穿透式审判"的职能作用，考量是否明显偏离朴素公平正义观，避免裁判结果与朴素正义感、常识常理常情、政策方向导向等出现明显偏差，以法益衡平重塑契约自由精神与金融监管秩序价值，在个案中发挥矫正秩序价值、追寻实质正义的效能。

结　语

如卡多佐言，妥协是很重要的一条法律成长原则。[1] 金融市场被誉为国民经济的"晴雨表"，在依托区块链技术的金融创新步伐日益加快背景下，由于虚拟货币金融市场的高流动性和趋利性，如何防范治理重大系统性金融风险成为当前事关经济社会健康发展的重大课题。穿透式审判可以视为穿透式监管在纠纷解决中的必然延伸和扩展，而强监管市场特征与金融创新的动态博弈，决定着在金融稳定语境下，穿透

〔1〕 参见［美］本杰明·卡多佐：《司法过程的性质》，苏力译，商务印书馆1998年版，第18页。

式金融审判与金融监管二者逐步趋向协调磨合与理性调试。未来即将迎来互联网金融技术革新及监管政策变革，作为司法裁判者，在运用穿透式审判思维保证裁判独立性的同时，要密切关注并充分理解监管思路及制度导向，克服传统民商法基础规范的局限性，在有效防范化解金融风险、鼓励金融创新的基础上，构建符合我国国情的金融审判与金融监管能动协同发展道路。

RCEP 背景下域外送达效率的提升路径

陈玉洁*

效率是民商事域外送达的核心问题。据司法部官方统计,2021 年、2022 年我国接收外国以及向外国发出的民商事司法协助请求中涉及域外送达占比分别为 95%、99.8% 与 91%、99.3%,[1] 可见域外送达系司法协助的核心内容。目前,我国与其他 RCEP 成员国间民商事司法域外送达主要依据双边条约[2]和国际公约[3],其规定的中央机关送达程序烦琐复杂、耗时长,将无法适应 RCEP 成员国之间对司法公正高效理念与价值的追求。因此,本文试图以 RCEP 背景下区域民商事司法合作为契机,在司法主权视域下回应域外送达司法效率的需求。

---

* 陈玉洁,广西壮族自治区南宁市青秀区人民法院民事审判二庭三级法官。

〔1〕 参见张丽青:《2021 年民商事司法协助案件统计》,载司法部官网,http://www.moj.gov.cn/pub/sfbgw/jgsz/jgszzsdw/zsdwsfxzjlzx/sfxzjlzxxwdt/202110/t20211013_439226.html;张丽青:《2022 年民商事司法协助案件统计》,载司法部官网,http://www.moj.gov.cn/pub/sfbgw/jgsz/jgszzsdw/zsdwsfxzjlzx/sfxzjlzxxwdt/202301/t20230109_470450.html。

〔2〕 越南、泰国、老挝、新加坡、韩国分别与我国签订《中华人民共和国和越南社会主义共和国关于民事和刑事司法协助的条约》(1998 年)、《中华人民共和国和泰国关于民商事司法协助和仲裁合作的协定》(1994 年)、《中华人民共和国和老挝人民民主共和国关于民事和刑事司法协助的条约》(1999 年)、《中华人民共和国和新加坡共和国关于民事和商事司法协助的条约》(1997 年)、《中华人民共和国和大韩民国关于民事和商事司法协助的条约》(2003 年)。

〔3〕《关于向国外送达民事或商事司法文书和司法外文书公约》(以下简称《海牙送达公约》)。

一、涉 RCEP 成员国域外送达效率的制约因素

域外送达是指一国依据其参加的国际公约、签订的双边条约以及国际惯例、互惠原则等，将司法文书送交处于他国的受送达人或者其代收人，其程序价值在于保障当事人的诉权，避免国际平行诉讼，减少管辖权国际冲突；其实体价值则在于实现涉外案件公正高效审理的目标价值(若需要受送达国法院的承认与执行，能得到相应的司法协助)。两者价值的实现皆有赖于域外送达途径的便捷高效，但后者价值的实现则更要求域外送达符合被送达人所在国参加的国际公约、双边条约以及其国内法的规定，且不得损害其司法主权。然而，目前我国与其他 RCEP 成员国之间的域外送达司法协助存在周期长、成功率偏低等问题，导致其价值难以充分实现。[1] 影响域外送达的理论因素主要有以下三个方面。

(一)对送达性质界定的分歧

RCEP 各成员国分属不同法系，[2] 其诉讼模式因法律传统不同而呈现多样性。大陆法系国家采用职权主义诉讼模式，送达程序一般由法院主导，不能由私人独立完成，因此被认为是“公行为”。英美法系国家则采用当事人主义诉讼模式，除强制性文书的送达外，送达程序一般由当事人或其代理律师主导，因此被认为是“私行为”。我国诉讼法意义上的送达，是指司法机关按法定方式将诉讼文书交给诉讼参与人的行为。[3] 送达诉讼文书是人民法院的职责，体现了公权力在民事诉讼领域的运用。

对送达性质的界定影响域外送达效率的原因在于，从国际角度看，一国的司法行为仅能在本国领域内进行，除非他国允许，不得延伸至他国领域。在送达行为被视为国家司法机关行使职权的情况下，该送达行为必须符合其参加的国际条约、国内法律规定的方式或者得到他国允许，否则将被视为对他国司法主权的侵犯。而将送达视为当事人私人的行为，则不存在一国公权力侵犯他国司法主权之说。为了表示对他国司法主权的尊重，使本国的送达行为得到他国法律的认可，国家间通常采取双方参加的国际公约或签订条约认可的方式，如中央机关送达。中央机关送达模式系我国现有民商事司法协助双边条约规定的唯一送达途径，也是《海牙送达公约》规定的最

---

〔1〕 以广西壮族自治区南宁市中级人民法院涉 RCEP 国家案件域外送达司法实务为例，平均送达时间为 12 ~ 24 个月。

〔2〕 马来西亚、文莱、缅甸、澳大利亚、新西兰属于英美法系国家，印尼、泰国、老挝、新加坡、柬埔寨、越南、日本、韩国属于大陆法系，中国属于中华法系，菲律宾则属于混合法系。

〔3〕 辞海编辑委员会编：《辞海》(第 7 版缩印版)，上海辞书出版社 2019 年版，第 2135 页。

主要、最基础的送达途径。该送达途径将有助于避免他国法院以“送达不合法”为抗辩理由拒绝承认与执行我国判决，但其缺点在于流转环节多，送达周期长，故采用中央机关送达途径本身是影响域外送达效率的主要因素。

(二)能否选择适用公约、条约或国内法的分歧

我国签订的条约、加入的公约及国内法关于域外送达方式对比(见表 1)。

表 1　我国签订的条约、加入的公约及国内法关于域外送达方式对比

双边条约	《海牙送达公约》	《民事诉讼法》
中央机构送达	中央机构送达、外交和领事代表机构送达、领事途径送达、邮寄送达、司法官员送达	条约送达；外交途径送达；使领馆送达；涉案委托诉讼代理人送达；代表机构、分支机构、业务代办人送达；邮寄送达；传真、电子邮件等通信方式送达；公告送达

表 1 显示，我国国内法规定的域外送达方式不仅包括条约和部分公约规定的送达方式，还包括将实际联系点控制在我国境内的方式进行域外送达，增加了技术通信方式送达以及拟制送达。

公约成员国之间的域外送达应否优先适用中央机构送达方式；在特定条件下，能否选择适用公约规定的其他送达方式以排除中央机构送达方式的适用；国内法能否排除双边条约或者公约的适用，各国对上述问题尚未形成统一观点。我国实务界主流观点认为公约规定的域外送达途径不存在优先适用问题，且该公约属于私法性质的条约，不具有排他性，在受送达国未对此种域外送达方式表示拒绝或声明保留的前提下，可根据便捷、高效的原则，选择适用。例如，广州知识产权法院直接向美国当事人邮寄司法文书，排除中央机构送达，并得到广东省高级人民法院认可。[1]

(三)技术通信送达正当性、使用条件及其生效标准之分歧

技术通信域外送达的正当性通常指该送达方式符合送达国与受送达国之间参加的国际条约、各国法律基本原则、国家主权安全及社会公共利益，保障受送达人的诉讼权利。对于以技术通信方式进行域外送达的正当性争议出于两个原因：一是从国际法层面看，《海牙送达公约》制定于 1965 年，囿于当时的技术通信方式尚不发达，该公约未规定任何技术通信送达方式，因此其合法性目前存在争议；二是程序效率作为与程序正当并列的诉讼程序价值，并不能当然取代程序正当的价值，[2] 不能为域外

〔1〕 参见广东省高级人民法院民事裁定书，(2018)粤民辖终 37 号。

〔2〕 参见段厚省：《远程审判的程序正当性考察——以交往行为理论为视角》，载《政法论丛》2020 年第 2 期。

送达的程序正当性提供充分的证成,进而引发对该送达方式的正当性追问。显然,我们无法从实证法意义的合法性证成技术通信域外送达的正当性,因为任何诉讼程序的改革与探索本身就是对现有制度的突破。本文所探讨的该送达方式的正当性,系从实践正当性而言,即基于当下 RCEP 成员国民商事司法合作的需要,既解决域外送达司法效率、保障当事人合法权利,又不损害他国司法主权以及技术弱势群体的程序选择权。

关于域外电子送达适用条件的争议,主要在于当事人之间的约定能否排除《海牙送达公约》的适用。依据我国相关涉外审判会议纪要,[1]答案是否定的。然而,一些 RCEP 成员国的立法实践为当事人约定能排除公约适用提供了依据,例如新西兰《合同解释规则》(2003 年)规定,若经受送达人允许,当事人可以通过电子邮件或其他方式进行送达。[2] 澳大利亚《统一民事诉讼程序规则》规定,在当面送达不可行时,经法院批准可以通过其他合理情形下能够有效通知被告的方式进行送达。[3]

理论界关于电子送达时间的争议,主要在于是以"到达主义"标准还是以"收悉主义"标准认定生效。采用"到达主义"的观点认为,电子送达应以当事人同意为前提,若当事人同意但未到庭参加诉讼,则不能以不知情为抗辩理由,因为在其未反对的情况下,参加诉讼系其合理的义务。[4] 采用"收悉主义"的观点则强调受送达人实际接收到相关诉讼材料且知晓该材料的内容,即便当事人有选择适用电子送达的权利,但该程序选择权不能等同于其知情权。[5] 我国立法及司法解释对此区分不同情况分别适用"到达主义"标准和"收悉主义"标准。

我国立法与司法解释相对较好地平衡了送达效率和保障当事人权利,其可操作性在于避免一些当事人为逃避责任而否认其知悉送达内容的情形,法官可依据当事人的明确答复或相应的诉讼行为判断其知悉所送达的内容。但其不足之处在于,系统反馈收悉并不等于当事人实际认可知悉,应当赋予当事人提出异议的权利,[6]以更好契合电子送达的目的。

---

〔1〕 参见宋春龙:《电子送达的理论反思及其制度完善》,载《河南财经政法大学学报》2016 年第 6 期。

〔2〕 See Rules 446X,502E and 502F of the High Court Rules.

〔3〕 参见郭玉军、付鹏远:《"一带一路"背景下域外电子送达制度比较》,载《学术交流》2018 年第 1 期。

〔4〕 参见周鸿飞:《"互联网 +"背景下电子送达制度的革新与探析》,载《河南财经政法大学学报》2022 年第 1 期。

〔5〕 See Smart Study Co. ,LTD. v. Acuteye – US,etal. ,No. 1:2020cv05860(S. D. N. Y. 2022).

〔6〕 参见宋春龙:《电子送达的理论反思及其制度完善》,载《河南财经政法大学学报》2016 年第 6 期。

RCEP 成员国之间域外电子送达的问题，最终还是有赖于双边或多边共同认可电子送达的效力以及相关的技术标准和方式。

二、提升域外送达效率的中国经验及其评价

送达问题毫无疑问是当下司法改革颇费思量的难题，域外送达更是如此。我国结合国际关于域外送达的优秀经验以及我国司法实务的探索成果，对我国法律、司法解释中的涉外部分条款进行修正，通过积极完善国内民事诉讼程序，为其他 RCEP 成员国提供域外送达的中国经验，有利于促进成员国间就域外送达途径问题达成共识，争取区域民商事司法合作中的话语权。

经验一：尽量将实际联系点送达控制在我国境内。

2001 年至 2002 年，我国各地相继发生了一系列奔驰车质量引起损害赔偿的案件，在东莞奔驰案中，德国奔驰公司主张我国域外送达不合法，以致该案立案后迟迟无法开庭，仅起诉状就送达了 7 次，两次开庭临时推迟审理。鉴于上述情况，最高人民法院审判委员会作出批复，[1] 该批复明确当受送达人在我国境内设有代表机构时，便不再适用司法协助，法院可直接依据我国国内法向受送达人在华设立的代表机构进行留置送达。

2023 年 9 月 1 日，第十四届全国人民代表大会常务委员会第五次会议通过《关于修改〈中华人民共和国民事诉讼法〉的决定》[以下简称《民事诉讼法》(2023 年修正)]，认定受送达人在华设立的独资企业、分支机构有权接受送达，分别增加了向外国法人、非法人组织或者域外设立的独资企业送达以及向外国自然人送达的两种方式，均系沿用在我国境内设立实际联系点的思路，将送达控制在中国境内，以便适用我国《民事诉讼法》关于涉外案件送达的法律条款。

此种做法保障了送达价值，但前提是无须涉及外国承认与执行。1989 年，海牙送达公约特别委员会通过对荷兰和美国两个有国际影响力的判例进行研讨，认为原则上应由审理案件的法院地法决定是否进行域外送达。[2] 从维护本国国民利益角度看，若外国企业在境内有足够的财产，并不涉及他国的承认与执行，可以通过其在本国境内的负责人或者该企业设立的独资企业、代表机构、分支机构或者有权接受送达

〔1〕 最高人民法院《关于向外国公司送达司法文书能否向其驻华代表机构送达并适用留置送达问题的批复》(法释〔2002〕15 号)。

〔2〕 参见广东省高级人民法院民事裁定书，(2018)粤民辖终 37 号。

的业务代办人进行送达。尽量将大部分的涉外案件送达范围控制在我国境内，有助于避免因不必要的司法协助对案件审理进程产生的影响。

经验二：内外司法协助送达途径“双轨制”。

我国现行的《民事诉讼法》分别在总则、涉外民事诉讼特别程序、司法协助中对送达问题进行立法安排，规定了八种域外送达方式，而外国通过司法协助向我国境内当事人进行送达仅限于中央机构送达、外交途径以及使领馆送达，即采用“双轨制”模式处理和应对“我国对外国”以及“外国对我国”开展的域外送达。《民事诉讼法》(2023年修正)又新增两种域外送达方式，回应了中外当事人对程序效率的迫切需求，有利于提升我国涉外争议解决机制的国际吸引力。有观点认为这种“内外有别”的制度安排有“对内更强调主权，对外更强调效率”之嫌。[1]

笔者认为，在国际民商事司法合作中，这种“内外有别”非但有其合理性，而且切实可行。首先，我国对外国进行域外送达涉及案件审理进程与纠纷解决，多元化送达方式有助于保障效率；而外国对我国进行域外送达需要我国进行司法协助，司法协助仅在有国际条约的前提下才构成义务，出于主权原则优位的因素考量，一些送达方式会被限制适用。其次，尽管我国在外国向本国送达与本国向外国送达方面采取了“双轨制”模式，但这种模式系基于遵守国际条约和尊重他国司法主权的前提，并不违反《海牙送达公约》。例如，最高人民法院相关会议纪要[2]明确指出，域外电子送达的前提是受送达人所在国未禁止电子送达。该条款实质系对我国关于邮寄送达保留是否涵盖电子送达的理解与适用，并以对等方式明确我国关于外国向我国进行域外电子送达的态度。该观点也得到美国纽约南区法院的认可与引用，在 Smart Study Co. , LTD. v. Acuteye - US, et al 案中，美国纽约南区法院认为，上述会议纪要虽不是正式的法律，但最高人民法院通过这样的方式指导法院的行动，下级法院应遵循该指导意见。[3]

经验三：多种送达方式同步进行。

我国司法解释规定，法院可以同时采取除公告送达外的多种方式向受送达人进

---

〔1〕 参见刘力：《中国对外送达途径的立法演进》，载《法律适用》2014 年第 12 期。

〔2〕 《全国法院涉外商事海事审判工作座谈会会议纪要》(2021 年 6 月 10 日)第 11 条第 1 款规定：“人民法院向在中华人民共和国领域内没有住所的受送达人送达司法文书，如受送达人所在国法律未禁止电子送达方式的，人民法院可以依据民事诉讼法第二百七十四条的规定采用电子送达方式，但违反我国缔结或参加的国际条约规定的除外。”

〔3〕 See Smart Study Co. ,LTD. v. Acuteye - US,et al. ,No. 1:2020cv05860(S. D. N. Y. 2022).

行送达，并以最先实现送达的方式确定送达日期，但我国现有法律法规并未对各种送达途径先后顺序及效力关系予以明确。各地司法实务中进行了有益的探索，具有借鉴意义（见表2）。

表2 司法实务中各种送达途径的优先顺位情况

做法	地区	备注	相关案例
双边条约/海牙送达公约/外交途径送达→其他送达方式→公告	浙江、北京	外交途径一般适用于向外国境内的我国公民进行送达	浙高法（2009）129号、北京高法发（2004）2号
邮寄送达→其他送达方式→公告	广东、深圳	针对允许邮寄送达的国家，尤其在疫情期间	（2018）粤民辖终37号
双边条约/海牙送达公约/外交途径送达→电子送达→邮寄送达→其他送达方式→公告	武汉	针对允许邮寄送达的国家	（2020）鄂01民初169号之一

此种做法本质系注重送达实质"适当性"的表现，但存在不被他国认可以及引发外交关系紧张的风险。首先，以合法的方式向域外被告送达司法文书，是法院对当事人行使管辖权的必要条件。例如，英美法系国家认为，高等法院的每一起诉讼都始于传票的签发，若传票以及相关文书材料不能依法送达给被告，法院不能对其行使管辖权。[1] 相关公约规定，[2]若无法证明被告经传票告知且有充分答辩时间或采取一切必要措施保证上述目的的实现时，法院应中止诉讼程序。其次，适用"送达抗辩"的前提是未按受送达国法律对缺席一方当事人进行送达，若依据作出裁决国家的国内法规定邮寄送达为合法的送达途径，而受送达国对邮寄送达声明保留，将会导致受送达国以该送达方式侵犯其司法主权为由拒绝承认与执行。最后，若受送达国法院认为送达国的送达行为不遵守其国内法律，侵犯其司法主权，可能采取外交途径表发声明或抗议，引发国家间的关系紧张，不利于国际关系稳定与国际间司法协助的开展。例如，第二次世界大战以后，美国依据其国内法规定在欧洲国家内直接送达司法文书，各国纷纷对该种将本国法律凌驾于他国主权之上的做法表示强烈抗议，瑞士甚至

---

〔1〕 参见［英］J. H. C莫里斯：《法律冲突法》，李东来等译，中国对外翻译公司1990年版，第64页。

〔2〕 《关于民商事案件管辖权及判决承认与执行的公约》（1968年9月签订）。转引自何其生：《域外送达制度研究》，北京大学出版社2006年版，第26页。

还以刑罚手段来禁止这种送达行为。[1] 因此,应当在送达前查询各国声明保留的最新状态,以便选择合适的域外送达方式。

经验四:探索边境地区法院司法合作。

我国云南省基层法院与越南基层法院每年都开展司法交流会谈,双方就深化司法交流与合作等问题进行磋商,并于 2017 年就跨境送达工作达成协议,约定通过县级外事部门互相协助开展文书送达工作,[2]促使涉外案件的高效化解。

此种做法为探索边境地区法院司法合作奠定了良好的实务基础。关于地方法院能否作为试点与国外地方司法机关直接开展相关司法协助的问题,尽管最高人民法院曾出台的相关司法性文件[3]对此持否定态度,但从侧面反映我国与他国存在相关地方性的司法实践基础。近年来,党中央高度重视推进高水平对外开放,对加强涉外法治工作提出新的更高要求。在 RCEP 背景下,积极探索边境成员国之间的司法合作,对于平等保护中外当事人合法权利,营造法治化营商环境,推进国家治理体系和治理能力现代化具有十分重要意义。可以就相关事宜报请最高人民法院,由最高人民法院与有关部门进行研究处理,进而根据实际需要推进从国家层面促进边境地方法院之间的司法合作。

经验五:提升他国委托我国司法协助送达的效率。

我国司法解释明确了促进与他国的友好互惠方面的原则性规定。例如,我国最高人民法院《关于修改〈最高人民法院关于人民法院民事调解工作若干问题的规定〉第十九件民事诉讼类司法解释的决定》明确规定"依法保护中外当事人的合法权益",为我国取得他国司法协助互惠提供前提。

在司法实务中,我国法院秉承积极协助的态度,为其他 RCEP 成员国提供高质高效的司法协助送达服务。例如,长春市双阳法院对于具体住址不明确的司法协助申请,充分发挥司法能动性,通过向当事人所在社区的网格长查询详细地址,对当事人进行了直接送达,从收到高级法院委托的韩国司法协助送达指令到完成送达耗时不

〔1〕 瑞士《刑法典》第 271 条规定:"未经授权而在瑞士境内代表外国国家实施属于瑞士行政或政府当局职权之内行为的任何人,以及代表外国国家、外国个人或外国组织实施此类行为的任何人,以及怂恿或参与此类行为的任何人,都将受到关押,在情况严重下,将被监禁。"转引自何其生:《域外送达制度研究》,北京大学出版社 2006 年版,第 42 页。

〔2〕 参见云南高院:《咫尺天涯,一封跨境的委托送达文书》,载微信公众号"云南高院"2020 年 7 月 10 日,https://mp.weixin.qq.com/s/eDzump4GBZMUPeMNDMwKxg。

〔3〕 最高人民法院《关于终止地方法院与国外地法院司法部门司法协助协议的通知》(1995 年 1 月 28 日)。

到两小时。[1]

此种做法不但有利于保护双方当事人的权益，以实际行动树立我国司法公正高效的形象，而且促使我国与他国之间司法合作关系形成良性循环，为他国高效高质完成我国委托的司法协助送达打下坚实的合作基础。

三、RCEP 背景下域外送达效率提升的可行性分析

合作产生于行为主体通过政策协调各自的实际偏好与预期偏好，例如，当一个政府实际采取的政策被他方视为对自己目标的认定时，就会产生政府间的合作。[2] 由此可见，合作系指各方为一定的目标而协调配合的行为。RCEP 成员国市场与经济一体化的目标将促使诸如司法协助等民商事程序法方面的合作，为深化各成员国之间关于域外送达、调查取证等为主要内容的民商事司法协助机制提供新的契机。

（一）《海牙送达公约》为提升域外送达效率预留了制度空间

《海牙送达公约》不仅为成员国提供了多元化的送达途径，还为成员国之间采取其他双方认可的送达方式留有开放的空间。诸如澳大利亚、泰国、缅甸等成员国未对替代性送达方式表示异议，为我国与这些国家间的域外送达司法实务提供了更多可能性。例如，厦门市中级法院在其审理的一起国际货物买卖合同纠纷案[3]中，以泰国未对邮寄送达声明保留即允许为由，向泰国境内的两被告进行邮寄送达起诉状、开庭通知等应诉材料，并在查询邮件已送达但被告未出庭的情况下进行缺席判决。

虽然《海牙送达公约》并未规定任何具体的技术通信送达方式，但鉴于互联网电子商务的飞速发展对国际私法的挑战，海牙国际私法会议常设事务局设立第五委员会专门研讨电子通讯手段对《海牙送达公约》的影响。为适应高速科技发展的需求，该委员会并未对通信技术的具体形式作出规定，而是对送达技术的机密性、完整性、不可更改性与可识别性等安全标准作出要求，可见海牙国际私法会议对技术通信送达方式持开放和鼓励的态度。据海牙国际私法会议官方网站更新至 2022 年 3 月 2

---

〔1〕 参见万国辉、崔达玲：《与时间赛跑！2 小时完成域外委托送达》，载微信公众号“长春市双阳区人民法院”2022 年 9 月 22 日，https://mp.weixin.qq.com/s/Af53vz6rAPJcoiRMqON6ig。

〔2〕 See Robeit O. Keohane, *After Hegemony: Cooperation and Discord in the World PoliticalEconomy*, Princeton Univercity Press, 1984, p. 51 – 52.

〔3〕 参见福建省厦门市中级人民法院民事判决书，(2016)闽 02 民初 1232 号。

日的数据显示，RCEP 成员国中有 10 个国家已加入了《海牙送达公约》，[1] 为将来达成利用技术通信方式进行司法协助甚至替代性送达提供了可行性基础。

（二）条约及我国法律、司法解释、政策文件提供的文本经验

我国签订的双边条约一方面为我国深化与条约签订国双边民商事司法协助关系奠定良好的法律基础，另一方面，在完善与不同国家的民商事司法协助条约方面也起到一定的示范作用。例如，我国与新加坡签订的民商事司法协助双边条约，附有两国官方语言的文书格式，以避免在司法实务中因文书不符合格式而影响送达效率。新加坡将中央机关指定为最高人民法院的做法也值得借鉴，减少司法文书流转的环节，提升送达效率。

关于精简国内司法协助流转程序的问题，最高人民法院分别出台了两个司法性文件，实现部分省、自治区、直辖市[2] 直接与受送达国中央机关对接，逐步在更广的范围实现流程精简。关于缩短国内域外送达途径以及各流转环节时限的问题，相关司法解释[3] 明确了不同层级法院之间的流转时限应在收到申请之日起 7 个工作日；规定自邮寄之日起满 3 个月，若未收到相关的证明文件，且根据各种状况不足以认定已经送达，视为不能用邮寄送达，缩短了公告送达适用的前提时间。又如，《民事诉讼法》（2023 年修正）规定公告可与其他域外送达方式并用，且将公告最低期限缩短至 60 日。

（三）中国—东盟理论界与实务界的探索推动达成共识

依托现有的中国—东盟法律论坛，通过成员国间法官、律师、法律工作者以及专家学者进行理论与实务探讨，有助于达成共识。例如，中国—东盟法律论坛通过了《南宁宣言》（2005 年 9 月 2 日）、《重庆宣言》（2005 年 10 月 13 日）、《下龙湾共识》（2006 年 12 月）等重要成果文件，围绕“中国—东盟经贸发展与合作法律问题”“中

---

〔1〕 分别为中国、日本、韩国、澳大利亚、新加坡、新西兰、越南、泰国、菲律宾、马来西亚，Statute of the Hague Conference on Private International Law，载海牙国际私法会议 HCCH 官方网，https://www.hcch.net/en/instruments/conventions/status-table/? cid=29，最后访问时间：2023 年 1 月 27 日。

〔2〕 最高人民法院办公厅《关于指定北京市、上海市、广东省、浙江省、江苏省高级人民法院依据海牙送达公约和海牙取证公约直接向外国中央机关提出和转递司法协助请求和相关材料的通知》规定，北京、上海、浙江、江苏高级人民法院作为试点，可以依照《海牙送达公约》，直接向其他缔约国的中央机关提出和转递本院及下级人民法院依据《海牙送达公约》提出的送达民事司法文书和司法外文书的请求书及相关材料。法合〔2022〕450 号增加福建、江西、山东、广西、海南 5 家高级人民法院试点。

〔3〕 最高人民法院《关于涉外民事或商事案件司法文书送达问题若干规定》（法释〔2020〕20 号）。

国—东盟法律合作与保障机制”“中国—东盟法律资源共享机制”三个主议题及十二个相关分议题展开讨论。

依托现有的中国—东盟大法官会议,积极推动互惠关系的认定。例如,《南宁声明》(2017 年 6 月 8 日)将互惠原则在司法实践中的适用从“事实互惠”标准向“推定互惠”标准迈进,有利于中国与没有条约基础的 RCEP 成员国之间开展相关司法协助工作。我国践行《南宁声明》的精神,始终以合作、开放的心态,推动民商事国际司法协助工作不断深入。自 2018 年以来,中国协助外国送达的平均回复率近 98%,成功率平均约为 51%,远高于同期中国请求外国送达文书 35% 的成功率。[1]

依托高校、法学会举办中国—东盟法律研修班,由各成员国法律共同体参加培训,促进对东盟国家民商事法律制度、司法合作机制和政策、法律外交、司法实践等的了解,为中国与东盟的全方位合作提供智力支持。

“一带一路”倡议下的中国—东盟的司法合作主要以“软法”机制为保障,尽管其高度依赖合作各方的自愿行动,[2]然而其具有缔结程序简便、形式灵活、参与主体多样、实施过程中阻力小等优点,适合当下各成员国间关于民商事司法合作的实际情况。

(四)基于部分成员国间具备先进的电子政务技术与实务经验

在电子政务水平方面。《2022 年联合国电子政务调查报告(中文版)》[3]显示,RCEP 成员国在电子政务方面排名见表 3:

表 3　在电子政务方面较为先进的部分 RCEP 成员国

国家	韩国	新西兰	澳大利亚	新加坡	日本	中国
排名	第 3 名	第 4 名	第 7 名	第 12 名	第 14 名	第 43 名

与此同时,诸如越南、印度尼西亚等成员国亦在加速推进“电子法院”建设。例如 2021 年越南最高人民法院和信息通信部签署了关于法院数字化转型的合作方案,表

〔1〕参见高晓力:《加强民商事国际司法协助　服务国际商事争议解决》,载最高人民法院国际商事法庭官网 2022 年 9 月 21 日,https://cicc.court.gov.cn/html/1/218/62/164/2272.html。

〔2〕参见韩永红:《“一带一路”国际合作软法保障机制论纲》,载《当代法学》2016 年第 4 期。

〔3〕参见《〈2022 联合国电子政务调查报告(中文版)〉发布,我国电子政务排名升至全球第 43 位》,载中央党校(国家行政学院)官网,http://www.egovernment.gov.cn/art/2022/12/26/art_476_6605.html。

示力争在2025年前完成“电子法院”建设;[1]印度尼西亚最高法院于2019年发布了3个法规,并于2020年新冠疫情期间实现382个下级法院的在线审判。[2] 电子政务的发展与普及将为RCEP成员国间实现电子域外送达提供强有力的技术支持。

在国内司法协助信息化建设方面。2016年1月1日,最高人民法院在全国法院开通使用全国四级法院联网的国际司法协助信息化管理平台,[3]实现人民法院司法协助管理平台与司法部民商事司法协助系统之间的案件互传。目前,中外协助送达、取证等相互请求及协助结果在中国国内的环节已全部实现线上转递,支持在线查询、追踪,将进一步提高转递和反馈效率。司法部的系统还接受外国请求方直接向系统提交电子请求,这部分请求将可以全程在线转递。在《海牙送达公约》缔约国中,虽然我国与发达国家还有一定的距离,但我国的电子政务发展指数处于“非常高水平”,中国在司法协助信息化方面已走在前列。

在电子送达文书存证验证方面。2022年,最高人民法院发布相关意见,[4]进一步推进区块链等技术在人民法院领域的应用,加快人民法院数字化、智慧法治的进程。[5] 目前,最高人民法院所送达的每份电子文书均在送达的同时实现司法链存证,支持当事人及社会第三方机构通过互联网司法链平台(https://sfl.court.gov.cn)的“司法链数据核验”功能对接收的电子送达文书进行在线核验。区块链技术在域外送达中的应用符合海牙国际司法委员会对电子送达完整性、不可更改性的要求。

在电子域外送达个案实务方面。澳大利亚首都地区上诉法院与新西兰法院均确认Facebook的送达效力。[6] 广州互联网法院在其审理的一起网络域名权属纠纷案中采用了电子邮件送达的方法,先向该公司首席执行官的电子邮箱发送询问该邮箱

---

〔1〕 参见陈志宏:《越南最高人民法院推进“电子法院”建设进程》,载微信公众号“智慧法院进行时”2021年7月23日,https://mp.weixin.qq.com/s/BQTKoJBqeq1ACpotNpaDMw。

〔2〕 参见陈志宏:《“千岛之国”印度尼西亚的司法信息化之路》,载《中国审判》2021年第5期。

〔3〕 参见孙劲、曾朝晖:《新时期人民法院国际司法协助的进展、特点和趋势》,载《人民司法(应用)》2017年第1期。

〔4〕 最高人民法院《关于加强区块链司法应用的意见》(2022年5月23日)。

〔5〕 参见杨东:《“以链治链”:面向元宇宙的区块链司法科技范式革命》,载《中国应用法学》2022年第6期。

〔6〕 MKM Capital Property Ltd. v. Corbo. 转引自《全国法院涉外商事海事审判工作座谈会会议纪要》(2021年6月10日)第11条第1款规定:“人民法院向在中华人民共和国领域内没有住所的受送达人送达司法文书,如受送达人所在国法律未禁止电子送达方式的,人民法院可以依据民事诉讼法第二百七十四条的规定采用电子送达方式,但违反我国缔结或参加的国际条约规定的除外。”

可否作为公司的送达地址，在得到肯定回复后，广州互联网法院通过该邮箱送达了中英文起诉状、证据材料等诉讼文书。[1] 上述个案所提出的前沿命题，是创新民事诉讼程序的重要源泉。通过对个案的法律诠释将为立法和司法解释提供新的思路与视角。[2]

四、RCEP 民商事域外送达效率的提升路径

鉴于 RCEP 成员国之间的政治、经济、文化、法律各方面的差异性较大，有必要根据实际情况和各方共同需要，不断发展、完善司法协助规则体系，借鉴、吸纳国际标准，促使国际间司法合作基础设施建设的技术标准体系融合，[3] 并在平等的基础上共同研究合作标准，进一步深入推进 RCEP 成员国间的司法合作。

（一）区分国际亲疏关系构建差异化中央机关送达机制

RCEP 成员国之间包括域外送达等的司法合作应该建立在现有双边司法合作的基础上。对已存在民商事司法协助双边条约的国家，根据国际亲疏程度、各成员国之间的实际情况在司法协助友好国家协商开展以下试点工作：

在司法合作基础设施方面。依托智慧法院的建设，完善双边关于司法协助的基础设施，实现双边中央机构官网的互联互通。根据各国国内法律与签订的民商事司法协助双边条约，用协议国通用的语言（一般是英语）或者条约对方国的语言公布本国办理外国司法协助申请的具体流程、要求、承办部门、官方联系人即联系方式（包括官方互联网地址、电话、邮箱）、需要的材料以及相应材料的范本，建立司法协助案件查询机制，以规范司法协助的申请工作以及案件送达的跟进工作。

在部分国家间开展高级法院之间直接进行司法协助的试点，逐步实现两国最高人民法院（或者高级法院）之间司法协助。目前，除新加坡指定的中央机关为最高人民法院外，其他与我国签订双边条约的 RCEP 成员国均采用司法行政合作模式，即由两国间司法部对接，再层级转递国内法院。建议从改革中央机关的设置角度出发，探索逐步将两国司法部从转递环节中剥离，不具体参与司法协助实务，但保留其管理和指导司法协助的职能。

---

〔1〕 参见广东省高级人民法院民事判决书，(2019)粤 0192 民初 69 号。

〔2〕 参见陈明主编：《"一带一路"沿线国家和地区司法判例研究方法——以东南亚国家为主要研究范例》（第 2 版），人民法院出版社 2021 年版，第 4 页。

〔3〕 参见《习近平致信祝贺中国法治国际论坛（2019）开幕》，载《中国法学》2019 年第 6 期。

从国家层面设计符合边域司法实际情况的司法协助送达机制。对越南、老挝等与我国相邻的 RCEP 成员国，可以充分利用双边司法合作与会晤制度，探索建立中越、中挝边境司法协助试点法院，授权其协助送达的审查权，实现两国边域地区试点法院之间直接对接司法协助送达具体事务，避免因司法文书绕远送达而延长送达周期。

（二）区分诉讼模式探索多元送达途径作为辅助

按照诉讼模式来分，送达方式可分为法院送达和当事人送达。RCEP 成员国存在不同法律体系与法律传统，各成员国采用的诉讼模式也各不相同，送达主体也存在差异。若要在不同法系间达成民商事司法协助，不可避免要对替代性送达制度进行研讨。

目前，与我国签订民商事司法协助双边条约的国家均属于大陆法系国家，司法送达由法院主导进行。在现有的中央机构送达机制的基础上，在特定友好国家间探索替代性送达机制，依据我国与条约相对国民事诉讼程序中规定的送达方式，采取两国法律均认可的送达途径作为辅助性送达方式。例如，《海牙送达公约》中规定，除中央机构送达外的其他送达方式以及双边条约中任何一国法院均可以辅助方式中的任何一种方式或者几种方式并用向相对国境内的当事人进行送达，并就上述辅助送达方式的生效时间达成共识。

然而，诸如澳大利亚、新西兰等英美法系成员国，采用当事人送达主义，送达责任由当事人承担，只有当事人证明穷尽其送达手段未能送达，才可以向法院申请送达。〔1〕 这些国家同样也不反对其他国家通过当事人直接送达其境内的国民。例如，马来西亚 the Rules of Court 2012 及马来西亚上诉法院在 Commerzbank（South East Ltd.）诉 Tow Kong Liang 一案中，明确批准域外司法文书可以采用类似于国内法院送达的方式进行。〔2〕 因此，可以尝试在尊重双边国家的法律传统与诉讼模式的基础

〔1〕 参见 GOING TO COURT，载 justice. govt. nz，2021 年 9 月 2 日，https://www. justice. govt. nz/courts/going - to - court/without - a - lawyer/representing - yourself - civil - district - court/serving - documents。

Hague Convention on the Service Abroad of Judicial and Extrajudicial Documents in Civil or Commercial Matters，载 New Zealand Law Commission，http://www. nzlii. org/nz/other/nzlc/sp/SP5/SP5 - 7. html。

Service of foreign civil legal documengts Australia（“incoming requests”），载 Australian Government，https://www. ag. gov. au/sites/default/files/2020 - 03/CLU - PIL - prepare - request - for - service - in - australila - incoming. pdf。

〔2〕 参见高文杰等：《聚焦国际争议解决 | 向国外送达民商事司法文书（实践篇）》，载微信公众号“天元律师”2018 年 11 月 21 日，https://mp. weixin. qq. com/s/_45RHQHa66C9tqGjRsoyNw。

上以双边条约排除公约适用。例如,允许我国法院直接向这些国家境内当事人采用邮寄送达、电子邮件、传真、互联网社交网络平台方式进行送达,基于互惠对等原则,亦允许相对国当事人通过同等方式向我国进行当事人进行送达。

另外,可以探索在现有双边条约的基础上,就公告送达的平台选择、最低期限、其与辅助性方式送达同时进行以及多种送达途径并行情况下送达生效的时间达成共识。尽管我国《民事诉讼法》(2023年修正)规定涉外送达方式以境内送达为主,但对域外送达也有很大借鉴意义,例如其突破公告送达必须在穷尽所有送达手段后方可适用的限制。若多种辅助送达方式均送达成功或者部分成功,则以最先取得送达的时间为送达生效时间;若多种送达方式均失败,则以公告的最低期限届满之日为送达生效时间。

(三)促进成员国达成技术通信送达理念共识

随着技术的飞速发展,技术通信送达的便捷、高效、安全将成为国内、国际间送达的主要考量因素。我国已实现国内不同层级法院的司法协助程序的高效流转与在最高法院层面运用区块链技术保障司法文书送达的真实性与安全性。如前所述,诸如韩国、新西兰、澳大利亚、新加坡、日本具备相应的技术水平,在构建与这些国家的民商事司法协助双边条约时可以尝试引入电子送达并构建相应的送达规则。

首先,优先适用线上程序提交司法协助送达申请,若被送达人既未事先同意用电子送达,也不符合任何可以推定同意适用电子送达的情况,[1]由受送达国根据其国内法及时转为线下送达,做好线上送达与线下送达的衔接工作。同时,在其国内具有影响力的官方网站、互联网社交平台公告影响受送达人核心诉讼权利的诉讼材料,例如起诉状副本、举证通知书、审判成员告知书、开庭传票、终局性裁决等,[2]使受送达

---

〔1〕 参见上海市高级人民法院《关于进一步推广适用电子送达的若干规定(试行)》(2022年)第4条规定:"具备下列情形之一的,人民法院可以确定受送达人同意电子送达:(一)受送达人明确表示同意的,包括但不限于受送达人在线上、线下填写的送达地址确认书中勾选同意电子送达的,或通过电话、手机短信、电子邮件、诉讼平台在线确认等方式同意电子送达的;(二)受送达人在诉讼前对调解和诉讼中适用电子送达已作出约定或者承诺的;(三)受送达人在提交的起诉状、上诉状、申请书、答辩状、授权委托书、律师事务所函等诉讼材料中主动提供明确用于接收送达的电子地址的。"第5条规定:"受送达人通过回复收悉、参加诉讼等方式接受已经完成的电子送达,并且未明确表示不同意电子送达的,人民法院可以据此认定受送达人同意电子送达。"

〔2〕 参见廖海峰、熊静、王苗苗:《统一民事公告送达适用方式的路径探索——以保障受送达人"参加"为核心》,载刘贵祥主编:《审判体系和审判能力现代化与行政法律适用问题研究——全国法院第32届学术讨论会获奖论文集》,人民法院出版社2021年版,第951页。

人的诉讼权利得以充分保障。另外,对于适合电子送达的信息技术弱势群体,也应当由送达国采用其他方式送达。

其次,就向物理地址不明的受送达人进行电子送达方面达成共识。《海牙送达公约》不适用于受送达人地址不明的情况,基于该公约制定的特定时代背景,其所指的地址即物理地址。而在一些互联网合同或者侵权纠纷中,一方当事人仅有对方的电子地址,使用特定国家或地区的电子地址仅表明使用该国或地区的服务器,并不代表受送达人位于该国,属于物理地址不明的情况,因此也可尝试使用电子送达方式。

最后,关于电子送达的生效时间。在采用"到达"对方服务器作为生效标准的同时,为确保受送达人及时知悉送达内容,可以完善相应的技术措施,例如在法院以电子送达方式进行送达时,设置特定代码以激活受送达人的系统,以强制弹窗方式简要提醒受送达人相关的诉讼信息。〔1〕

其实,关于电子送达方式能否适用的关键点不仅出于对技术水平、安全性等因素的考量,更多还是取决于 RCEP 各国能否打破固有的司法主权观念,以更为开放、包容的态度诠释新时期司法主权的内涵与外延,注重送达方式的实质的"适当性",尊重各国之间送达方式的多样性,〔2〕从而寻求域外送达机制中司法主权与司法效率的平衡点。

结　语

RCEP 各成员国法律传统与法律文化的迥然差异,使得各国民商事程序法存在较大差异,可以预见区域统一的送达机制或者民商事协助机制统一化进程仍侧重于在程序基本理念交流、扩大特定领域合作的基础上寻求进一步融合的机会。RCEP 生效将促使高效公正解决纠纷成为各成员国间的共同目标与实际需求,为彼此民商事司法合作以及民事诉讼程序的相互借鉴与融合提供了动力与平台。区分国际亲疏关系、诉讼模式以及各种实际因素构建差异化、多元化的域外送达机制具有理论与实践的可行性。当然,还需要在比较法的基础上,评估、权衡不同国家的规则和制度之利弊进而加以取舍,平衡程序正义的多元构成要素,以期对司法改革的成果进行超越即时利益的检验。

---

〔1〕 参见刘向琼、刘鸣君:《论我国民事诉讼电子送达制度的现状及其完善》,载《法律适用》2018 年第 3 期。

〔2〕 参见张文亮:《外国判决承认与执行语境下"送达抗辩"研究》,载《当代法学》2019 年第 2 期。

回应需求:免罚清单的行政司法裁判研究

——以“以人民为中心”的法治观为视角

王 维* 熊振雄**

引 言

“以人民为中心”的法治思想作为习近平法治思想的核心要义之一,从理论上深刻阐释了中国特色社会主义法治建设的根本要求,为建设中国特色社会主义法治体系与法治国家提供了理论指导和逻辑支撑。免罚清单作为我国行政机关“柔性执法”的创新制度,是“以人民为中心”的法治思想在行政执法上的具体运用,是对包容性审慎监管理念的最新阐释,有利于进一步优化营商环境,规范行政机关的自由裁量权,推动人性化执法变革,促进法治国家、法治政府和法治社会一体化建设。在免罚清单制度成为行政执法范式的同时,与免罚清单有关的行政诉讼案件也逐渐增多,公民对免罚清单制度供给的需求也逐渐转移到司法审判上来,我国法院在司法实践中对于免罚清单有关案件的审理也出现一定的突破。但是学术界对免罚清单的关注不够,大多学者的研究视角集中在免罚清单的制度构建上,而缺乏对免罚清单司法裁判的研究。本研究从行政审判的视角,结合“以人民为中心”的法治理念,通过对24份典型案例进行小样本实证研究,对审判领域免罚清单的司法需求和供给状况进行分析,发现目前存在的供给缺位之处,并探索构建免罚清单作为裁判依据以及作为审查对象的制度安排,希望本次研究为免罚清单相关

* 王维,广西壮族自治区柳州市中级人民法院行政审判庭副庭长,二级法官。

** 熊振雄,广西壮族自治区柳州市中级人民法院行政审判庭法官助理。

司法裁判问题的解决提供一定的思路和参考价值。

一、背景：免罚清单制度应用现状

对于免罚清单的定义，学术界尚未达成一致。本文综合张淑芳[1]、宋国涛[2]等学者的观点，认为免罚清单是指行政机关根据《行政处罚法》及相关领域法律、法规、规章的规定，梳理形成可依法免于行政处罚的轻微违法行为的清单及其适用规则，并在事实上具有外部效力的行政裁量基准。免罚清单制度最初是在2009年《宿迁市沭阳质量技术监督局"首违不罚"暂行规定》（沭质监〔2009〕14号）中提出的"首违不罚暂行规定"的基础上，进一步列举可以免予行政处罚的情形，逐渐形成了现在的免罚清单制度。自2016年在横琴自贸片区首次出现至今，免罚清单制度已经呈现出普遍化、广泛化的态势。

（一）制度供给普遍化

自2016年1月横琴自贸片区发布的《横琴与香港、澳门差异化市场轻微违法经营行为免罚清单（工商管理类）（第一批）》首次推行"免罚清单"制度，到2019年的3年时间内，全国仅横琴自贸区、沈阳市、沈阳市和平区、嘉庆市、铁岭市5个地区断断续续共颁布6份免罚清单。2019年之后，免罚清单的供给呈指数型增长的态势，仅2019年一年之内全国就有49个地区发布了免罚清单。2019年至今，全国各省都拥有了省级免罚清单，仅有少数市区没有规定免罚清单。可见免罚清单的供给数量不断增长，在全国范围内呈现出普遍供给的态势。2021年1月22日全国人大常委会办公厅新闻发布会上，司法部行政执法协调监督局局长赵振华提到司法部下一步在贯彻新修订的《行政处罚法》方面要推行免罚清单制度。这是中央层面首次对免罚清单作出回应。可见，免罚清单制度开始得到普遍的关注和认可，对免罚清单的司法裁判研究具有重要的现实意义。

（二）覆盖领域广泛化

免罚清单最开始实施主要集中在市场监管领域，随着免罚清单在实施过程中逐渐体现出优化营商环境、推动人性化执法以及规范行政裁量等功能，在适用场景上逐渐从市场监管领域扩展到其他执法领域。免罚清单的发展过程是涉及领域不断增加、免罚事项不断细化的过程。以上海为例，与2019年1.0版《市场轻微违法违规经

---

〔1〕 参见张淑芳：《免罚清单的实证与法理》，载《中国法学》2022年第2期。

〔2〕 参见宋国涛：《免罚清单的属性定位、制度功能及规制路径》，载《学习论坛》2023年第2期。

营行为免罚清单》相比,2021 年上海市出台的 3.0 版免罚清单将免罚范围扩大到包含广告在内的七大领域 12 个方面。本研究分别选取我国东部、东北、西南以及中部地区的上海、吉林、广西、河南五个地区具有代表性的免罚清单作为观察对象,将上述免罚清单所涉及的领域列举如表 1。由此可见,目前免罚清单所涉及的领域已经涵盖行政执法的主要方面和主要部门,且随着时间的推移其所涉及的领域在不断扩张。

表 1　免罚清单所涉领域

地区	涉及领域
上海	广告、商务、市场主体和信用、电商、竞争、计量、标准七大领域 12 个方面
广西	工业和信息化管理、公安、自然资源管理、交通运输管理、水利管理、农业农村管理、商务管理、林业管理、海洋管理、税务管理、海关、住房和城乡建设管理、农业农村管理、商务管理、卫生健康、林业管理等领域
吉林	交通运输、市场监管、生态环境、安全生产、金融监管等领域
河南	医疗保障、市场监管、消防、生态环境保护、城市管理、粮食与物资储备、水利行政、教育等领域

二、需求端:免罚清单制度的司法需求

免罚清单体现了法律的“刚性”与执法的“柔性”之间的有机结合。一方面,通过免罚清单规范行政执法、提高行政监管效率;另一方面,通过对清单所列事项的免罚实现对市场主体轻微违法行为的有效治理,体现了“以人民为中心”的法治理念。但是,随着与免罚清单有关的行政案件不断增多,各主体对免罚清单的需求呈现一定的规律,笔者通过对与免罚清单有关的 24 份典型案例进行研究,总结归纳出司法实践中各主体对免罚清单存在以下需求。

(一)显性需求:将免罚清单作为裁判依据

根据《行政诉讼法》第 63 条、第 64 条的规定,[1]能够作为审判依据的是法律、法规、规章与规范性文件。目前,免罚清单是否属于上述法定裁判依据在理论上存在争

〔1〕《行政诉讼法》第 63 条规定:“人民法院审理行政案件,以法律和行政法规、地方性法规为依据。地方性法规适用于本行政区域内发生的行政案件。人民法院审理民族自治地方的行政案件,并以该民族自治地方的自治条例和单行条例为依据。人民法院审理行政案件,参照规章。”第 64 条规定:“人民法院在审理行政案件中,经审查认为本法第五十三条规定的规范性文件不合法的,不作为认定行政行为合法的依据,并向制定机关提出处理建议。”

议。但在司法实践中,当事人多数要求法院在审理的过程中将免罚清单作为判决的依据,在诉讼过程中,大多行政相对人与行政机关都会对免罚清单的内容和适用展开论辩,并要求法院对免罚清单的适用问题进行回应,将免罚清单的内容作为裁判的依据。由于案件数量较多,笔者仅将典型案例列举如表 2 所示。

表 2　行政相对人对免罚清单有关案件的司法需求

<table>
<tr><th>案号</th><th>文本摘录</th><th>基本诉求</th></tr>
<tr><td>(2020)京 03 行终 315 号</td><td>上诉人称:“在上海,上诉人的涉案行为属于官方公开列入《市场轻微违法违规经营行为免罚清单》中明确不予行政处罚的事项。”</td><td rowspan="2">将其他地区的免罚清单适用于本地法院管辖的案件</td></tr>
<tr><td>(2020)皖 1702 行初 31 号</td><td>原告诉称:“《北京市市场监督管理轻微违法行为容错纠错清单》(征求意见稿),其中第五十四条就规定‘获证产品及其销售包装上标注认证证书所含内容与认证证书的内容不一致的’,如能在期限内改正,可以不予处罚。真诚希望被告能够虚心向先发地区学习,切实优化营商环境。”</td></tr>
<tr><td>(2020)鲁 0203 行初 204 号</td><td>原告诉称:“被告的行为属于以上通知中所附《轻微违法行为不予行政处罚和一般违法行为减轻处罚事项清单》的第 98 项规定的内容,应当依据以上通知的规定,属于轻微违法行为不予行政处罚或减轻行政处罚。”</td><td rowspan="3">要求法院适用免罚清单的规定对原告的行为免予处罚</td></tr>
<tr><td>(2020)豫 0212 行初 38 号</td><td>原告诉称:“《开封市生态环境局轻微生态环境违法行为免罚目录清单》第五项规定……根据上述法律及上级行政机关指导意见,原告的违法行为为轻微并及时纠正,没有造成明显危害后果,经责令限期改正后及时主动完成整改的,应当不予行政处罚。”</td></tr>
<tr><td>(2020)苏 02 行终 238 号</td><td>原告诉称:“《江阴市市场监管轻微违法行为不予行政处罚事项清单》中序号 12、序号 14 等条款描述的行为,对晶瑞特公司的行为不予行政处罚。”</td></tr>
</table>

表 2 是行政相对人方在诉讼过程中所体现的对免罚清单的司法需求。这类需求一般鲜有出现在行政相对人对行政机关依据免罚清单作出免于处罚决定不服的案件中,而大多存在于行政相对人对行政机关所采取的行政处罚不满,认为其行为应属于免罚清单中规定的免罚行为,要求行政主体免于处罚的案件中。这类案件的行政相对人的司法需求较为单一,即希望通过法院将免罚清单作为裁判依据从而支持自身

的诉讼请求。该需求通过两种形式体现出来:一是要求法院适用免罚清单进行裁判;二是要求法院参照其他地区的免罚清单对本地的免罚清单进行裁判。对于该需求的产生,笔者认为是免罚清单效力外部化的原因所致。由于免罚清单通过政府网站和主流媒体平台公开,行政相对人对免罚清单产生信赖,一方面认为政府会依据免罚清单作出行政行为,另一方面也认为免罚清单对自身产生效力。因此,在诉讼过程中,行政相对人基于该信赖则要求法院将免罚清单作为裁判依据。

表 3 行政机关对免罚清单有关案件的司法需求

案号	需求摘录	基本诉求
(2020)鲁 0203 行初 204 号	被告认为:“告所引用的《青岛市市场轻微违法经营行为不予处罚清单(2.0 版)》第 1 项不予处罚的适用条件必须同时符合‘未造成危害后果’和‘广告主注册登记不足六个月’,原告公司成立于 2016 年 7 月 21 日距离案发日明显不满足‘广告主注册登记不足六个月’的条件。”	要求法院以免罚清单作为裁判依据,并对免罚清单的使用范围进行详细说理
(2020)苏 02 行终 238 号	被告认为:“晶瑞特公司提及的《关于在市场监管领域推行‘行政处罚’三张清单制度实施包容审慎柔性执法优化营商环境的实施意见》是 2020 年 6 月 2 日发布的,该意见自印发之日起施行,故本案不适用上述实施意见。”	要求法院以免罚清单作为裁判依据,适用法不溯及既往的规则
(2020)沪 01 行终 203 号	被告认为:“《生态环境轻微违法违规行为免罚清单》是自 2020 年 5 月 1 日起实施的,不存在溯及力,且上诉人不属于该免罚清单所规定的免罚范围。”	要求法院以免罚清单作为裁判依据,并对免罚清单的使用范围进行详细说理,并适用法不溯及既往的规则

表 3 是行政机关在诉讼过程中所体现的对免罚清单相关案件的司法需求。这类需求一般是行政机关对行政相对人诉讼请求的依据和理由的反驳,通过阐释行政相对人的行为不属于免罚清单列举的免罚事由,请求法院驳回其诉讼请求。这类案件中行政机关的司法需求较为单一即希望通过法院将免罚清单作为裁判依据,从而证明其行政行为的合法性。

综上,本研究发现行政相对人与行政主体双方都强烈要求将免罚清单作为裁判的依据。但是其需求是相反的,行政相对人希望通过对免罚清单的阐释从而撤销被诉行政行为,行政机关希望通过免罚清单的解读证明自身行为的合法性。

(二)隐性需求:对免罚清单进行司法审查

在笔者所收集的案例之中,存在行政相对人认为免罚清单"作为行政机关的内部文件不能对外发生效力"之类对免罚清单的效力进行质疑的情况,但很少有行政相对人质疑免罚清单的合法性,并要求法院对免罚清单进行司法审查。主要原因是大部分案件的争议焦点在于是否适用免罚清单,而不是免罚清单本身的合法性或者合理性问题。但笔者观察到,司法实践中依然存在举报人举报要求行政机关对第三人进行处罚,行政机关依据免罚清单作出免于处罚决定后,该举报人明显表现出对免罚清单不服的案例。如(2021)京01行终37号以及(2020)浙0702行初173号这两份判决书中的举报者均对免罚清单持否定态度,虽然其没有提出对免罚清单进行司法审查的请求,但从其陈述的起诉事实及理由中,可以看出其对免罚清单规定本身的合法性提出了质疑。可以说,对免罚清单的审查是一个较为隐性的需求。

从与免罚清单类似的其他行政处罚裁量基准的司法实践上看,普遍存在要求法院对行政处罚裁量基准进行司法审查的情形。例如(2010)洪行终字第10号案件中,上诉人上诉称一审法院未能对行政行为的依据《江西省道路交通安全违法行为罚款具体执行标准规定》进行合法性审查。又如(2010)嘉行初字第25号判决中,法院依申请审查《上海市公安局治安管理处罚裁量标准(试行)》认为其并不违法,在(2010)洪行终字第10号判决中,法院也认为行政机关依据《江西省道路交通安全违法行为罚款具体执行标准规定》,在适用法律上并无错误。可见,与免罚清单类似的其他行政裁量基准存在司法审查的需求。免罚清单作为适用领域广、影响大的裁量基准之一,虽然目前没有出现要求对免罚清单进行司法审查的案例,但是未来不可避免存在司法审查的需求。因此,对于免罚清单的司法审查制度有很大的讨论价值。

三、供给端:司法需求回应存在的问题

在中央全面依法治国工作会议上,习近平总书记强调"要把体现人民利益、反映人民愿望、维护人民权益、增进人民福祉落实到全面依法治国各领域全过程"。[1] 在"以人民为中心"的法治观中,"反映人民愿望"要全面落实到立法、执法、司法和守法的全过程。在司法领域,法官在审理案件中要以体现人民利益期待和司法需求作为实施法律的根本动力,确保法治依靠人民、为了人民。

---

〔1〕 习近平:《坚定不移走中国特色社会主义法治道路为全面建设社会主义现代化国家提供有力法治保障》,载《法治日报》2020年11月18日,第1版。

对于人民群众所期待利益的发现,习近平总书记指出:“要认真想一想群众实际情况究竟怎样? 群众到底在期待什么? 群众利益如何保障?”[1]因此不仅需要发现人民群众所期待的利益,还需要回答“人民群众的利益如何保障”的问题,提高人民群众对司法的满意度。结合本文的研究,还需要进一步对司法实践中法院如何回应上述人民群众对免罚清单的显性需求与隐性需求进行进一步分析。

(一)司法裁判方面:免罚清单裁判意见分歧

在笔者所收集的 24 篇裁判文书中,法院对于免罚清单的态度主要可分为:对免罚清单不予置评、不认可免罚清单、认可免罚清单具有裁判依据的功能三种不同裁判观点。其中,有 5 篇裁判文书中法院对免罚清单未予置评,有 1 篇裁判文书否认了将免罚清单作为裁判的依据,其余的 18 篇裁判文书对免罚清单的适用进行了详细的论述。

1. 对免罚清单不予置评

对免罚清单不予置评主要体现为在说理部分不予置评以及在证据认定上不予置评。前者如(2020)沪 01 行终 203 号案件,上诉人认为“应当依据《生态环境轻微违法违规行为免罚清单》的规定,应当对上诉人免于处罚”,但二审法院只是对《建设项目环境保护管理条例》的适用详细说理,而将免罚清单搁置在一旁。后者如(2020)粤 1203 行初 143 号案件中,一审法院未对原告提交的《轻微违法行为不予处罚减轻处罚清单及从重处罚情况清单(征求意见稿)》进行证据认定。

2. 不认可免罚清单

不认可免罚清单的情形主要是法院认为免罚清单仅仅具有参考意义,而不具有法律渊源的意义。如(2020)鲁 0322 行初 50 号案件中,一审法院认为原告提交的山东省生态环境厅《关于规范生态环境违法行为“不罚”“轻罚”等有关事项的通知》仅系行政执法中的参考,而非行政执法的法定依据,不具有证明力,故不对该免罚清单的效力进行确认。

3. 认可免罚清单具有裁判依据的功能

认可免罚清单的情形主要体现在法院对免罚清单的适用范围进行详细说理,以及主动对免罚清单进行形式审查。前者如(2020)鄂 0381 行初 22 号案件中法院对免罚清单的适用情形进行了详细论述,并得出该案件不适用免罚清单的结论。后者如(2020)豫 0212 行初 38 号案件中法院对《开封市生态环境局轻微生态环境违法行为

[1] 《习近平谈治国理政》(第 1 卷),外文出版社 2018 年版,第 98 页。

免罚目录清单(试行)》是否符合《行政处罚法》的规定进行了主动审查。

显然,在免罚清单能否作为裁判依据这一问题上,司法实践中出现了较为矛盾的做法,一方面,免罚清单作为近年才出现的新事物,并没有权威文件对其性质进行明确,其是否属于《行政诉讼法》第63条、第64条规定的裁判标准尚存在争议。另一方面,免罚清单本身以《行政处罚法》等作为依据,法官更愿意适用位阶效力更高且作为法定裁判依据的《行政处罚法》进行裁判,而将免罚清单作为辅助的参考标准。

在18篇法院认可免罚清单具有裁判依据功能的案件中,有4篇裁判文书以免罚清单没有溯及力为由驳回当事人的诉讼请求,2篇裁判文书以免罚清单不具有跨地域的效力为由驳回当事人的诉讼请求,其余的裁判文书对免罚清单的适用范围和适用标准进行了详细的论述。这意味着大部分法院已经认可了免罚清单作为判案的标准,虽然其是否能具有与《行政诉讼法》第63条、第64条的"法定依据"等同的效力尚不得而知,从现有的裁判文书来看,至少在实务中部分法院已将免罚清单作为司法裁判所依据的标准,但该标准的性质尚不明确。

"以人民为中心"的法治观要求"努力让人民群众在每一个案件中都感受到公平正义"〔1〕。对公平正义的要求之一就是"同案同判",而上述分析发现,不同法院对免罚清单能否作为裁判依据在认识上并不统一,从而导致"同案不同判"的问题,不能真正实现"保护人民权益"的法治目标,需要进一步统一裁判思路。

(二)司法审查方面:免罚清单司法审查阙如

司法审查分为主动审查和被动审查。在被动审查方面,笔者并未发现存在行政相对人在起诉时要求法院对免罚清单一并进行审查的情况。说明在司法实践中行政相对人缺乏请求法院审查免罚清单的意识,或者并不认为免罚清单需要审查。但这也从另一个方面体现出法院在免罚清单的被动审查方面经验不足,如果今后出现要求法院对免罚清单进行司法审查的情况,法院将难以有效应对。

在主动审查方面,由于《行政诉讼法》及其相关法律并没有规定法院有主动审查的义务,在当事人未提出对免罚清单进行审查的情况下,大多数法院不会主动对免罚清单进行审查。在笔者所收集的24份裁判文书中,只有(2020)豫0212行初38号案中开封市祥符区法院主动对免罚清单的合法性进行了审查,该院认为"该规定(免罚清单)体现了宽严相济、过罚相当的处罚原则,符合行政处罚法第二十七条第二款规定的精神",可见该院对免罚清单的合法性审查主要体现为体系统一性、原则符合性

〔1〕《习近平谈治国理政》(第1卷),外文出版社2018年版,第145页。

等形式上的合法性审查,对于免罚清单的内容是否具有实质合法性或者程序上的合法性则没有进行审查。

"司法工作要掌握正确的方法,要坚持群众路线,了解群众疾苦,懂得群众诉求,而不是仅仅根据法律简单作出判决即可。"[1]虽然法律没有规定人民法院需要对免罚清单进行主动审查,但是大多数人民法院考虑到司法权和行政自由裁量权之间的张力,并不情愿主动对免罚清单进行审查。即使进行了主动审查,也仅仅体现在形式合法性的审查上,没能够解开存在当事人心中的"免罚清单是否正确"这一心结,容易导致裁判结果的公信力遭到质疑。

四、优化:免罚清单制度的司法需求回应建议

"以人民为中心"的法治思想要求司法实践活动坚持依法裁判的同时"要以人民群众利益为重、以人民群众期盼为念,真诚倾听群众呼声,真实反映群众愿望,真情关心群众疾苦",[2]因此在"将免罚清单作为裁判依据"以及"对免罚清单进行司法审查"的需求没有在法律明文规定的情况下,需要法院坚持"以人民为中心"的法治理念,回应人民对于免罚清单的上述显性需求与隐性需求,在法院审理过程中保证人民群众的合法权益。

(一)司法裁判:确立免罚清单"说理性依据"地位

1. 免罚清单性质的认定

对于免罚清单能否作为司法审查的依据?该问题的根源在于如何对免罚清单的性质进行认定。虽然在司法实践中有不少案例对免罚清单的适用进行了讨论,但如果免罚清单的性质不能确定,其能否成为裁判标准则也无法在理论上找到归属。对于免罚清单的性质,主要存在规范性文件说、指导意见说以及行政处罚裁量基准说三种观点。

规范性文件说认为免罚清单是行政规范性文件。[3] 行政规范性文件呈现以下特征:依据法律法规和规章所制定、在特定区域内具有普遍适用性、影响行政相对人的权利和义务、可以反复适用,[4]免罚清单作为一种行政机关在执法过程中作出的

---

〔1〕 胡玉鸿:《"以人民为中心"的法理解读》,载《东方法学》2021 年第 2 期。

〔2〕 参见中共中央文献研究院编:《十八大以来重要文献选编》(中),中央文献出版社 2016 年版,第 77 页。

〔3〕 江苏省南通市市场监管局法规处在介绍免罚清单时的行文当中用了"行政规范性文件"一词。

〔4〕 参见王学辉主编:《行政法与行政诉讼法学》(第 2 版),法律出版社 2015 年版,第 146 页。

规范行政执法行为的内部文件,则不具有影响行政相对人的权利和义务的特点。根据《行政处罚法》第16条,[1]免罚清单即使作为行政规范性文件也无法从上位法中获得设定或者规定行政处罚的效力。因此,规范性文件说只考虑了免罚清单作为行为规则的规范性,而忽视其作为行政机关自我约束规范的自制性,将其认定为行政规范性文件不妥。

指导意见说认为,"免罚清单实际上是上一级行政机关通过对涉及本系统执法依据的一次梳理归纳,对一些轻微违法行为提出'包容'处理意见"。[2] 该观点只考虑了免罚清单的自制性而没有考虑其规范性。因为免罚清单不仅是上级机关对下级机关行为的指导,在司法实践中已经出现了免罚清单效力外部化的现象,将其认定为指导意见并不适合。

行政处罚裁量基准说认为,"其基本法律属性应为行政自由裁量基准规范,其根本目的在于规范行政机关的行政自由裁量权的行使,指引裁量权遵从公正和合理的方向"。[3] 本文认同该观点,理由在于:行政裁量基准兼具"规则主义"和"行政自制"双重品格[4]。一方面,作为行政机关内部规范行政行为的自制规范;另一方面,因对外公开和执行得到行政相对人的信赖从产生效力外部化。更重要的是,目前司法实务中对免罚清单的处理已经出现制度上的突破,从"以人民为中心"的法治观来考虑,将免罚清单认定为行政处罚裁量基准能够在不对我国的法律体系造成冲击的情况下,在一定程度上承认免罚清单的效力,为其作为裁判说理性依据提供合理性基础,从而能够更好地回应司法需求,保障人民利益。

2. 存在的阻碍与解决方案

(1)民主正当性存疑

"倘若以民主为起点,能够作为行政审判依据的便只有'法规范'",[5]我国是以民主为基础所建构起来的宪政体系,国家的一切权力属于人民,只有人民一致同意的法律,也即由人民代表大会通过或者授权所制定的法律,才具备成为裁判标准的资格。免罚清单的制定仅仅是行政机关自行制定,并没有获得相应的授权,似乎不具备民主的正当性基础。

---

[1] 《行政处罚法》第16条规定:"除法律、法规、规章外,其他规范性文件不得设定行政处罚。"

[2] 缪宝迎:《"免罚清单"的现实思考》,载《医药经济报》2019年7月25日,第2版。

[3] 江苏省南通市市场监管局法规处在介绍免罚清单时的行文当中用了"行政规范性文件"一词。

[4] 参见周佑勇:《裁量基准司法审查研究》,载《中国法学》2012年第6期。

[5] 参见宋国涛:《免罚清单的属性定位、制度功能及规制路径》,载《学习论坛》2023年第2期。

但从功能主义视角来看，形式具备一定的功能，而其内容能够对应该功能，则该形式就是合理的。法律、法规、规章、规范性文件、裁量基准等作为形式，需要根据其不同的功能对应不同的国家事务内容，而不是拘泥于宪政结构，“不同的功能结构各因其不同的特殊性分别适合解决不同类型、性质的国家事务”[1]。具体而言，法律、法规、规章、规范性文件、裁量基准都具有裁判标准的功能，但是由于性质的不同在功能上有所差异。裁量基准在性质上不同于法律、法规、规章、规范性文件，其作为裁判依据仅仅具有说理功能，因此其内容也只能作为说理依据而存在。

从“以人民为中心”的视角来看，免罚清单的内容所对应的功能不仅仅限于国家事务方面，免罚清单作为说理性裁判依据还具有“积极回应人民群众新要求新期待”的巩固人民性的功能。从该角度考虑，尽管免罚清单并非经民主程序所制定，但其存在依然能够反映人民呼声，具有正当性基础。

(2)效力相对性的阻碍

所谓效力相对性指的是免罚清单仅仅作为上级机关对下级机关的要求，只在行政机关内部具有效力，其不创设权利和义务，也不会对外发生效力。但这仅仅是理论上成立，在实务中，免罚清单效力外部化已经成为不争的事实。在笔者所收集的案例中，大多数行政相对人均以免罚清单举证，请求法院将其作为裁判依据。说明这些行政相对人已然认为免罚清单具有法律效力，能够约束行政机关的行为，同时行政相对人本身也自愿受该免罚清单的约束，行政机关根据免罚清单作出免于处罚的决定则普遍得到行政相对人认可。因此，免罚清单的效力实际上已经出现外部化的倾向。

3. 免罚清单作为裁判依据的制度安排

(1)免罚清单只能作为说理性裁判依据

根据依法裁判的原则，《行政诉讼法》第63条、第64条已经将免罚清单排斥作为司法裁判的“法定依据”，但其可以作为司法裁判的补充依据或者“说理性依据”存在。我们可以根据公正原则和信赖保护原则为免罚清单作为说理性裁判依据找到合理性。就公正原则而言，免罚清单使行政机关对相同的免罚情形作出统一的不予处罚决定；就信赖保护原则而言，行政相对人对公开的免罚清单所形成的秩序信赖值得保护。法院通过对以上原则的阐述，使得免罚清单间接获得事实上的约束力，该约束

---

[1] 许宗力：《论法律保留原则》，载许宗力：《法与国家权力（一）》，台北，元照出版有限公司1999年版，第132页。

力是“一种隐性的法性格”[1]。目前,笔者所收集的案件中,大多数法院都将免罚清单作为说理性的裁判依据,也即在说理部分对免罚清单进行详细解释。

免罚清单作为说理性裁判依据能够更好体现“以人民为中心”法治观的要求。“以人民为中心”司法理念的具象是“内心法”,“内心法”指的是司法裁判中要综合考虑法理情,从群众感知感受出发,努力追求裁判结果实现“三个效果”统一。[2] “内心法”必须以“文本法”作为实现路径,具体而言,免罚清单作为说理性裁判依据必须符合我国目前的法律体系,不能与之相冲突。在此之上发挥免罚清单作为说理性裁判依据的“内心法”功能,通过将免罚清单引入裁判文书的说理部分,以“良心”“常识”“常理”“常情”等人民群众朴素正义观作为价值指引,融情于理地对个案进行分析,从而回应人民群众的司法需求,在司法裁判环节实现政治效果、法律效果和社会效果的统一。

免罚清单的这种说理性裁判依据的地位,可以等同于最高人民法院《关于审理行政案件适用法律规范问题的座谈会纪要》中提及的对其他规范性文件“应承认其效力”[3],抑或等同于最高人民法院《关于适用〈中华人民共和国行政诉讼法〉的解释》(以下简称《行诉解释》)第 100 条第 2 款规定的“引用”方式。[4] 其作用在于对裁判加深说理和补强论证。这样的制度安排一方面能够发挥免罚清单限制行政自由裁量权与保护行政相对人和合理信赖的功能;另一方面肯定司法实践中对免罚清单制度的突破并将其限制在可控的范围之内。

(2)免罚清单不能单独适用

“以人民为中心”的法治思想要求司法人员依法断案,办理案件必须遵循法律规范的要求,按照法律逻辑规则进行裁判,偏离了这个路径的司法活动是难以实现公平正义的。免罚清单只能够与《行政诉讼法》第 63 条、第 64 条所规定的“法定依据”合

[1] 参见朱新力、唐明良:《尊重与戒惧之间——行政裁量基准在司法审查中的地位》,载《北大法律评论》2009 年第 2 辑。

[2] 参见林强:《以人民为中心司法理念的具象:“内心法”的逻辑内涵及其规范适用》,载《北京政法职业学院学报》2022 年第 2 期。

[3] 最高人民法院《关于审理行政案件适用法律规范问题的座谈会纪要》规定:“但是,人民法院经审查认为被诉具体行政行为依据的具体应用解释和其他规范性文件合法、有效并合理、适当的,在认定被诉具体行政行为合法性时应承认其效力;人民法院可以在裁判理由中对具体应用解释和其他规范性文件是否合法、有效、合理或适当进行评述。”

[4] 《行诉解释》第 100 条第 2 款规定:“人民法院审理行政案件,可以在裁判文书中引用合法有效的规章及其他规范性文件。”

并适用,而不能单独援引作为裁判的依据。首先,前文已经论述了免罚清单的"说理性裁判依据"的地位,说明免罚清单的功能在于强化论证和补强说理,其只是"法定依据"的辅助性依据,并不具有作为"法定依据"被单独援引的功能。如果裁判文书只单独援引免罚清单,不免有适用法律法规不充分之嫌。其次,免罚清单不能单独援引是保持司法独立性,避免过度依赖免罚清单的要求。免罚清单作为行政机关以规范执法为目的自行制定的裁量基准,具有可操作性强的特点,能够方便法院援引用于说理。但是免罚清单缺乏外部的监督和论证,单独援引则意味着法院面临司法独立性丧失的风险,毕竟是以行政机关制定的裁量基准来审核行政机关的行为,缺乏说服力。最后,《行政诉讼法》第63条、第64条规定了法院裁判的"法定依据",如果只单独援引免罚清单作为裁判依据则违反了该规定。

（二）司法审查:构建对免罚清单的审查制度

前文已经提到存在将免罚清单作为司法审查对象的需求,该需求是否在理论上可行值得进一步研究。免罚清单一方面具有规范性的特征,从而使其能够作为行政裁判的说理性依据;另一方面,免罚清单具有自制性的特征,使有对其进行司法审查的必要。下文的讨论更加关注作为行政机关自制规则的免罚清单的司法审查问题。

1.存在的阻碍与解决方案

(1)可诉性存疑

前文提到免罚清单在实务中出现了效力外部化的现象,但是免罚清单对外发生效力是人们自愿受其约束的结果,其本身并未设定权利和义务。换句话说,免罚清单只对行政机关内部发生法定的效力,对法院而言,其可以将免罚清单作为裁量的说理标准,也可以直接依据法律、法规或者规章进行裁定,法院并不受免罚清单的约束。可见,免罚清单作为内部行政行为而言,是不具有可诉性的。

(2)排斥条款的阻碍

《行政诉讼法》第13条第2项[1]、《行诉解释》第2条[2]都规定了行政规范性文件不属于法院受理案件的范围。免罚清单并非行政规范性文件,在位阶效力上低

---

[1] 《行政诉讼法》第13条第2项规定:"人民法院不受理公民、法人或者其他组织对下列事项提起的诉讼……(二)行政法规、规章或者行政机关制定、发布的具有普遍约束力的决定、命令。"

[2] 《行诉解释》第2条规定:"行政诉讼法第十三条第(二)项规定的'具有普遍约束力的决定、命令,是指行政机关针对不特定对象发布的能反复适用的行政规范性文件。'"

于行政规范性文件。根据当然解释的规则,行政规范性文件不属于法院受理案件范围,因此免罚清单当然也不能成为法院受理案件的范围。在司法实践中,法院也会拒绝直接对免罚清单进行审查。

综上,由于直接对免罚清单进行司法审查的可诉性存疑以及存在排斥条款,行政相对人不能够直接要求法院对免罚清单进行司法审查,而应当通过附带性审查制度进行审查。

2. 免罚清单司法审查制度的构建

(1)建立间接附带性审查模式

免罚清单制度被直接排除在法院审理的范围之外,但我们可以通过间接审查和附带审查的方式对免罚清单进行审查。保障人民权益是“以人民为中心”的法治观的重要目标,司法机关在行政案件中保障人民权益主要是通过司法裁判以及司法审查来实现。通过间接附带性审查将免罚清单纳入司法审查的范围,能够及时对行政机关所作出的免罚清单内容进行优化或纠正,增强对行政相对人权益的保障,防止类似的纠纷产生,同时能够在间接附带性审查的过程中促进行政相对人与行政机关之间的调解,实现案结事了人和的良好结果。

所谓间接审查,是指法院采取诸如转换、隐蔽两种方式间接实现对免罚清单的司法审查。所谓转化,是指将对免罚清单的审查转化为对依据免罚清单所作出的具体行政行为的审查。该转化的方式不仅需要审查被诉行政行为是否符合免罚清单的规定,还需要审查其是否符合《行政诉讼法》等相关法律、法规和规章的规定。特别是通过法律的正式渊源纠正依据免罚清单中不合法、不合理的内容所作出的行政行为;隐蔽指的是将该免罚清单交由作出被诉行政行为的行政机关的上级机关处理。也即通过法院与该上级机关谈话沟通,该上级机关决定是否对免罚清单的内容进行修改,从而实现对免罚清单进行司法审查的效果。

附带性审查指的是不能对免罚清单直接起诉要求法院进行司法审查,而是在对行政机关作出的具体行政行为不服提起的诉讼中附带请求法院对免罚清单进行审查。法律依据可以参考《行政诉讼法》第 64 条的规定。虽然免罚清单并不属于行政规范性文件,但是免罚清单在实践中所具有的规范性使得可以参照该标准进行附带审查。

(2)免罚清单的审查方式

免罚清单不同于行政规范性文件,免罚清单兼具规范性和自制性双重属性,法院在对免罚清单进行审查的过程中,必须在审查其合法性与合理性的同时,尊重行政机关的自由裁量权。法院在审查的强度上应当包括程序审查、形式审查与实质审查。在程序审查方面，法院应当审查免罚清单的作出是否符合法定程序，是否履行了行政机关讨论、行政首长签署、公示公开等程序；在形式审查方面，主要审查免罚清单的制定主体是否具有相应的权限，是否违反上位法、制作的形式是否符合法定要求。

实质审查方面则可以遵循"适当性原则""必要性原则"进行审查。适当性原则指的是从行政行为目的的角度所作的要求，即行政行为的作出要适合于行政法目的的实现，或者说不得与行政法的目的相背离。[1] 法院通过适当性原则，审查行政机关在作出免罚清单时，面对多种可能的免罚事由，是否择取确实能达到行政目的免罚事由。对于免罚清单所要追求的目的，笔者认为包含"进一步优化营商环境、规范行政自由裁量权、推动人性化执法变革、促进法治国家、法治政府和法治社会一体化建设"等目的，如果免罚清单的免罚事项不能促使该行政目的的实现，则该免罚清单的条款不具备适当性；必要性原则是从手段上对行政行为所作的要求。它是指行政行为不能超越实现目的之必要程度，即为达成目的面对多种可能选择的手段，须尽可能采取对人民利益影响最轻微的手段。如果只需对行政相对人进行教育或者采取其他辅助措施即可达到制裁和防止其违法的效果，这类情形则应当列入免罚清单之中。

(3)免罚清单司法审查的相对性问题

授权性问题。有学者认为，"法院应当首先审查裁量基准的制定有无获得立法者的授权。既然立法未授权，那么设定的裁量基准本身即属越权之列，自不能作为法院裁判之依据"。[2] 但问题在于免罚清单作为裁量标准本身不属于法律、法规、规章以及行政规范性文件。其具有自制性，不需要立法机关的授权也能够由行政机关自行作出。因此，审查免罚清单的授权性问题没有太大意义。

公开性问题。有学者认为"裁量基准是可以免除通告、公布等环节的，司法审查可以且也应该在此问题上网开一面"，免罚清单虽然在性质上作为行政裁量基准，但是与一般的裁量基准不同，免罚清单实质上具有外部效力。虽然行政裁量基准不一定要履行公开程序，但是免罚清单只有通过公开和公示才能够为社会所知晓，公民才会对免罚清单产生信赖，这是免罚清单规范性特点的基础。同时，"以人民为中心"的法治观也要求"要坚持以公开促公正、以透明促廉洁，增强主动公开、主动接受监督的

---

[1] 参见应松年：《行政法与行政诉讼法学》，高等教育出版社2019年版，第56页。

[2] 朱新力、唐明良：《尊重与戒惧之间——行政裁量基准在司法审查中的地位》，载《北大法律评论》2009年第2辑。

意识，让暗箱操作没有空间”，[1]对免罚清单的公开性进行审查是促进公平正义，保障人民权益的必然要求。因此，免罚清单的规范性特点要求其必须经过公示公开的程序。而且，免罚清单向社会公开已经成为目前大多数行政机关的习惯做法，因此，法院在审查免罚清单的合法性时需要对免罚清单的公开性进行审查。

结　语

免罚清单作为我国行政机关将“以人民为中心”的法治观运用在行政执法上的创新制度，是对包容性审慎监管的最新阐释，有利于进一步优化营商环境，规范行政自由裁量权，推动人性化执法变革，促进法治国家、法治政府和法治社会一体化建设。本研究从行政审判的视角，以“以人民为中心”的法治理念作为指导，通过对24份典型案例进行小样本实证研究，对审判领域免罚清单的司法需求和供给状况进行分析，发现存在制度供给缺位之处，并探索构建免罚清单作为裁判依据与司法审查对象的制度安排，希望通过本次研究为免罚清单相关司法裁判问题的解决提供一定的思路和参考价值，更好发挥行政司法裁判，来“体现人民利益、反映人民愿望、维护人民权益”的功能。

[1]《习近平谈治国理政》（第1卷），外文出版社2018年版，第149页。

涉企业保全的实践困境及纾解

——以分类评估企业经营状况为导向

张　斌[*]　潘柳烨[**]

引　言

企业资产被保全，尤其是中小微企业的账户、债权等被保全，往往意味着在漫长的诉讼过程中企业资金流被截断、无法正常经营，甚至出现信用危机。但是，我国的保全制度功能至今仍然较为单一，难以满足企业的特殊利益需求，担保换封的标准也仅在于“有利于执行”，企业经常无法提供达到标准的担保换封，导致涉企保全中出现严重的利益失衡。各地法院经常在司法能动的旗号之下为企业解忧，比如不保全企业基本账户，放低担保换封的标准，但在缺乏法律依据时有违司法能动之本义。本文中，笔者就从保全制度、担保换封、司法能动三个层面的涉企业利益平衡进行供需分析，界定其中的各种制衡因素，提出构建涉企业保全的第三方评估制度，并构建融资担保机构开展担保业务的审查机制。

一、透视：涉企业保全中两难困境的现状解析

为了了解企业被保全后的困境样态，笔者从涉企业保全的整体样态推进到局部难点，从企业被保全后的易生困境切换到法院应对的平衡尴尬，以窥视在涉企业保全中的两难状况。

---

* 张斌，广西壮族自治区柳州市柳南区人民法院民事审判第二庭三级法官。

** 潘柳烨，广西壮族自治区柳州市柳南区人民法院太阳村人民法庭五级法官助理。

(一)被保全企业类型及标的物样态分析

笔者以2021年1月1日至2022年12月31日,从Y法院、N法院、J法院三个基层法院的涉企业保全案件中,每个法院各抽取100件保全案件为样本进行分析。

1. 被保全企业分析:占绝对多数的中小微企业举步维艰

在样本案例中,笔者以注册资本金为划分标准,将注册资本金500万元至1000万元的企业定义为中型企业,注册资本金为500万元以下的企业定义为小微企业。

样本案例中被保全企业注册资本金为100万元至500万元,尤其是100万元以下的被保全企业占据绝对多数,中小微企业数量占比高达76%(见图1)。中小微企业往往经济实力薄弱、产业结构单一、抗风险能力弱,在经济下行的整体形势之下,很多中小微企业的经营举步维艰,难以避免经营纠纷。所以,中小微企业往往是涉诉且被保全的对象,在被保全企业中占比极高。

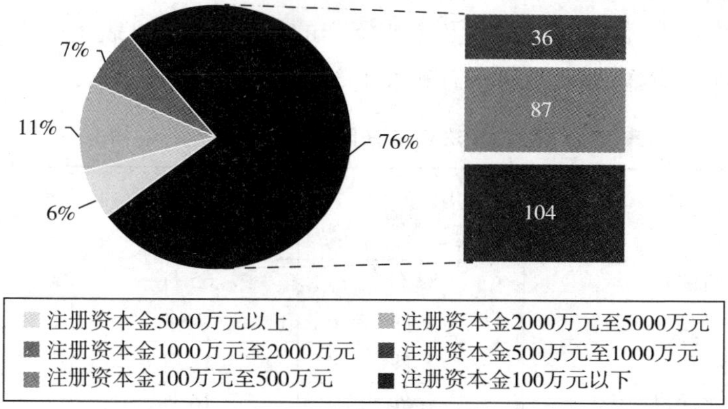

图1　样本案件被保全企业类型

通过对样本300件案件进一步分析发现,案件的保全标的额多为10万元以上,100万元以上的也为数不少。由于被保全的企业多为中小微企业,经济实力较弱,在高额的保全标的下,中小微企业的经营必然容易受到冲击。[1] 所以,在样本案例中,超过半数的企业都紧急应对,部分企业只有快速与申请人达成调解,或满足申请人的要求,以使之撤诉,部分企业则向法院提出保全异议、申请换封,甚至进行投诉(见图2)。

〔1〕 参见金娟:《论善意文明保全及对过度保全的法律规制》,载《景德镇学院学报》2020年第4期。

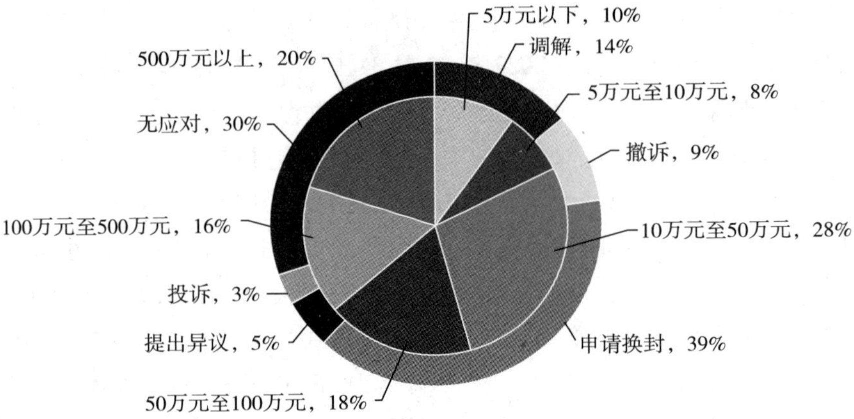

图 2 样本案件保全标的额分类及企业应对措施

2. 被保全企业保全标的物样态解析

在案件样本中，保全标的物涉及企业资产的各个方面（见表 1）。因单个案件可能存在多种保全措施，故统计数据总和大于 300。

表 1 Y 法院、N 法院、J 法院三家法院保全标的情况

法院 标的	Y 法院	N 法院	J 法院
银行账户	83 件	65 件	69 件
设备	9 件	7 件	4 件
债权	8 件	12 件	6 件
原材料、半成品、成品	6 件	16 件	5 件
不动产	8 件	5 件	4 件
股权	1 件	3 件	2 件
专利	1 件	0 件	0 件

从上述数据可以看出，申请冻结企业账户的比例高达 72.3%，明显高于其他标的物。这一方面是因为现金将来易于执行，另一方面则是为了控制企业资金流，迫使企业在诉讼中积极履行义务。保全企业设备、债权的占比不高，主要是由于设备等动产往往残值不高，保全债权则须详细掌握被保全人交易信息方可实现。对于不动产的保全较少，因为目前企业使用的不动产多为租赁，即使自有的不动产也往往负有第三方债权担保，故对此保全不多。对于企业股权、专利权的保全不多，且对企业影响较小，故本文对此不作分析。

（二）企业被保全之下的独特困境呈现

企业作为典型的商事主体，被保全之下会产生与自然人完全不同的利益均衡需求，极易出现利益的失衡状态，这在被保全企业的资金、信用、运营三方面困境体现较为明显。

1. 企业被保全之下的资金困境

冻结自然人的资金后，经申请可以保留最低的生活费，并不会危及个人生存。相较而言，一旦企业账户、债权被冻结，或者原材料、产品被保全，极易造成较长的诉讼期间内企业资金紧张。[1] 交易相对方也常会因此要求提前结清，造成被保全企业现金流压力。部分企业无奈找寻民间资本进行自救，但是高额的利息不仅进一步压缩了企业的利润空间，高额的债务还提高了企业风险，有的中小微企业甚至因此濒临破产。

2. 企业被保全之下的信用困境

自然人财产被保全后，其信用一般并不受影响，仅在办理大额贷款业务时可能会遇到障碍。但一旦企业的资产被保全，或多或少会对企业的信用和信贷产生不良影响。首先，交易对象、合作企业经常会对涉诉企业的经济实力产生质疑，不愿与其交易或继续合作。其次，企业在账户被保全之下也难以正常参与市场竞争，如参与竞标等，导致商业机会丧失。最后，银行经常会因此拒绝贷款给被保全企业，或在银行有贷款的情况下，银行也会因此认定存在贷款风险而反复审查，并要求提前还贷、断贷。此外，企业出现信用危机，极易进一步引发上下游的连环诉讼（见图3）。

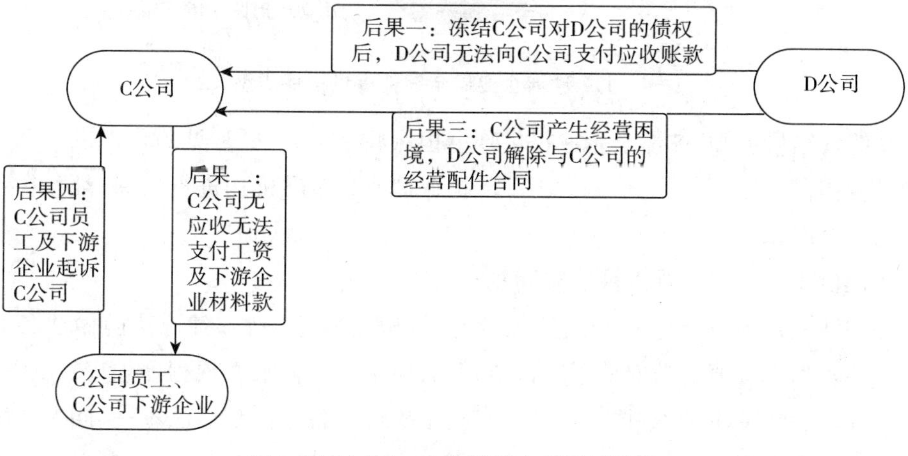

图3　A公司与C公司买卖合同纠纷案

〔1〕参见杨海涛、罗邦良、冷海波：《法院处理涉企财产保全工作相关问题探究》，载《人民司法》2013年第9期。

3. 企业被保全之下的运营困境

非企业主体一般不存在运营需求,而企业存在对内运营管理和对外交易往来需要。以冻结账户为例,自然人可以申请多个账户,而企业虽可根据需要开立四类账户,但一个企业只能开立一个基本账户,且企业基本账户涉及企业的日常结算、现金收付、工资奖金支取等资金流通。一旦企业账户被冻结,将会导致整个企业的支付停滞,对内影响员工工资发放、税费缴纳,对外影响交易款项支付、丧失交易机会。此外,企业原材料、半成品、成品被查封,极易导致企业生产经营活动停摆,查封时间过长,将会导致查封物贬值、企业停工员工离职、购货商解约索赔等一系列的问题。

(三)企业被保全之下的应对困境

为应对经营困境,被保全企业倾向于提供反担保换封或解封。笔者对上述样本案例进行统计分析发现,其中有 117 件是被保全企业拟提供担保来换封或解封(见图 4)。

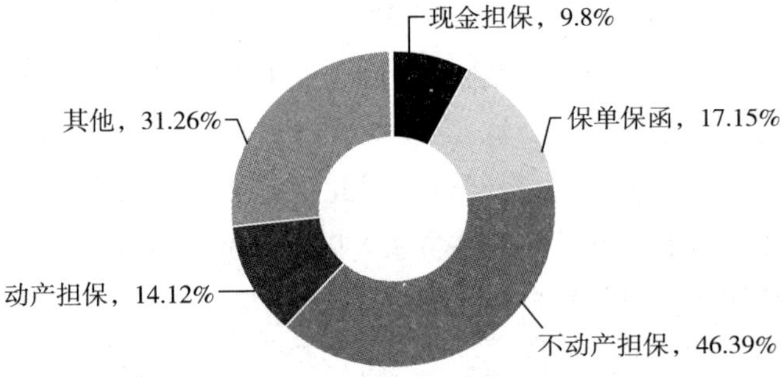

图 4 117 件涉企业保全案件提供担保类型

从统计结果可知,被保全企业提供现金担保屈指可数,更常见的是提供不动产或金融机构担保。然而,无论是提供不动产担保抑或是金融机构进行担保,都存在难以冲破的保全屏障。

1. 提供不动产担保难以被法院同意

在司法实践中,对于是否同意不动产作为解封的担保物,各地法院做法各有不同。即使不动产价值与被保全资产价值相当,但不动产将来变现程序烦琐,流拍率较高,[1]故对于如何理解适用换封应当"有利于执行",各地法院做法不一,同一法院不同法官在个案中观点也有所差异,不允许该类换封的情况较多,[2]仅在提供的不动

〔1〕 参见吴英姿:《论保全错误的程序法解释》,载《现代法学》2023 年第 2 期。

〔2〕 参见余文唐:《保全物置换四大疑问探辨》,载《人民法院报》2016 年 11 月 23 日,第 7 版。

产价值明显超出保全金额且利于变现,才同意进行换封。

2. 提供金融担保的市场主体受限

解封金融担保是指经营融资担保业务的企业以出具保单保函的方式为被保全人提供解除保全担保的行为。相较于为原告申请保全提供担保,解封担保风险更大、赔偿更高。[1] 因此,各大保险公司或银行往往避而远之。即使有个别保险公司愿意承保,也要经过层层审批,费用也会远高于诉讼财产保全担保的费用。现实中有一些金融公司愿意为解除财产保全提供担保,但基于担保资质以及监管的审查粗疏,法院往往都非常谨慎,极少同意。呈现出保险公司不愿意承保,其他金融公司又不能进入的尴尬状态。

在拟提供金融担保的17件样本案件中,14件为金融担保公司拟提供的担保,余下3件为银行拟提供的担保。进一步分析发现,金融担保公司拟提供担保的案件中,仅有1件法院予以同意。

(四)缺乏法律背书的司法能动保全风险

为了寻求保全双方的利益平衡点,减少保全对企业的影响,司法实践中各地法院都尝试在能动司法下探索解决路径(见表2)。

表2 部分法院能动司法案例

发布法院及文章标题	基本案情			能动司法报道	能动做法
	案情简介	保全措施	产生困境		
淮安经济技术开发区法院《灵活保全显温情能动司法展担当》	余某承包涟水某台企装修工程的部分劳务,以该台企欠付11万元劳务费为由,向法院提起诉讼,同时申请财产保全	裁定驳回原告的保全申请	无	文章标题:《灵活保全显温情能动司法展担当》	了解被保全企业资信+企业承诺资产状况发生重大变化会及时向法院申报备案。法院判断不存在判决生效难以执行的情形

[1] 参见陈禹彦、孙国栋:《解除财产保全保证保险是保险人的机遇还是风险?》,载《上海保险》2021年第1期。

续表

发布法院及文章标题	基本案情			能动司法报道	能动做法
	案情简介	保全措施	产生困境		
福建省厦门市中级人民法院陈某某与某公司财产保全案——运用“账户解冻置换+已控资金归集”的方式“生道保全”	陈某某与该公司发生经济纠纷，陈某某向法院申请诉前财产保全该公司3000万元财产	冻结了该公司基本账户等多个普通账户	被保全企业陷入经营危机，向法院申请解封	文章内容：保全法院坚持能动司法理念，通过基本账户解冻和关键普通账户置换归集的方式，既努力实现保全目的，又维护被保全企业生存权益	基本账户解冻+关键普通账户置换归集
柳州市柳南区人民法院柳南法院2小时内高效解封为辖区大型企业解难纾困	某电子公司是某汽车公司的零部件重要供应商。2023年9月，该电子公司因合同纠纷被其他主体诉至法院，并被申请财产保全	冻结某电子公司银行账户4000万余元	电子公司无法正常经营，无法正常供货，严重影响某汽车公司的产能。向法院申请解封	文章内容：柳南法院能动司法、灵活变更保全措施最大限度减少了对涉案企业生产经营的不利影响，依法帮助企业渡过难关，最大限度地平衡了双方当事人的利益	协调被保全企业的债务企业提前结清应收账款+保证被保全企业其中一个账户用于足额查封+解除对剩余账户的冻结
天津滨海新区人民法院滨海新区法院优化营商环境财产保全十大典型案例(下)	天津某运力公司与北京某农业科技公司发生公路货物运输合同纠纷，北京某农业科技公司逾期支付运费。天津某运力公司向法院申请财产保全	对北京某农业科技公司名下多个银行账户进行冻结，但未足额保全	采取保全措施后，北京某农业科技公司账户收到部分款项，导致被冻结的总金额超出标的且影响员工工资发放，随即申请解除保全措施	文章内容：本案是人民法院能动解除保全措施，护航涉农企业经营发展的典型案例	直接解除保全措施

续表

发布法院及文章标题	基本案情			能动司法报道	能动做法
	案情简介	保全措施	产生困境		
抚州市东乡区人民法院账户被冻结企业经营陷困境,法院能动司法破难题	某生物能源公司因污水处理余款未支付,被某环保公司诉至法院,并申请了财产保全	某生物能源公司的基本账户和其他的企业账户都冻结了,账户上约保全了600万元	对公司经营产生很大影响,该公司提供房屋担保欲申请换封,原告方不同意	文章标题:账户被冻结企业经营陷困境,法院能动司法破难题	采取线下查控的形式:将原本线上查控冻结的生物能源公司的600万元,划转到法院账户上+解除账户保全

各地法院对此以司法能动的名义“各显神通”,这些举措一定程度上优化了中小微企业的营商环境,但也使法院陷入进退维谷的境地,因为其中存在以下两个未解难题:

第一,部分法院能动司法的举措缺乏法律依据。从功能主义视域出发,不少法院尝试以能动司法名义改变在保全中左支右绌的局面,符合当前不断强化的善意文明执行理念,但部分地方法院灵活地换封难以符合法律对换封“有利于执行”的规定。比如,不保全企业基本账户、放低担保换封的标准等措施,由于没有法律背书,仅凭能动司法很难自圆其说。

第二,法院可能面临国家赔偿的风险。被保全企业经营风险不可预见,在缺乏法律支撑下,法院各种缓解企业困境的保全措施面临较大风险。假如将来原告胜诉,因为担保资产不足以承担担保责任,或者在诉讼期间被保全企业经过被解封的基本账户大额支出资金,执行时被保全企业已无资产,则法院都可能面临国家赔偿的风险。

(五)小结:涉企业保全中的三重需求

从企业被保全后独具的三重困境,到企业自救提供金融担保的现实阻碍,再到法院优化营商环境的能动风险,无不呈现出涉保企业与自然人大相径庭的特殊利益平衡需求态势。

1. 被保全企业的利益平衡需求

企业作为典型的商事主体,被保全之下会产生有别于自然人的资金周转、正常运营、信用信贷方面的特殊利益需求,在失衡之下,企业经常受到较大影响,甚至可能产生企业死亡的后果。[1]

---

〔1〕 参见邱成梁:《营商环境法治化的立法供给研究》,载《人民论坛》2023年第4期。

2.解封担保处于有限条件之下的高需求

解封担保是企业在保全中寻求脱身或者减少损失的重要途径,需求较大,但在经济下行的整体形势之下,当下的企业尤其是很多中小微企业,能够为换封提供担保的资产样态、资金数额均有限,难以完全达到有利于执行的法定标准。

3.超出制度供给的司法能动需求

各地法院希冀以充分的司法能动来扶济被保全企业的危困,但在司法实践中,司法能动需求的产生源于法院面对被保全企业困境的无奈,[1]其适用经常在于填补制度规定的不足,故在保全中的司法能动超出了制度规定的供给,需要划定司法能动在其中的适用边界。[2]

二、供给侧分析:对涉企业保全利益平衡的供给不足

对于企业在保全中的特殊利益平衡需求,无论是追溯至保全的制度结构本身,还是透析涉保企业的救命稻草"金融担保解纷方式",抑或细究法院在优化营商环境的"能动做法",皆难以满足企业的特殊利益需求、实现涉诉双方利益平衡。

(一)现行制度及优化探索均不能满足企业利益需求

当前,保全制度对保全程序性的规定较为匮乏,无法破除涉企业保全中的三重困境。司法实践出现些许对涉企业保全制度的优化探索,却也难以化解两难尴尬。

1.保全制度的结构性矛盾

保全制度的内在结构性矛盾决定涉企业保全过程必然存在一定的价值冲突。[3]从立法定位分析,保全制度偏向于确保保全措施正确、及时、有效地实现,却忽略了保全具备程序属性的制度设计。例如,尽管法律渊源变迁,财产保全启动条件始终为"可能使判决难以执行或者造成当事人其他损害"。通过法律解释,只要该条件满足,就应采取保全措施。相较而言,财产保全立法中的程序性内容比重轻微,除了规定保全制度的启动主体、时间、管辖法院等些许内容,再难寻其他程序性约束。从保全申请到末端的复议救济,都缺乏明确操作规制,均有赖于法官主观审查,出现较大自由裁量空间。[4]

然而,肇源于功利和自保思想的驱动,法官更倾向于保护债权人的利益。在保全

---

[1] 参见刘雷、陈金钊:《中国式现代化的法治修辞意义——第十三届全国法律修辞学研讨会述评》,载《河北法学》2023年第8期。

[2] 参见宋远升:《司法能动主义与克制主义的边界与抉择》,载《东岳论丛》2017年第12期。

[3] 参见刘哲玮:《论财产保全制度的结构矛盾与消解途径》,载《法学论坛》2015年第9期。

[4] 参见张卫平:《中国民事诉讼法立法四十年》,载《法学》2018年第7期。

制度程序性制约的匮乏之下，难以把握及时保全及慎用保全措施的利益平衡点。[1] 此时法官基于尽快结案、免受信访、投诉和究责的困扰，往往选择准许债权人的保全申请，而忽视企业特殊的利益需求。显然，在缺乏相关配套措施的情况下，当前保全机制极易导致在涉企业保全中出现利益失衡问题。[2]

2. 保全优化探索中的左支右绌

现代审判制度要求司法兼顾涉诉双方的利益平衡，但涉企业保全中的失衡问题日益凸显。[3] 在保全双方利益对立逐步严重下，部分法院聚焦于保全申请合理性审查的探索，或从保全救济切入，但均难以抽薪止沸。[4]

（1）保全合理性审查难以实现

为平衡企业在保全中的特殊利益，减少不必要的保全程序启动，部分法院从保全的合法性审查，拓展到合理性审查，并出台了合理性审查规定，试图为分辨保全必要性提供准则。然而，遍览多部审查细则，多为原则性规定，可操作性不强。司法实践中申请保全动机难以预测，有的为了打压竞争对手，有的虽然动机正当，但出于自身利益滥用权利，对不必保全的财产申请保全，从而损害了被申请人的正当利益。还有的申请人为最大限度地保障自身利益，故意增加诉讼请求以超额保全被申请人的财产。而诸类审查细则对于保全申请过程中的恶意、滥用情形界定模糊（见表3）。

表3　各地法院关于恶意保全的审查规定

文件名称	文件内容	特征
浙江省高级人民法院《关于进一步规范财产保全案件办理的工作指引（试行）》的通知	17. 具有以下情形之一，人民法院应当根据当事人提起诉讼的请求权基础、事实的判断能力、诉讼时机等因素，综合判断是否涉嫌恶意保全：（1）重复诉讼……（3）原告主张的事实成立，但诉讼请求明显缺乏法律依据……存在以上情形，裁定部门可以决定是否召开听证会，经判断认为需要对上述情形认定为恶意保全的，由本院分管院领导决定是否报请院长批准……	明确恶意保全情形及处理办法

〔1〕参见浙江省高级人民法院课题组：《从合法性关注到合理性考量　能动司法视角下财产保全司法对策之优化》，载《法律适用》2011年第12期。

〔2〕参见邵长茂：《执行案件常见法律适用问题解析》，载《中国应用法学》2023年第3期。

〔3〕参见范晓明：《需求与回应：经济转型发展背景下的商事审判工作》，载《人民司法》2011年第21期。

〔4〕参见常鑫：《财产保全责任险引发财产保全滥用的风险及其应对》，载《西南民族大学学报（人文社会科学版）》2023年第6期。

续表

文件名称	文件内容	特征
安徽省高级人民法院关于进一步规范涉及企业财产保全工作的意见	2. 兼顾债权人与债务人利益。既要发挥财产保全制度价值,保护债权人合法权益,又要灵活采取财产保全措施,避免保全措施不当给被申请人生产经营带来不利影响	原则性规定
湖北省高级人民法院关于财产保全工作指引	要坚持善意文明保全,做到合理适度、该保才保,防止因滥用保全、过度保全、超标的、超范围保全而损害被保全人权益	原则性规定
成都市中级人民法院关于进一步规范财产保全工作的实施细则(试行)	保全中心依照……认真审查是否存在恶意保全等情况,并根据情况分别处理……	无细化规定

从表 9 中可知,多地法院对保全申请审查进行了一定的探索,但由于可操作性弱,法院仍会陷入没有具体审查标准的尴尬局面,出现只审查担保,对申请人的保全目的、被申请人的生产经营等情况是否有财产保全必要的各种因素缺乏必要的审查,或审而不查,甚至无法审查的尴尬境地,最终仍然无法有效规制申请人滥用权利恶意保全的行为。

现实中,大部分的涉企业保全案件往往存在争议,由于诉讼尚未有结论,法院极难判断保全的必要性以及是否恶意保全,即使法院能够在诉讼之初就能明确预判诉讼结果,但假如以此确定保全的必要性,必然存在未审先判的问题,故加强保全申请审查并不能有效平衡涉企业保全中的双方利益。

(2)保全错误责任后果缺失

一旦出现保全错误,被保全企业可以通过复议或要求赔偿挽回受损利益,但这两种途径均难以实现理想功效。

第一,复议的程序性规定不明晰。实践中复议如何开展的具体规定缺乏,复议往往仍交由作出保全裁定的法官进行审查,而在保全审查要件模糊的背景下,法官作出否定自己原裁定的可能性较低。

第二,保全错误认定条件苛刻。司法实践中,仅限于故意或重大过失导致的保全损失,才可认定为保全错误。保全申请错误应赔偿损失对于保全申请人看似具有威慑力,实则功效甚微。毕竟高标准之下现实中极少认定赔偿,如(2019)最高法民再 252 号、(2020)最高法民终 552 号、(2021)最高法民申 2326 号案件。责任后果的缺失进一步鼓励了非必要甚至恶意保全申请的激增。

(3)优化涉企业保全的制度探索成效有限

为突破涉企业保全失衡困境,司法实践中部分法院制定了灵活的涉企业财产保全规范操作指引。一方面,各地法院对涉企业保全进行了有益经验的总结,有利于灵活平衡被保全企业利益,尤其是对于保全账户以外的原材料等标的物;另一方面,对于因保全导致企业困境的,比如常见的保全账户且资金不足的,各地法院基本侧重于强调重视的态度,操作指引中频频出现的"尽量""尽可能""慎重""充分考虑"等用语即可窥其一斑,这并不能提供良好的解决路径。

(二)被保全企业提供担保换封的供需失衡

当前,各地法院存在对申请保全审而不查与对解除保全过度审查并存的现象。由于保全审查规定的笼统导致难以操作,更有部分法官将保全作为以保促调的手段,法院基本对保全申请"有求必应"。反之,为了规避风险,部分法官对被申请人提供的担保严格审查,避免造成对债权人的损失。

1. 制度的功能目的偏向于诉讼目的的实现

从功能目的出发,换封制度在于不影响执行的前提下减轻保全措施对被申请人合法权益造成的损害,故换封制度的功能是在确保诉讼目的实现的基础上实现两造利益的衡平,其仍然偏重于保护申请人诉讼目的的实现。[1]

从法律规定而言,最高人民法院《关于适用〈中华人民共和国民事诉讼法〉的解释》第167条中关于"等值担保财产""有利于执行"的规定较为原则,未形成统一标准。在司法实践中,法官为了避免换封产生的风险,对换封担保物的价值界定及利于执行判断往往严格控制适用标准,只要存在价值认定模糊,或换封担保物执行程序更加烦琐,即认定不符合换封的法律规定,不同意换封申请。特别是企业资金被冻结的案件中,很少有比资金更有利于执行的担保物,故此类保全案件中换封经常很难实现。

2. 解封担保的配套制度供给不足,进入审查制度标准缺失

解除保全反担保较于诉讼保全责任险而言,赔偿风险更大、赔付数额更高。[2]司法实践中,有资质的保险公司、银行等企业对此大多避而远之。但是,有需求就会有市场,现实中确实有一些金融担保公司愿意在提高保费、加强审核的条件下提供该

[1] 参见洪冬英:《财产保全功能有效实现的障碍及对策》,载《法学》2009年第3期。

[2] 参见陈禹彦、孙国栋:《解除财产保全保证保险是保险人的机遇还是风险?》,载《上海保险》2021年第1期。

类担保。但是,目前缺少对金融担保公司提供担保的市场准入、监管、审核的法律规范,所以,愿意提供该类反担保的金融担保公司由于资质和担保能力难以审查,基本难以被法院所接受。[1] 事实上,在法院接受了该类反担保的案件中,却出现担保公司已被其他案件列为失信被执行人的尴尬情况。比如黄某与某咨询公司合同纠纷一案中,审理法院就发现金融担保公司在提供反担保期间,被其他法院列为被执行人的情况。[2]

所以,缺乏监督管理制度之下的反担保风险以及可能产生的混乱可窥一斑。这就体现出在该领域内对金融担保企业的审查制度标准缺失,换封担保的配套制度供给不足。

(三)涉企业保全中司法能动的供需失衡

1. 司法能动的中国特色内涵

司法能动原旨教义是指法官不囿于先例或者成文法的约束,而是根据社会公共政策、实质正义等要求为社会不公提供司法救济的法律方法。[3] 司法能动引入我国作为"能动司法"后,具有了中国特色的内涵:一方面,要求司法权发挥主观能动性拓展司法功能,以回应转型期经济社会发展的需要;另一方面,司法权要尊重立法权,行使司法权不能超出既定法律边界。

张军院长指出:"能动司法必须严格依法履职,政治效果、社会效果都是从法律效果延伸出来的,牺牲法律效果片面去讲所谓政治效果、社会效果,违背全面依法治国,丧失了法律基础,怎么会有好的政治效果和社会效果?"[4] 故强调能动司法不能突破法律框架,试图通过能动司法完全弥补法律滞后性的能动做法,实际上是对能动司法的误读。

2. 能动司法在保全中的适用空间

从发挥主观能动性拓展司法功能,以回应转型期经济社会发展的需要来说,司法能动在保全中确实具有较大空间,但不能突破法律框架。通观司法实践中各地法院的成熟经验,能动司法应当在于优化保全方案、释放企业活力方面。如鹤壁市山城区

〔1〕 参见李曼:《民事行为保全担保制度的完善路径》,载《当代法学》2018年第3期。

〔2〕 参见周艳波:《论反担保解除财产保全的内涵、性质及路径》,载《山东科技大学学报(社会科学版)》2023年第1期。

〔3〕 参见刘志强:《论能动司法的语境及其困境》,载《法治研究》2011年第5期。

〔4〕 《国家法官学院开学第一课——能动司法》,载微信公众号"最高人民法院"2023年4月10日,https://mp.weixin.qq.com/s/xCW0DpmEWNo0xmTVQFnERQ。

法院在取得被申请人承诺的等量相同的瓷砖可供执行后，将查封措施改为“活封”，维护了陶瓷公司的稳定经营。各地法院在法律界限内主动拓展司法功能，合理利用司法弹性的能动做法也不少见，值得推广。

3. 能动司法在保全中的适用边界

在发挥主观能动性拓展司法功能的同时，司法权应当尊重立法权，行使司法权不能超出既定法律边界。值得注意，如今在对企业账户、债权等各种资产保全、解封中，部分法院为了服务企业、优化营商环境，出现以能动司法的名义在缺乏法律依据的情况下尽其所能地确保不损及企业的正常经营的现象。但显而易见的是，缺乏法律依据情况下的能动司法将保全制度置于法官主观判断之下，由此出现的因人而异现象比比皆是，比如金融公司提供的担保是否接受的问题。固然经营困难的企业可以借此获得缓解的机会，但动机不纯、为了转移财产的不良企业也就有了要求法院解除保全的空间，这不但面临巨大的司法风险，长此以往能动司法必将减损司法公信力。

因此，能动司法在涉企业保全中的运用应守牢法律底线，严把弹性尺度，“法律空间”就是能动司法发挥作用的“能动空间”。目前涉企业保全中花样纷呈的能动司法值得检视，需要克制。

三、寻径：构建涉企业保全平衡机制

现代审判制度对利益的平衡和判断要求实现实体和程序上的公平正义。财产保全兼具实现实体正义和程序价值的功能。因此，应当在保全过程中，找到保全双方的利益平衡点，注入平衡因素，实现保障债权和帮扶涉保企业的双赢局面。

（一）涉企业保全制衡因素分析

在保全中实现涉诉各方权益平衡，需进一步分析保全过程中涉诉双方利益失衡的关联因素，将失衡因素转化为制衡因素。实践中对被保全企业存续发展产生制约的因素主要有被保全企业经营状况、涉及保全的标的物种类和措施、保全的期间、保全金额。

1. 被保全企业经营状况因素

企业经营状况是保全中应当考量的重要因素。假如正常经营的企业，仅因资金一时困难而被涉诉保全，陷入困境，这就是亟须解决的保全之下的利益失衡问题。相反，假如本来就是负债累累、难以为继的企业，则需要重在防止转移财产，保护债权人的合法权益。在保全中，被保全企业往往都会以陷入困境为由向法院提出各种请求，而法院对于企业经营状况难以评定，有的法院根据信用等进行评定，进而选择保全的相应举措，更多的法院则是回避该因素，或者严守为了诉讼目的的法定条件，或者以司法能动的名义在缺乏法律依据的情况下为企业纾困。

2.保全标的物种类与措施因素

保全标的物种类与措施是保全对企业影响至关重要的因素。保全银行账户、债权、商品等标的物，极易影响企业的对外交易及生产经营，这也是很多申请人首选保全这些标的物的重要原因，申请人往往企图以此迫使被保全企业满足申请人的要求。但是，保全企业不动产通常仅限制企业对不动产的处分权，不影响企业的使用权。在查封企业机器设备时多采用"活封"手段，故也不影响企业的正常生产，仅在停产时可能造成对第三方的影响。因此，保全标的物种类与措施差异对企业产生的影响大不相同，是在涉企业保全中需要考量的重要因素。

3.保全金额因素

对于保全金额，保全标的额的高低直接决定了对企业影响的大小。超出企业承受能力范围的保全金额可能使企业经营发展陷入困境。当前，企业普遍流动资金紧张，即使保全数额不高，也往往会导致企业面临困难，故应当作为判断保全对企业经营影响的重要因素之一。当然，保全金额的高低对企业经营的影响需视企业规模实力而定。

4.保全期限因素

在保全所涉案件的裁判生效之后，保全的合理性即可明辨，故对企业构成影响的保全期间因素，应当根据裁判生效之前的审判实际需要而定。但是，由于审判的实际需要难以预测，故企业往往从最大可能判断能否度过该期间。从目前法院两审终审制度及案卷移送期间而言，半年至一年是正常期限，鉴定、案情重大疑难复杂等情形下时间更长。一方面，在保全数额不低的情况下，很多企业难以等待漫长的诉讼期限；另一方面，在保全期间对被保全企业的经营信用等无形影响也是企业难以长期承受的困境。

5.涉企保全制衡因素的主次区分

财产保全制度设计的初衷在于防范裁判文书将来难以执行的风险，是弥补申请人无法依据正常诉讼程序获得救济的临时措施，并非无原则实现债权人权利忽视被申请人利益的司法工具。因此，从保全制度的目的追求可明晰其系紧急情况下采取的措施。对涉企业保全而言，企业经营状况决定了是否存在将来判决难以执行的风险以及风险的大小，在此基础上，才能决定保全的必要性以及保全措施、金额等因素的影响判断之必要。所以，在上述涉企业保全的利益失衡关联因素中，被保全企业的经营状况应当属于根本性因素，保全的标的物种类和措施、期间、金额应当属于涉企业保全中的直接性影响因素。

（二）涉企业保全制衡因素的综合平衡——引入第三方评估基础上的保全体系重构

1. 企业状况评估的客观需求：引入第三方评估

被保全企业的经营状况属于涉企业保全利益衡平的根本性因素，但从企业状况评估的专业性、人才储备等因素而言，仅靠法院自身难以判断被保全企业的经营状况，这也导致司法实践中的保全法官均知其重要性，却基本都回避不考虑，故亟须引入具有相应资质专业的评估主体，构建相应评估机制，辅助法官判断。在司法实践中已有法院开始尝试，且效果良好，比如北京金融法院邀请营商环境专家对企业自救能力进行评估，筛选出“有挽救价值的企业”，通过资产优化处置等帮助该类企业渡过难关。

2. 引入第三方评估的功能价值

在涉企业保全中引入第三方评估企业经营状况，一方面，在于能辅助法官判断保全措施对企业的影响，采取恰当保全措施。如经评估，资金紧张但仍有拯救空间的涉诉企业，在保全方法和程度上采取灵活变通的方式。另一方面，在于能够推动各种金融主体积极为企业换封提供担保。如上所述，不少金融主体回避企业换封担保，在于该类担保赔付风险更大、赔付额更高。究其本因，则是难以判断并回避高风险、难以为继的企业。所以，第三方评估无论在法院自身的保全利益平衡判断，还是在推动市场金融主体为企业换封担保而言，都具有极大的功能价值。

（三）立足第三方评估构建完善的金融担保机制

引入第三方金融担保是平衡涉企业保全双方利益且成本较低的良好路径。但正如上所述，一方面是保险公司、银行不愿承保，另一方面有金融公司愿意承保，却由于监管粗疏、偿付能力难以判断，被各地法院拒之门外。对此的解决路径，就应当分别针对问题原因，且根据实施的可能性进行判断设置。

1. 推动保险公司、银行为解封提供担保

保险公司、银行的设立资质要求较高，且监管严格，故在提供诉讼担保上是无疑义的适格主体，在第三方金融担保制度构建中应当不可或缺。由于金融担保市场需求大量存在且收费较高，这是保险公司、银行作为市场经营主体在应然层面上愿意开展的业务市场。保险公司、银行为换封提供担保的市场供需关系受阻，直接原因在于赔偿风险较大，其根源在于难以判断被保全企业的状况，故需要构建前述的第三方评估机制，借此推动保险公司、银行能够在客观判断企业经营状况的基础上，为仅是一时陷入经营困境的企业提供担保。

2. 构建其他金融担保公司提供解封担保的准入审核标准

目前，我国融资担保行业并没有明确的监管主体，大部分省市将担保监管权利纳入当地金融局（办）或成立担保协会自我约束，还有的归属于中小企业局管理，监管的不统一造成行业准则不一致。金融担保公司的设立要求、监督管理、制度规范、偿付能力保障等方面要求和规范与银保监会对银行、保险公司都相差甚远，尚待加强。所以，实践中的融资担保公司担保能力经常参差不齐，担保能力无法保障，是法院拒绝接受其提供担保的最主要因素。

虽然我国融资担保行业存在资质与监管的困境，但鉴于金融机构为解封提供担保是平衡保全双方利益的的良好路径，且市场上的金融担保公司并非都不具备担保偿付能力，故应当与融资担保企业监管部门联合探索，通过严格识别、认定确定符合资质的金融担保公司，并构建相应的准入审核标准，完善金融担保公司为换封担保的机制。

四、再造：创设涉企业保全平衡机制

根据上述论述，涉企业保全的现实困境亟待构建科学合理的平衡模式为"因案制宜"提供依据，也迫切需要更为完善的金融担保机构准入审查机制为被保全企业自救"铺路架桥"。因此，笔者拟从涉企业保全第三方评估中寻找切入点设置平衡装置，同时初步构建金融担保机构的审查机制，以回应涉企业保全中的利益平衡需求。

（一）立足第三方评估构建涉企业保全利益平衡机制

为了对涉保企业综合状况进行科学分类，应当引入第三方营商环境审查专家组，发挥其专业判断的优势，给予涉保企业二次分类定性机会，综合确定企业被保全后的发展可能性，以匹配两类解困模式，合理构建涉企业保全实施过程中的利益平衡模式。

1. 第三方营商环境审查专家组的组成及运行模式

科学评定企业的各项能力，需要对企业的规模、管理、业务、资金、市场等方面进行综合衡量，仅依靠法官进行判断是孤掌难鸣，难以作出科学合理的评价，因而需要引入第三方评估机构。

（1）第三方营商环境审查专家组的组成

营商环境审查专家组成员多元化可以确保评估过程的代表性和公正性。专家组可由地方人民政府牵头，联合市场监督管理部门、会计师事务所、审计机构等共同组建，成员应包括各商事相关领域的专业人士。同时，应当构建专业人士的专家库，以供评估企业时抽取人员组成评估组。

(2)第三方营商环境审查专家组评估公正、客观的制度保障

为防范被保全企业借此转移资产逃避债务，一方面，可于评估前在各领域专家中分别随机抽取一位至多位成员组成评估组，并隔离评估组与被评估企业，使之封闭作出评估；同时，实行回避制度，对与涉及的案件有利害关系，可能影响其独立、客观、公正进行评估的，应当回避，可由评估成员自行申请回避、保全申请人申请回避或法院决定回避。

另一方面，建立申诉机制和责任追究制度，允许被评估企业对评估结果提出异议，申请重组专家成员进行二次评估；一旦发现评估人员有故意或重大过失违背企业真实情况作出虚假评估结论的情形，造成被评估企业损失的，由其承担赔偿责任并取缔相应的执业资质。

(3)第三方营商环境审查专家组运行模式

首先，经由被保全企业申请评估后，法院可初步书面审查企业的经营状况。对于明显不具有经营前景的企业，法院应及时驳回企业的评估申请，防止损害债权人利益。法院认为有必要移送营商环境审查专家组进行评估的，将被保全企业提交的资产负债表、第三方评估报告、内部管理文件、交易明细等书面材料移交营商环境审查专家组。

其次，营商环境审查专家组受理法院的评估委托后，在专家库抽取各领域专家一名至多名组成评估组进行评估，评估组认为有必要的，可委托法院要求被评估企业补充材料或根据其要求参与现场调查。

最后，营商环境专家组根据收集到的企业材料，对被保全企业进行分类，并向法院出具该企业的资信报告。被保全企业对该评估报告不服的，可以向法院申诉并申请二次评估，法院根据被保全企业提交的申诉材料，认为有必要的，可以委托营商环境审查专家组启动二次评估(见图5)。

2. 评估之后的企业分类

营商环境审查专家组根据各制衡因素对企业的影响程度，对被保全企业进行评估分配。由于企业经营状况对企业存续发展具有决定性作用，首先，应当以企业经营状况为标准对企业进行分类。企业的整体经营状况由企业资产、运营现状、信誉等方面决定。对于经济暂时困难，但仍有挽救价值和希望的企业，认定为“应救企业”，对

其实施解困模式进行救助;对于负债累累、抽逃出资、信誉极差、濒临破产等不再具有发展前景的企业,认定为“不应救企业”,将其排除在解困模式适用范围外,及时避免债权人合法权益造成损害。

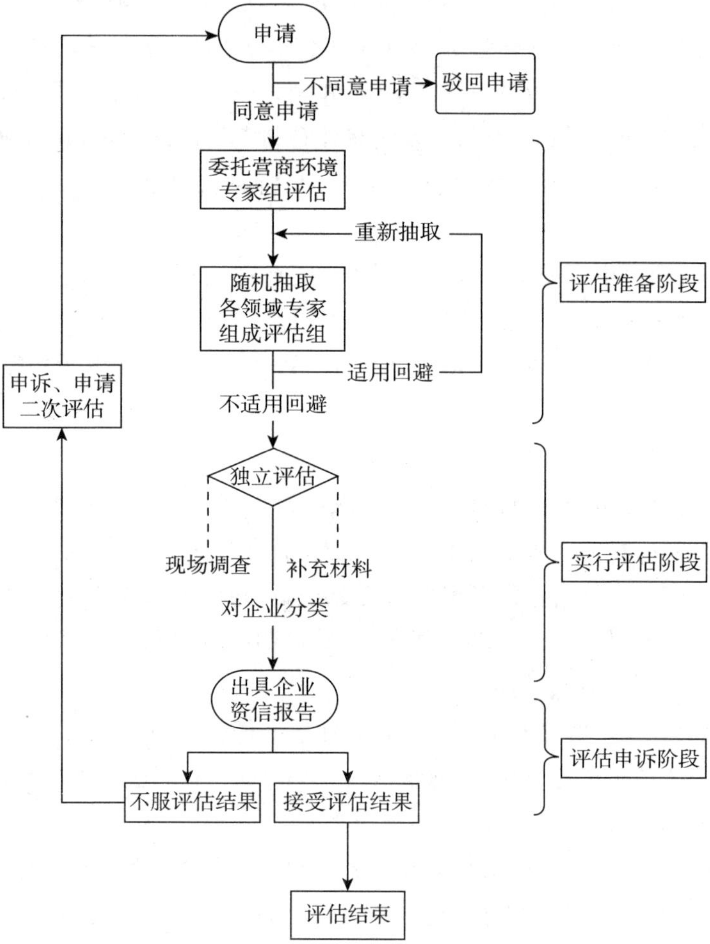

图 5 营商环境审查专家组评估流程

其次,对于“应救企业”,再依据保全标的物种类和措施、保全金额、保全期限进一步判断对企业实行解困的难易程度。根据前述分析,若保全标的物为企业的账户、债权、商品、原材料、半成品,保全金额达到注册资本金半数以上,保全期限超过简易程序最长期限 3 个月,一般可认定保全对企业造成较大影响。根据保全过程对企业造成的影响,判断企业经营的困难程度,可将“应救企业”进一步划分为“难救企业”和

“易救企业”，以匹配相应的解困模式。

需要说明的是，影响企业发展前景的因素颇多，司法实践中要随机应变、因案制宜进行综合判定（见表4）。

表4　涉企业保全制衡因素及作用

因素作用	因素种类	具体因素	影响/表现	判断结果
解困模式启动因素	企业经营状况因素	运营现状	新设、持续正常经营、经营不稳定、停业	“应救企业”“不应救企业”
		企业资产	影响经济实力、抗压能力	
		企业信誉	影响交易机会、可持续发展	
解困难易判断因素	保全程序因素	保全标的物种类和措施	保全企业账户、债权、商品、原材料、半成品可认为对企业造成影响较大	“易救企业”“难救企业”
		保全金额	超过注册资本金一半以上可认为对企业造成影响较大	
		保全期限	超过简易程序最大期限3个月可认为对企业造成影响较大	

3. 设置二类涉保企业解困方式

据法院保全措施的多样性设置两类涉企业保全的解决困境方式，分别为柔性解困方式和刚性快办方式。

（1）柔性解困方式

柔性解困方式是指根据制衡因素综合判断后，认为对被保全企业解困不会影响债权人利益，在法院可控范围下，采取灵活变通的方式准许被保全企业解封或换封的方式。该类解困方式主要针对“易救企业”，该类企业大多为信誉良好、资金出现暂时困难但很有挽救希望的涉诉企业。对该类企业的放宽措施有两个方面：第一，不苛求要求提供完全等值的担保物；第二，不以“不利于执行”排除不动产等担保物的换封。

（2）刚性快办方式

刚性快办方式，主要针对无力提供担保且尚属“应救企业”的企业，该类企业经过综合判断保全标的物种类、金额对其影响较大，在较长诉讼期间内可能造成较大损失的，归类为“难救企业”。虽然为了平衡保全双方的利益不宜对该类企业采取解封或换封措施，但可以建立快速办理案件的绿色通道模式，加快案件办理进程，尽量减少因漫长的保全期间给企业造成的不利影响。具体操作为在审判系统内进行专门类型标注,具有优于其他类型案件加快审理的地位,审理人员配备、审判进程以及各个移送环节都在不影响公正审判的基础上加快处理(见图 6)。

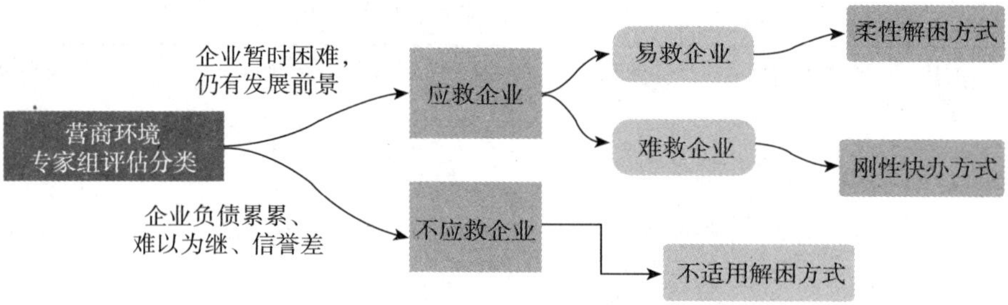

图 6 涉企业保全实施过程中的利益平衡模式

(二)平衡装置:构建金融机构为解封提供担保的完善机制

1. 做好保险公司、银行为解封提供担保的前期推广协调工作

构建第三方营商环境审查专家组的企业评估分类制度之后,保险公司、银行为解封提供担保的根源性问题得以缓解,法院此时应积极推动保险公司、银行参与为解封提供担保。鉴于各地保险公司有行业协会的统一协调,银行由金融管理部门召开推广会,介绍第三方营商环境审查专家组的企业评估分类制度,打通金融机构为换封提供担保的市场梗阻。

2. 构建融资担保机构开展保全担保业务审查机制

(1)识别:制定准入标准,公布准入白名单

为实现金融担保机构开展保全担保业务的规范化,笔者通过设定准入标准,对金融担保机构的经营稳健程度、财务状况、信誉好坏进行考核,以筛选出具备担保偿付能力的金融担保机构经营担保业务,并公布准入白名单。

第一,经营稳健程度与公司的经营年限、盈利年限密切相关。经营年限、盈利年限越长越能反映企业经营的稳定性,因而准许开展担保业务的融资担保企业的最低经营年限不应少于 3 年,且近 3 年连续盈利。

第二,财务状况与公司的注册资本金、偿债能力紧密相连。实缴的注册资本金在一定程度上反映公司的经济实力和应对风险能力,因而笔者认为进入白名单的金融担保机构其注册资本金应达到当地最低注册资本金 2 倍以上为宜。关于偿债能力。我国保险公司当前以"核心偿付能力充足率""综合偿付能力充足率"对偿付能力进行评定。笔者借鉴保险公司该评定方式,对金融担保机构的偿债能力进行科学合理

的考核，参考保险公司的偿付能力评定标准，融资担保公司的核心偿付能力充足率不低于 50%，综合偿付能力充足率不低于 100%，则认为该担保公司具备相应担保能力。

第三，对于信用状况的判断，除了根据税务、市场监管等的评级打分进行判断外，还应根据企业的履约情况、涉诉情况、失信被执行情况、行业风评等方面进行综合考察。经常性未依约履行的企业通常认为信用较差，作为被告涉诉较多的企业应综合案情和裁判结果判断企业的信用情况，被列为失信被执行人的企业或行业风评较差的企业均应慎重将其列入白名单中。

通常对上述可量化因素进行综合考察后，可将符合准入标准的金融公司纳入白名单中。需要说明的是，企业的经营管理能力、获利能力、市场竞争力等方面均对企业的担保能力产生直接或间接的影响，在考核企业担保能力时应结合个案对其进行综合考察（见表 5）。

表 5　金融担保机构准入标准

考核因素	具体考核方面	准入标准
经营稳健程度	经营年限	经营融资担保业务 3 年以上
	盈利年限	近 3 个会计年度连续盈利
财务状况	注册资本金	达到当地最低注册资本金 2 倍以上
	偿债能力	核心偿付能力充足率：核心资本 ÷ 最低资本的比值≥50%
		综合偿付能力充足率：实际资本 ÷ 最低资本≥100%
信用状况	行政部门评级	达到较好、良好等级以上
	履行情况	几乎不存在违约情况
	失信记录	无法院失信执行记录
	行业风评	行业风评良好
其他状况	结合个案考察经营管理能力、获利能力、市场竞争力、风险控制能力	

（2）监督：常态化监督，实行退出管理

金融担保机构准入白名单的建立，为涉企业保全提供反担保筛选了一批具有担保能力的金融担保机构。但是，准入白名单具有滞后性，仅能反映过往时间金融担保机构的企业状况。因此，需要对准入白名单进行阶段性更新，以更好考察金融担保公司的担保能力。这有赖于各地金融担保机构的监督部门对当地金融担保机构进行常态化审查监督,及时剔除不具有提供涉企业保全反担保能力的担保机构,充分保障债权人合法权益。

(3)审查:提供金融担保的个案审查

经过严格的筛选与监管,默认进入准入白名单并经过定期监管的金融担保机构具备一定的经济实力与良好的信誉,并且处于持续稳定的经营状态。但并非只要在白名单中的担保公司就可无约束地开展担保业务,还要根据个案担保标的、担保公司担保责任余额等方面的审核情况,确定该企业是否达到个案担保条件。

结 语

在实现诉讼目的指引下,法院应当及时有效采取保全措施维护债权人利益,但法院也应当审慎对企业采取保全措施,以维护企业正常经营。相对于现实需求,保全相关制度的供需失衡是造成法院两难困境的根本原因。因此,保全中涉保企业的评估分类探索、金融担保准入制度的有效构建,将有助于冲破现行保全制度功能局限的桅槛,保持诉讼双方利益的协调和平衡。这是时代需求赋予司法、赋予保全制度的新的含义和使命。

信息不对称下公共数据利用的检视与规范

——以商业征信平台中企业信用修复为视角

邓　媛[*]　潘枝荣[**]

引　言

人类正在经历数字革命。进入大数据时代，海量的企业信用数据得以被捕捉、利用，促使企业信用从传统的口耳相传进一步转化为网络数字画像，可谓“信用皆数据”。同时，在鼓励多元主体对公共数据充分利用、流通共享的背景下，网络商业征信平台应运而生，客观成为企业信用公示的重要渠道。然而，商业征信平台在运用大数据技术优势对企业经营信用状况实现信息共享的同时，存在企业信用信息更新滞后、信息不实等信息不对称现象，严重影响企业信用修复效果，导致企业遭受信用危机。在企业信用就是企业生命的营商环境下，亟须对商业征信平台存在的信息不对称现象剖根问底，规范数字征信行业，提高数字治理效能，为“诚信而不幸”的被执行企业信用修复之路打通“最后一公里”。

一、商业征信平台信息不对称的实证解析

“网络平台的出现是数字革命的标志性事件之一。”〔1〕A 平台与 B 平台为当前企业征信领域中行业地位领先的两大平台，二者的市场份额

---

* 邓媛，广西壮族自治区柳州市柳南区人民法院执行局副局长，一级法官。

** 潘枝荣，广西壮族自治区柳州市柳南区人民法院执行局五级法官助理。

〔1〕 刘权：《网络平台的公共性及其实现——以电商平台的法律规制为视角》，载《法学研究》2020 年第 2 期。

高达 80.95% ,A、B 平台在行业用户规模、数据体量等规模指数方面分别以 8.5 分、8.1 分位列前二;二者的用户数量均已突破 4 亿人,平台总查询次数突破 10 万亿次,[1]已客观成为各方查看企业信息及信用的主要渠道(见图 1)。本文以该两平台作为观察样本具有典型性与代表性,可客观反映当前大数据商业模式下的企业信用修复效果。

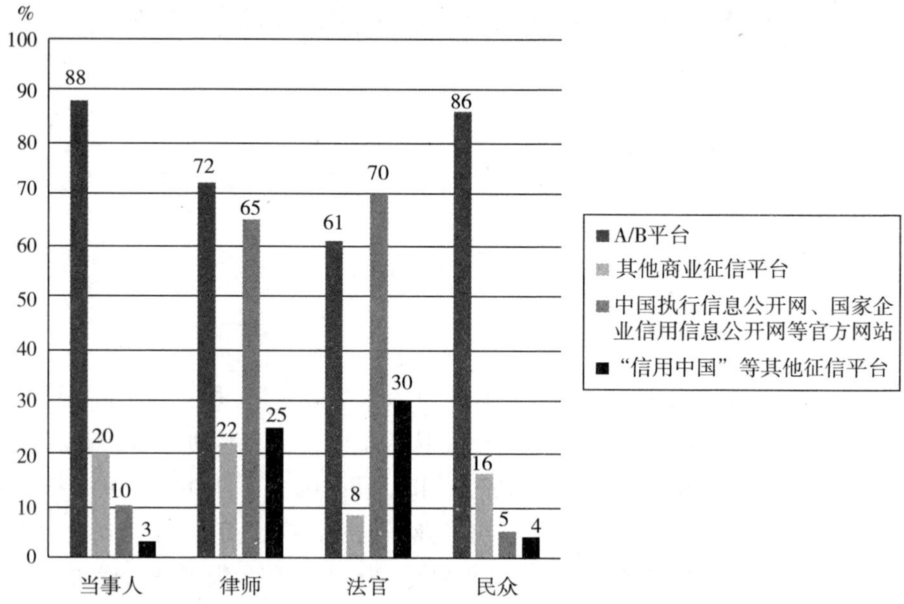

图 1 各主体查看企业信息及信用渠道

注:笔者就"你是通过何种途径了解企业的信用信息?"问题,通过书面问卷、电话、微信及当面访谈方式向执行案件当事人、律师、法官和民众共 340 人进行调查。

(一)信息不对称:企业信用信息更新滞后、信息不实

司法数据中与企业信用密切相关的信息主要有被执行人、失信被执行人、限制高消费名单信息以及执行结案方式、执行标的大小等信息,各类信息共同描绘出企业信用画像。

由于 A、B 平台不展现企业信用信息更新的具体日期,故本文对 A、B 平台中的上述企业信用信息予以动态跟踪观察。笔者以中国裁判文书网 2023 年 6 月 1 日至 30 日执行恢复案件为观察对象,以"执恢""执行完毕"为关键词进行检索,随机抽取

[1] 2022 年 11 月 17 日,第五届中国金融科技产业峰会于苏州召开。中国信息通信研究院在会上发布《企业信用大数据行业发展研究报告》。

100个被执行人为企业的案件为研究样本。经在中国执行信息公开网查询，确认无“被执行人”“失信被执行人”“限制高消费”信息，再对A、B平台中该案上述信息进行跟踪观察。经对比，发现A、B平台存在未及时更新信息、未及时更新执行恢复案件结案情况等现象。

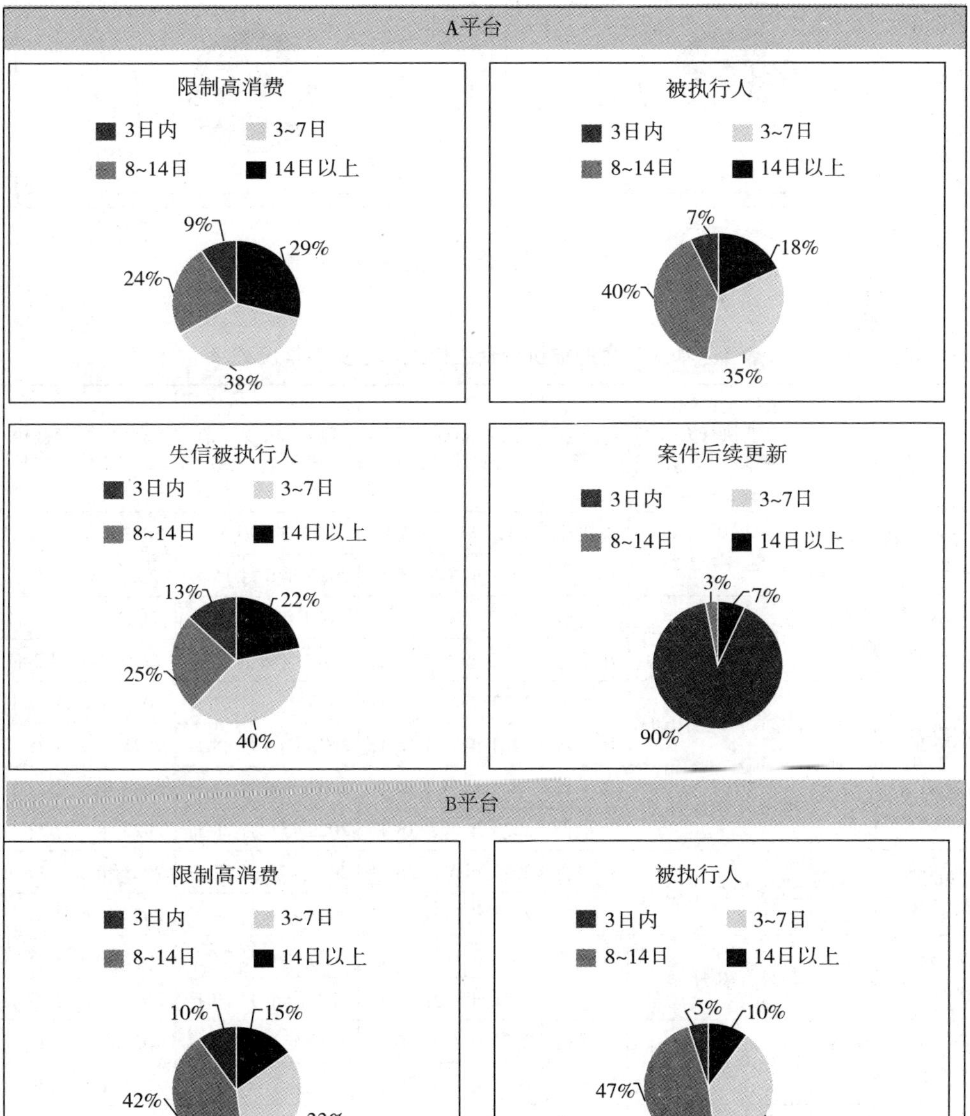

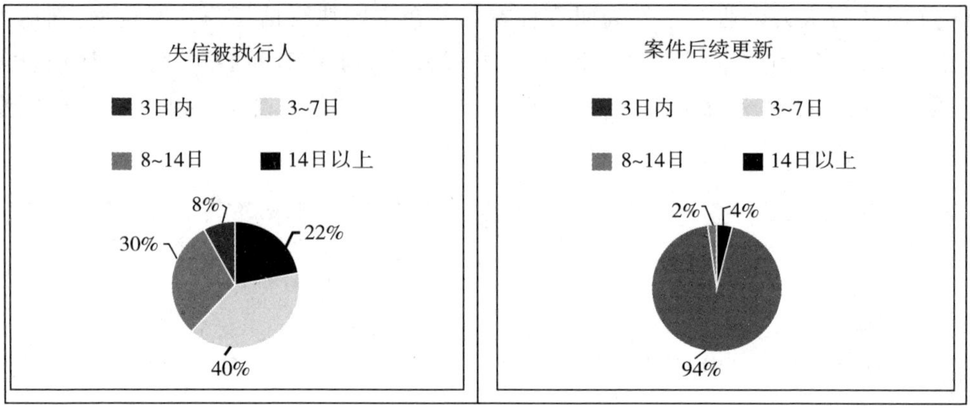

图 2 A、B 平台更新企业信用信息延迟情况

表 1 本文观察的被执行企业信用信息更新情况列举

案号	执行系统删除“被执行人”“限高”“失信”信息之日	征信平台	删除“被执行人”信息之日	删除“限制高消费”信息之日	删除“失信被执行人”信息之日
(2022)桂 0204 执恢 744 号	2023 年 6 月 2 日	A 平台	2023 年 6 月 3 日	2023 年 6 月 3 日	2023 年 6 月 10 日
		B 平台	2023 年 6 月 26 日	2023 年 6 月 15 日	2023 年 7 月 9 日
(2023)桂 0204 执恢 352 号	2023 年 5 月 12 日	A 平台	2023 年 6 月 1 日	2023 年 6 月 1 日	2023 年 6 月 1 日
		B 平台	2023 年 6 月 7 日	2023 年 6 月 2 日	2023 年 6 月 2 日
(2023)浙 0109 执恢 736 号	2023 年 6 月 15 日	A 平台	2023 年 6 月 26 日	2023 年 6 月 27 日	2023 年 6 月 27 日
		B 平台	2023 年 7 月 18 日	2023 年 6 月 28 日	2023 年 6 月 28 日
(2023)浙 0726 执恢 439 号	2023 年 6 月 16 日	A 平台	2023 年 7 月 12 日	2023 年 6 月 27 日	2023 年 6 月 27 日
		B 平台	2023 年 7 月 18 日	2023 年 6 月 28 日	2023 年 6 月 28 日
(2023)浙 0212 执恢 767 号	2023 年 6 月 15 日	A 平台	2023 年 6 月 26 日	2023 年 6 月 27 日	2023 年 6 月 27 日
		B 平台	2023 年 7 月 18 日	2023 年 6 月 29 日	2023 年 6 月 29 日
(2023)浙 1003 执恢 612 号	2023 年 6 月 15 日	A 平台	2023 年 6 月 26 日	2023 年 6 月 27 日	2023 年 6 月 27 日
		B 平台	2023 年 6 月 29 日	2023 年 6 月 29 日	2023 年 6 月 27 日
(2023)辽 0682 执恢 390 号	2023 年 6 月 14 日	A 平台	2023 年 6 月 26 日	2023 年 6 月 27 日	2023 年 7 月 18 日
		B 平台	2023 年 6 月 30 日	至今未删	2023 年 6 月 30 日
(2023)湘 0405 执恢 222 号	2023 年 6 月 12 日	A 平台	2023 年 6 月 26 日	2023 年 6 月 26 日	2023 年 6 月 26 日
		B 平台	2023 年 7 月 20 日	2023 年 6 月 30 日	2023 年 6 月 30 日

续表

案号	执行系统删除“被执行人”“限高”“失信”信息之日	征信平台	删除“被执行人”信息之日	删除“限制高消费”信息之日	删除“失信被执行人”信息之日
(2023)津 0104 执恢 762 号	2023 年 6 月 12 日	A 平台	2023 年 7 月 16 日	2023 年 6 月 26 日	2023 年 6 月 26 日
		B 平台	2023 年 6 月 29 日	2023 年 6 月 21 日	2023 年 6 月 21 日
(2023)川 0402 执恢 247 号	2023 年 6 月 9 日	A 平台	2023 年 7 月 15 日	2023 年 7 月 6 日	2023 年 6 月 26 日
		B 平台	2023 年 6 月 25 日	至今未删	2023 年 6 月 25 日
(2023)甘 3001 执恢 80 号	2023 年 6 月 9 日	A 平台	2023 年 6 月 26 日	2023 年 6 月 26 日	2023 年 6 月 26 日
		B 平台	2023 年 6 月 25 日	2023 年 6 月 25 日	至今未删

注:观察截至 2023 年 8 月 30 日。

从上述统计结果可见,有 89% 案件的被执行人名单、失信名单及限高名单信息存在超过 3 日的延迟更新(见图 2、表 1),其中最长延迟时间长达 81 日仍未更新。此外,几乎所有案件后续恢复执行完毕情况均未有体现,对历史记录的详细信息展开后,后续案件目前状态仍显示为“未履行”。

(二)实践需求与修复应对失衡

信息的价值取决于受众群体的需求,多元主体对精细化企业信用修复的需求强烈,但实践中信用信息修复渠道不畅、有效制度供给不足,存在供需失衡的现实困境。

1. 需求侧分析:多元主体对平台企业信用修复的需求

(1)被执行企业的需求。企业信用是企业的生命线,是企业日常经营状况健康度的权威表达。在商业平台客观成为企业征信展示重地的现实下,对已履行完毕法律义务的企业来说,平台能准确、及时更新修复信息,重塑企业形象,是被执行企业最迫切的需求。

(2)合作企业的需求。市场经济中,企业间的联系以契约为基础,而契约很大程度上以信用为基础。任何一家现代企业均有经营拓展以及谨慎选择交易风险低的交易对象的现实需求。平台中企业信用修复信息不准确,将直接影响合作选择的质量与效率。

(3)经济市场的需求。现代经济就是信用经济,经济市场的高质量发展离不开良好的信用秩序。在商业征信平台的高市场占有率下,平台已客观成为国家企业信息公示机制中的重要一环,平台对企业信用展示是否真实有效直接影响市场经济健康发展,也影响国家利用企业信息公示机制这一“有形的手”,宏观调控市场经济“无形的手”的实际效果。

2. 供给侧分析:各层面对平台信息不对称的应对

(1)平台自身层面。A、B 平台对企业信息纠错均设置了申请修改模块,允许企业自主递交修改申请,并经平台核实后予以修改。但平台反馈机制畅通不足,存在仅有机器人客服统一回复、反复要求补充证明材料、拒绝修改不实信息等障碍(见表2)。

表 2 企业申请平台修改信息存在障碍

基本案情	申请修改信息障碍
某装修公司与杨某施工合同纠纷一案,后装修公司撤诉。A 平台对杨某作为法定代表人的 C 公司信息显示该案件信息,并作为公司风险提示内容。 杨某认为 C 公司的潜在客户、投资方在对公司进行背景调查之后拒绝与其合作,A 平台发布不实信息,侵害了 C 公司合法权益	杨某与 A 平台官方客服沟通,先后 6 次由不同的客服人员提出补充材料的要求,包括营业执照、个人身份证、法院文书、撤诉申请等。杨某按要求上传后,再经多轮交涉,A 平台仍未删除相关信息。后 A 平台反馈平台信息来自江苏法院诉讼服务网,无法删除。杨某联系江苏高级法院、扬州中级法院、扬州邗江区中级法院,以及案件审理法官,均表示该信息公示属于平台行为,法院无法干涉
A 平台将 D 公司涉案执行实际标的额 152 万元,于平台中展示为 152 亿元。 D 公司认为 A 平台的行为导致其失去大量的商业机会与融资渠道,造成难以估量的损失,向银行申请贷款也以失败告终,致使其资金流紧张、经营艰难,给 D 公司的商业信誉造成了毁灭性打击,严重降低了 D 公司的社会评价,侵害了 D 公司的名誉权	D 公司的工作人员多次尝试拨打 A 平台的客服电话,但始终无法接通,仅以机器录制的语音回应;工作人员又通过电子邮件要求 A 平台对不实信息进行更正,并附相关附件。A 平台回复内容分别为"该问题已提交后台人员核实处理,时间为 1 ~ 2 个工作日,您可以 1 ~ 2 个工作日后查询核实处理后的信息""该执行信息为历史案件,请提供相关证明,以便尽快为您核实处理"。A 平台收到 D 公司异议后,对异议进行了处理,但未进行更正,理由是 D 公司请求证据不足

资料来源:1. 参见《一条查询信息拖累企业经营 企业主投诉 S 平台未经核实擅自披露》,载 https://ml.mbd.baidu.com/r/12ktyJsX2zS? f = cp&u = 584853fd0f4d28a8,2023 年 6 月 25 日访问;
2. 参见北京互联网法院民事判决书,(2021)京 0491 民初 39125 号。

(2)制度规范层面。在全面推进数字治理以及社会信用体系建设的背景下,我国陆续出台有关信息安全、信息规范利用等法律法规政策;地方实践亦在构建信用修复制度上进行有益尝试。但从观察中可知,当前立法层面侧重对自然人信息权益保护,未涵盖调整平台与企业这一新型社会关系;对商业征信机构提出规范要求局限于行业自律性文件,停留在商业道德及内部管理层面,有效制度供给不足(见表3)。

表 3　国家与地方层面的法律法规政策

法　律			
名称	实施时间	相关条款	对商业平台规范利用企业信息的具体要求
《网络安全法》	2017 年 6 月 1 日	无	保护范围为自然人的个人信息权益
《数据安全法》	2021 年 9 月 1 日	无	保护范围为个人、组织与数据有关的权益
《个人信息保护法》	2021 年 11 月 1 日	无	保护范围为自然人的个人信息权益
《征信业管理条例》	2013 年 3 月 15 日（国务院于 2013 年 1 月 21 日发布）	第 25 条	信息主体认为征信机构采集、保存、提供的信息存在错误、遗漏的，有权向征信机构或者信息提供者提出异议，要求更正。征信机构或者信息提供者收到异议，应当按照国务院征信业监督管理部门的规定对相关信息作出存在异议的标注，自收到异议之日起 20 日内进行核查和处理，并将结果书面答复异议人。经核查，确认相关信息确有错误、遗漏的，信息提供者、征信机构应当予以更正；确认不存在错误、遗漏的，应当取消异议标注；经核查仍不能确认的，对核查情况和异议内容应当予以记载
《企业信息公示暂行条例》	2024 年 5 月 1 日（国务院于 2024 年 3 月 10 日发布）	无	无
《征信业务管理办法》	2022 年 1 月 1 日（中国人民银行于 2021 年 9 月 27 日发布）	第 18 条	征信机构在整理、保存、加工信用信息过程中发现信息错误的，如属于信息提供者报送错误的，应当及时通知信息提供者更正；如属于内部处理错误的，应当及时更正，并优化信用信息内部处理流程

续表

法律			
名称	实施时间	相关条款	对商业平台规范利用企业信息的具体要求
《失信行为纠正后的信用信息修复管理办法(试行)》	2023 年 5 月 1 日(国家发展和改革委员会于 2023 年 1 月 13 日发布)	第 25 条	信用平台网站与认定单位、国家企业信用信息公示系统、有关行业主管(监管)部门信用信息系统建立信用信息修复信息共享机制。信用平台网站应当自收到信用信息修复信息之日起 3 个工作日内更新公示信息。信用平台网站应当在作出信用信息修复决定之日起 3 个工作日内将修复信息共享至认定单位和相关系统
《国务院关于建立完善守信联合激励和失信联合惩戒制度加快推进社会诚信建设的指导意见》	2016 年 5 月 30 日	无	无
《国务院办公厅关于加快推进社会信用体系建设构建以信用为基础的新型监管机制的指导意见》	2019 年 7 月 9 日	无	无
《国务院办公厅关于进一步完善失信约束制度构建诚信建设长效机制的指导意见》	2020 年 12 月 7 日	无	无
地方探索实践			
名称	施行时间	规范对象	对商业平台规范利用企业信息的具体要求
《浙江省企业信用信息征集和发布管理办法》	2005 年 9 月 1 日	省企业信用信息发布查询机构	无
《湖南省信用信息管理办法》	2006 年 1 月 1 日	公共机构中的征信机构、地方征信机构	无

续表

地方探索实践			
名称	施行时间	规范对象	对商业平台规范利用企业信息的具体要求
《辽宁省企业信用信息征集发布使用办法》	2008 年 9 月 1 日	公共机构中的征信机构、地方征信机构	无
《吉林省企业信用信息管理办法》	2012 年 8 月 1 日	省、市(州)人民政府确定的信用信息征集机构	无
《重庆市企业信用信息管理办法》	2017 年 3 月 1 日	信息提供单位	无
《青海省公共信用信息条例》	2021 年 5 月 1 日	公共信用信息工作机构	无
《内蒙古自治区公共信用信息管理条例》	2021 年 6 月 1 日	公共信用信息工作机构	无
《云南省社会信用条例》	2023 年 1 月 1 日	公共信用信息提供单位、公共信用信息机构	无

(3)司法实践层面。对于商业征信平台利用企业信息不规范行为,执行法官认为与自身无关的占多数,仅有少量法官主动介入(见图 3),主要包括以下三种司法应对模式。

其一,司法建议函。司法建议作为积极延伸审判职能的手段,可以积极参与社会管理创新,推动社会管理体系完善。但在观察中发现,针对信用修复的司法建议数量较少,且个案建议占多数,缺少综合性司法建议。本文根据此次观察内容,向 A、B 平台发送综合治理类司法建议,从责任意识、技术投入、利用规范等方面向 A、B 平台提出建议(见表 4)。

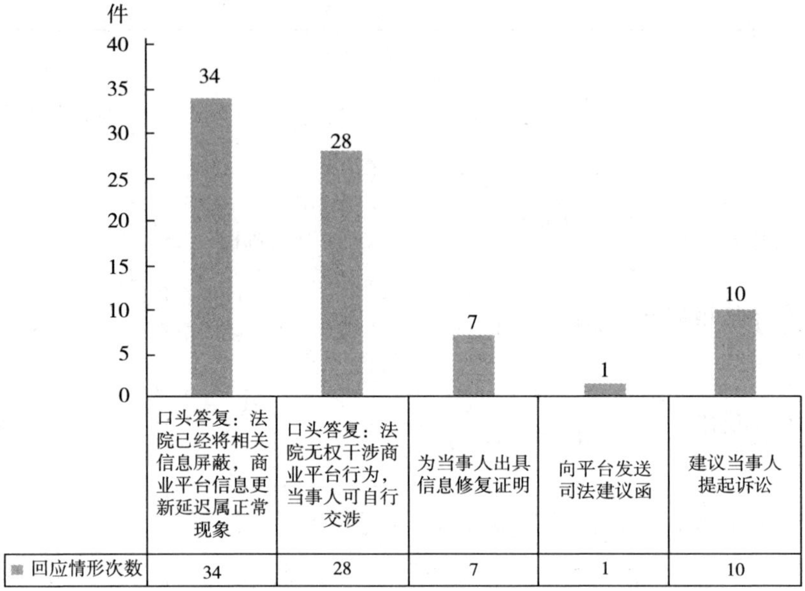

图 3　执行法官对当事人提出商业平台信用未修复的回应

注：笔者制作面向 L 市法院执行法官的电子调查问卷，就执行法官在 2022 年对当事人提出的商业平台中信用信息仍未修复提出疑问时，所作出的回应进行调研。最终共计获取 45 份调查问卷，统计结果统计如上。

表 4　法院出具司法建议函案例

	基本案情	处理结果
司法建议函一	2020 年 1 月，承办法官将一份执行终结裁定书作隐名处理后上传至中国裁判文书网，但 A 平台通过大数据抓取，将当事人的真实信息及涉案情况进行公开，对其造成负面影响。当事人认为 A 平台侵犯个人信息，多次向 A 平台反映，要求撤销相关信息，但 A 平台并未予以处理，随后便向法院求助	栖霞区法院了解相关情况后，向 A 平台发送司法建议
司法建议函二	上海市嘉定区法院收到被执行企业的申请书要求解除信用惩戒措施，执行法官经再三确认，法院对被执行人的执行措施已经在第一时间解除，最高人民法院执行信息公开网上的相关信息也已同步更新，但某企业信用查询平台却仍显示失信信息	上海市嘉定区法院向某企业信用查询平台发送司法建议

资料来源：1. 参见《征信时代，大数据公开是否有“边界”？——栖霞区法院干警向 S 平台发送司法建议》，载 https://mp. weixin. qq. com/s/g3nYfkf98ZgFb6_ – HzIwAw，2023 年 6 月 25 日访问；
2. 参见《信息更新滞后？上海法院向平台发出规范司法数据利用司法建议》，载 https://mp. weixin. qq. com/s/sCWqkH0hQCatr3cUx140AQ，2023 年 6 月 25 日访问。

其二,信用修复决定书。部分法院探索建立发放信用修复决定书机制,允许符合条件的被执行人向法院申请信用修复,法院向被执行人出具《信用修复证明》《主动履行证明书》等信用修复证明(见表5)。

表5 法院出具信用修复证明案例

	基本案情	核验经过	处理结果
信用修复证明一	被执行人东莞某房地产公司受疫情影响经营困难欠下4000万余元债务,于2023年4月被债权人申请强制执行。在法官的循循引导下,被执行人积极与债权人协商还款,通过关联公司筹集款项,并一次性支付全部款项。随后,被执行人向东莞市第一人民法院提出自动履行证明申请	东莞市第一人民法院快速评析被执行人履约信用及履行效果,被执行人积极履行法律义务,可以向其开具信用修复证明	东莞市第一人民法院于2023年6月15日向被执行人出具首份《自动履行证明书》
信用修复证明二	张某系7个涉劳务工资案件的被执行人,涉案标的额9.8万余元,因拒不履行生效法律文书确定的义务,涉嫌拒执罪被巴东县法院挂网追逃。到案后,张某积极想办法与多案申请执行人协商,最终达成执行和解协议,约定每个月支付5000元。张某履行一段时间后,向巴东县法院申请解除对其失信、限制高消费措施	巴东县法院经审查认为,在执行过程中,张某按照其订立的承诺分期逐月偿还,截至申请之日,所涉7件案件下欠金额总计仅剩19000余元。其履行行为积极,履行态度良好,减轻了司法执行压力,可以对其开具信用修复证明,以兹鼓励	巴东县法院于2023年4月19日向张某发出首份《信用修复证明》
信用修复证明三	被执行人谭某已履行完毕相应的义务,柳南区法院也在第一时间解除了对谭某采取的限制高消费等惩戒措施,在人民法院执行信息公开网上将谭某的涉执信息予以屏蔽,并向其出具《履行证明书》,但企	柳南区法院认为信用信息不够对称可能会在政府采购、招标投标、行政审批、政府扶持、融资信贷、市场准入、资质认定等方面面临被惩戒的情形	柳南区法院于2023年5月23日向谭某发出首份《信用修复证明》

续表

	基本案情	核验经过	处理结果
	业信息平台公司未及时更新失信信息。因有涉诉涉执案件存在,造成其信用评级下降、银行贷款受阻等系列影响,随后向柳南区法院反馈该情况		

资料来源:1. 参见《法院出具〈信用修复证明书〉,为企业提供信用重塑服务》,载 https://mp. weixin. qq. com/s/cOxKSSDYJ9SXoSOPbkq7CQ,2023 年 6 月 25 日访问;

2. 参见《巴东法院发出首份信用修复证明》,载 https://mp. weixin. qq. com/s/p3J2qUPQ_j0_95rGMACzrw,2023 年 6 月 25 日访问;

3. 参见《柳南法院:信用修复,让失信者“重获新机”》,载 https://mp. weixin. qq. com/s/BiESTcENXOH1sgPGdF6QSg,2023 年 6 月 25 日访问。

其三,诉讼。在向平台申请修改信息未果后,企业以侵权为由将平台诉至法院。笔者通过中国裁判文书网以 A、B 平台运营公司为被告进行搜索,观察内容如图 4 所示:

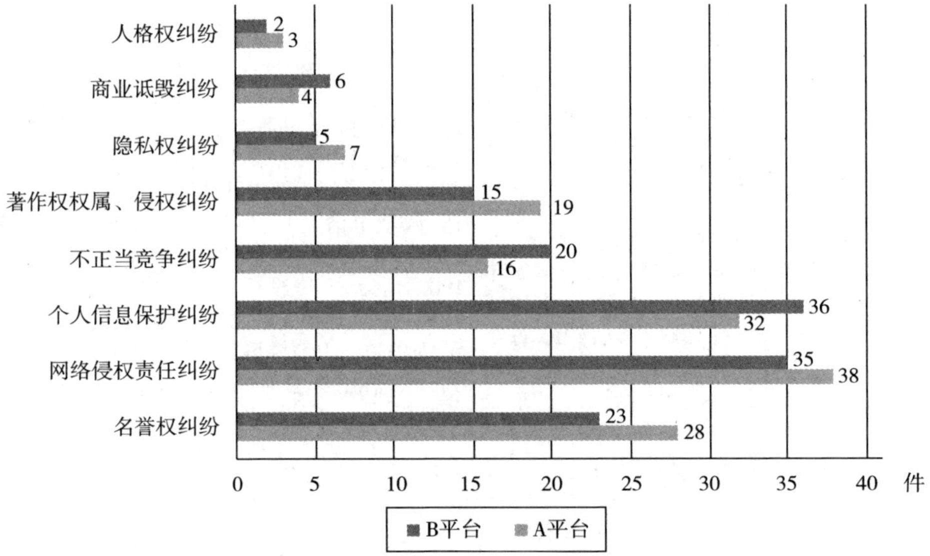

图 4 A、B 平台案由数量分布

注:各类案由中侵害作品信息网络传播权纠纷占绝大多数,因该类纠纷不属于本文观察内容,故将该类案由剔除。

笔者以 A 平台因发布信息与客观事实不符而被起诉的两个案件为例进行个案观察(见表 6)。

表 6　信息侵权案件裁判观点存在分歧

案由:网络侵权责任纠纷　　案号:(2021)京0491民初39125号			
原告诉讼请求及理由	A平台抗辩要点	裁判观点	判决结果
诉讼请求: (1)判令被告在其运营的平台上对不实信息进行更正。 (2)判令被告在全国有影响力的媒体及平台的显著位置,连续6个月公开刊登声明,恢复原告名誉、向原告赔礼道歉。 (3)判令被告赔偿原告损失1元。 (4)判令被告赔偿原告支出公证费1020元。 理由:A平台将原告涉案执行实际标的额152万元,于平台中展示为152亿元。原告认为A平台的行为导致其失去大量的商业机会与融资渠道,造成难以估量的损失,向银行申请贷款也以失败告终,致使其资金流紧张、经营艰难,给原告的商业信誉造成了毁灭性打击,严重降低了原告的社会评价,侵害了原告的名誉权	(1)A平台信息来源均为公共领域的公开信息,信息来源于中国执行信息公开网,不存在侵犯原告合法权益的行为及故意,主观不存在过错。 (2)被告在历史被执行信息展示页面下方明确提示注解,展示是基于官方网站公示的数据生成,仅供参考使用。 (3)原告的影响力与被告的影响力无关,其更没有任何实际损失,其主张的致歉也没有事实与法律基础。 (4)面对巨量数据信息,被告无法一一核验官网来源与实际是否一致,事先进行实质审查不具有操作可能性和经济可持续性	(1)涉案信息严重失实。 (2)被告平台主观上存在过错。平台公司作为经营征信业务的机构,应当采取合理措施,保障其提供信息的准确性。被告在原告提出异议时并未主动就该信息当时的状态进行核实,导致涉案失实信息持续存在。 (3)涉案信息足以导致社会公众对该公司的企业信用和社会评价降低,导致原告的名誉受到损害。 (4)作为商业企业,其名誉受损必然会产生经济损失	(1)被告在显著位置刊登声明,向原告赔礼道歉,消除影响、恢复名誉。 (2)被告给付原告经济损失1元。 (3)被告给付原告合理开支公证费1020元。 (4)驳回原告其他诉讼请求
案由:名誉权纠纷　　案号:(2021)粤0303民初22078号			
原告诉讼请求及理由	A平台抗辩要点	裁判观点	判决结果
诉讼请求: (1)判决A平台修改该网站及App上刊登的原告风险信息,以停止侵害。 (2)A平台在《人民日报》报纸广告版及"新浪微博"A平台官方微博刊登道歉信,以消除影响、恢复原告名誉。	A平台上的信息均来自于官方发布,A平台从裁判文书、立案信息、开庭公告三个方面完全、客观、真实地公开信息,其提供的只是基本数字,不存在捏造事实	(1)A平台提供已经由中国裁判文书网依法公开的涉案判决书的内容,不违反法律的强制性规定,系正常、合法的经营行为。 (2)A平台展示的"自身风险7""法律风险7"仅是算法而已,其并未故意捏造、散布虚假事实。	驳回原告的全部诉讼请求

续表

原告诉讼请求及理由	A 平台抗辩要点	裁判观点	判决结果
(3)A 平台向原告赔偿因名誉受损而遭受的损失 5 万元。 (4)A 平台承担本案的诉讼费。 理由:A 平台上关于原告的“法律风险栏”显示的风险项为 7 项,实际上原告总共涉及一个诉讼案件,且原告获得胜诉。而诉讼具体信息需购买平台会员才能完整查看。A 平台有义务也有能力提供准确的企业法律风险方面的信息,其将原涉案信息作为法律风险项的信息会直接影响原告的名誉,不利于原告的物业管理、房屋出租、房地产经纪等经营活动的开展。原告多次联系 A 平台客服热线更改风险提示,但 A 平台均予以拒绝		(3)原告未能举证证明其名誉受到损害及客观上造成其社会评价降低的侵权损害后果	

样本案例中,案例一法院认定 A 平台在信息采集过程中未尽到审慎注意义务,未及时采取合理措施保障其提供信息的准确性,降低了企业的商誉和社会评价。而案例二法院持不同观点,认为 A 平台公开的信息是中国裁判文书网依法公开的内容,平台展示的“法律风险 7”仅是算法,并未故意捏造、散布虚假事实,当事人未能举证证明其名誉受到损害。当前司法实践对信息侵权的裁判观点存在分歧。

3. 小结:供需不匹配

精细化信用修复的需求一侧,要求平台能准确、完整并且及时地反映企业信用状况,对信用修复需求强烈;而当前对平台信息不对称的应对一侧供给不足。在法律规范层面,对法人信息权益保护以及商业平台数据利用规范阙如,因新型社会关系的出现而产生法律空白。在司法实践层面,法院主动介入较少,通过司法裁判提供救济效率低,且存在要件认定上的局限。个案通过司法建议函、修复决定书或诉讼的形式予以应对,均属于事后弥补措施,且难以有效制止系统性侵害。在瞬息万变的商业市场中,以及在互联网时代的传播速度下,不实的负面信用信息将会对企业造成不可逆转的损害。

二、商业征信平台与企业信用修复的内涵思辨

数据的社会化流通利用是人类进入智能时代的新问题。在人类已步入数字时代及“平台社会”[1]的背景下,商业征信平台应走向何方,需在厘清企业信用信息的时代内涵基础上,进一步明确商业征信平台的权责角色。

(一)企业信用信息的时代内涵

1. 从企业角度来看:兼具人格权、财产权与信息权的权利束

首先,企业信用属于人格权。企业信用是外界对其信用的评价载体,是企业名誉的一部分。《民法典》第110条第2款从人格权角度对法人的声誉进行了确权的概括性规定。数字时代,数字人权在学界的讨论日益深入,[2]企业信用变迁为数字信用,客观促成了企业的“数字化生存”。

其次,企业信用兼具人格与财产双重属性。企业信用会直接影响企业经营行为与经营目的的实现。企业利用自身优良的商誉、信用可增强自身竞争优势,从而获得经济利益;而负面信用信息会对企业的发展产生巨大阻碍,甚至使企业从市场中淘汰。

最后,数字时代中新型信息利用模式催生了信息权。《民法典》第111条规定了自然人的个人信息受法律保护,其中赋予个人对信息具有更正权。但现代信息技术对企业信息权益同样造成了威胁与挑战。企业信息权与个人信息权在权利构造中具有相似性,同样具有人格利益及主体可识别性,将企业信用信息法益作为权利予以保护具备合理性,应当同样赋予法人对其信息查询、复制、删除、更正与转移的权利。

2. 从商业征信平台来看:新型生产要素

习近平总书记强调:“当今时代,数字技术、数字经济是世界科技革命和产业变革的先机,是新一轮国际竞争重点领域,我们一定要抓住先机、抢占未来发展制高点。”[3]在数据资源化与要素化的背景下,数据成为数字经济时代的新型资源,蕴含

---

[1] “平台社会”理论由阿姆斯特丹大学 José Dijck 教授提出,她认为互联网平台已渗透至社会的核心,绕过传统管理制度,改变了社会和公民行为,重塑着国民生活的社会结构。

[2] 参见马长山:《智慧社会背景下的“第四代人权”及其保障》,载《中国法学》2019年第5期;高一飞:《数字人权规范构造的体系化展开》,载《法学研究》2023年第2期。

[3] 习近平:《不断做强做优做大我国数字经济》,载《求是》2022年第2期。

着巨大的社会价值、经济价值潜力。我国已明确将数据视为新的生产要素,[1]并在数据资源整合利用上不断加大投入,鼓励市场主体积极利用并深入挖掘数据价值,[2]丰富数字产品,繁荣数字经济。

企业信息对商业征信平台而言属于生产活动的生产要素。作为数据要素,企业信用信息特征与通常意义的网络数据具有一致性,对数据特征展开分析,有利于针对性设计信用修复路径。

首先,数据具有可流通利用性。“数据更像土地,必须开发数据才能使其有用和有价值。”[3]数据具有非消耗性与使用非排他性。数据与“公地悲剧”中的公共草地不同,公共利用并不会造成数据的“退化”,反而能使数据价值得到更大程度的发掘,故应当鼓励市场主体对企业信用数据共享流通、充分利用。

其次,数据具有聚合叠加效应。孤立分散的信息自古便存在,但它们并没有产生如今之影响。数字时代下信息的规模效应,使企业信用信息影响力形成系统性与累积性的社会效应。同时,由于原始信息具有海量及碎片化的特征,受众基于决策厌恶症,高度依赖结果型聚合信息平台。

再次,数据具有时序性。反映客观世界变化的数据具有时效性,反映客观事物在特定时间的存在和变化。若数据更新速度跟不上客观事实的变化,则会导致信息失真。在互联网共享生态下,信息的传播速度、影响力分秒必达。企业信用一旦未能及时修复,影响力将呈几何增长,引发更大的信用危机。

最后,数据具有留痕性。“网络是有记忆的。”任何载于互联网的信息,都形成了可追溯、可查询的信息轨迹,即所谓的“网络痕迹”,想要彻底将某个信息在网络上清除,除非对硬盘进行物理毁灭,否则在技术上几乎不可能实现永久性删除。[4] 同时,互联网为“记忆之场”,网络信息作为认知媒介,具有高认知卷入性。受众将来自外部的记忆内在化,影响自身对事物的印象。负面的企业信用信息一旦被呈现,则难以从

---

[1] 2020年3月30日,中共中央、国务院联合发布的《关于构建更加完善的要素市场化配置体制机制的意见》指出,数据是类似土地、劳动的生产要素。

[2] 参见《中共中央、国务院关于构建数据基础制度 更好发挥数据要素作用的意见》,载《人民日报》2022年12月20日,第1版。

[3] Will Goodrum, “Data is Not Oil. It is Land,” 7 June 2019, https://www.elderresearch.com/blog/value-of-data/, last visited 25 June 2023.

[4] 参见丁晓东:《从个体救济到公共治理:论侵害个人信息的司法应对》,载《国家检察官学院学报》2022年第5期。

网络上彻底清除,并给信息受众留下长久的负面记忆。

3. 从公共属性角度来看:公共利益与社会福祉

从形成方式来看,企业信用信息在本质上具有公共属性。[1] 企业信用信息来源于国家企业信用信息公示系统、中国裁判文书网、中国执行信息公开网等司法数据,是国家机关依照法律规定在履行职能过程中采集、制作、生产或者获取,并通过一定形式记录、保存的数据资源。[2]

从制度功能来看,企业信用信息保护虽属私权,但同时承载着公权的制度功能。"一项权利的重要性并不仅在于权利之于个人的意义,它实际上更关注权利对公共福利的满足效果。"[3] 企业信用公示是克服信息不对称、维护市场交易稳定的重要工具。社会信用体系能够促进资金在市场中安全流转,涉及社会公共利益及社会整体福祉。

综上,企业信用信息从企业营商保护、数字经济发展及社会公共福祉三个层面产生多项权益集合的权利束,决定了商业征信平台对司法公共数据的利用应当实现"三方利益平衡"。[4]

(二)商业征信平台的权责角色

1. 商业征信平台所享权利

(1)数据财产权:包括数据持有者权、数据使用权、数据产品经营权。[5] 大数据与人工智能技术的飞速发展,使数据利用成为一种新兴产业。该类生产者的生产权益,被称之为数据财产权,归属于数据平台的"数据权利"(date power)。商业征信平台以企业信用信息数据要素作为生产要素,利用电子技术与设备将弥散的原始信息不断地转化为数据,并将其存储于电子载体中,使蕴藏在原始企业信息中的财产价值不断汇聚,最终使企业数据成为企业信用公示这一数字产品,其对该数字产品享有数据财产权。在多边市场中,平台可利用该数字产品向大众用户获取会员收益,也将产品提供给互联网金融公司等用以开展投资、资金融通等业务,从中获取收益。

---

〔1〕 参见李兴锋:《公众共用物开发利用法律规制的困境与破解》,载《法商研究》2022 年第 1 期。

〔2〕 参见罗培新:《善治须用良法——社会信用立法论略》,载《法学》2016 年第 12 期。

〔3〕 [英]约瑟夫·拉兹:《公共领域中的伦理学》,葛四友译,江苏人民出版社 2013 年版,第 62 页。

〔4〕 参见王锡锌、黄智杰:《公平利用权:公共数据开发制度建构的权利基础》,载《华东政法大学学报》2022 年第 2 期。

〔5〕 参见张新宝:《论作为新型财产权的数据财产权》,载《中国社会科学》2023 年第 4 期。

(2)准社会公权力:三元结构下传统国家公权力的延伸。[1] 数字科技的广泛应用推动了权力的去中心化。近代以来的"市民社会—政治国家"二元格局不断瓦解,"市民社会—公共领域—政治国家"的三重结构日渐清晰。[2] 数字科技催生出的数字权力,可视为传统国家公权力在公共领域的延伸。掌握着海量信息的超大型数据平台,如腾讯、阿里巴巴等数字企业巨头,能够在利用数据的过程中产生巨大的社会效益,对公共利益发挥举足轻重的影响。此类企业虽具有"技术中立"的私域外观,但凭借技术手段和用户体量,能够行使实质意义上的公共权力。同样,A、B平台作为企业征信行业巨擘,客观上扮演了国家企业信用公示的公权角色。

2. 商业征信平台应尽义务

"权力的义务性是权力概念的应有之义",企业的社会责任应该与它们的社会权力相匹配。[3] 基于商业征信平台获取的巨大经济利益,与享有的准社会公共权力,其应承担更高的、与其控制力与影响力相适应的信息信义义务与安全控制义务。

信息信义义务是指基于信息个体与信息处理者在信息能力上不平等,信息处理者应谨慎处理信息并承担勤勉义务。[4] 欧盟《数字服务法(草案)》提出由于大型平台具有规则制定权,"应尽到维护透明且安全的在线环境应尽的勤勉尽责义务"。安全控制义务是指数据持有者应当实施数据安全管理和控制数据风险。[5] 该项义务来源于安全保障义务,其理论内核在于遵循收益与风险相一致以及危险控制理念。商业征信平台的上述义务具体包括以下三个方面:

其一,注重信息时效。在云谲波诡的商业市场中,商机稍纵即逝。企业信用信息比一般信息更需强调时效性。注重信息变动的时效性是征信信息的价值所在,信息变动时间的准确性直接关系到信息主体的企业利益。

其二,保障信息质量。《征信管理条例》规定,征信机构应当采取合理措施,注意对数据来源进行甄别和验证,保障其提供信息的准确性。信息质量应当包括推送信息的真实、准确和完整。

其三,敏感信息校验。对于征信数据质量的注意义务,应当根据数据类型加以区分。针对敏感数据,特别是涉及失信被执行人、限制高消费等重大负面信用信息,平

[1] 参见高一飞:《数字人权规范构造的体系化展开》,载《法学研究》2023年第2期。

[2] 参见周尚君:《数字社会对权利机制的重新构造》,载《华东政法大学学报》2021年第5期。

[3] 参见叶敏:《基于互联网平台企业多重身份的准公共性分析》,载《中国高校社会学科》2023年第3期。

[4] 参见吴伟光:《平台组织内网络企业对个人信息保护的信义义务》,载《中国法学》2021年第6期。

[5] 参见高富平:《论数据持有者权构建数据流通利用秩序的新范式》,载《中外法学》2023年第2期。

台应当通过改进算法技术、数据复核、交叉验证等差别化技术手段，提高数据推送质量。

3. 商业征信平台的角色定位

对商业征信平台的权责进行勾勒，可得出商业征信平台所代表的是具有拟制公权色彩的新型大数据征信行业，是集权利和义务为一体的数据管控者和责任承担者，是网络空间与现实空间两层社会的“守门人”（gatekeeper）[1]。

A、B 平台作为我国两大网络征信平台，在大数据企业征信领域市场占有份额高、行业地位领先，应承担更高的信息信义义务和安全控制义务。要充分认识到信息发布和推送行为给企业及经济市场带来的重大影响，审慎对待企业负面敏感数据，树立互联网征信机构数据公信力的良好形象，引领数据征信行业高质量发展。[2]

遗憾的是，在杭州市铁路运输法院于 2020 年 4 月作出首例以大数据商业模式下司法数据使用正当性问题为争议焦点的民事判决书，对平台提出以上倡导后，时至今日，A、B 平台中仍存在较严重的信息不对称现象。在数字经济方兴未艾的热潮下，需要对数据利用进行冷思考，深挖困境成因，数字经济发展只有蹄疾步稳才能有益于未来。

三、商业征信平台信息不对称的内外成因

企业信息展示属于征信平台的数字产品，出现信息不对称的产品质量问题，应从平台的角度，即企业的内部运行决策，以及促使企业作出决策的外部环境两个方面，对信息不对称的成因展开分析。

（一）平台内部运营分析

1. 数据要素的生产率分析

数据要素在技术上可以重复使用，会随着数字企业规模的扩张生成更多数据要素，引致边际生产率和边际收益递增。[3] 黄阳华教授分析认为，随着数据要素增加，数字企业的边际产品价值将加速增长[$VMD'i = MPDi(Q) \times p0$；当 $MP'Di(Q) > 0$，则有 $VMP'i > 0$]；以及数字企业配置数据要素的边际收益是关于其占有数据要素总

〔1〕 参见张新宝：《互联网生态“守门人”个人信息保护特别义务设置研究》，载《比较法研究》2021 年第 8 期。

〔2〕 参见杭州铁路运输法院民事判决书，（2019）浙 8601 民初 1594 号。

〔3〕 参见黄阳华：《基于多场景的数字经济微观理论及其应用》，载《中国社会科学》2023 年第 2 期。

量的增函数{VMPi = MRi[q(Q)] × MPDi(Q)}。因此,互联网征信平台企业想要提高生产率和边际收益,需大量获取数据要素。

2. 数据要素的成本分析

在给定固定成本所决定的最大产能内,数字企业配置数据要素的边际成本递减,且边际成本曲线在"最小有效规模"处出现断点。[1] 数字企业的数据要素成本主要在于数据传送、存储和算力的固定投资成本,当突破最大产能(q_{max})后,企业需追加固定成本投入,影响边际成本。而企业的产出规模 q 突破需求侧报酬递增所需的"最小有效规模"(q_{mes})后,导致边际成本出现断点,边际成本显著降低。因此,互联网征信平台企业想要维持最小边际成本,需在固定成本下通过数据积累而取得最大产能。又因部分数据具有强时效性,该部分数据的增长会造成数据价值和生产率的无形折损。

因此,当前数字企业之间的竞争在于如何扩大数据累积,而非关注数据时效性等数据质量问题,缺乏提高数据质量的内驱力。

(二)平台外部环境分析

1. 数据利用:准公权力下的权力失范风险

基于前述,平台在实质上享有较强的管理性、决策性、监督性等多样化的准公共权力。在权力未能得到有效规制的情况下,存在滥用等失范风险。

(1)公共领域和私人领域之间存在中间地带。虽商业征信平台已客观上具备准公共性,但平台企业在目前的立法框架下毫无疑问仍属于依私法设立的商主体,其公私身份之间存在中间地带。

平台试图以公私边界的模糊性,来逃避信用信息准确性的要求。A、B 平台在诉讼中的常见抗辩理由为:平台采用爬虫技术在公开信息渠道抓取企业信息,是无差别的技术行为;展示的涉案信息与公开官网保持一致。可见,平台认为已经尽到保障信息抓取结果准确的注意义务,并不存在过错,并以"技术中立"逃脱了部分法律责任承担。但对是否应达到诸如数据抓取及时与完整、数据来源核验等确保信息呈现不被误读的更高要求,存在责任不明的灰色地带。

(2)"数字弱势群体":私权救济的局限。与终端用户相比,平台享有绝对的决策权。平台上的公开数据虽然存在于公共空间,但其底层架构常常为企业所控制,使原有的"数字鸿沟"进一步扩大。Web 3.0 时代的"去中心化"客观使"赢者通吃"的庞

[1] 参见黄阳华:《基于多场景的数字经济微观理论及其应用》,载《中国社会科学》2023 年第 2 期。

大商业生态圈已经形成,大型平台公司利用技术强权,逐渐筑牢行业垄断地位,缺乏由竞争产生的优化内驱力。而垄断的风险在于非但未能克服信息不对称,反而存在滥用市场支配地位而进一步加剧信息不对称的可能。诸多不能有效获取和运行信息的个体沦为“数字弱势群体”[1]。在能力高度不对等之下,企业对信用信息的控制日渐式微,增加了企业的无力感,甚至引发“寒蝉效应”。

商业征信平台与企业个体间的实质不平等,致使企业难以通过私权救济对抗平台。在A、B平台作为被告的侵权纠纷中,撤诉率高达57.14%。可见,在修改或删除信息为唯一诉求且无实质争议下,个体也往往需诉诸法院,才能迫使平台付诸行动。

(3)正向穿透与反向推动:公权规制的限制。从古至今,政府都尽量避免对基本社会组织内部事务进行直接干预,而是赋予它们相当大的自治空间来实现其社会功能,激励企业积极向善。希望政府公权力穿透庞大的平台组织内部来规范信息利用,既不应该也不现实。

构建信息利用秩序是当前各国立法者关注的焦点,尚属学术前沿问题。《个人信息保护法》第50条打开了自然人向法院寻求信息权利救济的大门,而对商业平台的规范性要求大多停留在部门规章及行业自律性文件,立法和制度建设尚薄弱。涉及平台企业的违法情形、法律责任等也有待明确。受损企业以不同案由进入司法,导致裁判结果不一,阻碍司法实践反向推动企业征信行业规范发展。

2. 数据供给:数据公示方式与内容有待优化

征信平台企业作为企业信用信息利用一侧,其利用开发很大程度上受信息供给一侧,即涉企信息司法公开方式及内容的影响。

(1)信用修复信息需反向查询加大信息抓取难度。执行实践中对企业信用修复,主要通过执行办案系统对黑名单信息作出屏蔽、删除指令,同步至中国执行信息公开网。平台仅能通过该网站正向查询各项黑名单,从“查无信息”结论反向得出信用信息已修复的结论。

反向查询的弊端在于,信用修复需对海量黑名单信息进行整体爬取后,从前后对比中筛选得出修复信息。平台企业基于成本控制及技术限制,难以实现对庞大的黑名单整体数据时时爬取。

(2)修复未释放信号导致信息更新延迟。信号是有效克服信息不对称的反手段。

---

[1] 参见宋保振:《“数字弱势群体”权利及其法治化保障》,载《法律科学(西北政法大学学报)》2020年第6期。

信号经济是将个体信息自动整合进感应网络,通过精准的供应链管理技术,有效降低信息错漏的风险。当前中国执行信息公开网对黑名单信息的屏蔽删除,可谓悄无声息,未能释放有效信号为征信平台提供抓取便利。

(3)未公示信用修复理由导致抓取不完整。目前执行系统中信用修复理由并未同步至中国执行信息公开网,征信平台难以对执行后续进展完整抓取,导致黑名单信息与案件进展信息存在错位。同时,执行和解、被执行企业履行诚意、执行担保措施等修复"软信息"未得到公开,影响平台算法最终呈现结果。

3. 数据传输:数据爬取存在弊端

"网络爬虫"技术在搜索引擎上的运用由来已久,数据爬取是当今大数据时代中重要一环。从实践观察可知,当前网络商业征信平台以爬取国家官方网站作为获取数据的主要渠道。然而,数据爬取存在如下弊端,导致平台信息不对称(见图 5)。

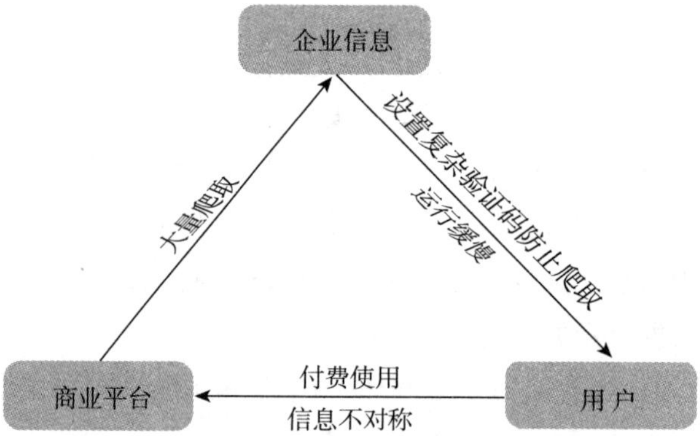

图 5　数据爬取的恶性循环

(1)数据质量参差不齐。常规的"网络爬虫"在运行中无法发现隐藏在普通网页中的信息和规律,缺乏一定的自主性和智能性,未能抓取深层网页的数据,导致数据误差。

(2)无法满足实时更新的需求。爬取数据需要大量时间与资源,"网络爬虫"在处理和分析数据时也需要耗费大量的时间,从而导致采集数据的效率低、周期过长,无法实时更新数据信息。

(3)受到反爬虫技术限制。反爬虫的目标是区分正常的用户流量和爬虫流量,并阻止爬虫访问内部真实数据。"网络爬虫"批量爬取数据,反爬虫技术将其拦截,通过采取如数据加密、验证码、设置 IP 限制等手段,阻止其抓取网站信息。

(4)网站负载压力。"网络爬虫"大量的请求可能会给目标网站带来过大的负载压力,爬虫技术容易造成网站宽带资源的侵占,部分恶意爬虫可能会对服务器发起Dos攻击,在服务器没有做好相关防护措施的情况下,可能会导致服务器运行缓慢或瘫痪,陷入数据抓取的恶性循环,[1]用户难以正常访问该网站。

综上,商业征信平台存在信息不对称的成因复杂。法律不禁止数据画像,但数据画像不能侵害他人权益。企业信息公示,本意为提高市场透明度、克服信息不对称,但因平台信息不准确反而加剧信息不对称,导致公众信赖错误,侵害纠错企业的合法权益,危及征信行业甚至社会诚信体系的建设。

四、公共数据利用的多元救济与数字治理

常言,“堵不如疏,疏不如防”。公共数据利用应当以鼓励数据共享流通为原则。互联网商业征信平台作为一种数字经济下新兴的商业模式,在促进社会诚信体系建设中具有积极作用,不能因噎废食地直接封堵。信用信息保护问题的整合性、交叉性和复杂性,决定了要实现对企业信用进行周延的保护,应以多元救济与数据治理为路径,[2]疏防结合,在公私法融合的视角下设计相关规则,压实平台主体责任,以维护国家建立企业征信体系的良善初衷。

(一)疏:企业信用修复多元救济机制

“抓末端,治已病”,为了使受损企业得到有效救济,笔者尝试搭建一个包括市场、执法、司法“三位一体”的多元救济机制,构建一套嵌合补足、层次分流、多元协同的企业信用信息修复体系。

1. 征信平台的修复路径。征信平台作为企业信息处理者,应当承担首要的修复义务,加强自我规制。

2023年5月1日起施行的《失信行为纠正后的信用信息修复管理办法(试行)》对信用平台网站提出明确要求,要求其在收到信用信息修复信息之日起3个工作日内更新公示信息,以及建立信息更新机制。针对该要求,平台应当改进算法技术,保持修复申请反馈渠道的畅通与高效。可以增加人工客服数量、设置信用修复单线以加快后台反应及查验速度等,对修复申请反馈渠道进行升级。此外,应当保障企业的回应权,对于处于申请修复核实期的关联信息,平台应当于第一时间在信息一侧的明

〔1〕 当前国家企业信用信息公示系统采用了加速乐和极验的反扒措施,但仍受爬虫影响,导致整体运行缓慢,致使多次对系统进行停运升级。

〔2〕 参见丁晓东:《数据公平利用的法理反思与制度重构》,载《法学研究》2023年第2期。

显位置予以提示,以尽量将损害降到最低。

图 6　对申请修复中的信息应当作出提示

2. 行政市场监管的修复路径。对于个案或大规模的征信企业平台中的信用信息修复不当行为,履行信息保护职责的各类行政部门可采取多种处理措施。[1]

首先,相关监管部门可发布责令停止、责令限制处理、责令改正、责令删除、责令消除影响与赔礼道歉等行政命令,或采用约谈等柔性措施及时制止违规活动;其次,监管部门可使用发布风险提示、列入信用档案并公示等声誉工具进行监管;最后,监管部门还可通过大额罚款、吊销个人信息处理登记证或许可证等行政处罚手段,产生强烈的威慑效果。

3. 司法诉讼的修复路径。现有司法实践中个人通过私法上的损害赔偿制度获取有效救济的较少,且面临举证、诉讼成本上的诸多难题。面对平台与受损企业的实质不对称,不能简单将民法所设想的主体平等、意思自治的民事主体关系直接套用到此类信息侵权之诉中,而应对个体倾斜保护,重构信息侵权诉讼制度(见图 7)。

其一,损害界定。由于企业信用兼具人格权与财产权属性,对其信用受损造成的损害,可适用可得利益损害规则,且以充分保护企业信用的方式进行有利于企业的解释。其二,归责机制。《个人信息保护法》第 69 条确立了过错推定原则,企业信用信息侵权纠纷也应以过错推定为规则。同时,应当以平台企业应尽义务为标准进行衡量,避免陷入以“技术中立”为名的数字霸权陷阱。其三,因果关系认定。由企业信用信息引发的侵权案件中,常常存在因果关系复杂的特征,对于一因多果的间接因果关

〔1〕 参见彭錞:《论个人信息保护行政处罚制度——以〈个人信息保护法〉第 66 条为中心》,载《行政法学研究》2022 年第 4 期。

系应当加以重视。其四,责任形式。新的侵权类型带来新的责任形式,诸如删除或修改信息、消除影响等指令,应当以实质达到企业信用修复救济目的进行考量。

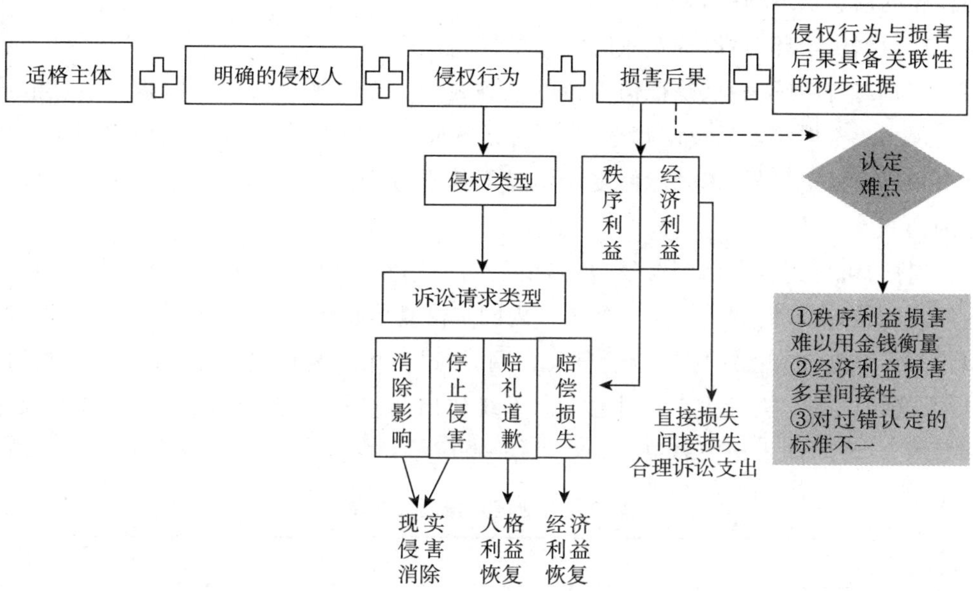

图7　企业信用信息侵权诉讼制度重构

值得说明的是,面对不实信息搜索次数达千万次级的负面影响,(2019)浙8601民初1594号案件酌情判决包括维权开支在内共计60万元的损害赔偿,试图为平台营造足够宽松的发展空间。该案例首次确立了司法数据使用的基本原则,引起了社会关于大数据商业模式下司法数据使用正当性的广泛讨论,具备威慑与治理功能。但从前文实证困境来看,该案的威慑与治理功能并未完全发挥。究其原因,在于囿于个案的损害范围限制,难以在个案中追究平台的规模化同类侵权责任。对此,应与其他制度互动,个案信息侵权终审胜诉可自动触发检察公益诉讼。

民事公益诉讼对公共利益的保护不仅通过制止已发生或正在发生的信息违法行为而实现,更是通过公益诉讼产生的法律责任以震慑违法行为人及其他潜在的违法者。对于胜诉所得利益,可设立公益诉讼专项账户,专款专用于国家征信行业发展。

(二)防:司法数据利用的治理结构

"抓前端,治未病",对企业信用的保护不仅在于救济于水火,更在于防患于未然。

对此,可综合运用多重治理工具,实现工具箱式数字治理,[1]在企业信用信息"数据供给—数据利用—数据传输"三个环节全流程构筑信息不对称防线,构建司法数据利用秩序的信息治理新范式。

1. 数据供给环节:设置企业信用修复"白名单"

差别对待敏感信息,是征信平台的义务之一。当前平台获取信用修复信息依赖于对黑名单整体爬取后反向筛选,受制于运营成本及技术手段;而黑名单中信用信息修复未释放修复信号、未公示修复理由是征信平台难以对信用修复信息差别对待的原因。

对此,可构建企业信用修复"白名单",对信用修复信息予以正向公示,为平台释放明显的信息变动信号,为平台在3日内同步修复信息创造条件(见表7)。首先,端口设置。依托现有的中国执行信息公开网,增设信用修复白名单,并设置查询端口。其次,名单内容。执行法官通过通达海系统作出的修复决定、修复原因、修复期限等相关内容,及时同步至白名单。

表7　企业信用修复白名单

基本信息	
被执行人姓名/名称:	××××
身份证号码/组织机构代码:	××××
法定代表人或负责人姓名:	××
执行法院:	××法院
省份:	××省
执行依据文号:	(2023)×(××)民初/民终×号
立案时间:	××××年××月××日
案号:	(2023)×(××)执×号/(2023)×(××)执恢×号
历史失信、限高信息	
失信被执行人行为具体情形:	有履行能力而拒不履行生效法律文书确定义务等
发布时间:	××××年××月××日

〔1〕 参见杨帆:《个人信用治理的法理反思及其制度安排——基于平台企业共治共享视角》,载《公共行政评论》2023年第3期。

续表

限制高消费发布时间：	××××年××月××日
信用修复信息	
履行情况：	履行完毕/部分履行
修复原因：	执行完毕/双方达成和解/被执行人提供担保
发布时间：	××××年××月××日

2. 数据利用环节：公共数据授权运营

从前文对企业内部运营的分析来看，当前平台对于数据安全保障仍缺乏足够的内驱力。中共中央、国务院《关于构建数据基础制度更好发挥数据要素作用的意见》明确提出，推进实施公共数据确权授权机制，对各级党政机关、企事业单位依法履职或提供公共服务过程中产生的公共数据，应加强汇聚共享和开放开发，强化统筹授权使用和管理，推进互联互通，打破“数据孤岛”。故可探索建立司法公共数据授权运营机制，在鼓励数据流通与信用信息保护之间达成平衡。

公共数据授权运营，是指公共管理机构依法授权第三方主体运营公共管理数据，由被授权运营主体在授权范围内对司法数据实施开发利用，并向社会依法提供数据产品和数据服务的行为。[1] 企业信用信息授权运营遵循以下规则：首先，保障社会大众对企业信用信息可以从统一的司法数据开发通道，如中国执行公开网、中国裁判文书网、企业信用信息公示网等直接免费获取。其次，平台应当具备相应的数据处理技术、数据质量保障能力。依法向数据主管部门提出申请，经数据主管部门会同司法数据来源机构共同审核后，确定是否同意对其授权。通过共享清单与需求清单，对应用业务场景、用数单位、所需数据、共享模式等内容进行核定。再次，平台需任命数据保护官（DPO），担任监管机构、数据提供方以及平台企业之间的中介，对数据质量负责。最后，司法数据应当采取有偿和无偿相结合的方式。对推动用于公共治理、公益事业的公共数据无偿使用；用于行业及企业自身发展的公共数据有条件有偿使用。法院向平台大规模、持续性地提供公共司法数据，以满足平台的商业化需求，需要投入更多成本，例如维护网站等。公共管理机构应当向企业收取适当费用以覆盖成本，防止向公众变相征收“数据税”。[2]

〔1〕参见张新宝、曹权之：《公共数据确权授权法律机制研究》，载《比较法研究》2023 年第 3 期。

〔2〕参见常江：《公共数据权利构建及其开放制度研究》，载《华东理工大学学报（社会科学版）》2022 年第 5 期。

通过准入机制下的授权运营，一方面，可对司法数据利用企业进行有效监管，真正落实《失信行为纠正后的信用信息修复管理办法(试行)》关于“对不及时更新修复信息的机构，可以暂停或者取消向其共享信息”的督查要求。另一方面，收取的适当费用可用于国家公开信息网站维护、优化数据服务接口，促进征信行业良性运作。

3. 数据传输环节：区块链 + 智能合约

当前商业征信平台受爬取技术、数据体量等多方限制，不仅无法保障获取信息质量的稳定性，还使被爬官网不堪重负。对此，可在授权运营的基础上单独搭建直接传输的区块链通道，并将智能合约技术内嵌其中，实现“原始数据不出域、数据可用不可见”，提高信息传输质量与效率的同时，释放国家信息官网回归其本身应有功能。

其一，联通数据库，实现信息链上传输。随着区块链技术不断成熟，联盟链不断发展，具有数据不可篡改、成本低、效率高、互联互通、数据共享的特点。在授权运营模式下，改变了以往数据爬取的传输方式，直接以区块链的形式实现数据安全高效传输(见图 8、图 9)。

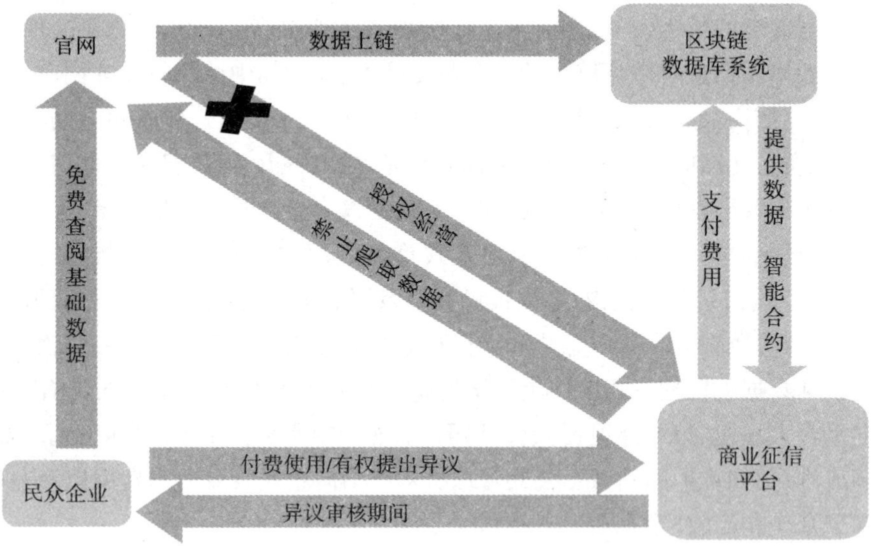

图 8 企业信用信息良性循环整体运行

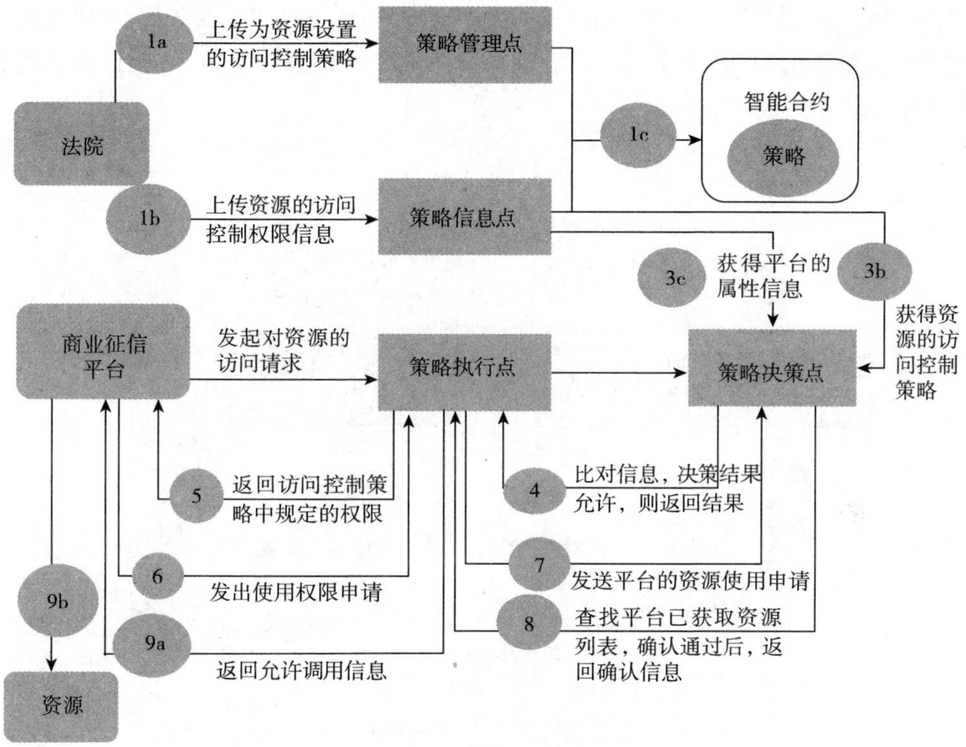

图 9　数据库系统业务的工作流程

其二，基于区块链智能合约，增设信息防火墙。智能合约多指依托区块链技术的可编程应用，其执行基于“事件触发”机制，一旦部署就能实现自我执行与自我验证。[1] 数据库系统应用于网络征信平台信息不对称场景中，以企业信用信息不对称为事件，触发平台自动更新与修复（见图 10）。

具体而言，首先，信息上链。根据共享清单与需求清单，将平台企业所需的包括信用修复白名单在内的信用信息数据库上链，设置多条访问策略以满足不同平台的使用请求。[2] 其次，平台发起访问请求。平台向数据库系统发起访问请求，当平台的属性信息与访问控制策略中的属性信息比对全部符合，该数据库系统的访问控制

〔1〕 参见许娟、黎浩田：《在线平台企业个人信息保护的智能合约机制构建》，载《中南大学学报（社会科学版）》2022 年第 6 期。

〔2〕 参见张江徽、崔波、李茹、史锦山：《基于智能合约的物联网访问控制系统》，载《计算机工程》2021 年第 4 期。

权限授予平台。最后,智能合约定期遍历每个合约的状态机和触发条件,将满足触发条件的合约推送至待验证队列。待验证的合约会扩散至每一个节点,验证通过的合约经过共识后便会成功执行。

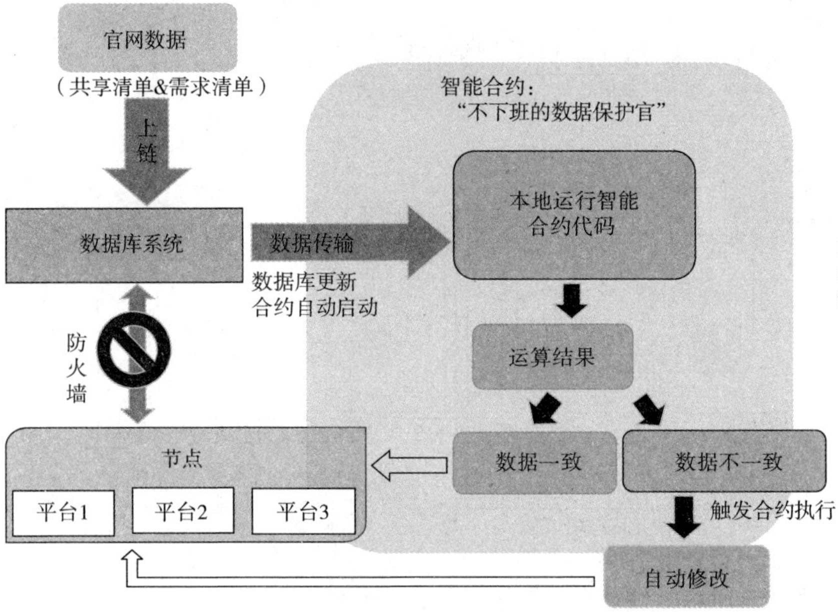

图 10 数据库系统基于信息不对称自动修复流程

通过引入更为动态的区块链智能合约,更新底层技术逻辑,以自动化手段对信息不对称在短时间内进行矫正,实现企业信用信息全生命周期的高效管理。其自动处理的"大规模统一执法"可有效应对"大规模微型侵权",纾解企业信用信息保护的现实困境,发挥比传统事后修复救济相比更为高效的技术优势。

结 语

人类社会的发展是通过不断改正错误来进步的。对积极履行义务的被执行企业及时停止信用惩戒,是善意文明执行理念的具体表现。但信用修复不止于此,站在司法程序的最末端,在执行完毕之外延伸司法职能,应主动参与社会治理。"抓前端、治未病",不仅要为被执行企业打通信用修复的"最后一公里",还要为企业信用筑牢预防侵害的防火墙。本文拟通过对大数据时代下企业信用修复机制的多元构建,明确司法公共数据合法利用的边界,对大数据商业模式下的公共数据利用行为予以规范,使不同主体能平等享受大数据时代的数字红利,让法治为数字中国建设保驾护航。

必需设施性数据抗辩反向认定规则及路径探析

黄 坤* 李珂银** 陆星君***

引 言

发展数字经济、建设数字中国,是《中共中央关于制定国民经济和社会发展第十四个五年规划和二〇三五年远景目标的建议》中的一项重要内容,数据在市场竞争中日益凸显出其作为生产要素的重要作用,数据要素市场与传统产业市场深度融合,不断拓展传统市场的深度和广度,成为各产业增长的新引擎。随着数字经济的发展,与数据权益不正当竞争行为相关诉讼也日益增多。数据权益不正当竞争行为属于非典型的不正当竞争行为,一般以《反不正当竞争法》第 2 条第 2 款规定的范式对被控行为的不正当性进行认定,即以市场秩序(公共利益)、经营者利益、消费者利益三元叠加的保护目的衡量竞争行为是否正当。以往被控行为人集中于影响三元叠加保护目的之因素进行抗辩,司法实务对此也进行逐渐深入的探索,形成了普适路径和规则。然检视近年来数据权益不正当竞争行为的司法裁判,经统计分析,有一类抗辩涉及反垄断法学的必需设施理论(essential facility Doctrine),[1]值得研究。必需设施理论指当企业垄断某种投入品的同时在最终产品市场与别的企业竞争时,如果投入品垄断者在下游市场拒绝将投入品卖给竞争者,就构成拒绝交

* 黄坤,广西壮族自治区桂林市中级人民法院民事审判第三庭三级法官。

** 李珂银,广西壮族自治区桂林市中级人民法院民事审判第二庭五级法官助理。

*** 陆星君,广西壮族自治区桂林市中级人民法院民事审判第三庭五级法官助理。

〔1〕“essential facility Doctrine”中文翻译繁多,“essential facility”在国内法规范中用必需设施用词,本文采用必需设施理论。

易，涉嫌违反反垄断法。[1] 在数据权益不正当竞争诉讼中，被控行为人抗辩经营者垄断数据系必需设施，其使用数据属不得已，不具有责难性，被控行为应减责、免责或无责，笔者称为必需设施性数据抗辩。必需设施性数据抗辩在不正当竞争行为诉讼中出现有其缘由，司法裁判对此采取回避因应态度。鉴于此，笔者认为有必要对必需设施性数据抗辩出现的原因、定性及司法审查路径和标准进行探析，以便厘清反不正当竞争法与反垄断法应用必需设施理论之边界，以期对数据权益市场竞争秩序的塑造、维护有所助益，推动数据权益市场有序发展。

一、必需设施性数据抗辩的审判现状

笔者以“不正当竞争”“数据”“信息”为关键词在中国裁判文书网检索裁判文书，共计 99 份。经逐案甄别，加之手动补充典型案例，依据《反不正当竞争法》第 2 条作出裁判的文书累计采集 46 份。[2] 稽查样本裁判文书抗辩涉及之因素，涉及经营者利益抗辩的裁判文书 46 份，涉及消费者利益抗辩的裁判文书 26 份，涉及市场竞争秩序抗辩的裁判文书 37 份。其中，8 份裁判文书涉及必需设施性数据抗辩，占比达到全部裁判文书样本的 17%（见表 1），呈现出以点扩面、定性不清、回避因应的特点。

表 1　三元叠加因素抗辩及必需设施性数据抗辩样本裁判文书统计

年份	经营者利益抗辩	市场竞争秩序抗辩	消费者利益抗辩	必需设施性数据抗辩
2014	2	0	0	0
2015	3	1	1	0
2016	2	2	0	0
2017	12	10	7	3
2018	6	5	3	1
2019	8	6	5	1
2020	4	4	3	1
2021	10	9	7	2
合计	46	37	26	8

〔1〕 参见王磊：《必要设施视角下的搜索结果操纵行为管制——来自美国航空公司计算机订票系统案的启示》，载《兰州商学院学报》2013 年第 1 期。

〔2〕 中国裁判文书网，http://wenshu.court.gov.cn，检索条件：不正当竞争，数据信息，最后访问时间：2023 年 6 月 30 日。

（一）必需设施性数据抗辩存在以点括面

稽查必需设施性数据抗辩裁判文书，被控行为人既未明确主张必需设施的理论适用，亦未周延地阐述必需设施理论的构成要件，但被控行为人抗辩内容却系必需设施理论的核心构成要件之一。如被控行为人主张经营者拒绝交易数据，其无法获得数据发展，或被控行为人获取经营者数据合理，有权获取经营者数据竞争，又或经营者垄断数据阻碍竞争等。在酷米客诉车来了不正当竞争案件中，[1]武汉元光科技有限公司抗辩称“案涉公交车辆行驶信息属于社会信息”“我们之前是想向谷米公司购买他们的公交车 GPS 数据，但是谷米公司不同意”“严重损害社会公众利益且涉嫌垄断”；在四维诉奇虎不正当竞争案件中，[2]秀友公司抗辩称“上述客观地理信息数据是以最为基本的点、线、面对客观地理要素的汇总，属于公共领域资源，不应为四维图新公司垄断”。

（二）必需设施性数据抗辩存在定性不清

探究样本裁判文书被控行为人之真意，大部分被控行为人抗辩系基于侵权损害赔偿法理中的减责、免责事由提出。被控行为人并不否认被控行为存在不正当竞争性，也侵犯了经营者利益，但被控行为事出有因，迫不得已，应减轻或免除行为责任。而少部分被控行为人抗辩则是针对经营者利益损失提出，认为被控行为并未对经营者利益造成损失，被控行为人无须赔偿。两类必需设施性数据抗辩系针对不同的构成要件提出，法理框架及审判路径容有不同，故两类必需设施性数据抗辩定位及定性分析显得至为重要。然两类必需设施性数据抗辩的定位及定性习惯性被忽视，司法裁判文书对此并未进行过深入、详细的分析。

（三）必需设施性数据抗辩存在回避因应

对于必需设施性数据抗辩，司法裁判普遍采取回避态度，或认为抗辩无理不予回应，或认定经营者行为正当进行侧面回应，无一裁判文书对必需设施性数据抗辩进行分析、阐明。一方面，显示出被控行为人提出必需设施性数据抗辩的“随意性”；另一方面，也显示出司法裁判在反不正当竞争诉讼中回应必需设施性数据抗辩的困难。然数据市场属于经济发展前沿市场，生效司法裁判对塑造市场竞争秩序颇具规范作用，后续司法裁判亦多萧规而曹随。因此，司法裁判回避因应对数据权益市场竞争秩序规范似无益处，不利塑造、维护健康的市场竞争秩序。下面节选酷米客诉车来了不

---

〔1〕 参见广东省深圳市中级人民法院民事判决书，(2017)粤 03 民初 822 号。

〔2〕 参见北京知识产权法院民事判决书，(2019)京 73 民终 1270 号。

正当竞争案件的本院认为部分,窥一斑而知全豹。

鉴于"酷米客"App后台服务器存储的公交实时类信息数据具有实用性并能够为权利人带来现实或潜在、当下或将来的经济利益,其已经具备无形财产的属性……未经谷米公司许可,任何人不得非法获取该软件的后台数据并用于经营行为。因此,六被告有关谷米公司"酷米客"软件实时公交数据属于公共信息的主张不能成立。

二、必需设施性数据抗辩提出的原因分析

必需设施性数据抗辩并非偶然出现在反不正当竞争诉讼中,其提出有必然性。数据市场的网络效应、增量转存量竞争业态、反垄断诉讼成本等因素系必需设施性数据抗辩出现的主要原因力。此外,还涉及诸多个案因素,挂万漏一,难以尽述。

(一)数据市场发展趋势导致数据垄断

数据竞争主要是互联网平台之间的竞争,数据市场的网络效应以及互联网平台增量市场转存量市场竞争的经济规律导致数据权益市场发展具有自然垄断的趋势。[1] 而当数据被上游市场经营者控制,下游市场竞争者无法获得数据进入下游市场竞争,其采取"违法"手段获取数据似难以避免,故必需设施性数据抗辩提出具有市场原因。

1. 数据市场的网络效应导致数据自然垄断

互联网市场具有自然垄断属性,其是"冒尖者"市场。1992年《反不正当竞争法》出台以来,我国采取了比较宽松的互联网市场发展策略,互联网市场经历了三十年的高速增长,如今已经成为世界互联网领域的前沿地带和首发地区。但互联网领域也涌现出了不少地区、细分行业头部企业,不同程度上形成了数据资源集中。数据市场依托于互联网平台发展,具有锁定效应、高昂转换成本特点,网络效应越发突出。互联网平台"冒尖者"获得了大量数据,在数据市场实现强者恒强,胜者全得。下游市场竞争者无法合法获得必需设施性数据的情况下,"违法"竞争行为产生似难以避免。

2. 增量市场转向存量市场竞争导致垄断加剧

随着我国经济结构调整以及经济发展周期影响,经济增长速度放缓,整个市场大环境从增量市场竞争逐渐转向存量市场竞争,数据市场也难以摆脱大环境的影响。《第51次中国互联网络发展状况统计报告》显示,2020年6月我国国内市场上监测

---

〔1〕 参见[美]保罗·萨缪尔森、[美]威廉·诺德豪斯:《微观经济学》(第17版),萧琛主译,人民邮电出版社2004年版,第92页。

到的 App 数量为 359 万款,2020 年 12 月监测到的 App 数量为 345 万款,2021 年 6 月监测到的 App 数量为 302 万款,2021 年 12 月监测到的 App 数量为 252 万款,2022 年 6 月监测到的 App 数量为 232 万款,App 数量呈现递减趋势。2020 年 6 月我国网站数量为 468 万个,2020 年 12 月网站数量为 443 万个,2021 年 6 月网站数量为 422 万个,2021 年 12 月网站数量为 418 万个,2022 年 6 月网站数量为 398 万个,网站数量也呈现递减趋势。[1] 在新的竞争业态下,数据平台企业的预期是倾向垄断数据寻找利润增长点,而这可能进一步导致下游市场竞争者无法获得必需设施性数据,刺激"违法"竞争行为产生。

(二)必需设施性数据抗辩符合经济人选择

市场主体具有经济人属性,经济人以能够让自己利益最大化的选择为最优方案。过去三十年,数据市场属于高速发展市场,市场空间巨大,大家都忙着做大蛋糕。网络效应迫使数据企业必须快速抢占市场,实现强者恒强,胜者全得。在数据市场商业道德尚未形成的情况下,一方面经营者无暇顾及数据权益的损失而追究竞争者责任。另一方面,竞争者需要快速追赶经营者,在其获得经营者数据不难且又不受经营者追究的情况下,竞争者自然也无意提起反垄断诉讼,徒增己身运营成本,错失抢占市场先机。此外,一直以来我国诉讼成本偏高,竞争者以必需设施理论提起反垄断诉讼需要证明的构成要件颇多,其立案、举证难度颇大,费时费力,胜诉的外部效应却惠及众人。基于数据市场特性、抢占市场、收益成本等因素考量,市场竞争者在难以"合法"获得数据的情况下,选择以"违法"手段获取数据,待反不正当竞争诉讼系属实再提出必需设施性数据抗辩符合经济人利益最大化的选择。因此,在反不正当竞争诉讼中,竞争者提出必需设施性数据抗辩属经济人的必然选择。

三、司法裁判回避必需设施性数据抗辩的原因分析

诚如上文所述,必需设施性数据抗辩提出有其必然,而对于必需设施性数据抗辩,司法裁判却采取了同样的回避态度。司法裁判究竟系出于何种原因、目的考量而作如此选择,唯有分析其因,方得解决之道。

(一)司法裁判回避系必需设施性数据抗辩定性困扰

依据被控行为人抗辩对象划分,必需设施性数据抗辩划分为两类:一类针对减、

---

[1] 参见 CNNIC:《CNNIC:第 51 次〈中国互联网络发展状况统计报告〉(全文)》,载 http://www.100ec.cn/index.php/detail--6625554.html,最后访问时间:2023 年 3 月 23 日。

免责事由抗辩,可称为减免责类必需设施性数据抗辩;另一类针对经营者利益合法性抗辩,可称为利益合法类必需设施性数据抗辩,两类抗辩对司法裁判提出了严峻的考验。减免责类必需设施性数据抗辩是被控行为人基于侵权责任思维提出的主张。反不正当竞争行为一般被认为是特殊侵权行为,侵权行为责任赔偿自然要考虑减、免责事由,一般侵权行为的减、免责事由包括过失相抵、见义勇为、紧急避险、不可抗力等。另外,反不正当竞争又被普遍归入知识产权保护范围,在知识产权法律框架内,商标法规定了合法来源抗辩和3年未使用抗辩,专利法规定了现有技术抗辩和公知技术抗辩,以上事由皆可对侵权行为减、免责。而不正当竞争行为既被认为属于特殊侵权行为,又被认为属于知识产权保护范围,是否也应考虑减、免责事由,必需设施性数据抗辩是否又可作为减、免责事由呢?我国现有法律规范对此并无明确规定。而利益合法类必需设施性数据抗辩是被控行为人针对经营者利益损失提出主张,认为经营者存在垄断行为,竞争行为并未侵犯经营者合法利益。易言之,经营者行为不正当,其经营获得利益不合法,反不正当竞争法规定的三元叠加保护目的无法成立,故被控竞争行为不具非法性,被控行为人的竞争行为应为合法行为。此抗辩涉及数据权益严重滥用之反垄断法规制,我国缺乏明确法律规范。因此,两种必需设施性数据抗辩定位、定性缺乏明确法律规范,司法裁判予以阐述存在错误风险。

(二)司法裁判回避系数据权益滥用的反垄断规制阙如

利益合法类必需设施性数据抗辩类似知识产权严重滥用违反垄断法规制的抗辩。知识产权作为一种合法的垄断权,是鼓励创新、促进知识生产的重要法律机制,一般作为反垄断法适用除外而存在。但具有独占性质的知识产权往往会使其拥有者在某一特定市场上形成垄断或支配地位,限制该市场的竞争,尤其是在某些情况下,拥有知识产权的人可能会滥用其依法获得的独占权,通过不正当行使知识产权的方式来限制和排挤竞争,对反垄断法所保护的自由公平竞争造成破坏,从而构成对反垄断法的违反。[1] 发达国家对于知识产权滥用的反垄断规制立法比较成熟,而我国知识产权滥用之反垄断法规制处于低密度规范,数据权益滥用的反垄断法规制更是付之阙如。利益合法类必需设施性数据抗辩将反垄断审查置于反不正当竞争诉讼之中,通过必需设施理论进行反垄断审查,判断数据权益是否存在滥用,进而判断经营者利益是否合法。在数据权益反不正当诉讼中,司法裁判适用必需设施理论进行反垄断审查涉及裁量尺度、路径等问题,是应直接释明被控行为人另案提起反垄断诉

〔1〕参见胡充寒:《外观设计专利侵权判定理论与实务研究》,法律出版社2010年版,第169页。

讼，还是严格适用必需设施理论进行反垄断审查……我国数据权益滥用的反垄断法律规范尚付阙如。因此，司法裁判采取回避态度也是一种规避风险、避免错案的选择。

（三）司法裁判回避系因数据认定为必需设施存争议

必需设施性数据抗辩源于必需设施理论，稽查我国有关必需设施理论的立法历程，2005 年 4 月 8 日的《反垄断法（征求意见稿）》曾拟规定："如果经营者不进入具有市场支配地位的经营者拥有的网络或者其他必需设施，就不可能与其开展竞争的，具有市场支配地位的经营者不得拒绝其他经营者以合理的价格条件进入其拥有的网络或者其他必需设施。但是，具有市场支配地位的经营者能够证明，由于技术、安全或者其他合理原因，进入该网络或者其他必需设施是不可能或者不合理的情形除外。"[1]但出于反垄断法引入必需设施理论会妨碍经营者的投资和创新，进而损害竞争者和消费者的考虑，这个条款最终被删除。直至 2019 年 6 月 26 日国家市场监督管理总局公布的《禁止滥用市场支配地位行为暂行规定》才将必需设施理论作为单独条款予以一般性规范，2021 年 2 月 7 日国务院反垄断委员会公布的《关于平台经营领域的反垄断指南》则将必需设施在平台经营领域予以规范。但是 2022 年 6 月 4 日公布的《反垄断法（修订）》并未将必需设施理论作为单独条款规范。必需设施理论在我国立法发展较为迟缓，对于数据是否可认定为必需设施缺乏明确法律规范，也缺少司法判例支撑，故存在一定争议。多数学者认为数据可认定为必需设施，王晓晔教授认为"数据一般构不成反垄断法意义上的'必需设施'，因为它一般无法达到不可或缺的程度"，[2]但其也并未否定数据认定为必需设施的可能性。因此，在数据能否被认定为必需设施缺乏明确法律规范及判例支撑的情况下，司法裁判主动适用必需设施理论需要勇气，承担风险。

---

〔1〕 赵鑫、周国和：《专访王晓晔：反垄断法是中国经济体制改革的里程碑》，载 https://baijiahao.baidu.com/s?id=1645660917085341042&wfr=spider&for=pc，最后访问时间：2019 年 9 月 25 日。

〔2〕 中国社会科学院大学学报编辑部：《王晓晔：中国数字经济领域反垄断监管的理论与实践》，载 https://www.baidu.com/link?url=BMt38FtBMYhSDiO-VW_TtMFH0x8GuJE_eJiesw8mnW9WsNEbuiKvbX6gpPS7RB9SBJJhL6u4lTl9cTdaJxXsZBEt0u4oYKiCKWwHB8EEYsdM-H4nrjPawRepLcJG5DpRkMA7d3Ealxd1HNwE3e8fKsAk0sSe9S7L8ohUTZdDs5x49BlmM0h08NpeCGSzaxdG-QAnEq-x_FVIZEqdx_WDbxLw_2QWFEtBNTT2WgLavhRbguLlm8dMj6cuRJiR74IVr9uyh_sp4FUSDXCOzrvnNa&wd=&eqid=b73cbefd0019ff080000000664a160c4，最后访问时间：2022 年 6 月 10 日。

(四)司法裁判回避系因必需设施理论构建不够明确

欧盟和美国必需设施理论,其在必需设施原则适用框架上虽有分歧,但核心构成要件趋同,包括以下五项核心要件:(1)垄断性,即垄断者是否为控制必需设施;(2)必要性,即必需设施是否是下游市场竞争所必需的产品或服务;(3)不可复制性,即必需设施是否具备被复制的可能性;(4)开放性,即必需设施是否能够被开放;(5)合理性,即经营者拒绝开放必需设施是否存在合理理由。而我国必需设施理论规定在《反垄断法》、国家市场监督管理总局《禁止滥用市场支配地位行为规定》、国家市场监督管理总局《关于禁止滥用知识产权排除、限制竞争行为的规定》、国务院反垄断委员会《关于平台经营领域的反垄断指南》等规定之中,缺乏潘德克顿式立法,构成要件多而杂,判断标准不够明确,未形成共识的核心构成要件和判断标准。(见表 2)至今,学术界讨论虽多,但缺少司法判例也缺乏行政执法之案例。因此,司法裁判在反不正当竞争诉讼中倾向于忽视必需设施性数据抗辩,避免适用法律之错误亦属必然。

表 2　有关必需设施理论立法情况

法律规定名称	具体条款	发布日期
《反垄断法》	第 22 条　禁止具有市场支配地位的经营者从事下列滥用市场支配地位的行为……(三)没有正当理由,拒绝与交易相对人进行交易……本法所称市场支配地位,是指经营者在相关市场内具有能够控制商品价格、数量或者其他交易条件,或者能够阻碍、影响其他经营者进入相关市场能力的市场地位。	2022 年 6 月 24 日
国家市场监督管理总局《禁止滥用市场支配地位行为规定》	第 16 条　禁止具有市场支配地位的经营者没有正当理由,通过下列方式拒绝与交易相对人进行交易:……(五)拒绝交易相对人在生产经营活动中,以合理条件使用其必需设施。在依据前款第五项认定经营者滥用市场支配地位时,应当综合考虑以合理的投入另行投资建设或者另行开发建造该设施的可行性、交易相对人有效开展生产经营活动对该设施的依赖程度、该经营者提供该设施的可能性以及对自身生产经营活动造成的影响等因素。本条所称"正当理由"包括:(一)因不可抗力等客观原因无法进行交易;(二)交易相对人有不良信用记录或者出现经营状况恶化等情况,影响交易安全;(三)与交易相对人进行交易将使经营者利益发生不当减损;(四)能够证明行为具有正当性的其他理由。	2023 年 3 月 31 日

续表

法律规定名称	具体条款	发布日期
国家市场监督管理总局《禁止滥用知识产权排除、限制竞争行为规定》	第10条　具有市场支配地位的经营者没有正当理由,不得在行使知识产权的过程下,拒绝许可其他经营者以合理条件使用该知识产权,排除、限制竞争。认定前款行为需要同时考虑下列因素:(一)该项知识产权在相关市场上不能被合理替代,为其他经营者参与相关市场的竞争所必需;(二)拒绝许可该知识产权将会导致相关市场上的竞争或者创新受到不利影响,损害消费者利益或者社会公共利益;(三)许可该知识产权对该经营者不会造成不合理的损害。	2023年6月25日
国务院反垄断委员会《关于平台经营领域的反垄断指南》	第14条　具有市场支配地位的平台经济领域经营者,可能滥用其市场支配地位,无正当理由拒绝与交易相对人进行交易,排除、限制市场竞争。分析是否构成拒绝交易,可以考虑以下因素:……(五)控制平台经济领域必需设施的经营者拒绝与交易相对人以合理条件进行交易。……	2021年2月7日
《反垄断法》(2020年修订)	第22条　禁止具有市场支配地位的经营者从事下列滥用市场支配地位的行为……(三)没有正当理由,拒绝与交易相对人进行交易……本法所称市场支配地位,是指经营者在相关市场内具有能够控制商品价格、数量或者其他交易条件,或者能够阻碍、影响其他经营者进入相关市场能力的市场地位。	2022年6月4日

四、必需设施性数据抗辩的定性分析

必需设施性数据抗辩无疑给司法裁判带来了巨大风险与挑战,司法裁判对此采取回避态度有诸多理由和无奈。然司法实践既然将必需设施性数据抗辩放在了裁判者面前,司法裁判无法回避。依据上文所述,必需设施性数据抗辩划分为减免责类必需设施性数据抗辩和利益合法类必需设施性数据抗辩,笔者先对两类必需设施性数据抗辩进行定性,然后再对路径和规则进行探析。

(一)减免责类必需设施性数据抗辩定性分析

我国习惯上将不正当竞争行为作为侵权行为的一种特殊类型,无论是行为认定还是责任确定,与侵权责任法有联系,侵权责任法规范对反不正当竞争法具有补充价值,然反不正当竞争法亦有其独立规范体系,减免责类必需设施性数据抗辩系基于一般侵权赔偿责任思维提出,是否符合我国反不正当竞争法规范呢?揆诸大陆法系反不正当竞争法立法滥觞及发展沿革,不同国家将反不正当竞争规则进行了不同定性、划分。法国是将反不正当竞争纳入民法典调整的国家,在侵权责任一般条款基础上延伸出独特的反不正当竞争规则,即便消费者运动兴起,反不正当竞争法发生巨大变革,法国仍是将不正当竞争行为归入侵权行为法之中,通过另立特别法保护消费者。而德国则是将反不正当竞争行为专门立法的国家,在消费者运动兴起后,逐渐向保护竞争者以外目标发展,将消费者和公共利益保护因素引入反不正当竞争法之中,将反不正当竞争法改造成市场行为法。我国反不正当竞争法接近德国立法,反不正当竞争法一般条款规定了三元叠加的保护目的,不正当竞争行为不是侵犯主观权,而是违反了禁止每个经营者从事背俗竞争行为的一般客观规范,反不正当竞争法保护的不是主观权,而是阻止经济活动中不正当手段的滥用,通过禁止不正当竞争行为来保护工商业成果或者经营成果,具体体现为竞争者、市场参与者、消费者及公众利益。[1]反不正当竞争法是以遏制不正当竞争行为的方式保护经营者利益。可见,民法典侵权责任规范、知识产权法对减、免责事由的规范并不能对反不正当竞争法进行补充,减免责类必需设施性数据抗辩不符合我国反不正当竞争法规范,属无理抗辩,或者"假"性必需设施性数据抗辩。

(二)利益合法类必需设施性数据抗辩定性分析

利益合法类必需设施性数据抗辩基于经营者数据权益滥用提出,主张经营者"垄断"经营行为违反垄断法的必需设施理论,其损失利益属于违法利益,被控侵权行为不满足反不正当法三元叠加之保护目的,应为正当竞争行为。利益合法类必需设施性数据抗辩系攻击经营者数据权益滥用行为而否定不正当竞争行为成立之无责抗辩,具有一体两面性,攻击经营者"垄断"数据行为破坏自由公平竞争秩序,保护被控竞争行为创新、生产,重点围绕经营者"垄断"数据产生利益是否合法。《民法典》第 3 条规定:"民事主体的人身权利、财产权利以及其他合法权益受法律保护,任何组织或者个人不得侵犯。"受保护的民事权益必需是合法权益,反不正当竞争法并非保护主观权,而是通过遏制行为的方式保护受害者利益。已为法律确定为权利者,当然受法律保护,而对于未达权利保护强度之利益,更需要首先做合法性

[1] 参见孔祥俊:《反不正当竞争法新原理原论》,法律出版社 2019 年版,第 61 页。

的判断。反不正当竞争法所保护的法益更多地属于民事利益,其必须是合法权益,违法行为不能产生法益,法律不保护不合法的利益。[1] 实际上,利益合法类必需设施性数据抗辩与知识产权滥用抗辩的反垄断法规制法理逻辑基础类似,皆是为了遏制权利(益)滥用造成自由公平竞争秩序破坏,鼓励创新、促进生产。利益合法类必需设施性数据抗辩是一种数据权益滥用的反垄断法规制进路,符合我国反不正当竞争法的立法目的。

五、必需设施性数据抗辩的反向认定规则及路径分析

减免责类必需设施性数据抗辩是种"假"性必需设施性数据抗辩,利益合法类必需设施性数据抗辩才是合法必需设施性数据抗辩,下文分析的必需设施性数据抗辩皆指利益合法类必需设施性数据抗辩。必需设施性数据抗辩从广义上说也属于知识产权滥用的反垄断规制抗辩,我国反垄断法有关知识产权滥用的反垄断规制条款多属原则性规定,缺乏实际操作的具体规定。具体规定一般由反垄断机构详细指南解决,因为知识产权种类繁多,每种知识产权都具有各自特点,哪些知识产权使用行为应当通过合理原则进行分析,哪些应当通过本身违法原则进行分析,相当复杂。必需设施性数据抗辩作为一种数据权益滥用的反垄断法规制进路,更是缺乏实际操作的具体规定,需要对必需设施性数据抗辩认定的标准、规则及路径问题进行分析。换言之,需要对必需设施性数据抗辩成立条件认定以及在反不正当竞争诉讼中妥适因应方式进行分析。其实,对必需设施性数据抗辩认定规则的分析也是厘清反不正当竞争法与反垄断法应用必需设施理论之边界的探索,唯有厘清必需设施性数据抗辩认定规则,才能确定反不正当竞争诉讼与反垄断诉讼适用必需设施理论审理的范围,司法裁判才不致混乱。

揆诸我国必需设施理论的法规范,必需设施理论构成要件可划分为市场效率类要件(或称保护竞争者要件)和保护投资者要件。市场效率类核心要件包括:(1)经营者是否控制必需设施(必需设施是否为下游市场竞争所必须的产品或服务);(2)经营者是否拒绝交易;(3)必需设施无被复制的可能,即存在垄断。保护投资者核心要件包括:(1)必需设施是否能够被开放;(2)经营者拒绝开放必需设施是否存在合理理由。反垄断法的必需设施理论犹如一架对竞争者利益、投资者利益,公共利益进行衡量的天平,保护竞争者要件与保护投资者要件则似称重砝码,置于天平各端称量,从

---

[1] 参见孔祥俊:《反不正当竞争法新原理原论》,法律出版社2019年版,第74~75页。

而对经营者行为垄断性作出判断。反不正当竞争法的一般条款则犹如另一架对竞争者利益、投资者利益、公共利益进行衡量的天平，影响三元叠加目的之因素则似称重砝码，置于天平秤各端称量，从而对竞争者行为正当性作出判断。被控行为人提出必需设施性数据抗辩，实际上间接将保护竞争者要件砝码置于反不正当竞争法这架天平称量。然由于低密度规范、部门法衔接等原因，度量衡不一致造成反不正当竞争法这架公平使用功能受阻，唯有解决功能受阻问题，方能继续发挥公平作用。因此，必需设施性数据抗辩认定的规则应基于恢复反不正当竞争诉讼作用之目的，以排除适用，反向认定规则为标准。若保护竞争者要件不成立，排除必需设施性数据抗辩适用，反不正当竞争系属继续进行。若无法排除保护竞争者要件成立可能，则必需设施性数据抗辩无法排除，需将必需设施性数据抗辩移到反垄断法的天平上称量。根据样本统计结果分析，在绝大部分案件中，必需设施性数据抗辩能不能成立较易判断，通过判断拒绝交易数据、下游竞争市场、数据不可或缺三个要件可将绝大部分必需设施性数据抗辩排除在外，而剩余无法排除必需设施理论适用的案件，则中止审理，释明当事人另案提出反垄断诉讼，由反垄断诉讼实质审理。下面逐一分析(见图 1)。

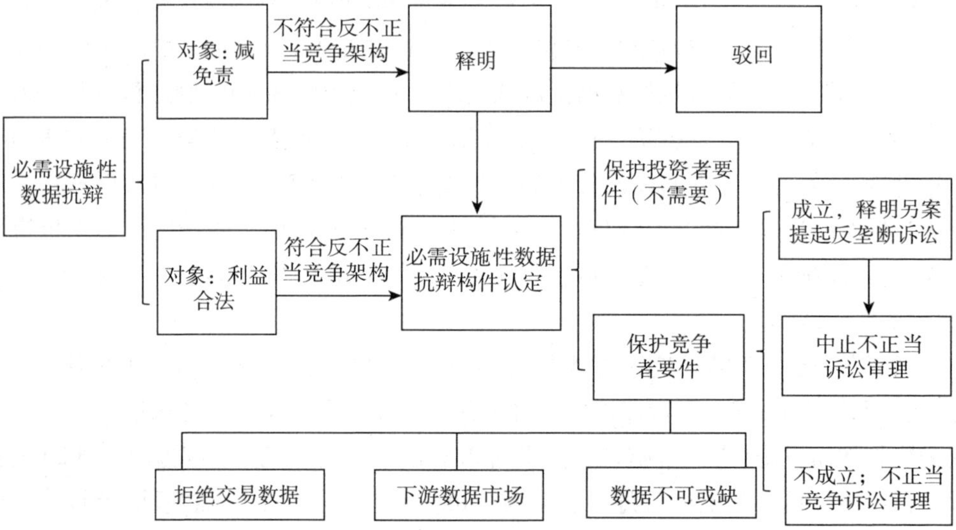

图 1　必需设施性数据抗辩认定规则及路径

(一)拒绝交易数据反向认定分析

拒绝交易数据要件作为必需设施性数据抗辩的重点,可从交易的方式、范围、程度进行分析。首先,拒绝交易方式多样,明示拒绝、暗示拒绝,直接拒绝,同意后又拒绝等皆属于拒绝交易,方式不一而足,需要结合经营者行为判断其意思表示。其次,拒绝交易的市场范围对该要件成立有影响,需要结合下游市场要件一并分析。如经营者和竞争者业务范围均系全国范围,而经营者拒绝交易市场仅是局部市场,此时,拒绝交易的评价需结合下游市场业态综合分析。最后,拒绝交易程度对该要件成立有影响,有些经营者既未直接同意,也未表示直接拒绝,态度不明,可以通过其他救济途径予以分析。实践中,被控行为人通过行政举报、投诉方式寻求了行政执法救济,可以作为认定拒绝交易数据的参考或依据。样本裁判文书多数未阐明经营者是否拒绝交易,若经营者拒绝交易数据不成立,则经营者行为缺少责难性,必需设施性数据抗辩据此不得成立。

(二)下游竞争市场反向认定分析

必需设施理论发轫之目的即解决下游市场通道问题,上游市场经营者垄断数据可能会造成下游市场竞争者无法接触到消费者,抑制下游市场竞争以及公共利益增加。因此,竞争者竞争活动需在下游市场进行方符合必需设施理论适用之要求,而对于下游数据市场的判断一般可以通过两类方法分析。其一,通过认定直接竞争市场而否定下游数据市场。按照竞争产品划分,竞争市场可分为直接竞争市场和间接竞争市场,直接竞争市场不符合下游市场认定。在直接竞争市场,竞争者生产经营同品类、同品种产品或服务,与经营者角逐共同目标市场。稽查样本案件,相当部分案件竞争者和经营者是在直接竞争市场竞争,通过观察产品、服务就可得出结论。其二,通过数据垂直化细分市场观察,判断下游数据市场。随着移动互联网的高速发展,经济也进入一个细分市场的时代。市场细分是指企业按照某种分类标准将总体市场中的用户划分成若干个用户群体的市场分类过程,被划分出的各个用户群体都构成一个细分市场,同一细分市场中的用户具备类似的需求、行为、收入水平和特征,而不同细分市场用户之间的总需求与特征则存在明显差异。垂直细分市场划分本身就具有上、下游市场概念,有些垂直细分市场划分已得到社会共识,通过直接观察即可得出结论。通过以上两种方法,大部分竞争者经营活动是否处于下游市场都能判断,若不处于下游市场,则必需设施性数据抗辩据此不得成立(见图2)。

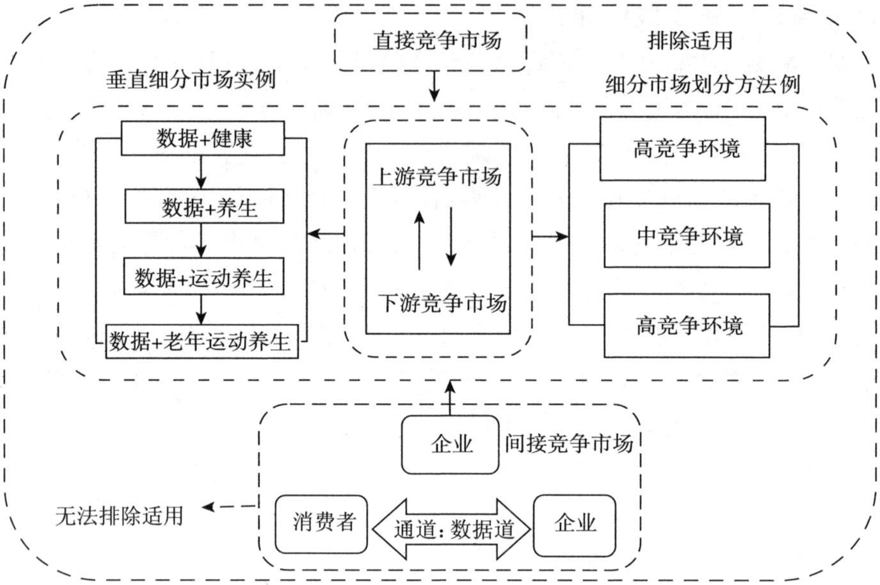

图2 数据市场竞争模式划分及垂直细分市场示意图

(三)数据不可复制反向认定分析

必需设施无被复制可能是必须设施理论的核心要件,必需设施无被复制可能一方面意味着必需设施不可替代、不可或缺,另一方面意味着经营者垄断了必需设施,该要件认定也是对经营者垄断行为的判断。就数据市场而言,数据不可被复制包括数据不能另行复制、收集,或者复制、收集数据需要投入大量人力、物力,又或者复制、收集数据的成本足以使得进入下游市场毫无利润。如果说拒绝交易数据反向认定、下游竞争市场反向认定属于旁敲侧击的分析排除规则,则数据不可复制反向认定可说是直击要害的分析排除规则。通过分析判断数据是否可被复制更可确信,且大规模排除必须设施性数据抗辩的成立。一般而言,数据可被复制分析判断方法可通过观察分析垂直细分市场直接得出结论,也可通过假定垄断者测试分析垄断程度判断数据是否可被复制。然基于必需设施性数据抗辩的反向认定规则,不可替代性认定应限于市场观察直接分析,若通过假定垄断者测试判断则应属于正向判断,归反垄断诉讼系属管辖。

1. 市场观察反向认定数据不可复制性

随着数据市场的垂直化细分市场发展,数据是否具有不可复制性有些时候是一目了然的。因此,数据是否不可复制、不可替代有时候可以直接认定。在 hiQ 诉领英案中,法院即通过直接分析垂直细分市场,然后判断数据有无可替代性,认定数据是否是必需设施。[1] 在酷米客诉车来了不正当竞争案件中,谷米公司与深圳市东部公共交通有限公司签订《谷米 GPS 设备安装协议》,约定在该公司所属深圳市内行驶路线的所有公交车上安装 GPS 设备用于获取公交车运行线路、到站时间等数据信息,并通过酷米客 App 对外免费发布。元光公司主张其从事软件开发,谷米公司从事 GPS 定位仪销售开发,处于不同竞争市场。法院并未采信元光公司主张,认定"酷米客"App 与"车来了"App 均系为用户提供定位、公交线路规划、实时公交信息地理位置服务,属于直接竞争市场。囿于材料所限,笔者无法对市场模式作出认定。然判决载有:"为满足深圳市交通行政管理部门的监管要求,曾向深圳市交委提供过实时公交数据。与其'酷米客'软件后台中的数据相比,一方面,谷米公司仅向深圳市交委提供其中部分数据即可满足监管要求;另一方面,由于双方使用的网络通信线路不同,造成谷米公司向深圳市交委传输的数据存在时滞性情形。"假设"车来了"App 系应用于下游竞争市场,仅就公交车运行线路及到站时间等数据信息而言,直接观察似可判断数据具有不可复制性,谷米公司独占及时数据信息,该数据信息认定为不可替代似无不可。

2. 假定垄断者测试不属数据反向认定范畴

虽然部分抗辩数据可以通过市场观察直接认定可替代、可复制,从而排除必需设施性数据抗辩适用。但仍有部分抗辩数据难以通过直接观察认定,根据我国反垄断法律规范,需要结合假定垄断者测试,进而认定数据是否具有不可复制性。对于传统市场垄断一般采用以价格为中心的假定垄断者测试来进行分析,但是数据时代,数据经营者一般采用消费者提供数据,而平台免费使用的商业模式,服务质量、体验感等成为数据经营者的关键因素,换言之,非价格竞争主导数据市场,而基于价格因素的假定垄断者测试缺乏适用基础。我国"3Q 大战"案件,一审法院采用了基于价格上涨的假定垄断者测试,二审法院则予以了纠正,认为:"尽管基于相对价格上涨的假定垄断者测试难以在本案中完全适用,但仍可以采取该方法的变通形式,例如基于质量下降的假定垄断者测试。"[2] 不过,假定垄断者测试系反垄断诉讼中采取的手段需要花

---

〔1〕 在美国 hiQ 诉领英案中,hiQ 处于细分市场,依托领英用户的公开个人档案的职场数据分析市场,领英辨称 Facebook 是一个可替代的数据库,但法院指出,Facebook 不同领英,领英的数据只要用户愿意分享,公众可以广泛可获得,Facebook 数据需要通过账户才能获得。因此,法院认为 hiQ 没有可以替代领英的数据库。

〔2〕 参见最高人民法院民事判决书,(2013)民三终字第 5 号。

费大量精力。无论是由被控行为人实施假定垄断者测试,还是法院主导实施假定垄断者测试,都意味着法院在反不正当竞争诉讼中对反垄断诉请进行实质审理。故应将假定垄断者测试排除在外,其不应属于反向认定范畴,反不正当诉讼予以审理有越俎代庖之嫌。如被控行为人通过假定垄断者测试举证必需设施性数据抗辩,应释明被控行为人另案提起反垄断诉讼,并中止反不正当竞争诉讼审理。

综合上述,必需设施性数据抗辩应采用反向认定方式,即采用排除必需设施性数据抗辩的方式进行认定,认定必需设施性数据抗辩不成立,则反不正当竞争诉讼即可继续进行。而通过反向认定拒绝交易数据、下游竞争市场、数据不可复制三个要件,已可将绝大多数必需设施性数据抗辩予以排除,剩余案件,则需要适用必需设施理论进行反垄断诉讼审理方能得出结论。

结 语

“不洁之手”原则是英美普通法领域中的一项古老原则,知识产权滥用原则即“不洁之手”原则在知识产权领域之延伸,知识产权滥用不一定达到垄断程度,一旦达到垄断程度也表示权利滥用严重,需受反垄断法规制。数据权益虽未上升到专有权利,但也存在滥用,必需设施性数据抗辩属于数据权益严重滥用的抗辩,也是“不洁之手”原则在反不正当竞争领域之延伸。必需设施性数据抗辩提出有其必然,对象必然是经营者数据权益滥用获得之利益,违反垄断法规制的利益属于“不洁之手”所获利益,违反不正当竞争法一般原则规定的三元叠加保护目的。本文基于反不正当竞争法和反垄断法立法设计及法益保护之目的确定了必需设施性数据抗辩的反向认定规则和处理路径,并对必需设施性数据抗辩反向认定条件进行了分析,但仍有很多方面有待进一步细化,期待司法实务今后进一步探索。

缓刑案件中没有再犯罪的危险的认定标准框定与程序规制

——以犯罪记录封存为视角

张龙军[*]

引　言

作为一种附条件、开放式的刑罚制度，缓刑以其制度性运行优势在刑事理论及实务中受到关注。2011 年《刑法》正式确定“没有再犯罪的危险”这一法律术语。理论界与实务界从文义、适用条件等方面作了探讨，但对其本质属性没有统一的认识和理解。采用什么标准来认定“没有再犯罪的危险”，如何有效衔接缓刑制度与犯罪记录封存制度、社区矫正制度，如何提高缓刑案件的裁判效果等，以及解决上述问题适用何种程序规则，让审判权运行更符合司法规律，是新时代留给裁判者进一步深入思考和作答的考题。

一、“没有再犯罪的危险”认定的实践现状考察

通过互联网络、法信搜索，以“犯罪记录封存”“缓刑”作为关键词，检索并选取了 2013 年至 2023 年覆盖全国各地各级法院审理的 80 份与犯罪记录封存相关的具有代表性的缓刑案例进行梳理和统计，以尽可能全面考察犯罪记录封存与“没有再犯罪的危险”法律适用情况。

（一）证明标准不科学

没有再犯可能性是对被告人未来行为的前瞻性判断，将一种不确定

* 张龙军，广西壮族自治区桂林市全州县人民法院审判管理办公室副主任，二级法官。

性或待定状态交由裁判者提前认定，但被告人在未来的行为表现必须有待日后考察才可确定，非裁判者之力能够管控，“既然是一种预测，就不可避免地存在与以后的事实不相符合的可能”，[1]要做到科学预测是个难题。受重刑主义、终身追责制之风险规避、缠访闹访等影响，裁判者往往不再将“是否有再犯罪风险”作为判定的重要考量因素，即使将其作为重要考量因素，但评价的信息要素仍然具有较大差异（见表 1），其中以行为危险信息因子和行为人危险信息因子的判定为主。

表 1 “没有再犯罪的危险”信息因子评价情况

信息类别	具体信息类别	法院判定比例（%）
违法犯罪史信息	犯罪前科（含犯罪记录封存信息）	58
	累犯	19
	行政处罚记录	11
	治安处罚记录	9
行为危险信息	罪名	100
	犯罪情节	100
	共同犯罪	29
	犯罪对象	48
	犯罪动机	54
行为人危险信息	年龄（犯罪主体）	67
	性格	35
	职业	18
	教育程度	9
	刑期	100
	犯罪前的表现（品格）	46
	犯罪后的态度	92
其他未明确认定信息	速裁案件中被告人反悔不再认罪而上诉被二审发回重审	56

[1] 李文燕、左坚卫：《论我国缓刑适用制度的立法完善》，载《山东公安专科学校校报》2003 年第 5 期。

因法律对“没有再犯罪的危险”描述抽象、规定原则，也未明确其证明标准、证明规则、证明方法，造成裁判者对于行为人“没有再犯罪的危险”的认定既不采取刑事诉讼法的“排除合理怀疑”或“证据确实、充分”的证明标准，也不采取民事诉讼中“高度盖然性”“优势证据”的证明标准，更多凭借以往的审判实践经验，主观随意性大，往往不能全面地评价可能再犯罪的信息因子，容易忽略对与犯罪信息因子相关的封存或未封存的犯罪记录证据材料的审查、认定，以及是否有被行政处罚情节的考量，忽视根据证据得出唯一的结论。

从全国社区矫正情况来看，“社区服刑人员在矫正期间重新犯罪率一直处在0.2%的较低水平”〔1〕。在选取的上述80份案例中，有2件社区矫正对象在缓刑考验期间重新犯罪，有7件在缓刑考验期满后重新犯罪。数据表明，社区矫正对象重新犯罪是客观存在的现象，虽然不能完全消除，但“为了有效减少重新犯罪，刑事司法系统应将罪犯的改造和重新融入社会问题作为优先关注事项”〔2〕，特别是对重新犯罪人群中相对高发的未成年社区矫正对象，需要建立一套完善的制度来预防其重新犯罪，注重再社会化。

（二）裁判说理不足

在司法实践中，对“没有再犯罪的危险”的性质认知不一，裁判理念存差异。有的观点认为，缓刑不是一种刑罚，而是刑罚执行的一种制度，故“没有再犯罪的危险”不作为法律事实予以评价。有的观点认为，“没有再犯罪的危险”评价的信息因子包括犯罪前科（含犯罪记录封存信息）等违法犯罪史信息因子、行为危险信息因子、行为人危险信息因子及其他未明确但需要查明判定信息因子，实质上具有法律事实属性，应适用刑事诉讼的证明标准。经调研发现，裁判者在刑事裁判中对“没有再犯罪的危险”的法律解释，以文义解释为主，以体系解释和目的解释等解释方法为辅。实践中，对“没有再犯罪的危险”适用法律条文解释的占66%，适用裁判说理论证的占70%，适用证据采信规则的占36%，对“没有再犯罪的危险”与封存的犯罪记录的逻辑关系基本不作解释。从文义解释、体系解释、犯罪记录封存的制度目的角度来看，对犯罪行为人有部分A犯罪行为系不满18周岁时实施就解释为其A犯罪系不满18周岁时实施，进而适用犯罪记录封存制度，则是对法律的不当扩大解释。

受裁判者主观判断思维偏差、价值衡量方法偏差、舆论审判结果偏差及裁判文书

〔1〕 司法部社区矫正管理局编：《全国社区矫正发展情况与数据统计》，法律出版社2017年版，第3页。

〔2〕 周勇：《有效减少重新犯罪的全球经验及启示》，载《中国司法》2021年第8期。

说理规范指导粗疏等因素的影响，部分裁判者不敢细化说理论证，甚至采取“概念式”“简单引用”等粗暴论证方式。涉及“没有再犯罪的危险”可能性的判断不会确信地表述在文书中，评价则言辞模糊，甚至不加理由地指出“该被告人不宜适用缓刑”，造成裁判功能与司法社会功能发挥不相匹配，与以审判为中心的司法观不符，与缓刑制度的再社会化优越性不匹配。

（三）裁判规则不统一

实践中，“统一的再犯罪量化表并不能对个案进行针对性分析”〔1〕，不同裁判者对“没有再犯罪的危险”理解和把握时常出现分歧，甚至出现相反的裁判规则。另外，总体上二审改判会导致缓期增加，其改判理由最多是“应当判缓刑而未判”〔2〕，究其原因是一审、二审法院对“没有再犯罪的危险”判定不同所致。

“理论僵化理解封存制度和消灭制度带来诸多实践的误区，实践中未将犯罪记录产生、封存、销毁视为一个完整的过程”〔3〕，造成裁判规则的分歧主要表现为：第一，犯罪记录被封存的前罪的属性之争。“犯罪记录与前科概念的混同，导致犯罪记录封存与前科消灭之间存在认识的盲区，是规范层面的原因。”〔4〕有的法院认为，虽然前罪犯罪记录被封存，但前罪属于前科，影响量刑。比如被告人燕某飞、李某良、李某、陈某涛非法拘禁罪案中，法院认为被告人燕某飞的犯罪记录被封存的前罪，属于前科，对被告人判处实刑〔5〕。有的法院认为，犯罪记录被封存的前罪不属于前科。比如被告人徐某东、吴某桥、张某阳等 6 人故意伤害罪一案中，关于对被告人张某阳是否适用缓刑的问题，裁判者认为被告人张某阳犯前罪时系未成年人犯罪，前罪犯罪记录应予封存，故不宜认定被告人张某阳有犯罪前科，社区矫正机构认为被告人有犯罪前科，危险程度较高，不适合社区矫正的理由，不予采纳，法院最终对张某阳宣告缓刑。〔6〕

第二，犯罪记录封存后的刑事诉讼中对犯罪记录是否予以法律评价。观点一认

〔1〕 邢霞、孙爱民、刘丽杰：《司法治理视域下假释“再犯罪危险”的评估失范与规制》，载《山东法官培训学院学报》2021 年第 3 期。

〔2〕 涂龙科：《刑事二审的改判理由与功能检验》，载《东方法学》2022 年第 3 期。

〔3〕 钦娟：《未成年人犯罪记录的封存制度落地及其消灭制度改进——基于“文件生命周期理论”的发现》，载贺荣主编：《司法体制综合配套改革与刑事审判问题研究》，人民法院出版社 2020 年版。

〔4〕 尚晓晓、刘雨萱：《论犯罪记录封存的正当性根据及在刑罚裁量中的适用》，载《中国检察官》2021 年 7 期。

〔5〕 参见陕西省咸阳市渭城区人民法院刑事判决书，(2019) 陕 0404 刑初 154 号。

〔6〕 参见新疆生产建设兵团五家渠垦区人民法院刑事附带民事判决书，(2017) 兵 0601 刑初 15 号。

为,犯罪记录封存并非犯罪记录消灭,在封存后的刑事诉讼中对其应当进行法律评价。比如,杨某某盗窃案中,法院认为在审理中应当查明相应的被封存的犯罪记录,杨某某系缓刑考验期内又犯新罪,应当撤销缓刑,数罪并罚。[1] 观点二认为,封存的犯罪记录不能再次评价,即使再次犯罪也不成立累犯或再犯。[2] 比如,姚某贩卖毒品案中,法院认为姚某曾因毒品犯罪被判刑,但犯罪记录予以封存,现在姚某虽然再次实施毒品犯罪,不得将封存的未成年人犯罪记录用作从重处罚的依据。[3]

二、"没有再犯罪的危险"认定的理性思辨

从"社会管理创新"到"社会治理"的转变,是新时代中国社会主要矛盾转变和中国社会建设的内在要求。共建、共治、共享的现代社会治理格局构筑的关键在于激发社会组织和社会成员参与社会治理,全面完善社会治理制度体系,培育社会主体公共性与治理意识,[4] 充分发挥法治对社会治理的规范作用、保障作用和引领作用,实现风险化解和防控智能化、专业化、社会化。面对当今复杂多变的社会环境,需要建立与新时代、新征程相适应的刑事司法理念、刑事审判机制、刑事管理体系,实现刑事审判工作现代化。

(一)审判理念的变革

在构建与完善"没有再犯罪的危险"的判断与评价机制中,引入现实主义、刑法行为人主义和恢复性主义、关注犯罪机会预防重新犯罪的司法理念,也是国家治理体系和治理能力现代化和法治化的应然选择。

1. 现实主义与形式主义之博弈。从刑法的结构上看,在犯罪论上采取纯粹的行为主义,在评价对象上拒绝与犯罪构成无关的事实;在刑罚论上则采取行为主义和行为人主义并合的理论,该理论中刑事责任的总和由犯罪构成事实与非犯罪构成事实决定的刑罚结合,进而在量刑中考虑"再犯罪的危险"成为一种原则。

从表现形式来看,"没有再犯罪的危险"的法律发现与裁量权的失范就是审判权

---

〔1〕 参见重庆市江北区人民法院刑事判决书,(2015)渝0105刑初73号。

〔2〕 参见聂慧苹:《实现"未成年人犯罪记录封存"效力的一致》,载《人民法院报》2015年7月22日,第6版。

〔3〕 参见重庆市垫江县人民法院刑事判决书,(2013)垫法刑初字第86号;重庆市第三中级人民法院刑事再审裁定书,(2013)渝三中法刑再终字第2号。

〔4〕 参见江必新、王红霞:《论现代社会治理格局——共建共治共享的意蕴、基础与关键》,载《法学杂志》2019年第2期。

运行失范。复杂的现实问题,并不能完全用纯粹的形式主义加以解决。适用现实主义法学的裁判方法不是要求脱法审判,而是要求裁判者不能僵化机械地理解适用法律,应能动地将利益衡量、社会共识、伦理道德、社会政策、人情常理等因素融入法律的精神或原则来影响裁判结论,[1]避免落入"胶柱鼓瑟"的形式主义窠臼,确保所作出的裁判符合时代主旋律。需要强调的是,在刑事审判领域,裁判者严格遵循罪刑法定原则是刑事裁判者裁判的司法红线,裁判者无权填补、类推,适用最严格的证明标准和证据规则,裁判应当做到罪刑相适应。

2. 刑法行为人主义与刑法行为主义之博弈。受不同的法律观念、治理政策要求、价值和利益判断等影响,对"没有再犯罪的危险"的判断侧重点略有不同。随着认罪认罚制度适用的不断深入及中国法治现代化和国家治理体系现代化需求,从我国刑法的具体实践出发,裁判的量刑阶段、刑罚的执行阶段与非刑罚处罚措施的运用与完善应强调刑法行为人主义(通常对应刑法主观主义)的必要性,有效结合刑法行为人主义与刑法行为主义,及时进行合理的刑罚限缩。[2] 缓刑裁判效果要统筹价值衡平与利益衡量,统筹法律效果与社会效果,统筹客观公正与裁判的可接受性,统筹案结事了目标和社会引领功能,不能为了实现个案正义而牺牲制度正义。

3. 矫治正义与恢复性正义、犯罪机会预防主义之博弈。矫治正义着重于对犯罪行为人本身的矫治与教育,侧重刑罚执行效果。而恢复性正义则侧重程序以外的法律价值或者法律效果,以预防打击犯罪为前提,以强调被害人利益之保护为其根本,强调尽力修复各种关系并兼顾多方利益,实现国家、被害人和行为人多方利益的最大限度平衡,"以从根本上促进刑事司法的整体公正性"[3]。犯罪机会预防主义以环境矫正理论为基础,侧重将犯罪预防对象定位从"犯罪人"向"犯罪(事件)"转变;重新犯罪预防主体选择从一元向多元转变;重新犯罪预防方案制定从"标准化"向"个性化"转变。[4]

现实中,被害人的利益得到一定程度的恢复并不能完全化解"因犯罪产生的所有矛盾与影响";社会大众对缓刑、假释的理解过于简单,适用缓刑、假释并不能获好的社会效果;案件评查、绩效考核加重了裁判者适用缓刑、假释的内心负担;最高人民检

---

[1] 参见胡田野:《论"三个效果"有机统一的司法理念与裁判方法》,载《中国应用法学》2022 年第 3 期。

[2] 参见郭泽强:《刑法行为人主义的辨析及其价值》,载《现代法学》2023 年第 3 期。

[3] 薛静丽:《恢复性司法对刑罚权的合理调整》,载《行政与法》2021 年第 4 期。

[4] 参见杨涵、张凯:《环境矫正:预防社区矫正对象重新犯罪的新范式》,载《山东警察学院学报》2022 年第 3 期。

察院降低审前羁押率的政策无形中提高被告人对缓刑的内心期待；轻罪不断增加的现实状况，构建轻罪犯罪记录封存制度的呼吁等，给司法机关在决定是否适用缓刑、假释时，带来了一定的困惑。在“没有再犯罪的危险”的判定中，引入恢复性司法理念具有合理性和可行性，[1]并以犯罪机会为切入点形成社区矫正对象重新犯罪预防工作理念新范式。

（二）审判机制的深度融合

审判机制现代化是审判工作现代化的重要组成部分，要求让审判权运行符合司法规律。[2]

1. 宣告缓刑和犯罪记录封存适用要坚持刑事司法原则。在刑事审判，宣告缓刑及犯罪记录封存等各项诉讼活动，都要坚持四项原则：第一，坚持证据裁判原则，即裁判者宣告缓刑及犯罪记录封存应当以根据证据查明的案件事实为前提。第二，坚持非法证据排除原则，即裁判者要严格规范证据合法性的审查、调查程序，保障宣告缓刑及犯罪记录封存有确实、充分的证据支撑。第三，坚持疑罪从无原则，即坚决不能追究不具备与刑法规定的犯罪相当的社会危害性、刑事违法性和刑事处罚必要性的违法行为的刑事责任，应严格执行法定证明标准，不能以宣告缓刑代替无罪判决。第四，坚持程序公正原则，即法院要依法保障被告人、被害人在审判阶段的各项诉讼权利，充分发挥庭审在查明事实、认定证据、保护诉权、公正裁判的决定性作用。

2. 规范宣告缓刑和犯罪记录封存的证据认定规则。在坚持以审判为中心的刑事诉讼制度中，缓刑适用条件事实及犯罪记录封存适用条件事实与案件事实具有相当性，密不可分。诉讼中要严格实行非法证据排除规则，将侦查终结前讯问合法性核查制度与庭审阶段证据合法性调查制度有机结合，全面调查与案件事实相关的缓刑适用条件及犯罪记录封存适用条件证据，避免忽视或者遗漏关键证据，根据刑事证明标准依法宣告缓刑，并在此基础准确进行犯罪记录封存。

（三）审判管理的优化

经调研发现，缓刑再犯罪案件中，团伙作案率高于单个主体作案率；妨害社会管理秩序类犯罪和侵犯财产类犯罪再犯率高于其他类别犯罪再犯率；再犯罪人员文化程度高低与再犯罪风险一般呈正比例关系。在社区矫正实际工作中，社区矫正制度“内卷化效应”与社区矫正创新之间矛盾突出，制约着社区矫正法治化发展。规范宣

---

〔1〕 参见陈惜珍：《基于模糊评估法的社区矫正风险量化评估与防控》，载《中国软科学》2023 年第 2 期。

〔2〕 参见骆锦勇：《让审判权运行符合司法规律》，载《人民法院报》2023 年 7 月 24 日，第 2 版。

告缓刑及犯罪记录封存的审判监督管理，要着重抓好以下两个方面：

一方面，审判管理要坚持以指导、协调为重要路径。在贯彻落实《社区矫正法》、《社区矫正实施办法》和最高人民法院、最高人民检察院、公安部、司法部《关于未成年人犯罪记录封存的实施办法》等法律法规、部门规章中，注重加强上级法院对下级法院的指导，统一各地法院的裁判标准，加强上下法院之间、公检法司之间的社区矫正工作衔接，规范罪犯社会化管控，提高裁判与治理效果。

另一方面，审判管理要建立科学的质量管理指标体系。宣告缓刑及封存犯罪记录是重要的审判工作内容，与社区矫正工作紧密联系，在推进社会治理体系和提高治理能力方面发挥着重要的作用。宣告缓刑及封存犯罪记录的审判质量管理要坚持质量优先、兼顾效率、关注效果。

三、"没有再犯罪的危险"的认定标准构建

"没有再犯罪的危险"本质上是一种待证的案件事实，需要根据一定的识别、审查、证明标准进行认定。以识别性作为"没有再犯罪的危险"信息因子的核心属性，能够合理地涵盖刑法所应规范的范围，并根据再犯风险紧迫性形成分控、矫治、修复的先后择序，[1] 从而有效、精确地打击和预防犯罪，更好地基于正义来修复社会秩序、经济秩序及保护公民的合法权益。

（一）"没有再犯罪的危险"的审查标准

1. 危险社会危险信息类型的审查标准。在同等识别效力下，"没有再犯罪的危险"的信息类型依照其危害性程度的不同而划分为不同类型。按照从高到低划分为：其一，危害社会主观意图，0级表示没有危险性；其二，违反道德价值观，1级表示行为人具有语言危险性但没有真正实行，一般情况行为人的行为不在公共场合出现，且经过他人劝说或警告可以停止；其三，民事违法行为，2级表示行为人实行了侵害他人人身权益、财产权益及社会经济秩序的行为；其四，犯罪信息，危险性达3级以上，表示行为人实行了危害人身安全、财产安全、公共安全等严重行为，分为未受到刑罚处罚的行为以及曾被刑事处罚的行为（含被封存的犯罪记录），行为危险性和主观恶性较大。

2. 再危害社会信息效力等级的审查标准。法律意义上"没有再犯罪的危险"认定对象为特定的个人（犯罪行为人）。虽然较多种类的信息均可纳入刑法意义上"没有

〔1〕 参见李川：《修复、矫治、分控：社区矫正机能三重性辩证及其展开》，载《中国法学》2015年第5期。

再犯罪的危险”信息范围,但并非每一类信息都能独立成为认定对象。本文认为,“没有再犯罪的危险”信息的识别效力分为唯一性信息、有效性信息和共享性信息,等级效力从高到低。

“没有再犯罪的危险”信息的具体识别路径为(见图1):第一步,将可能再危害社会信息按照一定规则分类是识别的前提,本文以效力等级作为分类标准。第二步,根据不同等级进行分类后,需要对信息予以重新组合。第三步,将已有的组合标签数据按照一定标准予以认定,本文采用“分控+矫治+修复”组合认定标准。第四步,确定最终是否构成管理者、裁判者、监督者及执行者认定的“不致再危害社会”信息。

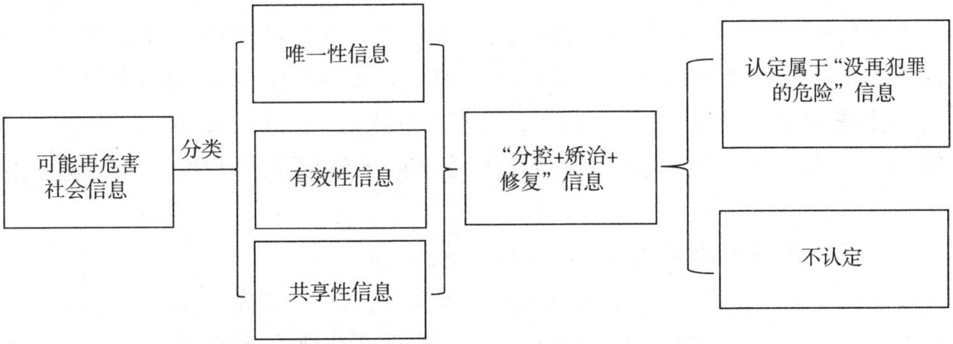

图1 “没有再犯罪的危险”信息的具体识别路径

3. 实质要件审查标准。司法实践中,对行为人是否“没有再犯罪的危险”,以自身主观条件为主,但也不能忽视外部条件,应该坚持主客观相统一的原则。主要包括三方面审查:其一,行为方式审查方面。判断行为方式更侧重于已实行的行为(行政处罚行为、犯罪记录应封存或者无须封存的刑事处罚行为)和未来可能实行的行为是否具有多个主体共同行为、故意与过失、对象是否为弱势群体等方面的特征、行为手段的暴力程度特征等。比如,可以借鉴国外的做法,在适用缓刑、假释前进行能够证明犯罪人的人身危险性的有关事项[1]的人格调查,降低缓刑、假释适用的风险。

其二,行为次数审查方面。将行为人侵害行为的次数作为行为人主观恶性程度审查内容。在对行为人已有犯罪行为进行评价后,对行为人此前已实行的违法犯罪行为或者正在实行的违法犯罪行为的判断应当成为“没有再犯罪的危险”的重要考量因素。比如,前科、累犯信息或者其他法定从重情形达1次以上;违法信息或者其他

〔1〕 参见陈兴良:《刑法的人性基础》,中国方正出版社1996年版,第425~427页。

违反监管规定行为达3次以上；行为人有能力履行而不履行或者履行不足90%，这些均可作为考量因素。需要说明的是，未成年人不同于成年人，基于国家亲权和儿童最大利益原则，未成年人犯罪前的违纪违法与犯罪后的再犯罪或者畏罪潜逃等行为表现并不能一定说明具有"再犯罪的危险"，因此，在判定未成年人是否具有"没有再犯罪的危险"的风险时，应当区别于对成年人的违法犯罪风险判断。但是，未成年人犯罪记录封存不等于前科消灭，仍应在审理中查明相应的犯罪记录，不排斥在封存后的刑事诉讼中对已封存的犯罪记录进行法律评价。

其三，危害结果的审查。"社会危害性是个综合性指数"[1]，对行为人社会危害性的整体评价，仍需要通过对各个数量标准情节加权计算后进行判断，能够有效弥补和涵盖剩余缺失部分评价社会危害性的量。对"没有再犯罪的危险"的解释和适用，不仅是一个法律条款的适用问题，还应考虑如何兼顾刑法法理和缓刑刑事司法政策的问题，这是轻罪治理模式的必然要求。《刑事诉讼法》已设立未成年人犯罪记录封存制度，未成年时的犯罪不宜作为后罪的社会危险性判断，至少与再犯罪的危险性并不具有等同关系。

（二）"没有再犯罪的危险"的识别标准

情理法结合，"政治效果"、"法律效果"和"社会效果"有机统一是新时代的重要司法理念之一。在三个效果中，"政治效果"具有前提性地位，任何裁判活动都要贯彻落实总体国家安全观，其识别标准包括维护了宪法法律权威，维护了中国特色社会主义基本制度、基本理论和基本道路；确保司法活动与政策目标相符；案结事了，杜绝程序空转。"法律效果"具有基础性地位，其识别标准是司法活动严格依照法律的规定处理具体案件，杜绝就案论案、机械司法及自由裁量权的肆意，坚持程序公正与实体公正相统一；注意选择合适的法律解释方法，注重挖掘立法愿意和法律精神，不以政策代替法律，不被狭隘的"民意"所裹挟；实现类案同判。"社会效果"识别标准是社会公众对司法过程和结论的认同；司法裁判更好地与社会共识、社会主义核心价值观相契合；实现良好社会治理效果的目标；对特殊保护法益的良好保护；德治效果上升为法律规范。

（三）"没有再犯罪的危险"的证明标准

理论界与司法实践界，有的观点认为再犯罪危险不是案件事实，侧重点是评估标准；有的观点认为再犯罪危险的认定以仅需要达到"合理相信"（或可能的理由）的证

---

〔1〕 李永升：《犯罪论前沿问题研究》，中山大学出版社2009年版，第19页。

明标准。[1] 本文认为,“没有再犯罪的危险”作为待证的案件事实,通过前文所述的识别和审查,有必要建构“定量为主的司法证明+适度扩张预防刑因素考量+社区可控性因素考量”的标准。

1. 以定量为主的司法证明标准,要求确定“再犯罪的危险”条件危险区别系数和风险位阶。其中,确定“再犯罪的危险”条件危险区别系数的具体步骤如下:首先,根据信息类别和等级效力提取“再犯罪的危险”的危险区别因子,包括违法犯罪次数、社会交际、犯罪年龄、故意或过失、认罪悔罪态度、退赔退赃等。其次,根据显著的危险区别因子确定危险区别系数,即报应刑系数、预防刑系数和社区可控性系数。“再犯罪的危险”条件的危险区别系数 $P=1/(1+e[x_1+x_2+\cdots+x_n])$,e 为自然对数的底数 2.718,$x_n$ 指正数危险因子和负数危险因子,危险因子值区间为(0~4),P 值(0~100%)越大表示再危害社会的可能性概率越大。[2] 最后,借鉴国内外风险评估办法,采取 20% 划分不同的风险位阶,20% 以下为第一风险位阶(低风险),20%~40% 为第二风险位阶(中低风险),40%~60% 为第三风险位阶(中风险),60%~80% 为第四风险位阶(中高风险),80%~100% 为第五风险位阶(高风险)。当危险区别系数值达 60% 以上,再危害社会风险进入重要转折点,即第四风险位阶和第五风险位阶属于不宜适用缓刑、假释的范畴。需要强调的是,办案人员仍要综合权衡全案的所有考量因素后作出是否适用缓刑、假释的判定。

2. 适度扩张预防刑因素考量权重。指适度扩大坦白、立功、从犯、赔偿谅解、刑事和解、羁押期间表现好等预防刑因素的考量权重,以实现犯罪行为人个别化处遇。

3. 注重社区可控性因素考量。办案人员要考量社区管控及帮扶能力强弱,犯罪行为人主观恶性有明显降低,犯罪行为人通过多方面努力修复其与被害人的关系、受侵害的社会经济关系以及受侵害的法益。

四、“没有再犯罪的危险”的认定程序规制

现代社会治理临着前所未有的风险和挑战,治理现代化需要科学的知识和可靠的证据来支撑。以证据为核心的循证理念为现代化社会治理提供了一个新的视角。循证缘起于 20 世纪 90 年代的循证医学,后逐步进入社会学等领域。循证理念要求基于“证据”开展犯罪预防,按照提出问题、获取研究证据、评价整合证据、应用最佳证

---

〔1〕 参见曾赟:《论再犯罪危险的审查判断标准》,载《清华法学》2012 年第 1 期。

〔2〕 参见王贞会:《审查逮捕社会危险性评估量化模型的原理与建构》,载《政法论坛》2016 年第 2 期。

据、评估判定效果等操作程序进行,以提高论证的科学性和有效性,实现犯罪预防实践的效益最大化。

风险的制造导致风险的承担,风险成本应由社会整体进行分担。在未成年人审判中,我们必须"建立健全风险研判机制、决策风险评估机制、风险防控协同机制、风险防控责任机制",将卡拉布雷西所说的"风险分配和事故成本"考虑进去。在权力与义务之间,扩大国家、社会、家庭行为过失的责任;在义务与义务之间,适当软化因果关系认定规则;在权利与权力之间,限制自由裁量权力的滥用。对"没有再犯罪的危险"的认定,可以引入循证式理念,改变以往"经验决策"的固有弊端,并在实践中更关注关键"证据"的价值,建立一种"循证式"稳评(见图 2)。

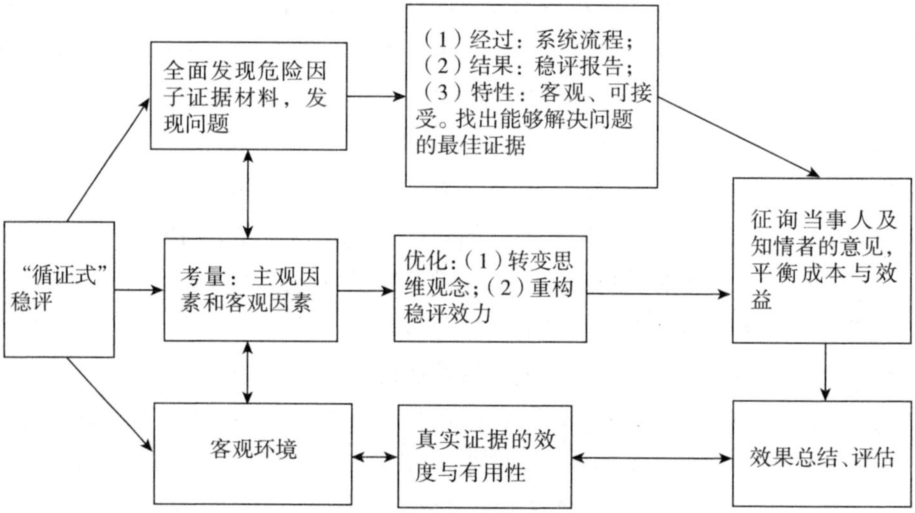

图 2　"循证式"稳评判断机理

"没有再犯罪的危险"循证式判断的框架体系与具体实施步骤如下。

(一)立案受理阶段:全面发现危险因子证据材料

罪犯需求与风险是紧密联系的,在风险评估的基础上,需要全面开展对罪犯犯因性需求的分析调查。[1] 结合当前以审判为中心的诉讼制度,建议对可能具备缓刑适用条件的案件,在审查起诉阶段由检察机关委托社区矫正机构对被告人进行社会调查报告,社区矫正机构将经过调查研究、科学论证和风险评估所形成的社会调查报告

〔1〕 参见张庆斌:《我国循证矫正构建的基本思路与内涵体系》,载《中国司法》2014 年第 3 期。

移交给检察机关,由检察机关在向法院提起公诉时作为证据材料一并随案卷移交给法院。法院对于犯罪行为人及其家属、辩护人、公诉机关、侦查机关、社区矫正机构等所提交的所有涉案证据材料进行初步审查,了解是否遗漏了其他从重、从轻或免予刑事处罚等与犯罪行为人的危险因子相关的关键证据材料。尽管犯罪记录已经封存,但在审理可能宣告缓刑案件的诉讼中仍应对犯罪记录进行援引和评价。因此,案件受理后,需要对犯罪记录封存等全案证据材料的收集、移交、审查进行全程留痕,并移送有关证据清单。

(二)庭审前阶段:发现是否达到"没有再犯罪的危险"条件

证据是案件的基础和生命,庭审前对证据的初步审查和全面了解有利于推进庭审工作。裁判者针对犯罪行为人的具体问题,考量其特定的价值观、文化与偏好、家庭情况、性格、行为习惯、生理和心理情况、成长经历等因素,初步从主观方面和客观方面进行全面评估。坚持以审判为中心,除特殊情形,对可能适用缓刑的对象,特别是未成年人、75 周岁老年人、怀孕的妇女,做好庭前社会调查评估,提高诉讼效率和节约司法资源。此前阶段主要由主审裁判者审查,裁判者充分发挥预先审查的过滤机制,就是否达到"没有再犯罪的危险"的条件形成独立判断,以供合议庭参考。

(三)庭审阶段:审理查明,确定证据的效度和有用性

裁判者思维要行走于事实与规范、规范与价值、价值与社会条件、实然规则与应然规则之间(见图 3),严格遵循罪刑法定原则、证据标准和证据规则。庭审中要审查"证据三性",积极全面听取控辩双方意见,特别是受害方的意见和社区矫正机构及适用缓刑、假释的罪犯所居住社区群众的意见。这样有助于减缓社会紧张和舆论压力的负面影响,犯罪行为的危险性会降低,利于实现社会文化融合和社会治理多元化,最终达到社会"善治"。〔1〕 此阶段,除速裁程序和独任简易程序外,合议庭进行讨论并作出决定。

---

〔1〕 弗兰西斯·卡伦的社会支持理论把社会支持分为拥护社会的支持和反社会的支持。前者可以预防和制止犯罪。参见崔海英:《社会支持理论蕴含的未成年犯罪危险因素探讨》,载《净月学刊》2017 年第 1 期。

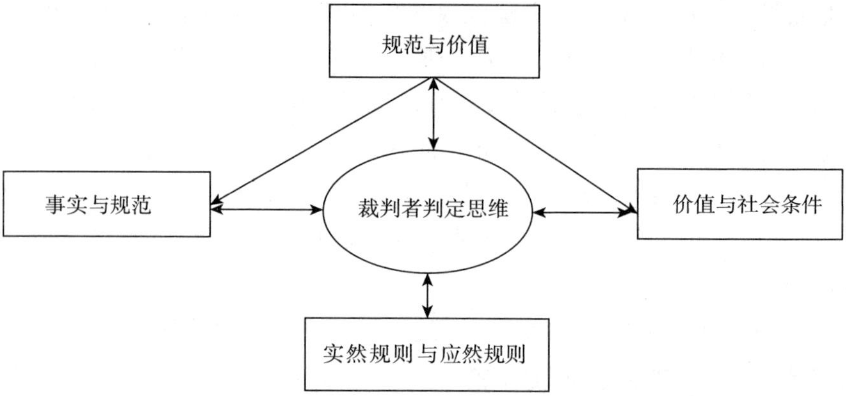

图3 裁判者判定思维

严格执行《关于未成年人犯罪记录封存的实施办法》等规定，对于被告人犯罪时不满18周岁，审判时已满18周岁、不满20周岁的案件，法庭可以选择将该案公开审理，但应将被告人是否能适用犯罪记录封存制度作为考虑因素之一。如随后的判决处以5年有期徒刑以下刑罚从而符合犯罪记录封存制度的适用条件，且案件情节较轻，可能判处较低刑罚的，以不公开审理较为适当。对已满20周岁的成年人，因案件公开审理，对已被封存的犯罪记录证据材料实行集中举证、质证，或者休庭后重新开庭单独采取不公开审理方式进行，或者在庭前会议中完成审查并记录在案即可，庭审中不在重复审明。

(四)裁判阶段：全面规制，平衡成本与效益

首先，裁判的结果要以案结事了为目标，杜绝程序空转。价值衡平和利益衡量是有效克服裁判者主观“偏见”的重要途径。没有法律效果，社会效果无法保障，社会效果的最大化必须在法律规则范围内实现。坚持程序公正与实体公正，对“没有再犯罪的危险”的判断过程中，充分考虑法律规则外因素，包括价值衡平、利益衡量、社会共识、伦理道德、社会政策、人情常理等，矫正决定机关与社区矫正机构要做好协调沟通，及时反馈意见，矫正决定机关根据罪责刑相适用原则作出结论。裁判者要进行类案检索，将“没有再犯罪的危险”的判断贯穿审判全过程，对适用缓刑、假释的意见，要主动向合议庭报告，听取专业法官会议的意见，个别案件甚至向审判委员会进行报告并记录在案。裁判者要在裁判文书中对是否为“没有再犯罪的危险”的意见进行回应。

其次，裁判说理要充分。裁判内容尽可能对控辩双方争议焦点意见、被告人和被

害人的意见予以充分的回应。特别是对于涉及老年人、妇女、儿童、残疾人等弱势群体以及特殊群体保护的案件，人民法院应当在裁判文书中明确回应庭审中公诉人、诉讼参与人援引社会主义核心价值观的诉辩意见、类案裁判意见、被封存的犯罪记录评价。

最后，优化大数据预测再犯罪的危险机制。运用大数据预测再犯罪的危险时要充分考虑到数据化的犯罪预测中存在的“黑数据”现象、数据获取过度侵犯个人隐私、算法不透明导致的歧视偏见以及数据壁垒的存在，因此，在数据收集时要坚持信息“个人自决”原则和比例原则，一定范围内促进算法公开与透明，加强数据之间的交流与共享。〔1〕

在裁判过程中，独任裁判者或合议庭可以根据前期审理阶段中被告人的表现按优秀（90 分以上）、良好（80 分至 89 分）、合格（60 分至 79 分）、不合格（60 分以下）四个档次予以综合评定，考核为良好、优秀的可作为拟宣告缓刑的对象，并将评定结果移送刑罚执行机关或社区矫正机构。

（五）二审阶段：程序空转的规制

被告人就缓刑问题不服一审判决而提起上诉后，二审法院要查明一审法院未宣告缓刑的事实和理由，特别是对“没有再犯罪的危险”的裁判事实和理由进行查明，并审查一审法院关于犯罪记录封存的适用情况。二审法院要加大庭审的程序因素投入，通过扩大二审开庭的范围，有效保障当事人和律师的辩护权，认真听取控辩双方关于是否适用缓刑的意见。在新《刑事诉讼法》规定的基础上，二审化解矛盾、解决纠纷的功能更加凸显，二审的审理范围包括事实审和法律审，对于影响“没有再犯罪的危险”的法律因素、事实因素和双重因素及其他因素都要加以考量。立法设置犯罪记录封存制度的目的是使未成年人更好地再社会化，二审法院在审理涉未成年人犯罪案件中，也要审查一审关于犯罪记录封存制度的适用情况。

（六）执行阶段：中间处遇，实现法治与治理的融合

如缺乏对罪犯的再犯风险评估以及对社区处遇对象不加甄别，不仅会造成罪犯再犯率无法有效得到控制，还会降低社区矫正对象再社会化的作用。根据最高人民法院、最高人民检察院、公安部、司法部《关于未成年人犯罪记录封存的实施办法》第 13 条的规定，对于宣告缓刑的未成年罪犯，依法执行社区矫正，其犯罪记录应当由执

---

〔1〕 参见胡铭、严敏姬：《大数据视野下犯罪预测的机遇、风险与规制——以英美德“预测警务”为例》，载《西南民族大学学报（人文社会科学版）》2021 年第 12 期。

行地社区矫正机构在刑事执行完毕后3日内封存。从现有法律来看,缓刑最长考验期可达5年。因此,宣传缓刑的未成年罪犯,在刑事执行完毕之前,可以实行"中间处遇"或"中庸制裁措施"的矫正机制,即以监狱看守所的机构处遇为基础,并采取社区处遇措施的通勤制处遇、假日拘禁处遇等方式,或者以社区处遇为基础,并利用监狱看守所机构设备为处遇措施的社区诊断与处遇中心、释放前辅导中心等,以消除传统社区观护与监禁之间的真空地带,提高社区矫正效能,保障后期犯罪记录封存的质效。可以完善法律法规,增加现行缓刑制度宣告罪行消灭的规定,考虑对未成年人轻微犯罪、对方有重大过错、胁从犯、中止犯、有重大立功表现、被害人请求免于处罚的,可以适用缓刑考察期满后罪行也宣告消灭。建议对应封存而没有封存的,明确未成年罪犯等可进行申诉的救济途径。另外,对封存、解封、销毁等具体程序作出时间限制,以提高效率。

结 语

我国在贯彻宽严相济的刑事政策以后,推出了一系列刑法轻缓化的制度创新,构建符合我国罪犯改造的循证矫正体系,特别是未成年罪犯的社区矫正与犯罪记录封存的高度融合,是新时代中国社会主要矛盾转变与国家治理体系和治理能力现代化的内在要求。法院适用缓刑及相关犯罪记录封存,要坚持公正与效率相结合,惩罚、教育、改造相结合的方针,应警惕刑罚崇拜、机械执法、认知固着。本文研究的最终期望是在进一步完善宣告缓刑、社区矫正和未成年人犯罪记录封存衔接机制的基础上,为未来逐渐建立经过一定期限和法定程序的轻微罪由犯罪记录封存到记录消灭的制度提供研究思考的方向。

检视与修正:行政纠纷实质性化解路径研究

——以四级法院职能定位改革为视角

唐耀君 *

引 言

2021 年 9 月,最高人民法院启动四级法院审级职能定位改革试点,提出合理调整第一审行政案件级别管辖标准,将化解行政纠纷的重心"下沉"到基层法院,在制度设计上改变以往思路,即从"何级法院审理"转变为"何级法院主导解决纠纷"。近年来,法院积极探索行政争议实质性化解机制,即从宏观层面对行政行为"合法性"审查逐步向"合法性 + 合理性"转变,解决纠纷更加注重引进多元力量和回应当事人的实质利益诉求,裁决思路从"程序裁判"向"实质解决"转变,更加注重公正与效率。然而,经认真检视行政诉讼现行审级规则运行现状,基层法院化解行政争议中存在诸多短板和不足,本文深入仔细梳理审级规则与实质化解纠纷不适配的原因,基于行政相对人诉权与法院审判权的平衡,以实现公正与效率为出发点和落脚点,锚定行政纠纷实质性化解目标,以优化审级规则建构为方向,立足四级法院职能定位改革,探索行政争议实质性化解最优路径。

一、实证调查:审级规则下纠纷实质性化解现状检视

行政审判实践中,纠纷的实质性解决,前提是符合级别管辖,基础是

* 唐耀君,广西壮族自治区桂林市全州县人民法院党组成员、政治部主任。

审查行政行为的合法性，目的是通过法院依法裁判、调解和协调，并依托多元力量的灵活运用，对行政纠纷整体性、彻底性一次解决，实现行政相对人诉求与行政机关依法行政之间的平衡，[1]在法院主导化解纠纷的整个过程中，级别管辖贯穿始终，其设置和调整影响纠纷化解和行政诉讼相对人诉求的实现。

（一）级别管辖规则下行政纠纷化解

1989 年《中华人民共和国行政诉讼法》正式颁布实施，对行政诉讼的审级规则尤其是级别管辖予以确定，之后结合司法实践和行政审判发展不断优化，但始终在程序价值和实体公正的原则下，目的是适应时代需求，及时化解纠纷，促进依法行政，维护合法私益。

1. 管辖规则审视。我国行政诉讼级别管辖经历了初创、细化、改进和完善几个发展阶段，构建起比较完备的四级法院两审终审制的基本框架。行政争议发生后，行政相对人欲通过诉讼等法律途径解决纠纷，法律对级别管辖有了明确规定，如“对国务院部门或者县级以上地方人民政府所做的行政行为”提起诉讼由中级法院管辖等。但现行的行政诉讼管辖规则，始终贯穿一条主线，那就是“提高一审管辖级别，避免诉讼过程的行政干预，确保个案的实质公正”，在这种价值追求、职能配置及运转模式的影响下，在实质运行中，各级法院的职能无本质差别、任何一级法院都承担着审理一审案件的职责，中级法院以上都可能扮演终审法院角色。案件当事人在哪一级法院享受的程序权利几乎一样，反之任何一级法院按照适当的程序都可以全面审理事实和法律问题，并根据自己查明的事实作出裁决，本质上属于职能定位不清、分工不明，程序结构意义上的“审级”价值形同虚设，不利于法院定分止争。相反，对一些事实清楚、证据充分、无地方干预可能的案件，无形中增加了当事人的诉累，本应该可以在当地化解的纠纷，却要去上一级法院甚至更上一级法院，看似提高了案件一审级别管辖，实际上是增加了一级行政级别，也违背了中级以上法院职能定位的初衷。

审级职能定位改革前后行政争议化解变化从图 1 可见。当然，这种管辖规则的确定，与过去我国行政诉讼中地方干预不无关系，制度设置目的是摆脱行政审判中的地方政府干预，以提升审级来对抗因行政级别代差产生的地方干预。总体来说，对于事实清楚、争议不大，审理难度相对容易的案件，在没有区分疑难复杂难易程度等基础上，仅依据被诉对象行政地位，统一归口集中到高层级法院审理，一定程度上挤占了司法资源，违背了审级职能定位，不利于司法公正、司法效率及司法质量的实现。

---

〔1〕 参见江必新、邵长茂、方颉琳编著：《行政诉讼法修改资料汇纂》，中国法制出版社 2015 年版，第 47 页。

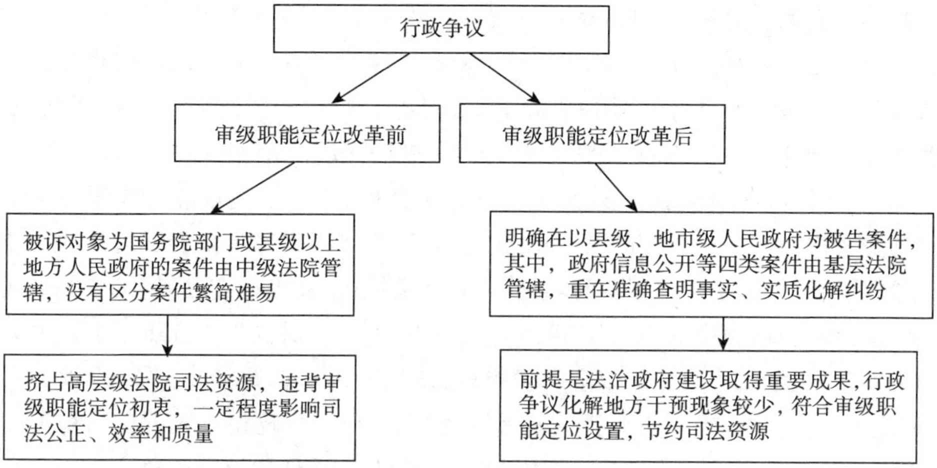

图1　审级职能定位改革前后行政争议化解变化对比

2. 诉权回应分析。行政诉讼的级别管辖决定了行政相对人对争议提起诉讼的起点在何处，"民告官"在诉讼形式上具有劣势，确保行政审判的公平公正，必须构建完善的行政相对人诉权体系。[1] 在一般的心态下，出于对行政机关强势地位的担忧与不信任，行政相对人往往会萌生选择更高层级的法院诉讼的想法，此处不论案件本身的难易与复杂程度。综合考虑与权衡司法资源的合理使用，对追求高层级法院审理的现状不及时加以处理与规范，极易造成司法资源浪费，不利于审级职能作用发挥。前提是要进行必要的案件复杂难易程度区分，从基层法院的审判能力与行政相对人对高层级法院专业性与公正性的执着方面权衡，同时要考虑争议的实质化解，因此，对相对人诉权的合理回应是考量级别管辖制度设计的重要一环。如何在最大限度保障行政审判的公平结果与最恰当的级别管辖、最小的司法成本之间找到平衡点，是一个确有必要的真命题、一个不可否认的司法困扰。

现行的审级规则通过设置准入条件引导案件分流，一个重要方面是通过提高管辖级别的方式减少或者摆脱地方干预，回应了行政相对人对高层级法院审判的需求，但实际上并不合理。从级别管辖规则的设置与调整的演变历程来看，级别管辖规则与行政诉讼最迫切的程序目的呈现同向变化关系，始终围绕着"便利、效率、公正"三重功能，落脚点是确保程序与实体公正。[2] 因此，适时调整行政案件的级别管辖，是

[1] 参见何帆:《中国特色审级制度的形成、完善与发展》，载《中国法律评论》2021年第6期。

[2] 参见章志远:《社会转型与行政诉讼制度的新发展》，北京大学出版社2019年版，第36页。

对行政相对人诉权的积极回应,也对行政诉讼目的实现具有积极促进作用。

3.纠纷化解实效。行政纠纷实质性化解是宏观、抽象的,需要从行政相对人与行政机关两方面多维度进行分析。[1] 从行政相对人角度,纠纷实质性化解,前提是不违背法律精神和法律原则,人民法院对其诉求进行深层次挖掘,以事实为依据、法律为准绳,积极回应诉求而依法裁决;从行政机关角度,人民法院裁决行政纠纷需要从全局通盘考虑,必要时需在诉讼外与其沟通协调,避免因案件审判引发另外的行政诉讼风险,从而让行政机关陷于不利境地,影响政策推行、社会稳定、民生发展等。在现行的行政诉讼管辖制度下,基层法院受理第一审案件,但对被告是县级以上地方人民政府的案件,规定由中级法院以上负责审理,从设置初衷来看,目的是减少地方行政干预,提升一级管辖,确保公平公正处理行政纠纷,是对行政相对人诉权的积极关注和大力保护,也是人民法院充分发挥审判职能作用,实质性化解行政争议决心和担当的体现。[2]

从近年来的审判实践来看,当初的制度设置确实具有积极意义,部分案件的处理取得了良好效果,实现了案结事了、合法诉求保护和支持依法行政的目标,在一定程度上促进行政相对人法律意识的增强,也极大促进和支持各级行政机关依法行政,但也存在将不属于行政职权主要范围的行政行为纳入中级法院管辖的现象。如政府信息公开,目的是保障知情权、提升行政透明度和群众参与度,申请渠道便民、快捷、及时,但在审判实践中,时常遇到的一种情况即通过互联网申请政府信息公开,在对得到的答复不满意情况下,即可启动诉讼程序,进而实现自己的真实诉求,从表1可见,此类案件当前并不少。此外,对涉及土地、山林权属争议的行政裁决不服而提起诉讼的案件占比也是非常之大,这与新一轮不动产权属登记大背景也有一定关系,尤其在落后地区更加明显,此类纠纷的实质性化解难度相对较大,审判实践中一般会借助当地多元力量来化解,但因案件属于中级法院管辖,在多元力量介入、实地勘查等环节并不便民,相当多的情况下还需要当地基层法院给予协助,无形中也增加了司法成本。

---

[1] 参见耿宝建:《行政纠纷解决的路径选择》,法律出版社2020年版,第68页。

[2] 参见李金刚、王全泽:《争议实质性化解视域下行政诉讼级别管辖制度的建构解析与发展路径——基于四类行政案件管辖权下调的再优化》,载《中国应用法学》2023年第5期。

表1　G省D市中级法院近三年一审行政案件数据统计

年份	案件数	案件类型				
		政府信息公开	山林土地权属	不履行法定职责	复议不受理或不实际处理	其他
2020	326	134	58	21	34	79
2021	367	146	47	26	39	109
2022	379	157	69	39	49	65

随着法治政府建设一体推进、防止干预司法“三个规定”等铁规禁令的施行,各级行政机关的依法行政意识、能力和水平都得到了极大提高,具体行政行为上较以前更加规范、合理、合法。为正确引导行政相对人依法行使诉权,人民法院及时高效公正实质性化解纠纷,节约司法资源办理疑难复杂案件,对行政案件的管辖制度有必要进行适当调整优化。

(二)四级职能定位改革下行政纠纷化解

2021年8月,党的十三届全国人大常委会第三十次会议决定,授权最高人民法院以及北京等12省、直辖市的人民法院组织开展四级法院审级职能定位改革试点工作。2021年9月,最高人民法院印发《关于完善四级法院审级职能定位改革试点的实施办法》,对行政案件级别管辖制度作出调整,明确了四类以县级、地市级人民政府为被告的一审案件交由基层法院审理,至今试点已有两年多,暂且不论试点成效,管辖制度的变化势必对行政纠纷化解带来影响。

1. 审级改革的内在逻辑分析。管辖制度调整不同于立法和修法,目的是对裁决权的“下沉”,审级运行更多考虑纠纷实质性及时高效化解,实现对司法资源集约高效利用。[1] 同时,也是对过去通过提高一审审级减少或摆脱地方政府干预行政审判多年司法实践的大胆探索,从另一个角度来说,是对新时代以来法治政府建设成果和政府机构改革成效的一种回应,说明行政审判实践中,以县级以上政府为被告的案件,受到地方干预的概率不大,部分案件案情相对简单,下放到基层法院审理更适宜,对行政纠纷化解更便民、妥当。单就管辖级别而言,行政案件涉及的行政机关级别较高的案件均由中级以上法院审理,但行政相对人所起诉的行政行为合法

〔1〕 参见于厚森、梁凤云、李小梅:《四级法院审级职能定位改革中行政审判工作的若干问题》,载《人民法院报》2021年11月22日,第3版。

性并不当然是其实质诉求指向的标的，这里比较常见且有代表性的是政府信息公开案件。

在现行管辖运行模式下，大量衍生诉讼案件发生对高层级法院的职能资源产生挤占等影响，在一定程度上不利于高层级法院发挥业务指导、适法统一、案例发布、司法解释等方面的主要作用，尤其是当省（直辖市、自治区）高级法院和最高人民法院的法官忙于二审或再审案件审理工作时，是一种非常不好的信号，对司法效能会造成极大破坏。也正是这种逻辑分析，促成了在本次四级法院职能改革中，对行政案件一审管辖作出调整并进行试点先行。

2. 审级变化与解纷实效。行政案件管辖制度的不断调整和优化，系为了全方位满足和保障行政诉讼程序目的和实体公正，是建立在纠纷实质性化解、合法私益保护与支持促进依法行政的基础上，从未脱离“便利、效率、公正”的职能定位。〔1〕近年来，通过诉讼解决行政纠纷的情况呈上升趋势，这一形式变化发展，对司法资源有效供给提出了新要求，人民群众对行政诉讼中的司法公正新期待越发明显，也是基于此考虑，对行政诉讼的一审级别管辖规则进行了调整。

随着形势变化，面临着司法资源优化配置、行政审判效能等新要求，需要重新评估审判实践中面临的可能影响公正效率的干扰因素，审视司法实践中行政案件级别管辖运行存在的短板和不足，通过四级法院职能改革，推动形成合理高效的行政解纷配套机制。在此次改革中，明确将政府信息公开、不履行法定职责等四类案件调整到基层法院一审，从行政相对人角度来看，启动诉讼程序更加便捷，更容易寻找到真实诉求与依法行政之间的平衡点，有利于纠纷的实质性化解；从行政机关角度来说，基于当地法院具有促进支持依法行政的功能，无须考量审级级别带来的诉讼担忧，加之法治政府建设需要及其他相关规定规制，干预司法的可能性微乎其微；由基层法院处理纠纷角度，具有先天的地缘优势，化解纠纷更及时、高效、便民，可以借助多元力量化解山林土地权属行政裁决引起的行政纠纷，也符合基层法院本身的职能定位。审级职能定位改革四类案件管辖变化参见图2。

〔1〕参见郭雪、杨科雄：《新时代做好行政审判工作的若干思考》，中国法制出版社2019年版，第128页。

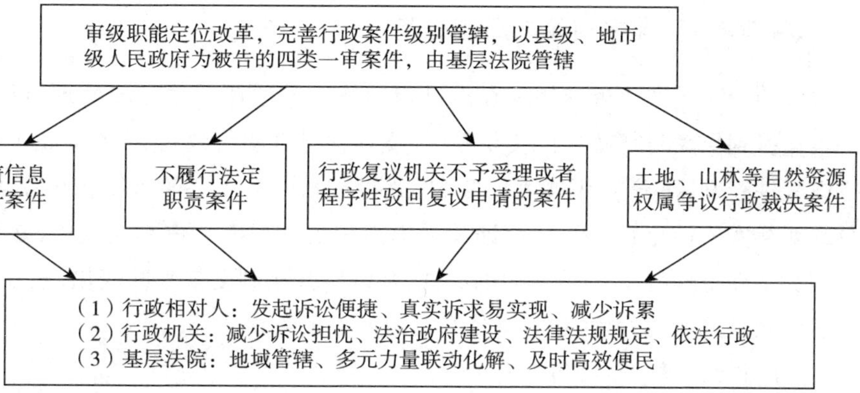

图2　审级职能定位改革四类案件管辖变化的多维度分析

3. 审级调整与解纷能力。行政诉讼管辖制度的调整,势必对基层人民法院的解纷能力和断案水平提出新的更高要求。[1] 从行政相对人角度,哪一级法院审理都不能违反法律精神和法律规定,而要及时回应行政相对人的实际诉求。实质性化解与行政机关之间的分歧,集中体现在人民法院回应诉求、化解纠纷的能力和水平上,也就意味着在审判实践中,人民法院对被诉行政行为进行合法性审查时,除基本的“以事实为依据、法律为准绳”外,还需要更深层次发掘行政相对人的诉求,分析背后的真实目的,摒弃“就事论事、以案办案”思想,就行政相对人的真实诉求进行最直接的回应。[2] 从行政机关角度分析,级别管辖的“下沉”改变了以往的行政级别差,相反,在一定程度上行政机关具备了级别优势,作为基层人民法院,如何权衡行政级别与行政纠纷化解是一种挑战,而四级法院职能改革实践中,主要依据被告的行政级别和案件复杂难易程度对级别管辖作出调整,案件进入诉讼程序时进行一次繁简分流、难易识别,在程序上做了设计,体现其对行政诉讼实质性化解争议的立法目的回应。因此,行政诉讼级别管辖制度作为案件准入的“第一道关口”,既要控制行政案件流入总量,又要确保各层级法院管辖的案件在既定规则内良性发展,得到妥善化解,实现准入案件与法院解纷能力相适应。

---

〔1〕 参见章志远:《行政争议实质性解决的法理解读》,载《中国法学》2020年第6期。

〔2〕 参见郑红葛、郑怡:《实质化解背景下行政诉讼程序空转的图谱分析及治理路径——以J省33组行政诉讼程序空转样本为切入点》,载最高人民法院行政审判庭编:《行政执法与行政审判》(总第75集),中国法制出版社2020年版,第168页。

二、梳理剖析:存在问题与原因分析

行政纠纷实质性化解应体现在诉讼程序终结与法律关系实质处理,行政相对人合法权益得到保障与行政法律关系稳定(支持促进依法行政)达到合理的平衡点。[1]对行政案件级别管辖进行调整后,四类案件处理权限下放,审级级别管辖运行力支撑与行政纠纷实质性化解之间的辩证关系值得挖掘和思考。审判实践中,必须持续加大对四类案件审理权限"下放"后的关注,从级别管辖制度带来的变化,充分发挥出其程序价值之外的实然价值,更好地实现定分止争的诉讼功能。

(一)剥丝抽茧:存在问题梳理

行政纠纷实质性化解不仅仅是对裁判程序的理解、支持,行政相对人与行政机关对审判结果在认同度上也需要更上一个台阶,基本符合心理预期,双方达到一个平衡点。审判实践中,因个案情况不一,法律关系存在或多或少的区别,以及级别管辖本身带来的裁判影响,致使在纠纷化解过程中还存在一些瑕疵或者说问题,只有梳理出共性问题,方能找准症结所在,针对性采取应对措施。

1. 行政相对人实际诉求回应不到位。行政相对人诉讼至法院,目的是自己认为的诉求能够通过人民法院裁判得到有效回应,哪怕是败诉的结果,也至少是基于公平正义的理解与认同,在法律规定范围内得到了答复。但在审判实践中,存在相当一部分的情况:一是行政相对人实际诉讼目的未实现,受理法院只是对被诉行政行为作了合法性审查;二是没有实现行政相对人的心理预期,受理诉讼的法院层级与行政相对人所认为的处理层级法院存在差异,诉求能否得到足够重视提了疑问、打了折扣。基于此,在司法实践中,部分行政相对人在"自我利益遭受侵害"的一种不平衡心态引导下,极容易形成"遭受欺负"的受害者惯性思维模式,会认为自己的合法权益受到了被诉行政行为侵害,理应得到法律保护、获得有利司法裁判,如果人民法院只作程序上的合法性审查而不实际回应诉求,势必引发矛盾,行政相对人的诉讼主观性与司法裁判的客观性无法均衡、统一,矛盾化解难以有所突破,行政纠纷难以实质性化解,最终难以实现案结事了。

2. 解纷能力与案件类型适配性不高。实现行政纠纷实质性化解不仅需要完善的制度规则,还离不开法官个人的断案能力和水平,此处的能力和水平更多体现在精准

[1] 参见郭修江:《监督权力 保护权利 实质化解行政争议——以行政诉讼法立法目的为导向的行政案件审判思路》,载《法律适用》2017年第23期。

找到纠纷争议点和化解切入点,能够熟练掌握引发纠纷的有关政策,做到设身处地、换位思考。对行政机关而言,针对被诉行政行为要准确找到破解之道,强调利害关系,促进解纷力量融合;在行政相对人一方中审查出实际诉求,并能在合法性审查下组织协商。鉴于此,对法官个人的文化涵养、认知水平、审判经验、协调能力等均提出极高要求。实际上,基于当前法院职能定位和受制于审判经验、案件量、地域管辖、级别管辖等客观因素影响,无法完全适应行政纠纷实质性化解的要求,可能导致当事人实际诉求得不到有效回应,从而进一步激化矛盾,影响基层社会治理和经济发展大局。

3. 多元纠纷化解机制待完善。新形势下,对行政纠纷解决提出了新要求,更加注重实质性化解和多元力量参加的非诉讼方式,强调诉前化解,尽可能一次性解决,各地积极创新构建行政纠纷多元力量化解机制。[1] 多元力量化解机制强调诉前主动介入,依法诉前、诉中协商解决纠纷。多元化解机制的建立与运行在实质性化解中发挥了明显作用。如G省D市中级法院在处理王某某诉D市市场监督管理局行政处罚决定及市政府行政复议决定案中,法院在分析案情的基础上,通过该市行政纠纷多元化解平台,联合人民调解员、政府法律顾问、仲裁员、行业调解员等力量有效调解,并在案件圆满化解后,法官和调解员及时总结,针对纠纷反映出的行政执法机关就同类型案件、同种类违法行为作出处罚时幅度过大这一情况,专门做了调查研究、实地走访、案例分析,并及时向有关职能部门发出司法建议,有力促进行政执法自由裁量权的把控,防范因处罚幅度不一引发行政诉讼风险。

目前,行政纠纷多元化解平台建设大多是法院牵头或主推,工作人员基本上是律师、人民调解员等兼职,有效整合各类调解力量,改变以往行政争议实质性化解过程中法院"孤军奋战"的局面,在一定程度上取得了积极效果。但也要看到现阶段行政纠纷多元化解平台建设和运行存在的棘手问题,其建设本身是为了解决行政诉讼难题、实质性化解行政纠纷,而其主导或者牵头部门是人民法院,在推动平台建设方面法院面临的压力不仅来自内部司法的协作性,还来自外部的司法权威性和影响力。行政争议毕竟不同于民事纠纷,在形式上本身具备管理与被管理属性,这就要求人民司法与行政执法要加强协作衔接,建立起常态化的府院联动关系。当然,一个不可忽略的方面是要有足够的人力、物力,为平台的组建、调解工作运转、调解人员的补贴等提供基础性保障。一旦得不到当地政府及其相关社会组织的支持,经费保障问题就

---

〔1〕 参见梁凤云、陈默:《行政争议诉前调解的功能定位和制度设想》,载《中国应用法学》2022年第2期。

成为掣肘多元化解平台建设发展的“瓶颈”,也无法保证调解力量配备,将极大影响纠纷化解。最后,诉前化解、联动调解、多元化解成为空谈,行政纠纷实质性化解又将回归到原点,压力集中在法院。完善多元化解机制建设,需要各方面多维度支持,打造多元力量整合、基础性保障充足、运行机制顺畅的化解中心。

(二)深入解读:问题原因剖析

在四级法院职能改革大背景下,行政纠纷实质性化解是改革的出发点和落脚点,对司法实践中存在的问题进行剖析,对探索纠纷实质性化解路径具有重要积极意义。

1. 审级规则的内生障碍。行政诉讼化解纠纷的基本规则是行政机关的具体行政行为违法,对行政相对人的合法权益产生妨碍,可按级别管辖诉讼至相应层级的法院。人民法院受理后,经过合法性审查,撤销违法的具体行政行为,但对因违法行政行为妨害行政相对人合法权益的具体状态或其他救济途径并没有理会,呈现出“一案并非一事”的尴尬局面,造成诉讼程序的空转和权利救济的拖延。[1]

四级法院职能定位改革重新审视案件管辖权,明确法律适用或者案情等并不复杂的四类案件一审权限“下放”。实际上,在审判实践中,行政相对人提起的诉讼并不见得即是书面诉求的意思表达,很可能是行政相对人围绕实际诉求提起其他衍生诉讼。现行诉讼规则下,存在“不告不理”与“全面审查”原则上的区别,司法审查本身具有被动性,行政相对人的实际诉求没有呈现在司法审查的范围内,是很难得到有效回应,加之司法本身的居中裁判思维,对行政相对人真实诉求很难要求做到深入挖掘,从而无法在第一时间找到产生纠纷的症结点在何处。[2] 比如,当事人王某对县政府土地征收向人民法院提起多项起诉,涉及请求撤销项目选址意见书、立项批复等,为什么会多次诉讼,其目的是对征地补偿标准不满,想通过诉讼来引起上级重视,但实际上并没有得到自己想要的效果,多项诉讼的结果依然还是一案,并没有解决想要解决的事情,行政纠纷并没有得到实质性化解。归根结底是现有审级规则下,合法性审查并没有往深层次探究,阻断了事项扩张的可能性,自然无法准确回应行政相对人的实际诉求。

2. 审理机制不健全。健全行政案件审理机制,探索推动行政纠纷实质性化解路

〔1〕 参见余凌云、黄昧:《行政诉讼“案了事不了”现象初探》,载《社会治理》2021年第7期。

〔2〕 参见侯丹华、孙焕焕:《行政争议实质性解决机制实证性研究》,载最高人民法院行政审判庭编:《行政执法与行政审判》(总第72集),中国法制出版社2018年版,第302页。

径,是四级法院职能改革的一项重要内容。[1] 当前运行的审级职能定位不够清晰,缺乏一套完整的自下而上的案件有效分流机制,一定程度上影响行政纠纷化解在基层,也影响审判资源的合理配置。基层法院没有侧重准确查明案件事实、实质性化解行政纠纷,级别管辖将案件提级管辖,中级法院在有效二审终审、精准定分止争方面的应有作用发挥上受到影响,许多案件因被告行政级别高纳入中级法院审理,既不利于行政相对人行使诉权,也在一定程度上造成司法资源浪费,不利于各级法院职能定位目的实现。

3. 多元纠纷理念滞后。建立行政争议多元调处中心,旨在深入贯彻习近平总书记把非诉讼纠纷解决机制挺在前面的重要指示,目的是及时、高效、公正实质性化解行政争议。行政纠纷的多元调处机制本应得到党委政府的大力支持,但实际上部分行政机关并不太乐意办这件事,人民法院基于解决行政纠纷诉讼难题,尽管极力推动多元调处中心的建立,但诉讼本位思想一直都存在,认为有纠纷到人民法院诉讼是法律规定、符合逻辑。在这种思想引导下,多元调处中心的组建和运行存在极大困难,尤其基层法院倘若没有足够的权威性、影响力和协调能力,组建多元调处中心的人力、物力得不到支持,没有日常运转的基础性保障,单靠法院一家苦苦支撑是很难有所作为的。如何牵头组建并动员行政机关积极参与、主动加入行政纠纷实质性化解调处中心,转变解纷理念是一项值得研究的事项。

三、路径突破:审级规则修正与完善

审判实践中,对行政纠纷的实质性化解,应转变观念与思路,以四级法院审级职能定位改革为契机,在总体原则框架下,充分考量诉求回应、案件类型、审判能力、多元化解等不同因素。其一,坚持从实际出发,以调整基层一审行政案件管辖为着力点,发挥好审判权"下沉"带来的有利概率。其二,坚持在审级规则指引下,修正各级法院职能定位,确定提级管辖实质化标准。其三,进一步完善行政纠纷实质性化解机制,审级"下放"配套规则一并下沉完善。其四,强化引导推动,精准回应行政相对人实际合法诉求,支持促进行政机关依法行政、主动作为、服务人民。

(一)诉权与审判权界限的合理划定

1. 必要性的分析。行政相对人的诉权与人民法院审判权行使界限的合理划定,

---

[1] 参见何帆:《中国特色审级制度的形成、完善与发展》,载《中国法律评论》2021年第6期。

关系到是否公正裁决和实质性化解纠纷。[1] 在行政审判中，行政相对人与行政机关之间的诉权分别代表着私益与公共利益，诉辩抗衡中异常激烈，往往让大家忽略了行政诉讼活动中还夹杂着诉权与审判权的纵横交互。一般情况下，行政相对人行使诉权是为了实现自己的私益，法院审判权行使的表现形式即对被诉行政行为合法性、合理性进行审查，依据法律和事实居中作出裁判。基于有限的司法资源与诉权行使的宽泛性，二者总是存在一定冲突，并不完全一致，冲突的结果最直接最现实的体现即是行政相对人不服裁判结果。感性认识会让其理所当然产生错觉，对公平正义的主观感受会大打折扣，针对同一纠纷可能会在不同层级法院进行诉讼、上讼、申诉甚至信访，形成事实上的"程序空转"。[2] 例如，土地征收补偿中，当事人败诉后为实现其实质诉求得到支持，以不同案由反复提起诉讼，且都要走完完整的程序。现行法律规定对各个制度节点的程序运行起到了一定的区分作用，但程序设置保障制度运行，却无法保证实体处理的公正，行政相对人也无法感受到公平正义。厘清诉权与审判权的界限，让诉讼主体清楚权利界限，诉讼权利救济会到何种程度，使当事人对心理预期与客观现实有所衡量，防止因诉讼主体对相应层级法院审判权的误读，引发不必要诉讼。

2. 诉权与审判权的边界。现行诉讼规则下，行政相对人诉权与法院审判权划定，首先，需考量诉权的有利行使，即对诉权行使要给予必要的尊重和保障；其次，要考量是否违反法律规定。行政相对人因何起诉、目的何在，都是基于自己渴望通过法律手段来实现实际诉求，而起诉书上载明的诉讼请求是出于法律明确规定的诉讼形式要件，也是方便法院直观审查的基本要素。[3] 最高人民法院推行立案登记制后，对诉讼请求的要求依然是笼统的"明确具体"，结合人民法院对被诉行政行为合法性的审查机制，同一案件中容易产生形式上的诉讼请求与实际诉求的区别，造成隐性诉讼。行政审判实践中，实际诉求隐藏越深，二者形成偏离度越大，司法裁判的解纷意义越弱甚至是毫无意义。从实质化解行政纠纷的角度，要建立相对人实际诉求与诉讼请求偏离度预审查机制，以防止出现偏离度过高，影响纠纷实质性化解，造成司法资源的浪费。

3. 路径探索的思考。结合审判实践，通过建立起可操作性、可执行的审查制度，

---

〔1〕 参见靳栋：《结构与功能：四级法院审级职能定位改革研究》，载《政法学刊》2022 年第 2 期。

〔2〕 参见贾军、田军里：《论有中国特色的新审级制度的构建》，载《兰州大学学报》2004 年第 6 期。

〔3〕 参见顾培东：《人民法院改革取向的审视与思考》，载《法学研究》2020 年第 1 期。

对行政诉讼的审查着重放在诉讼请求的论证分析,审查是否存在隐性诉讼情况,对审查中发现的实际诉求相差甚远,不利于诉讼活动顺利开展,影响纠纷化解时,受理法院应进行及时沟通、释明,从救济途径、法律规定、主体资格等方面进行引导,甚至提供必要的司法服务,不失为一种路径选择。当然,此项制度的推进,也要充分考虑到行政相对人个体差异和案件区分,对不愿接受审查引导、坚持诉讼的情况,人民法院应充分保障其诉权行使,按程序予以立案。在进入实际诉讼阶段后,要充分考虑到行政相对人的实际诉求、纠纷实质性化解和诉讼程序效率、节约司法资源之间的平衡,在明确无法在本诉中解决问题时,可采取积极引导或程序性释明指导,以程序公正和正当保障,尽可能防止出现“泄愤式”与“反复性”诉讼,力促纠纷及时实质性化解。任何制度推行或多或少存在利弊,要警惕出现人民法院为了减少案件压力,过度使用审查制度,损害合法权益。基于此,推行事先审查、诉中引导必须完善配套的制度措施,对释明权要进行合理规制。

(二)准确适用审级规则的实质化标准

1. 管辖规则探析。行政诉讼中,级别管辖制度是整个架构中的基础,明确了案件类型管辖法院,对推动整个诉讼程序起到了关键性的基础作用。[1] 当然,并不是所有案件类型都适用级别管辖,作为辅助性的制度设计,级别管辖之外还有提级管辖制度,以确保有关案件能够得到相应级别法院的审理。现行法律明确规定,案件的管辖权可以在上下级法院之间转移,对适用范围也给予相应界定,尤其对行政相对人或行政机关管辖权利救济,对具体适用情形和救济途径进行了明文规定。当然,基层法院认为某一案件需要由中级法院审理或者指定管辖时,也可以启动提级管辖。对于是基于“不宜”还是“需要”,这都是不同主体自身的主观判断,或多或少是站在自身利益最大化角度进行考量,可能是因为纠纷涉及的法律关系认定较为复杂、案情比较重大、案件具有普遍指导意义,抑或担心基层法院断案能力和裁判水平有限,上一层级或更高层级法院更适宜审理等,但从对案件在哪一层级法院审理更有利于纠纷实质性化解、实现公正与效率角度考量相对较少,这是诉权与审判权在实际运行中存在的差异。

2. 实质化标准厘定。从四级法院职能定位改革中关于提级管辖的设置来看,对有普遍法律指导意义和存在重大适法分歧的案件,按程序可提级至中级法院和高级

---

〔1〕 参见章武生:《我国基层法院的性质及功能定位——从审级制度改革的视角观察》,载《法学家》2005 年第4 期。

法院管辖,符合中级以上法院本身的职能定位。这一规定对应当提级进行实质性化解的案件也有可能产生遗漏,比如审判权"下沉"后,对四类案件也有可能通过提级管辖更容易得到实质性化解,当然要区分是事实认定还是法律适用分歧。综合考虑地方三级法院在断案水平和裁判能力上的差异,可以考虑发挥内部重大案件报请制度等机制作用,让提级管辖在行政纠纷化解中得到有效应用。在现行诉讼规则下,无论是行政相对人还是行政机关,在进行诉讼活动时,均希望人民法院践行"以事实为依据、法律为准绳""司法为民、公正司法"的承诺,在法律规定的范围内行使自由裁量权,让诉讼活动中的公平正义可期可感,让诉讼主体的实际诉求能够得到有效解决。[1] 从制度设置初衷考虑,以级别管辖为原则、提级管辖为例外,当诉讼主体和审判主体中任何一方认为级别管辖不足以化解行政纠纷,无法实现期待的公平正义、案结事了,应当发挥提级管辖的积极作用,同时充分考量诉讼主体的诉讼请求与实际诉求,权衡诉权保障和审判权行使,推动完善提级管辖的启动条件,其中行政纠纷的实质性化解和实现公正效率应作为其本身的价值追求。

3. 路径探析。适用审级规则的实质化标准,探索提级管辖适用路径,推动行政纠纷实质性化解。其一,要有所区分,即区分纠纷涉及的被诉行政行为与引发实质争议的因素。审判实践中,部分案件是行政机关的政策性行为、内部行为等不可诉行为引发,此类情况下提级管辖更有利于纠纷化解。如违法建筑拆除等行政强制类案件中,作出拆除违法建筑行为的行政机关可能级别并不高,但是作出拆除行为的依据可能是地方政府或上级机关的文件。案件处理中,由地方政府或者上级机关参加诉讼,更有利于解决财物赔偿、原物返还等实际诉求。其二,要深度把握行政纠纷本身的情况,即对案件涉及多个行政机关和具有普遍指导意义的,应当提级管辖。如常见的土地征收补偿方案引发的案件,基层法院在审查时发现案件具有共性且多发易发时,应当报请提级管辖,提高实质性化解纠纷的成功率,增强案件的示范性与教育性。其三,部分特殊案件应当提级管辖,如近三年的疫情防控,地方政府或行政机关从全局发展考虑,作出一些具体配合宏观政策的行为,但可能会损害诉讼主体利益,从实质性化解的角度出发,考虑上提一级管辖,以此来减少地方干预,更容易得到行政相对人的认可。

(三)完善实质性化解配套规则

在纠纷诉前化解的大前提下,行政纠纷实质性化解不能成为法院的"独角戏",也

---

〔1〕 参见傅郁林:《审级制度的建构原理》,载《中国社会科学》2019 年第 5 期。

不应成为实现诉讼规则公平正义的"一叶扁舟"。[1] 行政诉讼各项规则在不断调整充实,制度逐渐走向成熟,纠纷实质性化解价值体系日趋完善,司法解释、典型案例等法律技术手段不断丰富,非诉挺在前、调解应先行的解纷理念深入人心,应不断探索完善实质性化解配套规则,实现纠纷的实质性化解和公平正义。

1. 探索构建调解前置。根据最高人民法院四级法院职能定位改革要求,对政府信息公开、不履行法定职责等四类案件的一审权限"下放",目的在于将纠纷实质性化解在基层,实现政通人和、稳定发展。行政相对人起诉的真实目的是解决实际诉求。人民法院受理案件后,可以在查阅案卷、类案检索、证据分析的基础上开展案件甄别。在开庭审理前,可探索设置一个短期的调解"冷静期",让调解先行一步,通过心平气和的洽谈,分析并明确行政相对人的真实诉讼目的,发挥调解程序的自愿性、平等性、非对抗性优势,引导平复诉讼主体的情绪,从而有利于抽丝剥茧找准争议焦点和精准找到化解方向,在维护合法私益和支持促进依法行政中找到均衡点,及时破解纠纷症结点。对调解不成功需要审理裁决或者提级管辖,因前期调解过程中的确认了解,也为后续审理活动开展极大节约时间,避免造成司法资源的浪费。

2. 推行诉前法律服务。行政诉讼活动中,行政相对人除委托专业律师外,本身法律专业水平不高,相对而言的诉讼参与能力不强。在我国司法体制改革中,聚焦司法为民,充分发挥司法能动性,尽可能提供便民利民的方式方法,保障人民群众的诉讼活动,包括设置低额诉讼费、举证责任倒置、立案登记制、审级职能定位改革等。通过诉讼解决行政争议的门槛越来越低,受律师等代理费用普遍较高的影响,行政相对人的诉讼参与能力并不强。[2] 但行政诉讼活动本身具有专业性、职业性的要求,诉讼启动程序、诉讼文书撰写、纠纷级别管辖和提级管辖、合法性合理性审查等均是专业性范畴,缺乏专业知识的行政相对人自然存在难以理解的情况,甚至可能激发诉权与审判权的矛盾。四级法院职能改革将四类案件审判调整到基层法院,部分案件审理可能会引发频次较高的上诉、申诉甚至信访。现在要求不断提高司法的公正与效率,便民利民、指尖办案、在线诉讼、远程开庭等措施大力推行,法律服务站、窗口律师值班、"一村一法官"等站点服务和制度推行,可以尝试设置诉前法律服务,为行政相对人提供法律援助或者诉前咨询,及时告知行政相对人行政诉讼制度的运行模式,引导

---

[1] 曹鎏:《中国特色行政复议制度的嬗变与演进》,法律出版社 2021 年版,第 180 页。

[2] 参见章剑生:《行政诉讼"解决行政争议"的限定及其规则——基于〈行政诉讼法〉第 1 条展开的分析》,载《华东政法大学学报》2020 年第 4 期。

其实际诉求与诉讼请求相契合，明确部分情况是否存在更佳的救济程序等。

3. 强化多元调处。持续完善行政争议多元化解平台建设，推动行政纠纷多元调处机制走深走实，形成党委领导、政府支持、法院主导、人大监督、多方参与的运行模式，积极构建包括执业律师、仲裁员、人民调解员、陪审员、退休干部等多方力量在内的行政纠纷化解力量，与行政机关法律顾问制度相衔接，在依法行政与公正司法上下足功夫，促进多元化解平台的组建和运行良性发展，形成有足够影响力和协调能力的行政纠纷化解中心。同时，在人、财、物上地方政府应给予大力支持，为平台搭建提供足够的基础性保障，建立完善调处中心的日常运转制度，强化社会面的宣传引导，让非诉讼纠纷化解进一步深入人心，让诉前协调、联动调解、多元化解成为常态，更加有力支持和促进依法行政，积极维护行政相对人的合法权益。

4. 加强人才建设。四级法院职能定位改革的启动和推进，进一步明确各级法院的职能。在相当长的一段时间内，各级法院的案件受理范围会相对固定，但改革有一个过程，案件难易程度、法律关系复杂性等问题势必对各层级法院的审判力量带来挑战。尤其对于地方基层法院，行政审判中四类案件审判权的“下沉”，对纠纷实质性化解提出更高要求，不仅需要拥有丰富审判经验、善于运用创新型审判方式，还需要具备一定综合协调、事务处理能力。基于现实考虑，把好入门关，即在行政法官入额及遴选制度时增加纠纷实质性化解的培训与考核，打通交流关即进一步打通不同层级和类别之间法官及法官助理的交流学习渠道，严把学习关即不断强化对基层法官审判业务的培训，传导分享纠纷化解先进经验和模式，以适应当下不断发展的行政争议实质性化解的司法新需求、人民群众的新期待。

结　语

2021 年试行的四级法院职能定位改革势在必行且任重道远，各项综合配套制度必将同步推进，改革后运行情况反馈也需及时跟进。行政案件审级管辖规则调整，行政纠纷实质性化解作为在制度建构方面的重要考虑因素，应纳入行政诉讼活动的基本价值体系中，在现有规则范围内适当创新，围绕目的探究路径，从而更好地实现行政诉讼法的立法初衷和价值取向。行政纠纷的实质性化解不是一句口号。在行政相对人实际诉求与行政机关依法行政之间找到平衡点，更多需要结合审判实践，针对个案与类案的区别，厘清法律关系，宏观把握好诉权与审判权的界限，以最接地气的方式方法探索出一条更具操作性和合理性的纠纷解决之道。

多元化纠纷解决机制新探索

——市场化调解的实践与路径优化

谢达思[*]　梁芳燕[**]

随着我国改革开放的深入推进，社会利益格局多元、社会纠纷易发频发，人们对于纠纷化解的价值取向和期待有了更高要求。习近平总书记在2019年中央政法工作会议上提出："把非诉讼纠纷解决机制挺在前面。"党的十八届四中全会通过的《中共中央关于全面推进依法治国若干重大问题的决定》将多元化纠纷解决机制建设列为国家的发展目标，为多元化纠纷解决机制发展指明了方向。近年来，全国各地积极推进多元化纠纷解决机制建设，基本形成人民调解、行政调解、司法调解三大调解格局，但是大部分仍停留在依靠财政补贴来保障多元化纠纷解决工作开展的阶段，调解模式单一。2021年，最高人民法院印发《关于深化人民法院一站式多元解纷机制建设推动矛盾纠纷源头预防化解的实施意见》，要求各级法院在商事等领域探索开展市场化调解，推行公益性调解与市场化调解并行模式，丰富了市场化调解模式的内容。2023年全国调解工作会议上，最高人民法院院长张军强调，要会同司法行政机关总结推广律师参与商事纠纷市场化调解试点经验，完善公益性托底、市场化并行的调解机制。目前我国的市场化调解仍处于起步探索阶段，面临着制度机制不健全、组织管理不到位、调解资源供给不足、社会认可度不高、调解成果保障不足等问题。本文通过实证分析法、文献分析法等研

* 谢达思，广西壮族自治区高级人民法院立案庭二级法官助理。

** 梁芳燕，广西壮族自治区南宁市青秀区人民法院执行局一级法官。

究方法,注重理论与实践相结合,重点分析推进市场化调解的必要性与可行性、市场化调解现状和面临的困境。文中还借鉴先进地区经验做法,提出优化市场化调解的意见建议,以期推进市场化调解工作高质量发展,更好满足人们多元化纠纷解决需求。

一、市场化调解的必要性和可行性

(一)必要性

1. 全球化发展需要

当今世界经济全球化、文化多样性深入发展,各国相互联系和依存日益加深,在这一趋势的催动下,全球治理体系加速推进,内嵌其中的纠纷解决机制也迎来新的变化,替代性纠纷解决机制(Alternative Dispute Resolution,ADR)[1]正在发展成为世界各国纠纷解决的优先选择或主渠道纠纷解决方式。20世纪80年代以后,世界各国和地区致力于通过发展ADR推动司法和社会治理体系改革,形成了世界性的ADR潮流。[2] 在发展之初,ADR通常依靠国家政策推动和国家财政保障才能顺利运行。随着调解需求不断发展,商业化趋势愈加明显,除去政策出资和公益赞助,市场化的尝试屡见不鲜。通过收取合理的费用提供等值保质的服务,这样的运作模式可以促进专业化调解良性发展。以调解运作较为顺利的美国为例,美国仲裁协会、美国律师协会小额纠纷解决专门委员会、美国司法仲裁调解服务公司等一系列独立运营的公司孵育了市场化运行的雏形。1990年10月,欧盟理事会在坦佩雷会议上提出了"接近正义原则",呼吁各成员国建立ADR。英国著名的调解机构有效争议解决中心(CEDR)、ADR集团(ADR Group)等推出固定费用调解,如ADR集团固定费用调解为:申索额低于10万英镑的争议,每方当事人需支付750英镑(限于8小时内)或500英镑(限于4小时内),延长调解时长的,以每方当事人75英镑/小时为标准收取。[3] 法国于2011年11月颁布《调解法案》,法国的调解分为法院命令调解和契约调解,法院命令调解的费用由法官根据案件的具体情况作出裁定;契约调解则由当事人选择的调解机构根据其收费标准收取。日本2004年12月制定了《替代性争议解决程序促进法》,旨在鼓励建立市场化的代替性争议解决机构,重点对争议解决机构的认证

---

〔1〕 ADR是指争议各方同意寻求中立的第三方机构的协助,以解决纠纷的一种非诉讼纠纷解决方式。常见的ADR主要有调解、仲裁、协商、行政裁决等。

〔2〕 参见范愉:《当代世界多元化纠纷解决机制的发展与启示》,载《中国应用法学》2017年第3期。

〔3〕 参见深圳市蓝海法律查明和商事调解中心:《英国商事调解制度概览》,载《人民调解》2023年第4期。

标准、程序、收费、监管等进行规范。世界性的 ADR 潮流为全球商业主体提供了更加丰富的纠纷解决选项,让当事人可以根据自身利益需求选择合适的纠纷解决方式。当前,我国关于调解制度的规定主要是公益性调解,这与国际上市场化运作的 ADR 有很大的区别。顺应全球化 ADR 潮流,开展市场化调解,有利于进一步完善我国调解制度,弥补公益性调解的缺憾和不足,也是实现我国法律服务与世界同步接轨,提升国际纠纷解决竞争力,优化国际化法治化营商环境的必然选择。

2. 社会现实发展需要

(1)客观现实层面需求。其一,社会结构的变化。传统的公益性调解制度是基于我国传统自然经济和计划经济的社会背景下产生的,随着我国市场经济体制的不断完善,各市场主体间的经济往来和利益分配更加灵活及多元化,市场经济的竞争机制日益充分体现,社会分工日益专业化,纠纷随之相应增多,传统的公益性调解也逐渐暴露其局限性。以人民调解为主的公益性调解的调解手段、调解规则难以适应市场化程度越来越高的社会,需要开放调解市场丰富调解方式,满足人民群众的多元需求。其二,纠纷数量增加。习近平总书记深刻指出,"我国国情决定了我们不能成为'诉讼大国'。我国有 14 亿人口,大大小小的事都要打官司,那必然不堪重负!"诉讼案件一般是社会前端管理的末端反映。自 2015 年人民法院实行立案登记制以来,法院案件数量激增。以广西收案情况为例,2023 年新收案件数 1043570 件,相较 2015 年增长了 212.89%。越来越多的矛盾纠纷以诉讼形式进入法院,法院"案多人少"的矛盾日益凸显,不能仅依靠法院一元化诉讼机制来应对纷繁复杂的社会纠纷。

(2)当事人层面需求。其一,低成本高效率的解纷需求。节约成本,追求效益最大化是人民群众对纠纷解决的现实需要。但由于公益性调解组织存在内在动力不足、保障机制不完善等问题,需要打造更丰富的解纷渠道,提供更高效便捷的解纷服务。其二,利益诉求多元。利益格局重组,出现不同利益群体和利益需求。社会成员间存在不同的价值观、行为模式,不同的社会主体关系需要适配不同的纠纷化解方式。调解市场化相对于单一的公益性调解而言,其意义在于避免把纠纷的解决单纯寄予某一程序,如诉讼、公益性调解。市场化调解不排除民间和社会各种力量在纠纷解决中发挥作用,目的在于为人们提供多种选择的可能性,同时以每一种选择的特定价值如成本效益等,为当事人提供引导。

(二)可行性

1. 深厚的调解传统文化和社会意识

(1)古代调解。早在西周时期,设有"调人"之职,其职能为"司万民之难而谐合之”，就有“息讼免争”的思想。秦汉时，县以下设乡，乡设有秩、啬夫和三老，掌管道德教化和调解事务，调解不成再到县廷。汉代，官府中的调解制度发展为乡官治事的调解机制。唐代，民间纠纷先由坊正、村正、里正调解，调解不成的，才到县衙起诉。宋代，随着商品经济发展，建立了较为完善的民事调解制度，其中既有官府调解，也有乡亲调解、宗族调解。元代，有民间调解和司法机关调解，民间调解由基层社长负责对邻里间民事纠纷“以理喻解”，调解结果对当事人具有法律约束力，当事人不能再依同样的事实和理由提讼。明代，将儒家“无讼”观念付诸实践，即使出现民事纠纷，也尽量以不烦扰官府，由民间自行调处和息讼为上策。清代，民事纠纷的调解分为诉讼外调解和诉讼内调解两大类。诉讼外调解又称民间调解，其主要有宗族调解和乡邻调解，族内纠纷一般先由族长或乡邻调解，不得轻易告官。上述所表达的“慎讼”思想正是调解传统文化的体现。我国古代调解制度从先秦时期开始萌芽，历经秦汉、宋元、明清等朝代的演变和发展，形成了独具特色的调解机制。

（2）近现代调解。第一次国内革命时期，新型的农会组织就设有“仲裁部”“调解委员”“公断处”，由工农推举的代表就地调解婚姻、钱债、业佃、产业争夺等民事纠纷。抗日战争前期，晋察冀边区政府逐步开展调解工作，并于 1940 年始广泛设置调解委员会，为日后调解制度的法律化奠定了基础。抗日战争后期，各抗日根据地政府相继颁布了适用于本地区调解工作的指示、办法、条例。“马锡五审判方式”即抗日战争期间实行的尊重群众意见、就地审理、定期巡回审判的调判结合解纷方式。解放战争时期，一些解放区也相继颁布民间纠纷的调解制度，如 1949 年华北人民政府颁布的《关于调解民间纠纷的决定》、天津市人民政府颁布的《关于调解程序暂行规程》，该些法令使调解工作的开展变得有章可循。社会主义建设时期，浙江诸暨枫桥镇干部群众创造了“发动和依靠群众，坚持矛盾不上交，就地解决，实现捕人少、治安好”的“枫桥经验”。改革开放和社会主义现代化建设新时期，枫桥镇建立社会治安综合治理体制机制，创新矛盾纠纷预防化解机制，约 80% 的矛盾纠纷在村一级得到化解，做到“小事不出村、大事不出镇、矛盾不上交”，随后相关工作做法在全国推开。

由我国调解制度的历史演进路径观之，我国的调解制度在不同时期呈现出不同的特点，具有不断适应社会变迁而自我发展的能力，调解制度的历史变迁为我们现代调解工作提供了宝贵的经验及启示，为我们现代调解工作奠定了理论依据，为调解制度创新发展提供了现实基础。为应对转型社会的各种需求和危机，解纷机制的发展应逐步实现传统诉讼文化与现代程序公正理念的兼容，通过国家司法权与社会自治的协调接近善治，在决策和价值观方面应避免极端化、简单化，在顺应客观现实和传统的过程中,应以理性和道德为引导,积极提倡将对抗转化为协商与合作。[1] 市场化调解的尝试正是秉承和弘扬中华优秀传统文化的治国理念、治理智慧,结合现代法治精神和社会主义核心价值观,坚持问题导向,适应新形势下化解人民内部矛盾、维护社会稳定的时代要求下的创新实践。

2. 符合市场资源配置理论

(1)市场化调解符合新公共管理理念。在经济市场化、社会信息化等世界主流发展趋势的影响下,重视并尊重社会力量,给予社会力量合理的发展空间,已成为当代公共管理改革的基本方向。新公共管理主张政府等公共部门广泛采用私营部门的管理方法和竞争机制,重视公共服务的产出,取消公共服务的垄断性。"新公共管理"主要呈现以下特征:第一,提供回应性服务。公共物品的生产是由生产者而非消费者决定的,这就造成公共物品生产与供给的高成本、低效率和浪费。强调消费者导向,通过把公民变成消费者,以市场取代政府,提供回应性服务,满足公民的不同需求。第二,公共服务机构的分散化和小型化。"新公共管理"缩小了机构的规模和集中化程度,通过"一站式"服务提高公共物品和服务供给的效率,通过将这些提供公共物品及服务的部门与转移支付的形式相结合,取得规模经济的效益。第三,竞争机制的引入。在传统的社会管理中,政府被当作弥补市场缺陷、克服市场失灵的主要途径,新公共管理则主张用市场的力量来改造政府,在公共部门与私人部门之间、公共部门机构之间展开竞争,以缩小政府规模,提高公共物品及服务供给的效率。[2] 市场化调解正是回应人民群众多元的司法需求,强调当事人导向,重视司法服务的多样化,有效弥补传统的公益性调解动力不足、低效等缺陷,在纠纷的非诉化解工作中引入竞争机制,将调解服务供需交由市场决定,调解组织或个人通过提供专业化服务来获取市场的认可和案源,以此来提高司法服务供给的多样性和效率,因此市场化调解符合新公共管理理念下纠纷化解服务多样化、高效、有效竞争的特点。

(2)市场化调解符合经济学视角下产品消费多样性的选择理论。纠纷解决机制是一种公共服务产品,即使在福利国家,仍要规定获取这种产品的购买成本,如任意提供免费的纠纷解决服务,则有可能引发巨大的纠纷解决需求,使社会资源过多地被用于解决众多小额、简单的纠纷,也可能降低社会纠纷解决服务机制的运作效率。调

〔1〕 参见范愉:《诉讼社会和无讼社会的辨析和启示——纠纷解决机制中的国家与社会》,载《法学家》2013年第1期。

〔2〕 参见陈振明:《评西方的"新公共管理"范式》,载《中国社会科学》2000年第6期。

解市场化本质上属于民间ADR组织的市场化运作，人民调解、行政调解组织等其他公益性调解组织，从社会纠纷解决机制的设置来看，其经济来源主要源于税收。从一般社会内部成员的性质上看，纳税主体与纠纷解决办法的消费者与受益者相互重合，纳税主体对纠纷解决机制机构享有所有权，所有权决定了纠纷解决机制应该满足上述消费者的主要消费愿望。由于个体的不同，消费者的消费愿望之间会有差异。因此，在公共财政对纠纷解决公共部门的总投入确定的前提下，建立形式多样化的纠纷解决机制，开放调解的市场化就体现了资源优化配置，至少与单一的公益性调解模式相比而言，实现了帕累托优化。[1] 市场化调解的出现使一部分不喜欢公益调解消费模式的人获得一定程度的满足，相应地消费境况变好。同时，公益性调解的存量也保证了愿意选择公益性调解的人可以继续使用公益性调解方式解纷，这部分人的消费境况也没有变得不好，因此符合帕累托优益要求。此外，还可以在公共资源之外吸引私人资源进入市场化调解领域，调解机构可为私人资源的发展提供平台，同时增加了社会用于解决纠纷的资源总量。通过构造竞争性救济产品市场，“销售者之间的经济争胜就会刺激产品创新和工艺创新”，并使救济产品提供商（法院与调解组织）得以主动关注其产品的质量和运营成本，从而克服集体提供服务方式所存在的弊端。因此，通过引入具有竞争力的纠纷解决产品提供主体形成多元化的竞争局面，能够促进纠纷救济机制的高效运营。

3. 契合司法体制配套改革要求

当今世界各国都在适应时代发展和社会需要不断进行司法制度的改革，但确定无疑的是法院不可能解决社会的所有纠纷，仅依靠简化诉讼程序也不足以克服诉讼的所有弊端和问题。因此，通过多元解纷机制分担纠纷解决的压力，同时规范多元解纷机制的制约，成为当代多元解纷机制的发展方向。党的二十大报告专章部署“坚持全面依法治国，推进法治中国建设”，提出“深化司法体制综合配套改革，全面准确落实司法责任制，加快建设公正高效权威的社会主义司法制度，努力让人民群众在每一个司法案件中感受到公平正义”。深化多元化纠纷解决机制改革，是深化司法体制综合配套改革的重要任务之一。完善公益性托底、市场化并行的调解机制，是深化司法体制综合配套改革的必然要求，也是推进多元解纷实质化的题中应有之义。2016年，

〔1〕 参见范愉主编：《多元化纠纷解决机制》，厦门大学出版社2005年版，第230页。帕累托建立了“帕累托较优原理”和“帕累托最佳原理”，此处为帕累托较优状况，即一种状况A比另一种状况B更适宜，当且仅当A时至少有一人的状况比B更好，同时没有任何人情况变坏；结合上述主体的价值判断，则没有人会选择B，但至少有一人一定选择A，我们就认定A优越于B。

最高人民法院印发的《关于人民法院进一步深化多元化纠纷解决机制改革的意见》，第37条明确提出支持商事调解组织、行业调解组织、律师事务所等按照市场化运作，根据当事人的需求提供纠纷解决服务并适当收取费用。[1] 2017年，最高人民法院、司法部印发《关于开展律师调解试点工作的意见》，在北京、黑龙江、上海、浙江、安徽、福建、山东、湖北、湖南、广东、四川省(直辖市)开展试点工作，其中第14条规定："在律师事务所设立的调解工作室受理当事人直接申请调解纠纷的，可以按照有偿和低价的原则向双方当事人收取调解费，一方当事人同意全部负担的除外。调解费的收取标准和办法由各试点地区根据实际情况确定，并报相关部门批准备案。"[2] 2018年，最高人民法院、司法部印发《关于扩大律师调解试点工作的通知》，将试点工作扩大至全国范围，并提出"大力发展律师事务所调解工作室，鼓励和支持律师事务所根据当事人需要，以市场化方式开展律师调解业务，按照有偿和低价的原则收取调解费用，探索建立与各地经济发展水平相适应的以市场调节价为基础的律师调解业务收费机制"。2019年，中央办公厅发布《关于政法领域全面深化改革的实施意见》明确提出，充分发挥人民调解在化解矛盾纠纷中的基础性作用，健全行政调解制度，完善律师调解机制，探索专业调解组织、公证处按照市场化方式参与纠纷化解，推广建立统一的在线矛盾纠纷化解平台，从源头减少进入法院的案件。2019年，最高人民法院印发的《关于深化人民法院司法体制综合配套改革的意见——人民法院第五个五年改革纲要(2019—2023)》(以下简称"五五改革纲要")指出，要"完善调解、仲裁、行政裁决、行政复议、诉讼等有机衔接、相互协调的多元化纠纷解决体系，促进共建共治共

---

[1] 最高人民法院《关于人民法院进一步深化多元化纠纷解决机制改革的意见》第37条规定："加强经费保障。各级人民法院要主动争取党委和政府的支持，将纠纷解决经费纳入财政专项预算，积极探索以购买服务等方式将纠纷解决委托给社会力量承担。支持商事调解组织、行业调解组织、律师事务所等按照市场化运作，根据当事人的需求提供纠纷解决服务并适当收取费用。"

[2] 最高人民法院、司法部《关于开展律师调解试点工作的意见》第14条规定："建立科学的经费保障机制。在律师事务所设立的调解工作室受理当事人直接申请调解纠纷的，可以按照有偿和低价的原则向双方当事人收取调解费，一方当事人同意全部负担的除外。调解费的收取标准和办法由各试点地区根据实际情况确定，并报相关部门批准备案。在公共法律服务中心(站)设立的律师调解工作室和在律师协会设立的律师调解中心受理当事人直接申请调解纠纷的，由司法行政机关、律师协会通过政府采购服务的方式解决经费。律师调解员调解法律援助案件的经费，由法律援助机构通过政府采购服务渠道予以解决。在人民法院设立律师调解工作室的，人民法院应根据纠纷调解的数量、质量与社会效果，由政府采购服务渠道解决调解经费，并纳入人民法院专项预算，具体办法由各试点地区根据实际情况确定。"

享的社会治理格局建设。加大对行业专业调解工作的指导力度,完善多方参与的调解机制,健全完善律师调解机制,进一步发挥专业调解作用”。经过试点改革,2021 年修订的《民事诉讼法》将司法确认范围由“人民调解委员会”调解达成的调解协议扩大至“依法成立的调解组织”调解达成的调解协议。这一规定的修改给市场化调解提供了法律依据和支持。2021 年,最高人民法院印发《关于深化人民法院一站式多元解纷机制建设推动矛盾纠纷源头预防化解的实施意见》,第 17 条要求各级法院“在商事等领域探索开展市场化调解,推动公益性调解与市场化调解并行模式”。由前文可知,中央政法委、最高人民法院、司法部已出台多个推行探索调解市场化的政策文件,为调解的市场化运行提供了国家层面的政策支持。

二、市场化调解的实践和探索

(一)广西开展市场化调解情况

以笔者所在的广西为例,笔者对广西市场化调解的情况进行了调研。近年来,广西辖区内开展市场化调解的法院有 20 家,共引进调解组织 27 家,主要分布在南宁、柳州、北海、百色、贵港、贺州等市,除了南宁铁路运输中级法院,其余均在基层法院开展。累计调解纠纷 110460 件,调解成功 27794 件,申请司法确认 10959 件,对市场化调解进行了有益探索。

1. 调解制度

2019 年,广西壮族自治区高级人民法院与司法厅联合印发《关于开展律师调解试点工作的实施方案》,规定律师调解可以按照有偿和低价的原则向双方当事人收取调解费,调解费的收取标准参照《广西壮族自治区律师服务收费管理实施办法》执行。基层法院加强与市场化调解组织的对接与规范管理,如广西南宁市良庆区法院 2022 年制定的《特邀调解组织(员)工作规定(试行)》对聘请的特邀调解组织(员)进行了细化管理和规范。

2. 调解范围

市场化调解的纠纷类型主要集中在商事纠纷、争议不大的小标的额纠纷。以广西南宁市西乡塘区法院为例,纠纷类型分布为:民间借贷纠纷 2973 件,占比 28%;买卖合同纠纷 2654 件,占比 25%;物业服务合同纠纷 1592 件,占比 15%;金融借贷纠纷 1274 件,占比 12%;租赁合同纠纷 955 件,占比 9%;劳务合同纠纷 426 件,占比 4%;其他案由纠纷 785 件,占比 7%。

3. 调解组织

进驻法院开展市场化调解的主体呈多元态势，按区内外审批成立情况主要分为两类：一类是经区外行政审批机构批准成立的调解组织，如海口市龙华区和顺民商事调解中心（以下简称和顺调解中心）属于民办非企业单位，业务主管单位为海口市龙华区司法局，发证机关为海口市龙华区行政审批服务局。此类调解组织还有南京金智云法律调解服务中心、武汉东湖新技术开发区民商事金融调解中心等。另一类是经广西本地行政审批机构批准成立的调解组织，如平南县公平云调解中心系由平南县司法局批准设立的调解组织，百色市正捷金融纠纷调解中心系经百色市民政局批复设立，广西本地的市场化调解组织还有广西商事调解协会、广西国际民商事调解中心、广西海商海事法学研究会、广西金融消费权益保护联合会、柳州市商事调解中心，以及设立在各律师事务所的律师调解工作室等。

4. 调解收费

各市场化调解组织按照有偿、低价的原则，制定并公示市场化调解收费标准。和顺调解中心制定了《海口市龙华区和顺民商事调解中心调解案件收费公示》并在海口市龙华区司法局备案，标的额 5000 万元以内的，按普通程序诉讼费的 50% 收取，超出部分按普通程序诉讼费标准的 25% 收取；百色市正捷金融纠纷调解中心主要根据双方协商，按追回欠费总数 3% ~5% 比例收取调解费。部分律师事务所则按诉讼费用的 20% 收取调解费用；有的调解组织则是按件收取费用，调解成功每件收取 500 元或 300 元调解费用。还有的调解组织是调解成功后，由调解组织自行与当事人协商，但均不超过法院诉讼费用收取标准。

5. 存在的问题和困难

（1）体制机制不健全。由于市场化调解正处于探索阶段，对市场化调解的规范没有统一的规定，仅散见于政策和司法解释中，缺乏系统性和整体性。在广西层面，尚未制定有市场化调解的法律法规，对于市场化调解组织的准入、主管部门单位、调解员考核、管理和培训等内容仍然缺少规范。广西壮族自治区高级人民法院与司法厅制定的《关于开展律师调解试点工作的实施方案》仅对开展律师调解试点工作进行了规范，对其他调解主体开展市场化调解缺乏规制。各地的配套制度机制也没有建立健全。

（2）思想认识不到位。公益性调解无偿、免费的特点根深蒂固、深入人心，而市场化调解面向当事人收取调解费用，当前大部分当事人宁可选择免费的调解方式，也不愿尝试市场化的调解方式。有的当事人对调解组织、调解员的中立性存疑，特别是对律师调解，认为律师是“一方利益的维护者”，缺乏中立裁判者的角色印象；有的当事人担心市场化调解得不到法院的司法确认、执行等保障；有的担心市场化调解收费后，调解不成功转诉讼立案，会增加诉累和成本，还不如直接向法院起诉。法院对市场化调解也心存顾虑，虽然引进了市场化调解组织，但是担心收取调解费用会导致当事人投诉，引发负面舆情。有的法官对符合司法确认条件的调解协议不予确认，担心司法确认案件太多会导致执行案件增多，执行工作量增大。

（3）收费标准不统一。目前法律、司法解释、政策对市场化调解收费的规定模糊、不清晰，广西的《关于开展律师调解试点工作的实施方案》中规定的律师调解“可以参照《广西壮族自治区律师服务收费管理实施办法》执行”，没有涵盖完整的市场化调解主体，也缺乏实操性。没有统一的收费标准，一定程度上影响当事人选择市场化调解的意愿和调解成效。

（4）地区发展不平衡。从试行市场化调解的法院分布观之，市场化调解主要集中在经济相对活跃的地区，如南宁、柳州、北海等，部分城区法院已引进市场化调解组织多年，在诉前化解了大量纠纷，如南宁市青秀区法院、良庆区法院、西乡塘区法院等。欠发达、经济落后地区的调解模式还是以公益性调解为主，部分地区则处于起步试行阶段，如贵港市平南县法院于 2023 年 4 月 12 日与平南县公平云调解中心签订《关于推进诉调对接工作的协议》，但未实质开展市场化调解工作。

（二）全国开展市场化调解经验

近年来，全国各地积极探索适应市场发展规律和纠纷实质化解的新路径，引入市场化调解模式，推动调解工作创新发展，取得了明显成效。

1. 制度先行

近年来全国各地陆续颁布多元化解条例，从制度上明确了调解市场化的方向，突出了机制、体系建设的整体性。如河北省自 2021 年 1 月 1 日起施行的《河北省多元化解纠纷条例》第 66 条第 2 款中明确“公证机构、商事调解组织、律师事务所等按照市场化方式提供化解纠纷服务的，可以依据有关规定收取费用”。上海市于 2021 年 2 月 26 日通过的《上海市促进多元化解矛盾纠纷条例》第 17 条明确了“鼓励登记为社会服务机构的调解组织发展，探索设立市场化运行的调解组织，由司法行政部门进行业务指导和监督”，第 32 条规定“人民调解、行政调解不收取费用。登记为社会服务机构、公司等的调解组织调解矛盾纠纷，可以收取合理费用，收费标准应当符合价格管理的有关规定，并向社会公开”。武汉市于 2019 年 4 月 17 日通过的《武汉市多元化解纠纷促进条例》第 39 条第 2 款提出“商事调解组织可以依据服务内容、服务标准等向当事人收取费用、收费标准必须对外公示”。深圳市于2022年5月1日实施的《深圳经济特区矛盾纠纷多元化解条例》第38条规定,“商事调解组织可以收取调解服务费,调解服务费实现市场调节,由商事调解组织按照公平合理,诚实信用的原则,综合考虑调解员报酬、商事调解组织运作费用等制定收费标准并向社会公开”。这些制度规定,在保持调解定分止争这一作用的同时,与国际商事调解实际经验接轨,有利于吸引更多专业人才投身市场化调解服务,推动民商事调解服务向专业化、市场化、规模化、国际化方向发展。

2. 规范管理

调解工作规范化,是市场化解纷行业发展的生命底线。调解市场化规范、有序、健康地发展,离不开行政主管部门、群团组织和行业协会商会等负有监督管理职责的主管机构的管理与监督以及调解组织的行业自律。各地的行政主管部门都出台了相关规定,明确调解组织和调解员入册、退出标准,探索优化入册、退出程序,对相关行业性较强的调解组织实行“双重管理”,建立了完善的数据统计、绩效评估、奖励激励等管理制度,细化违反法律法规和调解职业道德的具体情形,以及违规行为发现和处理程序。如杭州市制定《杭州开展市场化解纷机制试点工作方案》等规范性文件,配套细化23项机制,建立一套完整的市场化解纷工作体系;杭州市司法局还制定了《全市律师调解市场化工作推进方案》,加强对律师调解工作的指导培育、经费保障和宣传引导,推动市场化解纷制度化、规范化、标准化发展。其他市场化调解组织也发布了一系列行业自律规范:杭州律协调解中心指导全市律师调解工作,制定了一系列调解员回避、建设、考核及追责的规范规则;6家民办非企业调解组织自发组建商事调解联盟,制定联盟自律承诺书、联盟调解规范、调解告知书等制度,建立严格的保密制度、回避制度、惩戒制度等;其他各市场化调解组织分别制定该组织调解工作相关规范。

3. 培育专业化队伍

从调解市场化程度较高的地区观之,当地各部门都较为重视专业化、职业化调解队伍的培育发展与壮大。从各地经验看,对于调解队伍的指导培育包括指导调解组织的设立、引导行业自律规范运营、业务技能培训等。如杭州市采用以当事人付费调解为主、政府采购调解服务托底的模式,吸引专业调解力量参与市场化调解工作。杭州市目前已形成由60家律师事务所调解工作室和1家杭州律谐调解中心组成1100余名兼职和30名专职律师调解员队伍,同时,还吸纳有15家民办非企业调解组织共计500余名调解员。自市场化解纷工作试点以来,杭州市场化调解组织化解纠纷

2.05万件,收取调解费用821.40万元,培育出了市场化调解"供需两旺"的蓬勃生命力。市场化的调解组织显现出更为专业化、职业化的特点。从全国各地的情况看,各省市主要是由调解中心、法院和司法局牵头组织执业前的培训和不定时技能提高培训。培训内容可大致分为职业技能培训和职业伦理培训。其中,职业伦理培训是为了给调解员建立一套完整的职业道德体系,其目的在于规范、指导调解员职业行为。职业技能培训分为基础技能培训和专业技能培训。基础技能是包括虚假调解识别、调解程序设计、调解时机选择和谈判策略等在内的一整套调解方法论,专业技能要再细分为医疗、金融、知识产权、房地产等不同领域的技能。

4.重视宣传引导

由各省先进经验视之,调解市场化程度较高的地区都较为积极开展对纠纷多元化解及调解市场化方面的宣传引导工作,加强与媒体的互动,善于利用现代媒体手段如图片、视频、动漫等进行宣传,引导立体式渗透,转变传统惯性思维。多数法院的实践经验均为在当事人立案咨询时,阐明诉前调解工作机制,消除当事人心中疑虑。对于案情简单、纠纷明确、有调解可能的案件,及时告知当事人调解的快捷性、经济性和有效性,主动引导当事人选择非诉途径解决纠纷,公开调解组织及调解员名册,让前来打官司的群众,在进入法院大门伊始,就可以了解到非诉解纷途径。同时,注重社会面普法教育,通过定期发布多元化解纠纷典型案例,以及广播剧、法治故事、以案说法等形式,深入基层扩大宣传,提升宣传的吸引力、感染力,提高群众对调解的社会知晓率和公信力,争取社会各界的支持。有的法院通过持续的努力和创新,形成了法院自身独特的宣传品牌。

三、市场化调解的路径优化

(一)加强顶层设计,完善市场化调解机制

顶层设计是对工作的整体性、战略性等方面的设计,可以帮助我们理清思路、明确目标、提高工作效率。市场化调解正处于探索起步阶段,为保证其健康发展,必须加强顶层设计。要对市场化调解的宏观发展战略,如方向、定位及功能等和制度建构的法律地位、适用范围、基本原则乃至规范其运作的基础等进行设计。因此,将市场化调解纳入多元解纷的立法体系当中,是推动该项工作持续发展的重要保证。要界定市场化调解的法律性质、监督管理、市场准入、程序规则等。如启动程序,是强制性或是需经当事人的特别申请?必须有双方当事人的合意或协议,还是可由一方当事人申请启动?调解组织可否直接干预?受理方式以及同其他有关程序、特别是诉讼

程序的关系,等等。因此,需要建立健全市场化调解运行管理机制,准确定位市场化调解组织,加强调解员的选任和管理,完善监督考评和保障机制,确保市场化调解工作规范有序运行。需要注意的是,在制度构建时,要充分考虑既能有效地为市场化调解提供基本的程序保障,防止不公平的结果,又不会因过多的规制影响市场化调解的灵活性等特有功能的发挥。关于市场化调解组织的准入方式,实践中存在备案制和审批制的做法,考虑到市场化调解对于调解双方当事人的权利义务关系具有重要影响,笔者倾向于采取更为严格的审批制,明确相应的行政主管部门,加强对市场化调解组织的行政管理。

(二)更新理念认识,挖掘市场化调解内生动力

理念是行动的先导,理念一新天地宽。“非诉”和“诉讼”作为化解社会矛盾的两大手段,都是推动矛盾纠纷纳入法治化轨道解决的重要途径。〔1〕转变法院纠纷解决中功能狭隘的理念,“不能把法院在解决纠纷中的功能完全等同于根据判决解决纠纷。法院的主要功能是为了私人的、公共的场所中产生交易和秩序,提供规范的程序的背景”。〔2〕换言之,法院的判决为社会提供了纠纷解决的交易基础,而绝大多数的纠纷应交由当事人或其他团体组织根据这一基础并通过多种方式解决。把纠纷解决从法院向社会化的解纷组织转移,通过多元解纷机制强化社会纠纷解决的能力,使更多的社会主体和当事人能及时、便捷、经济、平和地解决纠纷,从而扩大法律的作用范围,而法院的功能应逐步从纠纷解决向规则创制和社会决策转化。鉴于此,法院应大力支持市场化调解的创新发展,承担起管理监督解纷组织的责任。从另一角度而言,市场化的调解必须付费,也可防止当事人可能出现的滥诉行为。

对法院而言,司法审判是维护社会公平正义的“最后一道防线”。但作为解决社会矛盾的资源是有限的,如果让所有的社会矛盾都进入司法渠道,有限的司法资源将难以完全满足不断增长、多元化的纠纷解决需求,极有可能影响社会公平正义的实现。推进市场化调解,是解决法院“案多人少”问题的务实举措,也是化解社会矛盾的有力措施,因此,法院应大力支持市场化调解的创新发展。于社会而言,首先,应当认识到,不打官司同样可以解决纠纷。诉讼和调解并无优劣之分,也不是非此即彼的关系,二者各有其适用空间和独特优势,纠纷当事人可以在权衡利弊之后,作出使其利

〔1〕 参见胡仕浩:《中国特色多元共治解纷机制及其在商事调解中应用》,载《法律适用》2019年第19期。

〔2〕 参见[意]莫诺·卡佩莱蒂编:《福利国家与接近正义》,刘俊祥等译,法律出版社2000年版,第125~136页。

益最大化的选择。其次,市场化的本质是"谁使用,谁付费"。与传统的人民调解等公益性调解相比,市场化调解具有专业性强、效率高的优势,对于一些标的额大的涉企纠纷、合同纠纷、涉知识产权、公司并购、股权转让、名誉侵权等商事纠纷,对调解的专业性、精准性有着更高的要求,此类纠纷往往需要投入大量的时间和精力,单纯依靠公益性调解难以吸纳优秀的调解员参与。纠纷当事人通过购买市场化调解服务的方式化解纠纷,既能高效、低成本化解矛盾纠纷,又能促进调解资源的合理配置,进而促进市场化调解的良性发展。总之,调解应当是多元的、全方位的,既需要公共法律服务性质的公益性调解,也需要更专业、高效的市场化调解,二者相互补充、并行不悖,共同构成我国公益性托底、市场化并行的调解机制。

(三)加强调解力量培育,提升市场化调解专业化水平

调解队伍是调解工作的核心,调解员的政治素养、业务能力、职业规范等直接影响矛盾纠纷化解的成效。市场化调解最大的特点是调解组织通过收取合理费用提供等值的纠纷解决服务。因此,专业优质的调解服务往往是纠纷当事人选择调解的首要考虑条件。只有纠纷当事人认为调解员提供的调解服务足够专业优质,他们才愿意选择调解,才会觉得他们为此支付的调解费用"物有所值"。因此,必须大力推进市场化调解队伍专业化、职业化建设。广泛吸纳律师、公证、仲裁等领域人员参与市场化调解,选拔具有法律、心理学、社会学等专业背景的优秀人才,建立一支专业化、职业化的市场化调解队伍,满足人民群众对行业性、专业性矛盾纠纷化解需求;提升调解员专业化水平,强化行业、专业领域法律法规培训,开展法官、律师、调解员等同堂培训,着力提升调解员及有关工作人员政治素养、法律水平和实战技能;加强调解员作风建设,完善调解员行为规范,建立投诉处理机制,教育引导调解员严守工作纪律和职业道德;完善调解员准入和管理机制,明确调解员准入条件和申请流程,加强调解员的履职监督和奖惩考评,确保调解工作规范化运行。

(四)畅通诉调对接,保障市场化调解作用发挥

诉调对接是市场化调解的重要保障。考虑到调解具有非终局性、非权威性的特点,需要法院做实诉调对接,才能让纠纷当事人吃下"定心丸"。做好诉前引导,鼓励和引导当事人优先选择更低成本、更少对抗、更利修复相互关系的途径化解纠纷,对调解不能达成协议的,则应当及时立案,防止久调不决、久调不审。完善司法确认对接机制。司法确认是保障调解协议效力,维护调解权威,促进有效调解的重要制度,对市场化调解需要司法确认的,要建立畅通对接机制。要推动建立司法确认对接线上平台,实现司法确认协议在线快立快办,充分发挥法院专业、权威、可强制执行等优

势，形成覆盖全面、衔接紧密、运转顺畅的保障机制。对当事人提交的司法确认要及时立案受理，通过具有强制执行力的司法确认程序和执行措施保障选择市场化调解的当事人的合法权益得到最终兑现。

（五）加强宣传引导，优化市场化调解环境氛围

宣传引导工作对塑造良好的非诉解纷的社会舆论氛围、推动市场化调解的普及及实践、促进矛盾纠纷的多元化解发挥着至关重要的作用。市场化调解的创新发展，有赖于各方做好宣传引导工作。法院、司法行政机关、律师协会等有关单位、协会组织应在其管理职责范围内，通过办公场所、电视媒体、新闻报刊以及微信公众号、微博、抖音、头条等网络新媒体平台以现场引导、图片、视频、动漫等形式广泛开展市场化调解宣传，普及市场化调解相关知识，发布调解典型案例，推介市场化调解组织、调解员，讲好市场化调解故事，扩大市场化调解的社会影响力，让人民群众可以随时获得优质、高效、便利、低成本的法律服务。

近年来，多元化纠纷解决机制不断深入推进为市场化调解的创新发展提供了前所未有的机遇。虽然目前仍面临着诸多现实困境和问题，但我们有理由相信，随着全球化的不断深化和我国经济高质量发展，公益性托底、市场化并行的调解机制不断健全完善，市场化调解将在市场考验下茁壮成长，其专业化、高效化、精准化的调解优势终将成为纠纷当事人特别是商事主体解决纠纷的选择。